suhrkamp taschenbuch 4526

Der totale Boulevard, die Dreistigkeit der Politik, die frivole Banalisierung nahezu aller Lebensbereiche – Kultur wird heute systematisch verramscht. Und zwar als Folge eines Prinzips, über das weltweit Einigkeit zu herrschen scheint: dass Unterhaltung und Spaß unser allerhöchstes Gut zu sein hätten. Pointiert, leidenschaftlich und ohne Scheu vor hartkantigen Überzeugungen setzt sich der Nobelpreisträger und Weltbürger mit den vielgestaltigen Manifestationen dieser Tendenz auseinander – wachen Blickes streift er durch die Galerien und Museen, liest die Bücher und Illustrierten, sieht Fernsehen und Serien, schaut den Politikern auf die Finger. Und Vargas Llosa sondiert die Möglichkeitsbedingungen einer alternativen Haltung. Gegen das Primat der gängigen globalen Zerstreuungskultur setzt er so Anspruch und Wertebewusstsein, gegen die grassierende Beliebigkeit eine Idee des Kanons, gegen die ideologischen Formatierungen durch »political correctness« ermutigt er zu Reflexion und geistiger Autonomie.

Alles Boulevard ist ein so unbequemes wie notwendiges Buch, das ganz zur rechten Zeit kommt.

Mario Vargas Llosa, geboren 1936 im peruanischen Arequipa, lebt heute in Madrid und Lima. Neben zahlreichen anderen Auszeichnungen erhielt er 2010 den Nobelpreis für Literatur. Sein Werk erscheint auf Deutsch im Suhrkamp Verlag.

Thomas Brovot lebt als Übersetzer in Berlin. 2012 wurde er für seine Übersetzung von Mario Vargas Llosas Roman *Tante Julia und der Schreibkünstler* mit dem Helmut-M.-Braem-Übersetzerpreis ausgezeichnet.

Mario Vargas Llosa
Alles Boulevard

Wer seine Kultur verliert, verliert sich selbst

Aus dem Spanischen von
Thomas Brovot

Suhrkamp

Die Originalausgabe erschien 2012
unter dem Titel *La civilización del espectáculo*
bei Alfaguara, Madrid.

Umschlagfoto: Rudi Tapper/Getty Images

Erste Auflage 2014
suhrkamp taschenbuch 4526
© Suhrkamp Verlag Berlin 2013
© Mario Vargas Llosa 2012
Suhrkamp Taschenbuch Verlag
Umschlaggestaltung: hißmann, heilmann, hamburg
Druck: CPI – Ebner & Spiegel, Ulm
Printed in Germany
ISBN 978-3-518-46526-4

Für Juan Cruz Ruiz,
Notizbuch und Stift immer zur Hand

Die Stunden haben ihre Uhr verloren.
Vicente Huidobro

Metamorphose eines Wortes

Wohl noch nie in der Geschichte sind so viele Abhandlungen und Essays, so viele Untersuchungen und Theorien zur Kultur erschienen wie heute. Was umso erstaunlicher ist, als das, was wir im herkömmlichen Sinne mit dem Wort verbinden, im Verschwinden begriffen ist. Vielleicht ist diese Kultur auch schon verschwunden, unauffällig ausgehöhlt und im Kern ersetzt durch eine andere, die mit der ursprünglichen nicht mehr viel gemein hat.

Mit diesem kleinen Essay will ich der stattlichen Anzahl an Interpretationen der zeitgenössischen Kultur nicht noch eine weitere hinzufügen; ich möchte nur festhalten, inwieweit sich das, was man noch unter Kultur verstand, als meine Generation in die Schule oder auf die Universität ging, gewandelt hat und durch welch buntes Sammelsurium sie verdrängt wurde, eine Verfälschung, die mit dem Einverständnis aller stattgefunden zu haben scheint.

Bevor ich zu meinen eigenen Argumenten komme, möchte ich zumindest einen Überblick geben über einige der Beiträge, die in den letzten Jahrzehnten das Thema aus unterschiedlichen Perspektiven beleuchtet haben und zuweilen unter Intellektuellen und in der Öffentlichkeit hitzige Debatten auslösten. Auch wenn sie in die unterschiedlichsten Richtungen weisen und allenfalls einen kleinen Ausschnitt aus der reichen Fülle der

Gedanken und Thesen zeigen, die das Thema inspiriert hat, haben sie doch einen gemeinsamen Nenner, denn sie stimmen darin überein, dass die Kultur eine tiefe Krise durchmacht und im Niedergang ist. Nur die letzte dieser Thesen spricht von einer neuen Kultur, erbaut auf den Ruinen jener, die sie abgelöst hat.

Ich beginne die Übersicht mit dem berühmten und polemischen Verdikt T. S. Eliots. Zwar sind seit 1948, als seine *Notes Towards the Definition of Culture*[*] erschienen, nur etwas mehr als sechzig Jahre vergangen, doch wenn man sie heute wiederliest, hat man den Eindruck, die Rede sei von einer fernen Galaxie.

T. S. Eliot versichert, sein Ziel sei es lediglich, zur Klärung des Begriffs *Kultur* beizutragen, doch in Wirklichkeit geht sein Ehrgeiz darüber hinaus. Er unternimmt eine tiefgehende Kritik des kulturellen Systems seiner Zeit, das sich immer weiter von dem Ideal der Vergangenheit entferne. In einem Satz, der damals übertrieben scheinen mochte, fügt er an: »Ich weiß auch keinen Grund, weshalb der Kulturverfall nicht noch viel weiter fortschreiten sollte; ich kann mir sogar eine Periode von einer gewissen Dauer vorstellen, über die man sagen könnte, sie habe *keine* Kultur« (S. 19). (Den Tenor des vorliegenden Bandes vorwegnehmend sage ich, dass diese Zeit die unsere ist.)

Zu diesem Ideal gehört für Eliot eine in drei Instanzen gegliederte Kultur – der Einzelne, die Gruppe oder Klasse und die ganze Gesellschaft –, eine Kultur, in der eine jede der Instanzen eine gewisse Autonomie

---

[*] T. S. Eliot, *Beiträge zum Begriff der Kultur*, Suhrkamp Verlag, Berlin/Frankfurt am Main 1949

bewahrt und sich zugleich mit den anderen in ständiger Auseinandersetzung befindet, in einer Ordnung, durch die das gesellschaftliche Ganze gedeihen und seinen Zusammenhalt bewahren kann.

Nach T.S. Eliot ist die Kultur, und gemeint ist hier die Hochkultur, das Gut einer Elite, was er auch verteidigt, »denn dass die Kultur der Minderheit hochwertig bleibt, hängt wesentlich davon ab, dass sie auch weiterhin die Kultur einer Minderheit ist« (S. 143). Genau wie die Elite sind Gesellschaftsklassen eine Realität, die aufrechtzuerhalten seien, denn aus ihnen rekrutiere und bilde sich jene Schicht, welche die Kultur – die Hochkultur – gewährleiste, eine Elite, die man keinesfalls gleichsetzen dürfe mit dem privilegierten oder adligen Stand, aus dem ihre Mitglieder meist stammten. Jede Klasse habe die Funktion, den ihr gemäßen Teil der Gesamtkultur zu pflegen, und auch wenn sie natürlich nebeneinander bestünden, gebe es abhängig von den ökonomischen Gegebenheiten doch markante Unterschiede. Eine übereinstimmende Kultur von Aristokraten und Landarbeitern ist demnach undenkbar, auch wenn beide Klassen vieles teilen, Religion und Sprache etwa.

Der Klassenbegriff ist für Eliot weder starr noch undurchlässig, sondern offen. Jemand kann aus einer Klasse in eine höhere auf- oder in eine niedere absteigen, und das sei gut so, auch wenn es eher die Ausnahme als die Regel beschreibe. Ein solches System ist Garant und zugleich Ausdruck einer stabilen Ordnung, doch nun zerfalle sie, was die Zukunft ungewiss erscheinen lasse. Die naive Vorstellung, über Bildung könnten Teile der Kultur an die ganze Gesellschaft übermittelt werden, zerstöre die Kultur, denn die einzige Möglichkeit, eine solche allgemeine Demokratisierung der Kultur zu schaffen, eine »Massenkultur«, bewirke eine Verfälschung und Vergröberung derselben. So wie in Eliots Verständnis Eliten unerlässlich sind, muss es in einer Gesellschaft auch eine regionale Kultur geben, welche die nationale Kultur speist und zugleich Teil von ihr ist, eine Kultur mit einem eigenen Profil und einer gewissen Unabhängigkeit: »Zunächst ist wichtig, dass ein Mensch sich nicht nur als ein Bürger einer bestimmten Nation fühlen sollte, sondern als Bürger eines besonderen Teils seines Landes, und zwar mit ganz bestimmten lokalen Bindungen. Diese entspringen, wie die Bindungen an die Klasse, der Bindung an die Familie« (S. 66).

Für Eliot wird Kultur im Wesentlichen innerhalb der Familie übermittelt, und wenn diese Institution ihre Aufgabe nicht mehr erfüllt, müssen wir damit rechnen, »dass unsere Kultur minderwertiger wird« (S. 54). Nach der Familie sei, generationenübergreifend, die Kirche die wichtigste Übermittlerin von Kultur gewesen, nicht die Schule. Wobei Kultur zu unterscheiden sei von Kulturwissen. Die Kultur ist für ihn »nicht einfach die Summe verschiedener Betätigungen«, sondern »eine *Lebensform*« (S. 51 f.), ein *way of life*, bei dem die Formen ebenso wichtig sind wie der Inhalt. Wissen hat mit der Entwicklung der Technik und der Wissenschaften zu tun, dagegen geht Kultur dem Wissen voraus, sie ist eine Geisteshaltung, eine Sensibilität und eine Pflege der Form, welche den Erkenntnissen einen Sinn und eine Orientierung gibt.

Kultur und Religion sind für Eliot nicht dasselbe,

aber sie lassen sich nicht voneinander trennen, denn die Kultur entstand mit der Religion, und so wird sie immer, auch wenn sie sich historisch von ihr entfernt hat, gleichsam durch eine Nabelschnur mit ihr verbunden sein. Was bedeutet, »dass jede Religion für die Zeit ihres Bestehens und auf dem ihr eigenen Niveau dem Leben einen greifbaren Sinn gibt, das Gerüst für eine Kultur stellt und die Masse der Menschheit vor geistiger Leere und Verzweiflung bewahrt« (S. 41).

Wenn Eliot von Religion spricht, meint er vor allem die christliche Überlieferung, die Europa maßgeblich geprägt habe. »Auf dem Boden des Christentums hat sich unsere Kunst entwickelt; im Christentum ist das Rechtswesen Europas – bis vor kurzem jedenfalls – verwurzelt gewesen. Ohne das Christentum als Hintergrund hätte unser ganzes Geistesleben keinen Sinn. Der einzelne Europäer mag die Lehre des Christentums für falsch halten, und doch wird alles, was er sagt und tut und schafft, seinem christlichen Kulturerbe entspringen und diese Kultur als sinngebend voraussetzen. Nur eine christliche Kultur konnte einen Voltaire oder Nietzsche hervorbringen. Ich glaube, dass die europäische Kultur das völlige Erlöschen christlicher Religiosität nicht überleben könnte.« (S. 163 f.)

Eliots Vorstellung von Gesellschaft und Kultur erinnert in ihrer Gliederung an Hölle, Fegefeuer und Himmel in Dantes *Göttlicher Komödie* mit ihren Kreisen und Sphären, ihren starren Symmetrien und Hierarchien, in denen Gott nach einer unantastbaren Ordnung das Böse bestraft und das Gute belohnt.

1971, gut zwanzig Jahre nach Eliots Buch, antwortet George Steiner ihm mit *In Bluebeard's Castle. Some Notes*

13

Towards the Redefinition of Culture[*]. In seinem dichten, eindringlichen Essay zeigt er sich zutiefst beunruhigt, dass der große Dichter von *The Waste Land* kurz nach dem Krieg über die Kultur hatte schreiben können, ohne das Thema auch nur im Mindesten mit den beiden Weltenbränden des Jahrhunderts und dem Massenmorden in Beziehung zu setzen, ohne den Holocaust auch nur zu streifen, zu dem die lange antisemitische Tradition in der westlichen Kultur geführt habe. Steiner nimmt sich vor, diesem Versäumnis mit einer Analyse zu begegnen, welche vorrangig die Verbindung von Kultur und politisch-gesellschaftlicher Gewalt bedenkt.

Steiner zufolge breitet sich nach der Französischen Revolution und den Napoleonischen Kriegen mit der Restauration und dem Sieg des Bürgertums auf dem Alten Kontinent der große *ennui* aus, was mit *Langeweile* nicht adäquat übersetzt sei: ein nagendes Unbehagen, eine Mischung aus Frustration, Überdruss, Melancholie und heimlicher Sehnsucht nach dem großen Knall, nach Gewalt und Chaos, wovon die europäische Literatur und Werke wie Freuds *Das Unbehagen in der Kultur* Zeugnis ablegten. Die Dada-Bewegung sollte dieses Phänomen auf die Spitze treiben. Nach Steiner verkündet die europäische Kultur nicht nur, sie wünscht sich auch, dass eine solche reinigende Brandkatastrophe komme, es werden die Revolutionen und die beiden Weltkriege sein. Statt aufzubegehren, provoziert und feiert die Kultur diese Blutbäder.

Steiner ist der Überzeugung, »dass eine Analyse von

---

[*] George Steiner, *In Blaubarts Burg. Anmerkungen zur Neudefinition der Kultur*, Suhrkamp Verlag, Frankfurt am Main 1972

Idee und Ideal der Kultur das vollste Verständnis der Phänomenologie jenes Massenmordens erfordert, das in Europa zwischen 1936 und 1945 um sich gegriffen hat, und zwar vom Süden Spaniens bis an die Grenzen des asiatischen Russland« (S. 41 f.), und der Grund dafür, dass Eliot dies nicht angepackt habe, erkläre sich womöglich aus seiner Zwiespältigkeit gegenüber allen Dingen, die das Judentum beträfen. Sein Fall ist keine Ausnahme, denn es habe »auch nicht viele Versuche gegeben, das Hauptphänomen der Barbarei des zwanzigsten Jahrhunderts in Relation zu setzen zu einer umfassenden Kulturtheorie« (S. 37). Und Steiner fügt hinzu: »Eine Kulturtheorie […], welche die Natur jenes Schreckens, der in Europa und in Russland zwischen dem Ausbruch des Ersten und dem Ende des Zweiten Weltkriegs etwa siebzig Millionen Menschen den Tod durch Kampfhandlungen, durch Hunger oder durch geplantes Massaker gebracht hat, nicht zum Angelpunkt ihrer Betrachtung macht, scheint mir von vornherein verantwortungslos und deshalb auch unverantwortlich zu sein.« (S. 38)

Für Steiner ist Kultur eng mit Religion verbunden, und in diesem Punkt lässt er Eliot gelten, jedoch nicht in einem engeren, konfessionellen Sinn, und so sei Eliots »Sehnsucht nach christlichem Gehorsam zum verwundbarsten Aspekt seiner Beweisführung geworden« (S. 98). Der Willensdrang, so Steiner, der große Kunst und unparteiisches Denken hervorrufe, wurzele »in einem gewagten Spiel mit der Transzendenz« (S. 98), er sei eine Wette gegen die Transzendenz. Dies sei das eigentlich Religiöse jeder Kultur. Doch die westliche Kultur ist seit unvordenklichen Zeiten antisemitisch geprägt, und der Grund ist religiöser Natur. Er ist eine rachsüchtige Antwort der nichtjüdischen Menschheit gegenüber dem Volk, das den Monotheismus schuf, das heißt die Auffassung von einem einzigen Gott, der unsichtbar ist, allgegenwärtig und mit dem Verstand, selbst der menschlichen Vorstellungskraft nicht zu fassen. Die mosaische Gottesauffassung trat an die Stelle des Polytheismus mit seinen Göttern und Göttinnen, die für die Menschen greifbar waren und mit denen sie sich arrangieren konnten. Nach Steiner waren die christlichen Gemeinschaften mit ihren Heiligen, dem Geheimnis der Dreifaltigkeit und dem Marienkult fast sämtlich »Bastard-Gebilde aus monotheistischen Idealen und polytheistischen Praktiken« (S. 47), was es ihnen ermöglichte, etwas von diesen wuchernden Gottheiten zu retten, welche der von Moses begründete Monotheismus abgeschafft hatte. Der einzige, »undenkbare« Gott der Juden übersteigt den menschlichen Verstand – er ist nur im Glauben zugänglich –, und dieser war es, der den *philosophes* der Aufklärung zum Opfer fiel, die fest davon überzeugt waren, mit einer säkularisierten Kultur würden Folter und Gemetzel, direkte Abkömmlinge des religiösen Dogmatismus, verschwinden. Doch Gottes Tod bedeutete nicht die Ankunft des Paradieses, sondern vielmehr die Hölle auf Erden, beschrieben schon in Dantes *Commedia* oder vom Marquis de Sade mit seinen Palästen der Lust. Die von Gott befreite Welt wurde nach und nach beherrscht vom Teufel, dem Geist des Bösen, der Grausamkeit, der Zerstörung, was dann sein Paradigma findet in den Schlächtereien der Weltkriege, den Verbrennungsöfen der Nazis und dem sowjetischen Gulag. Eine solche Katastrophe ist für

Steiner das Ende der Kultur, und so leben wir in einer Nachkultur.

Steiner betont die in der westlichen Tradition verwurzelte Fähigkeit zur Selbstkritik. »Welche anderen Rassen haben sich denn voll Bußfertigkeit jenen Völkerschaften zugewendet, die vordem von ihnen versklavt gewesen – welche anderen Zivilisationen haben die eigene, glanzvolle Vergangenheit der Unmoral bezichtigt? Solcher Reflex kritischer Selbstschau im Namen der absoluten Ethik – er ist nur ein weiterer, kennzeichnender Akt westlichen, post-Voltaireschen Denkens.« (S. 74)

Eines der Merkmale der Nachkultur sei es, nicht mehr daran zu glauben, dass der Fortschritt, der Weg aller Geschichte im aufsteigenden Sinne verlaufe, es herrsche ein »Kulturpessimismus« oder neuer, stoischer Realismus (S. 77). Gleichwohl sei der materielle Fortschritt unverkennbar, unsere »Wunder« auf dem Gebiet der Technik und der wissenschaftlichen Erkenntnisse grenzten tatsächlich ans Wunderbare. Doch dieser Fortschritt bedeute auch Schädigung, weil er auf nicht gutzumachende Weise das zwischen Mensch und Natur bestehende Gleichgewicht zerstöre, und nicht immer trage er dazu bei, die Armut zu verringern, vielmehr vergrößere er die Kluft zwischen Arm und Reich, zwischen Ländern, Klassen und Individuen.

Steiner zufolge hat unsere Zeit den Mythos zerstört, wonach Humanismen humanisierten. Demnach stimmt es nicht, wie so viele optimistische Pädagogen und Philosophen glaubten, dass eine liberale Erziehung, zugänglich für alle, in den modernen Demokratien Fortschritt und eine Zukunft in Frieden, Freiheit und Chancengleichheit garantiert, »es können Bibliotheken,

Museen, Theater, Hochschulen, Forschungsstätten, also all das, wodurch oder worin die Kultur- und Wissensvermittlung sich vollzieht, durchaus in der Nachbarschaft der Konzentrationslager gedeihen« (S. 86). Und wie für die Gesellschaft gilt für das Individuum, dass zuweilen die Hochkultur, die Intelligenz, die Empfänglichkeit und das Gefühl für Ästhetik Platz finden neben dem Fanatismus der Folterer und Mörder. So sei eines der grundlegenden Werke der Sprachphilosophie nahezu in Hörweite eines Todeslagers entstanden: »denn Heideggers Feder hielt nicht inne, und der Verstand ward ihm nicht verrückt.« (S. 87)

Dem stoischen Pessimismus der Nachkultur ist alle Sicherheit geschwunden, die zuvor manche nunmehr abgeschafften Unterschiede und Hierarchien boten: »Die Trennungslinie sonderte die obere von der unteren Schicht, die bedeutendere von der geringeren. Sie schied die Zivilisation vom rückständigen Primitivismus, die Bildung von der Unwissenheit, das gesellschaftliche Privileg von den dienenden Klassen, die Reife von der Unreife, die Männer von den Frauen. Und in jedem Falle stand dieses ›von‹ für ein ›über‹.« (S. 90) Der Zusammenbruch dieses Wertgefälles bilde nun das Hauptfaktum unserer sozialen und intellektuellen Gegebenheiten.

Die Nachkultur, zuweilen im Gewand einer »Gegenkultur«, wirft der Kultur ihren Elitismus vor, die überkommene Verknüpfung von Kunst, Musik, Literatur und Wissenschaft mit dem politischem Absolutismus: »Was hat denn der hohe Humanismus schon getan für die unterdrückte Masse der Gemeinschaft? Wozu war er gut, als die Barbarei hereinbrach?« (S. 95)

Im letzten Kapitel skizziert Steiner ein recht düsteres

Bild von der Entwicklung, welche die Kultur nehmen könnte, einer Entwicklung, in der die leblos gewordene Tradition in die gelehrte Obhut verbannt wäre: »Schon ist ja ein dominierender Anteil an Dichtung, religiösem Denken und auch an bildender Kunst aus dem unmittelbar persönlichen Bereich hinübergewechselt in die Kompetenz der Spezialisten.« (S. 116) Was einmal gelebtes Leben war, fällt nun dem Archivarischen anheim. Und die Kultur wird, schlimmer noch, ein Opfer sein – sie ist es längst –, ein Opfer dessen, was Steiner das »Abrücken vom Wort« nennt. In der Ära der Kultur war »das gesprochene, erinnerte und geschriebene Wort zum Rückgrat aller Bewusstheit geworden« (S. 121). Doch nun wird das Wort immer mehr dem Bild untergeordnet und auch der Musik, Identitätszeichen der neuen Generationen, deren Rhythmen, ob Pop, Folk oder Rock, einen alles umhüllenden Raum schaffen, eine Welt, in der Lesen, Schreiben, persönliches Gespräch, Studieren sich »in einem Bezirk des grellen Vibrato« vollziehen (S. 126). Und Steiner fragt sich, was dieses überlaute Melodiegehämmer dem menschlichen Hirn in dessen wichtigsten Entwicklungsphasen zufügt, welche Auswirkungen die »Musikalisierung« unserer Kultur haben könnte.

Neben der fortschreitenden Beschädigung des Wortes als herausragendem Faktum unserer Zeit verweist Steiner darauf, dass die Umwelt und die ökologischen Veränderungen zunehmend in den Blick geraten, dazu auf die erstaunliche Entwicklung der Wissenschaften – vornehmlich in der Mathematik und den Naturwissenschaften –, welche unvermutete Dimensionen des menschlichen Lebens, der Natur, des Weltraums offenbaren und dabei Techniken schaffen, die das Gehirn und das Verhalten der Menschen zu manipulieren und zu verändern in der Lage sind. Die »Buchkultur«, auf die Eliot sich ausschließlich bezog, büßt ihre Vorrangstellung ein und wird marginalisiert. Sie existiert also nur noch am Rande der heutigen Kultur, die fast völlig mit der klassischen humanistischen Bildung gebrochen hat – der hebräischen, griechischen, lateinischen –, und wird allenfalls von Spezialisten gepflegt, die sich in einem hermetischen Jargon und anämischer Gelehrsamkeit verschließen.

In dem vielleicht angreifbarsten Teil seines Essays verficht Steiner die These, dass unsere Kultur – die postmoderne also – vom gebildeten Menschen Grundkenntnisse in Mathematik und in den Naturwissenschaften verlangt, um sowohl die beachtlichen wissenschaftlichen Fortschritte zu begreifen, welche die Welt der Wissenschaft erreicht hat und auf allen Gebieten weiterhin erreicht – in der Chemie, der Physik oder der Astronomie –, als auch ihre Anwendungen, die nicht selten so erstaunlich seien wie die kühnsten Erfindungen der fantastischen Literatur. Dergleichen Postulat ist natürlich utopisch, und es erinnert an jene Utopien, die Steiner in seinem Essay abwertet, denn wenn schon in der jüngeren Vergangenheit ein Pico della Mirandola unvorstellbar war, der das gesamte Wissen seiner Zeit erfasste, scheint ein solch ehrgeiziges Ziel heute nicht einmal für die Computer möglich, deren unendliche Speicherkapazitäten Steiners Bewunderung wecken. Mag sein, dass eine solche Kultur in unserer Zeit nicht mehr möglich ist, aber der Grund wird ein anderer sein, denn allein die Vorstellung von Kultur hatte nie etwas mit Quantität zu tun, sondern immer mit Qualität und Sensibilität. Wie auch in anderen Essays beginnt Steiner mit beiden Beinen auf der Erde und endet in einem wolkigen Irgendwo.

Ein paar Jahre vor Steiners Essay, im November 1967, erschien in Paris Guy Debords *La Société du Spectacle**, dessen Titel dem Originaltitel des vorliegenden Bandes – *La civilización del espectáculo* – zwar ähnelt, die Annäherungen an das Thema Kultur jedoch sind grundverschieden. Debord, Autodidakt, radikaler Avantgardist, Agitator und eine der treibenden Kräfte der provokativen Gegenkultur der Sechziger, bezeichnet als »Spektakel«, was Marx in seinen Ökonomisch-philosophischen Manuskripten aus dem Jahre 1844 die »Entfremdung« oder »Entäußerung« des Menschen nannte; sie resultiert aus dem Fetischcharakter der Ware, welche im fortgeschrittenen industriellen Stadium der kapitalistischen Gesellschaft eine solche Bedeutung im Leben der Konsumenten erlangt, dass sich schließlich alles nur um sie dreht und Interessen kultureller, intellektueller oder politischer Art in den Hintergrund treten. Der zwanghafte Erwerb von Produkten, welche die Warenproduktion aufrechterhalten und ankurbeln, bewirkt das Phänomen der »Verdinglichung« oder »Versachlichung« des Einzelnen, der sich dem systematischen Konsum meist überflüssiger und nutzloser Dinge hingibt, welche die Mode und die Werbung ihm aufdrängen. Und so verarmt er innerlich, schottet sich ab und zerstört das Be-

---

* Guy Debord, *Die Gesellschaft des Spektakels*, Projektgruppe Gegengesellschaft, Düsseldorf 1973. Zitiert nach der überarbeiteten Fassung, Edition Nautilus, Hamburg 1978.

wusstsein seiner selbst, seiner Klasse und das der anderen, so dass etwa das Proletariat, gleichsam entproletarisiert durch die Entfremdung, für die herrschende Klasse keine Gefahr mehr darstellt und auch keinen Antagonismus.

Diese Marxschen Gedanken sind die Grundlage für Debords Theorie über unsere Zeit. Seine zentrale These ist, dass in der modernen Industriegesellschaft, in der der Kapitalismus triumphiert und die Arbeiterklasse (zumindest vorläufig) besiegt ist, die Entfremdung das Leben der Gesellschaften beherrscht und dieses in eine Vorstellung entwichen ist, seine Repräsentation, in der alles Spontane, Authentische und Echte – die Wahrheit des Menschlichen – ersetzt wurde durch das Künstliche und Falsche. In dieser Welt bestimmen die Dinge – die Waren – nun das Leben, sie sind die Herren, denen die Menschen dienen, womit die Produktion sichergestellt ist, welche die Eigentümer der Maschinen und Industrien, die diese Waren herstellen, bereichert. Das Spektakel ist dabei »die tatsächliche Diktatur der Illusion in der modernen Gesellschaft« (These 213).

Auch wenn Debord sich in der Auslegung marxistischer Thesen bisweilen große Freiheiten erlaubt, akzeptiert er doch als kanonische Wahrheit die Theorie von der Geschichte als Klassenkampf und der »Verdinglichung« oder »Versachlichung« des Menschen durch einen Kapitalismus, der künstliche Bedürfnisse, Gelüste und Moden schafft, damit der Markt expandieren kann. Geschrieben in einem unpersönlichen, abstrakten Stil, besteht sein Buch aus neun Kapiteln und 221 Thesen, davon einige kurz wie Aphorismen und fast immer ohne jedes anschauliche Beispiel. Seine Argumentation ist zuweilen schwer nachzuvollziehen, so verschlungen ist seine Prosa. Kultur im engeren Sinne, bezogen auf Kunst und Literatur, hat in seinem Buch nur am Rande Platz. Seine Themen sind Ökonomie, Philosophie und Geschichte mehr denn alles Kulturelle, was Debord, auch darin dem klassischen Marxismus treu, auf einen Überbau reduziert, der sich über jenen Produktionsverhältnissen erhebt, welche die Basis der Gesellschaft sind.

Dagegen hält sich der vorliegende Band an einen Begriff von Kultur, der diese nicht als bloße Begleiterscheinung des Ökonomischen und Sozialen verstanden wissen will, sondern als autonome Wirklichkeit, wozu Vorstellungen, ethische und ästhetische Werte ebenso gehören wie Werke der Kunst, die mit allen übrigen gesellschaftlichen Ereignissen interagieren und nicht bloß Reflexe sind, sondern am Beginn sozialer, ökonomischer, politischer und selbst religiöser Phänomene stehen.

Bei Debord finden sich Erkenntnisse und Hypothesen, die mit einigen Aspekten, die ich in meinem Essay hervorheben möchte, übereinstimmen, so der Gedanke, dass das Leben, ersetzt man es durch seine Repräsentation, zu einem Zuschauer seiner selbst wird, das Menschliche also verarmt (These 30). Ebenso seine Feststellung, dass in einer Umgebung, in der das Leben nicht länger gelebt wird, sondern nur noch dargestellt, man gleichsam per procura lebt, so wie ein Schauspieler das gespielte Leben lebt, das er auf der Bühne oder der Leinwand verkörpert. »Der wirkliche Konsument wird zu einem Konsumenten von Illusionen.« (These 47) Eine luzide Beobachtung, die in den Jahren nach

Erscheinen seines Buches mehr als bestätigt werden sollte.

Dieser Prozess, so Debord, hat die »Banalisierungsbewegung« zur Folge, welche »die moderne Gesellschaft weltweit beherrscht«, eben aufgrund der Vervielfachung der Waren, die dem Verbraucher zur Auswahl stehen, eine Pseudofreiheit, weil die vorgenommenen Veränderungen keine frei gewählten sind, sondern vom Wirtschaftssystem, von der Dynamik des Kapitalismus bestimmt werden.

Sich absetzend vom Strukturalismus, den er einen »kalten Traum« nennt, ist für Debord eine Kritik der Gesellschaft des Spektakels nur denkbar als Teil einer praktischen Kritik an dem Umfeld, das sie hervorbringt, gewissermaßen im Sinne einer revolutionären Aktion zur effektiven Zerstörung einer solchen Gesellschaft (These 203). Vor allem in dieser Hinsicht stehen meine Thesen den seinen diametral entgegen.

In den letzten Jahren haben zahlreiche Arbeiten versucht, die Charakteristika unserer Gegenwartskultur im Zeichen der Globalisierung zu definieren. Einer der scharfsinnigsten Versuche ist der von Gilles Lipovetsky und Jean Serroy, *La Culture-monde. Réponse à une société désorientée*[*] *(Die Weltkultur. Antwort auf eine verunsicherte Gesellschaft)*. Ihr Tenor ist, dass wir es eben mit einer Weltkultur zu tun haben, welche im fortschreitenden Schwinden der Grenzen und getragen von den Märkten sowie der wissenschaftlichen und technologischen Revolution (vor allem in der Kommunikation) zum ersten

---

[*] Gilles Lipovetsky / Jean Serroy, *La Culture-monde. Réponse à une société désorientée*, Odile Jacob, Paris 2008

Mal in der Geschichte kulturelle Referenzen hervorgebracht hat, auf die sich Gesellschaften und Individuen aller fünf Kontinente verbindlich beziehen können, so unterschiedlich ihre jeweiligen Traditionen, Religionen und Sprachen auch sein mögen. Diese neue Kultur ist nicht länger elitär, gelehrt und exklusiv, sondern eine echte »Massenkultur«: »Anders als die hermetischen und elitären Avantgarden will die Massenkultur einem größtmöglichen Publikum Neues und möglichst vielen Konsumenten Abwechslung bieten. Es geht darum, zu unterhalten, den Menschen Vergnügen zu bereiten, eine einfache, allen zugängliche Flucht zu ermöglichen, ohne irgendeine Bildung oder kulturelle Orientierung vorauszusetzen. Was die Kulturindustrie erfindet, ist nicht mehr als eine in Massenkonsumartikel transformierte Kultur.« (S. 77)

Diese Massenkultur, so die Autoren, erwächst aus der Dominanz des Bildes und des Tons, das heißt per Bildschirm – und zum Nachteil des Wortes. Die Filmbranche, vor allem Hollywood, globalisiert die Filme, trägt sie in alle Länder und in alle gesellschaftliche Schichten, denn wie die DVDs und das Fernsehen sind die Filme allen zugänglich und verlangen vom Zuschauer keinerlei ausgeprägte geistige Fähigkeiten. Mit der digitalen Revolution, der Ausbreitung des Internets und der sozialen Netzwerke hat sich dieser Prozess noch beschleunigt. Nahezu sämtliche Bereiche der Kommunikation, der Kunst, der Politik, des Sports, der Religion et cetera haben die Auswirkungen der omnipräsenten Bildschirme erfahren. »Die Bildschirmwelt hat die Raumzeit der Kultur in ihren Dimensionen durcheinandergewirbelt.« (S. 86)

All das ist zweifellos richtig. Allerdings bleibt unklar, ob das, was Lipovetsky und Serroy Weltkultur oder Massenkultur nennen und wozu sie selbst die »Markenkultur« der Luxusgüter zählen, tatsächlich Kultur im engeren Sinne sein soll oder ob wir Grundverschiedenes meinen, wenn wir einerseits von einer Wagner-Oper und der Philosophie Nietzsches sprechen und andererseits von den Filmen Hitchcocks und John Fords (zwei meiner Lieblingsregisseure) oder einer Coca-Cola-Werbung. Für die beiden Autoren ist dies selbstverständlich, ich dagegen denke, dass es hier eine Verschiebung gegeben hat, einen Hegelschen qualitativen Sprung. In den beiden ersten Kapiteln dieses Buches will ich erklären, warum.

Auch scheinen mir einige Behauptungen in *La Culture-monde* recht zweifelhaft, etwa dass diese neue Kultur weltweit einen extremen Individualismus hervorgebracht hätte. Ganz im Gegenteil, die Werbung und die Moden, welche die Kulturprodukte heute lancieren und durchsetzen, sind ein ernstes Hindernis für die Befähigung unabhängiger Individuen, selbst zu beurteilen, was ihnen an einem Produkt gefällt, was sie bewundern, was sie unangenehm oder scheußlich finden. Die Weltkultur fördert den Einzelnen nicht, sie verblödet ihn, nimmt ihm Klarsicht und freien Willen, so dass er auf die Angebote dieser »Kultur« konditioniert reagiert, wie Herdenvieh, wie der pawlowsche Hund beim Klang des Futterglöckchens.

Wenig überzeugend ist auch die Annahme von Lipovetsky und Serroy, die Kultur der Vergangenheit habe heute, da Millionen von Touristen Sehenswürdigkeiten wie den Louvre, die Akropolis oder die griechischen

Amphitheater auf Sizilien besuchen, nicht an Wert eingebüßt und genieße weiterhin ein hohes Ansehen. Die Autoren merken nicht, dass dergleichen Massenansturm kein Zeichen von echtem Interesse an der *haute culture* ist, wie sie es nennen, sondern reiner Snobismus, denn an diesen Orten gewesen zu sein gehört zu den Pflichten des postmodernen Touristen. Statt ihn für die Vergangenheit und klassische Kunst zu begeistern, entbindet sie ihn von der Aufgabe, sie mit einem Minimum an Einsatz zu studieren und zu verstehen. Ein flüchtiger Blick genügt, und das kulturelle Gewissen kann beruhigt sein. Die Besuche dieser attraktionslüsternen Touristen verfälschen, was die Museen und Denkmäler wirklich bedeuten, denn absolviert wurden sie nicht anders als die weiteren Pflichten des mustergültigen Touristen: in Italien Pasta zu essen und Tarantella zu tanzen, in Andalusien beim Flamenco und beim Cante jondo zu klatschen, in Paris *escargots* zu probieren und dann den Louvre zu besichtigen oder eine Vorstellung im Folies Bergère.

2010 erschien in Frankreich *Mainstream*[*], ein Buch, in dem der Soziologe Frédéric Martel aufzeigt, dass die »neue Kultur« oder »Weltkultur«, von der Lipovetsky und Serroy sprachen, längst obsolet ist, überrollt von unserer Zeit. Das Buch ist faszinierend und erschreckend zugleich in seiner Beschreibung der »Unterhaltungskultur«, die fast überall ersetzt, was man vor einem halben Jahrhundert noch unter Kultur verstand. *Mainstream* ist eine sehr ambitionierte Reportage, recherchiert an vie-

---

* Frédéric Martel, *Mainstream. Wie funktioniert, was allen gefällt*, Albrecht Knaus Verlag, München 2011

len Orten der Welt, mit Hunderten von Interviews über das, was infolge der Globalisierung und der audiovisuellen Revolution heutzutage auf den fünf Kontinenten ein gemeinsamer Nenner ist.

Von Büchern ist bei Martel keine Rede – genannt werden auf den vielen hundert Seiten nur *The Da Vinci Code* von Dan Brown und als einzige Autorin die Filmkritikerin Pauline Kael –, auch nicht von Malerei oder Bildhauerei, Musik oder Tanz, Philosophie oder humanistischer Bildung, sondern ausschließlich von Filmen, Fernsehsendungen, Videospielen, Mangas, Rock-, Pop- oder Rapkonzerten, von Videos und Tablets und von der »Kreativwirtschaft«, die all das produziert und promotet, von der Unterhaltung des großen Publikums also.

Der Autor sieht den Wandel positiv, denn auf diese Weise hat die Mainstreamkultur einer kleinen Minderheit die Kulturhoheit entrissen, hat Kultur also demokratisiert und allen zugänglich gemacht; außerdem scheinen ihm die Inhalte dieser neuen Kultur in vollkommener Übereinstimmung zu sein mit der Moderne, den großen wissenschaftlichen und technologischen Errungenschaften unserer Zeit.

Die Berichte und Belege, die Martel versammelt, wie auch seine eigenen Analysen sind lehrreich und dürften repräsentativ sein für eine Wirklichkeit, um die Soziologie und Philosophie lange einen Bogen gemacht haben. Die große Mehrheit des Menschengeschlechts praktiziert, konsumiert und produziert heute keine andere Form von Kultur als jene, die früher von den gebildeten Kreisen nur abschätzig betrachtet wurde, als reine Freizeitbeschäftigung, ohne jede Verwandtschaft mit den geistigen, künstlerischen und literarischen Betätigungen, auf denen die Kultur gründet. Die ist längst tot, auch wenn sie, ohne jeden Einfluss auf den Mainstream, in bestimmten Nischen noch weiterexistiert.

Der wesentliche Unterschied zwischen der vergangenen Kultur und dem heutigen »Entertainment« ist, dass früher ein Werk beanspruchte, die Gegenwart zu transzendieren und zu überdauern, in den kommenden Generationen lebendig zu bleiben, während die neuen Produkte hergestellt werden, um augenblicks, wie Kekse oder Popcorn, konsumiert zu werden und zu verschwinden. Tolstoi, Thomas Mann, selbst Joyce und Faulkner schrieben noch Bücher, die den Tod besiegen, ihre Autoren überleben, dereinstige Leser für sich einnehmen und in Bann schlagen wollten. Brasilianische Telenovelas und Bollywood-Filme wollen, wie die Konzerte von Shakira, nicht länger dauern als ihre Aufführung, um Platz zu machen für andere Produkte, die ebenso erfolgreich und flüchtig sind wie sie. Kultur ist Unterhaltung, und was nicht unterhält, ist keine Kultur.

Martels Untersuchung zeigt, wie weltumspannend das Phänomen heute ist, eine geschichtliche Premiere und ein Ereignis, an dem die entwickelten und die unterentwickelten Länder gleichermaßen teilhaben, so unterschiedlich ihre Traditionen, religiösen Anschauungen oder Regierungssysteme auch sein mögen.

Wesentlich für diese neue Kultur sind die industrielle Massenproduktion und der kommerzielle Erfolg. Die Unterscheidung zwischen Preis und Wert hat sich verflüchtigt, beides ist jetzt eins, wobei hier das eine das andere absorbiert und außer Kraft setzt. Was erfolgreich ist und sich verkauft, ist gut, und was scheitert und vom

Publikum verschmäht wird, ist schlecht. Der einzige Wert ist der kommerzielle. Das Verschwinden der alten Kultur bedeutet das Verschwinden der alten Vorstellung von Wert. Der einzige Wert, den es heute noch gibt, ist der vom Markt bestimmte.

Von T. S. Eliot bis zu Frédéric Martel hat der Kulturbegriff viel mehr als eine Entwicklung erlebt: es ist der traumatische Umzug in eine neue Wirklichkeit, in der kaum noch Spuren bleiben von jener, die sie verdrängt hat.

I

Die Kultur des Spektakels

Claudi Pérez, von *El País* nach New York entsandt, um über die Finanzkrise zu berichten, schreibt am Freitag, dem 19. September 2008: »Die New Yorker Boulevardpresse sucht wie verrückt nach einem Broker, der von einem der imposanten Wolkenkratzer in die Tiefe springt, wo die großen Investmentbanken ihr Domizil haben, die einstigen Idole, die der Finanzsturm hinwegfegen wird.« Halten wir uns für einen Moment das Bild vor Augen: eine Meute von Papparazzi, die in die Höhe späht, um den ersten Selbstmord einzufangen als anschauliche, dramatische, spektakuläre Verkörperung der Finanzkatastrophe, die Billionen von Dollar vernichtet und Großunternehmen wie unzählige Privatanleger in den Abgrund getrieben hat. Ich glaube nicht, dass es ein Bild gibt, das unsere Kultur besser auf den Punkt bringen könnte.

Aber was heißt Kultur des Spektakels? Es ist die Kultur, in der Unterhaltung das Wichtigste ist, in der Eskapismus und Spaß die allesbeseelenden Leidenschaften sind. All das ist völlig legitim, klar. Nur ein verknöcherter Puritaner könnte seinen Mitmenschen vorwerfen, sie wollten sich in ihrem oft deprimierenden, abstumpfenden Alltagsleben entspannen, zerstreuen, etwas Humor und Vergnügen gönnen. Doch wird diese verständliche Neigung, es sich gutgehen zu lassen, zum höchsten Wert erhoben, bleiben die Folgen nicht aus: die Kultur wird banal, das Frivole breitet sich aus, und um sich greift ein Journalismus des Klatsches und des Skandals.

Fragt sich, wie der Westen in eine solcherart geprägte Kultur abrutschen konnte. Dazu gehört gewiss der außerordentliche wirtschaftliche Aufschwung, der auf die Jahre der Entbehrung im Zweiten Weltkrieg und den Mangel der Nachkriegsjahre folgte. In allen freiheitlich-demokratischen Gesellschaften Europas und Nordamerikas wuchs die Mittelschicht rasant, die Gesellschaft wurde mobiler, die moralischen Parameter änderten sich. Es fand eine bemerkenswerte Öffnung statt, angefangen bei der Sexualität, welche die Kirchen und der prüde Laizismus der politischen Institutionen, ob von rechts oder von links, im engen Korsett hielten. Wohlstand, gelockerte Sitten und immer mehr Freizeit führten dazu, dass die Kulturindustrie, befördert von der Werbung, dieser Zaubermeisterin unserer Zeit, beträchtlich wachsen konnte. So wurde der Wunsch, sich nicht zu langweilen und alles Störende, Beunruhigende oder Beängstigende zu meiden, auf so systematische wie unmerkliche Weise zu einem Generationsauftrag, zu etwas, was Ortega y Gasset den »Geist unserer Zeit« nannte, zu jenem wonnigen, gehätschelten und frivolen Gott, dem wir alle, bewusst oder unbewusst, seit mindestens einem halben Jahrhundert und von Tag zu Tag inniger huldigen.

Ein weiterer, nicht minder bedeutender Faktor in dieser Entwicklung war die Demokratisierung der Kultur, ein Phänomen, das im Kern durchaus altruistisch motiviert war: Die Kultur sollte nicht länger die Domäne einer Elite sein, eine demokratische und freiheitliche Gesellschaft hatte die moralische Pflicht, sie allen zugänglich zu machen, durch Bildung, aber auch durch Förderung und Subventionierung der Kunst in ihren unterschiedlichsten Ausdruckformen. Nur hatte dieses lobenswerte Ansinnen den unerwünschten Effekt, dass es das Kulturleben trivialisierte und ins Mittelmaß herabzog; wobei formale Laxheit und inhaltliche Seichtigkeit der Kulturprodukte mit ebendem Ziel gerechtfertigt wurde, die größtmögliche Anzahl von Menschen zu erreichen. Quantität auf Kosten von Qualität. Dieses Kriterium, das in der Politik immer schon für die schlimmste Demagogie herhalten musste, hat auf dem Feld der Kultur ungeahnte Auswirkungen gehabt, denn die Hochkultur, ob ihrer Komplexität und zuweilen schwer verständlichen Codes zwangsläufig einer Minderheit vorbehalten, gibt es nicht mehr, der Begriff selbst von Kultur ist in der Masse aufgegangen. Mittlerweile hat Kultur nur noch die Bedeutung, die ihr der anthropologische Diskurs zuweist. Kultur umfasst dann alle Äußerungsformen des Lebens einer Gemeinschaft: Sprache, Glaube, Sitten und Gebräuche, Kleidung, Techniken und letztlich alles, was in ihr praktiziert, gemieden, respektiert und verabscheut wird. Wenn der Kulturbegriff aber zu einem solchen Amalgam wird, bleibt es nicht aus, dass die Kultur bloß noch als angenehme Art verstanden wird, die Zeit zu verbringen. Natürlich ist auch das Teil der Kultur, aber wenn sie am Ende nichts anderes mehr ist, verliert sie ihre Substanz und ihre Würde: Alles, was zu ihr gehört, wird angeglichen und vereinheitlicht, bis eine Verdi-Oper, Kants Philosophie, ein Konzert der Rolling Stones und eine Vorstellung des Cirque du Soleil als gleichwertig betrachtet werden.

Weshalb es auch nicht verwundert, dass jene Literatur, die wie keine andere für unsere Zeit steht, die Literatur *light* ist, eine seichte, oberflächliche, einfache Literatur, die zuerst und vor allem (und fast ausschließlich) unterhalten will. Um nicht missverstanden zu werden: Ich verurteile keineswegs die Autoren einer solchen unbeschwerten Unterhaltungsliteratur, denn es gibt unter ihnen echte Talente. Aber wenn heute kaum noch jemand so gewagte literarische Abenteuer in Angriff nimmt, wie ein Joyce, eine Virginia Woolf, ein Rilke oder ein Borges dies taten, dann liegt das nicht allein an den Schriftstellern; es liegt auch daran, dass die Kultur, in der wir nun versinken, solch furchtlose Anstrengungen nicht nur nicht begünstigt, sondern behindert, Anstrengungen, die in Werken gipfeln, welche dem Leser eine fast so große geistige Konzentration abverlangen wie die, die sie ermöglicht hat. Heutige Leser wollen leichte Bücher, und die Nachfrage übt einen Druck aus, der für die Autoren zu einem machtvollen Kriterium wird.

Es ist auch kein Zufall, dass die kritische Betrachtung aus den gängigen Informationsmedien so gut wie verschwunden ist und nur noch in der klösterlichen Abgeschiedenheit der geisteswissenschaftlichen Fakultäten stattfindet, zumal der Philologien, deren Publikationen nur Fachleute verstehen. Schon wahr, die seriöseren Zeitungen und Zeitschriften bringen weiterhin Besprechungen von Büchern, Ausstellungen und Konzerten, aber liest jemand diese einsamen Paladine, die noch versuchen, in dem bunten Dschungel, aus dem das kulturelle Angebot heutzutage besteht, eine hierarchische Ordnung zu schaffen? Die Kritik jedenfalls, die zur Zeit unserer Groß- und Urgroßeltern eine zentrale Rolle spielte, weil sie den Menschen bei der schwierigen Aufgabe, zu beurteilen, was sie hörten, sahen oder lasen, mit gutem Rat zur Seite stand, diese Kritik ist heute eine aussterbende Art, von niemandem beachtet, es sei denn, sie kommt selbst als Amüsement und Spektakel daher.

Literatur light, Kino light, Kunst light, sie geben dem Leser oder Betrachter das behagliche Gefühl, er sei gebildet, revolutionär, modern und marschiere an der Spitze des Trends, das alles mit einem Minimum an intellektuellem Aufwand. Und so zementiert diese Kultur, die sich gerne fortschrittlich und tabubrecherisch gibt, in ihren schlimmsten Ausprägungen, dem Wohlgefallen und der Selbstzufriedenheit, in Wahrheit bloß den Konformismus.

Heutzutage ist es normal und fast schon Pflicht, dass Kochen und Mode einen großen Teil des Kulturprogramms einnehmen, und so genießen »Meisterköche« und »Modemacher« nun die Geltung, die früher Wissenschaftlern, Komponisten oder Philosophen zukam. Herdplatten und Laufstege vermischen sich im kulturellen Koordinatensystem unserer Zeit mit Büchern, Konzerten, Labors und Opern, und Fernsehstars und Fußballer üben auf die Gewohnheiten, Geschmäcker und Moden einen Einfluss aus, wie ihn früher die Professoren, Denker und (noch früher) Theologen besaßen. Vor einem halben Jahrhundert war es in den USA wahrscheinlich ein Edmund Wilson, der mit seinen Artikeln im *New Yorker* oder in der *New Republic* über Erfolg und Misserfolg eines Gedichtbands, eines Romans oder Essays entschied. Heute sind es die Shows der Oprah Winfrey. Ich sage nicht, dass das schlecht wäre. Ich sage nur, dass es so ist.

Die Leere, die die schwindende Kritik hinterlässt, hat

längst die Werbung ausgefüllt, die heute nicht nur ein wesentlicher Teil des kulturellen Lebens ist, sondern ihr Leitstrahl. Sie übt einen entscheidenden Einfluss auf die Ausbildung des Geschmacks, des Empfindens, der Fantasie und der Gewohnheiten aus. Die Funktion, die hier früher die philosophischen Systeme, die religiösen Anschauungen, die Ideologien und Doktrinen hatten oder jene klugen Köpfe, die man in Frankreich als die Mandarine einer Epoche kannte, erfüllen heute die anonymen »Kreativen« in den Werbeagenturen. In gewisser Weise war dies folgerichtig, und zwar von dem Moment an, da literarische und künstlerische Werke zu Produkten wurden, deren Sein oder Nichtsein man den Schwankungen des Marktes unterwarf, in jener tragischen Zeit, als man den *Preis* eines Kunstwerks mit seinem *Wert* zu verwechseln begann. Wenn eine Kultur die Ausübung des Denkens in die Rumpelkammer verbannt und die Gedanken durch Bilder ersetzt, sind es die Marketingtechniken, die über Wohl und Wehe eines Produkts entscheiden, die konditionierten Reflexen eines Publikums, das über keine geistigen und intuitiven Schutzmechanismen mehr verfügt, um die Konterbande oder Erpressung zu erkennen, der es zum Opfer fällt. Auf diesem Wege erreichen die albernen Fummel, die ein John Galliano in Paris über den Laufsteg schickte (bevor seine antisemitischen Ausfälle bekannt wurden), oder die Experimente der Nouvelle Cuisine den Status von Ehrenmitgliedern der Hochkultur.

Dieser Umstand hat auch die Musikbegeisterung auf eine Weise befeuert, dass sie zu einem weltweiten Identitätszeichen für die jüngeren Generationen wurde. Die angesagten Bands und Sänger versammeln bei ihren Konzerten Menschenmengen, die jeden Rahmen sprengen; wie die dionysischen Feste, die im Griechenland der Antike das Irrationale feierten, sind es kollektive Zeremonien der Hemmungslosigkeit und der Katharsis, des Kultes der Instinkte, der Leidenschaft und der Unvernunft. Das Gleiche gilt natürlich auch für die riesigen Raves, bei denen im Dunkeln getanzt, wummernde Trancemusik gehört und dank Ecstasy geflogen wird. Man muss diese Veranstaltungen nicht zwangsläufig mit den religiösen Volksfesten von früher vergleichen; aber hier findet sich, säkularisiert, jener religiöse Geist wieder, der, im Einklang mit den Tendenzen der Epoche, die Liturgie und die Katechismen der traditionellen Religionen ersetzt hat durch Ausdrucksformen einer musikalischen Mystik, in denen zu den treibenden Rhythmen das Individuum seine Persönlichkeit aufgibt, zur Masse wird und unbewusst zu seinem Stamm und zur Magie der Urzeit zurückkehrt. Eine solche zeitgenössische Art der Ekstase ist fraglos vergnüglicher als jene, die Teresa von Ávila oder Johannes vom Kreuz auf dem Weg der Askese, des Gebets und des Glaubens erlangten. Bei Festen und Konzerten in der Menge gehen die jungen Leute heute zur Kommunion, beichten, finden Erlösung, verwirklichen sich und genießen auf diese intensive, elementare Weise, was es heißt, sich selbst zu vergessen.

Eine solche Vermassung ist – neben der Frivolität – ein weiteres Merkmal unserer Zeit. So wird auch dem Sport eine Bedeutung zugeschrieben, wie er sie sonst nur im alten Griechenland hatte. Für Platon, Sokrates, Aristoteles und andere Besucher der Akademia ging die Pflege des Körpers jedoch mit der Pflege des Geistes einher, denn beide bereicherten einander. Ganz anders heute, wo der Sport im Allgemeinen auf Kosten und anstelle geistiger Tätigkeit ausgeübt wird. Dabei ragt keine Sportart so heraus wie der Fußball, ein Massenphänomen, das genau wie die genannten Musikveranstaltungen mehr Menschen vereint als alles andere, ob politische Versammlung, religiöse Prozession oder Bürgerinitiative. Ein Fußballmatch kann für die Liebhaber, und ich bin selber einer, natürlich ein tolles Schauspiel sein, ein Fest des mannschaftlichen und individuellen Könnens, das den Zuschauer zu Recht begeistert. Aber wie die Zirkusspiele im alten Rom dienen die großen Spiele heutzutage vor allem als Vorwand und Möglichkeit für den Einzelnen, das Irrationale auszuleben, zu regredieren und Teil des Stamms zu werden, der wilden Meute, worin er, geschützt in der kuscheligen Anonymität der Ränge, seinen aggressiven Trieben freien Lauf lassen und den Anderen ablehnen, den Gegner niederringen und symbolisch (manchmal auch real) vernichten kann. Die berüchtigten *barras bravas* mancher Vereine und die Schäden, die sie mit ihren mörderischen Prügeleien, brennenden Tribünen und Dutzenden von Opfern anrichten, zeigen deutlich, dass es oftmals nicht nur der Sport ist, der so viele Fans anzieht – fast ausschließlich männlichen Geschlechts, auch wenn immer mehr Frauen in die Stadien kommen –, sondern ein Ritual, das im Einzelnen an Instinkte und Triebe rührt, die ihn dazu drängen, seinen zivilisierten Stand aufzugeben und sich eine Spielzeit lang als Teil der primitiven Horde zu verhalten.

Paradoxerweise wird das Phänomen der Vermassung begleitet von einer Zunahme des allgemeinen Drogenkonsums. Rauschmittel haben im Westen natürlich eine lange Tradition, aber bis vor relativ kurzer Zeit war ihr Gebrauch fast ausschließlich eine Gewohnheit der Eliten und kleinerer Randgruppen wie der Bohemekreise, in denen, im neunzehnten Jahrhundert, die künstlichen Blumen so respektable Verehrer fanden wie Baudelaire oder De Quincey.

Der Drogenkonsum, wie wir ihn heute allenthalben antreffen, ist damit nicht zu vergleichen, er entspricht nicht der Erkundung neuer Gefühle oder Sichtweisen zu künstlerischen oder wissenschaftlichen Zwecken. Auch ist er kein Ausdruck des Aufbegehrens gegen etablierte Normen, kein Zeichen des Nonkonformismus auf der Suche nach alternativen Lebensformen. Der Massenkonsum von Marihuana, Kokain oder Ecstasy, von Heroin, Crack und sonstigen Drogen findet in einem kulturellen Milieu statt, das Menschen in den Wunsch nach schnellem und leichtem Vergnügen treibt, einem Vergnügen, das sie immunisiert gegen Sorgen und Verantwortung; denn nicht die Begegnung mit sich selbst ist das Ziel, nicht das Nachdenken und die Innenschau, hochgeistige Tätigkeiten, die der launischen und verspaßten Kultur langweilig erscheinen. Der Wunsch, der beängstigenden Leere zu entfliehen, die das Gefühl hervorruft, frei zu sein und entscheiden zu müssen, was man mit sich und der Welt ringsum tun soll – zumal wenn sich die Welt dramatischen Herausforderungen gegenübersieht –, dieser Wunsch ist es, der das Bedürfnis nach Zerstreuung schürt, ist die treibende Kraft der Zivilisation, in der wir leben. Wie früher die Religionen und die Hochkultur dienen heute für Millionen von Menschen die Drogen dazu, sie in ihren großen Zweifeln und Fragen nach der menschlichen Natur, nach Leben, Tod und Jenseits, Sinn oder Unsinn des Daseins zu besänftigen. Mit ihrer künstlich hervorgerufenen Erregung, Euphorie oder Ruhe schenken sie für einen Moment das Gefühl, in Sicherheit zu sein, glücklich und erlöst. Es ist dies eine Fiktion, keine schöne allerdings, sondern eine ungute, denn sie isoliert den Einzelnen und befreit ihn nur dem Anschein nach von Problemen, Verantwortung und Ängsten. Am Ende packt ihn der Jammer wieder, verlangt nach immer höheren Dosen, nach Betäubung und Überreizung, was seine geistige Leere noch vertieft.

In der Kultur des Spektakels hat der Laizismus, so scheint es zumindest, an Boden gewonnen. Und unter den noch Gläubigen hat die Zahl derer zugenommen, die es nur von Zeit zu Zeit sind, auf oberflächliche Weise und gleichsam als soziale Praxis, ein reines Lippenbekenntnis, während sie den größten Teil ihres Lebens auf Religion gänzlich verzichten. Dank der Säkularisierung genießen wir nun sehr viel größere Freiheiten als zu der Zeit, da die kirchlichen Dogmen und Verbote sie beschnitten und erstickten. Doch wäre es irrig zu glauben, dass die Religion verschwindet, nur weil es heute in der westlichen Welt prozentual weniger Katholiken und Protestanten gibt als früher. Die Statistiken erzählen da nicht die ganze Geschichte. Denn während viele Gläubige den traditionellen Kirchen den Rücken kehrten, breiteten sich Sekten, Kulte und alle möglichen alternativen Religionspraktiken aus, vom östlichen Spiritualismus in seinen vielfältigen Ausformungen – Buddhismus, Zen-Buddhismus, Tantrismus, Yoga – bis hin zu den evangelikalen Kirchen, von denen es nur so wimmelt und die sich in den Randvierteln der Städte teilen und wiederteilen, dazu solch pittoreske Surrogate wie der Vierte Weg, die Rosenkreuzer, die Vereinigungskirche – die *Moonies* –, Scientology (in Hollywood sehr beliebt) und noch diesseitigere oder exotischere Kirchen. (Ich zitiere aus dem Brief eines kolumbianischen Freundes: »Besonders aufgefallen ist mir eine bestimmte Form des Neoindigenismus, den die Mittel- und Oberschicht in Bogotá, vielleicht auch in anderen Ländern, als neue Mode praktiziert. Statt einen Pfarrer oder Psychoanalytiker haben die jungen Leute jetzt einen Schamanen und trinken alle zwei Wochen Yagé, bei kollektiven Zeremonien, die einen therapeutischen und spirituellen Zweck verfolgen. Die Teilnehmer sind natürlich ›Atheisten‹: gebildete Leute, Künstler, früher einmal Bohemiens ...«)

Der Grund für diese Ausbreitung von Kirchen und Sekten ist die Tatsache, dass nur die wenigsten Menschen auf Religion ganz verzichten können. Die große Mehrheit braucht sie, denn nur die Gewissheit, die der religiöse Glaube in Seelendingen und allem Transzendenten verspricht, befreit sie von Unruhe und Angst, in die sie die Vorstellung vom Verlöschen, vom völligen Vergehen stürzt. Tatsächlich ist die Art, wie die meisten Menschen eine Ethik verstehen und leben, ja auch vorgegeben von einer Religion. Allenfalls kleine Minderheiten emanzipieren sich von ihr und füllen die Leere, die sie hinterlässt, mit »Kultur«: mit Philosophie, Wissenschaft, Kunst. Doch nur die Hochkultur kann eine solche Funktion wirklich erfüllen, eine Kultur, die die Probleme angeht und nicht verhehlt, die versucht, auf die großen Rätsel, Fragen und Konflikte, von denen die menschliche Existenz umfangen ist, ernsthafte Antworten zu geben und keine bloß spielerischen. Die Kultur des Seichten und des Flitters, des Klamauks und der Pose reicht nicht aus, um die Gewissheiten und Legenden, Mysterien und Rituale der Religionen zu ersetzen. In unserer heutigen Gesellschaft verschaffen die Betäubungsmittel und der Alkohol jene zeitweilige Ruhe des Geistes, jene Sicherheiten und Erleichterungen, die den Menschen früher durch das Gebet, die Beichte, die Kommunion und die Predigt zuteilwurden.

Es ist auch kein Zufall, dass die Politiker, die sich früher im Wahlkampf gerne Arm in Arm mit bedeutenden Wissenschaftlern und Dramatikern fotografieren ließen, heute die Nähe und den Beistand von Rocksängern und Filmschauspielern suchen, von Fußballstars und anderen Größen des Sports. Die sind an die Stelle der Intellektuellen getreten und dirigieren nun das politische Bewusstsein der mittleren und unteren Schichten, stehen als Erstunterzeichner auf den Appellen, verlesen sie von den Tribünen herab und verkünden im Fernsehen, was gut ist im Lande und was schlecht. In der Kultur des Spektakels ist der Komiker der König. Im Übrigen begegnen uns nicht nur in diesem Randbezirk des politischen Lebens namens öffentliche Meinung allenthalben Schauspieler und Sänger. Einige von ihnen haben selber kandidiert und sind bis in die höchsten Ämter gelangt wie Ronald Reagan als Präsident der Vereinigten Staaten und Arnold Schwarzenegger als Gouverneur von Kalifornien. Selbstverständlich will ich nicht ausschließen, dass Filmschauspieler oder Rocksänger, Rapper oder Fußballer für das Geistesleben bedenkenswerte Vorschläge machen können; sehr wohl aber bestreite ich, dass die politische Geltung, die sie heute genießen, etwas zu tun hat mit ihrem Scharfsinn oder ihrer Intelligenz. Sie verdankt sich ausschließlich ihrer Medienpräsenz und ihrem Showtalent.

Der Hintergrund ist hier das Verschwinden einer Gestalt, die seit Jahrhunderten und bis vor relativ wenigen Jahren noch eine bedeutende gesellschaftliche Rolle spielte: die Gestalt des Intellektuellen. Die Bezeichnung »Intellektueller«, heißt es, sei erst im neunzehnten Jahrhundert aufgekommen, im Frankreich der Dreyfus-Affäre und der Polemiken, die Émile Zola mit seinem berühmten »J'accuse« entfachte, seinem offenen Brief zur Verteidigung jenes jüdischen Hauptmanns, den antisemitische Offiziere des Generalstabs der französischen Armee fälschlicherweise des Landesverrats bezichtigten. Doch auch wenn der Begriff »Intellektueller« erst mit dieser Affäre etabliert worden sein mag: Die Teilnahme denkender und schöpferischer Geister am öffentlichen Leben, an den politischen, philosophischen und religiösen Debatten reicht bis zu den Anfängen des Abendlandes zurück. Es gab sie im Griechenland Platons und im Rom Ciceros, in der Renaissance Montaignes und Machiavellis, im Zeitalter der Aufklärung Voltaires und Diderots, in der Romantik Lamartines und Victor Hugos und in allen Zeiten danach. Neben ihrer forschenden, akademischen oder schöpfenden Tätigkeit nahmen zahlreiche herausragende Schriftsteller und Denker mit ihren Büchern, Erklärungen und Stellungnahmen Einfluss auf das gesellschaftliche Geschehen, und so war es auch noch, als ich jung war, in England mit Bertrand Russell, in Frankreich mit Sartre und Camus, in Italien mit Moravia und Vittorini, in Deutschland mit Günter

Grass und Enzensberger. Oder denken wir nur daran, wie in Spanien José Ortega y Gasset und Miguel de Unamuno öffentlich das Wort ergriffen. Heute hat sich der Intellektuelle aus den Debatten verzogen, zumindest aus den wichtigen. Zwar unterzeichnen einige weiterhin Aufrufe, schicken Briefe an die Zeitungen und verstricken sich in Polemiken, aber nichts davon wirkt sich ernsthaft auf die Geschicke der Gesellschaft aus, deren ökonomische, institutionelle und selbst kulturelle Angelegenheiten von den politischen und administrativen Kräften und den Lobbygruppen entschieden werden, unter denen die Intellektuellen durch Abwesenheit glänzen. Im Bewusstsein ihrer unerquicklichen Situation, auf die ihre Gesellschaft sie reduziert, haben sich die meisten dafür entschieden, Zurückhaltung zu üben oder der öffentlichen Debatte ganz fernzubleiben. Verbannt in die Nische ihres Fachgebiets oder sonstigen Tuns, kehren sie dem, was man vor einem halben Jahrhundert das bürgerliche oder moralische Engagement nannte, den Rücken. Es gibt Ausnahmen, aber unter denen, die zählen – weil sie in die Medien kommen –, sind es in aller Regel die Selbstvermarkter und Exhibitionisten, nicht die Streiter für ein Prinzip oder einen Wert. In der Kultur des Spektakels interessiert der Intellektuelle nur, wenn er das Spiel des Tages mitspielt und den Narren gibt.

Was hat nun zum Ansehensverlust und Verschwinden des Intellektuellen geführt? Ein Grund ist gewiss, dass sich gleich mehrere Generationen von Intellektuellen mit ihren Sympathien für die Totalitarismen, ob Nationalsozialismus, Sowjetkommunismus oder Maoismus, in Verruf gebracht haben, mit ihrem Schweigen und ihrer Blindheit angesichts der Schrecken des Holocausts, der Gulags und der blutigen Kulturrevolution. Es ist wahrlich bedrückend und kaum zu begreifen, in wie vielen Fällen ausgerechnet die vermeintlich hervorragendsten Köpfe ihrer Zeit gemeinsame Sache machten mit Regimen, die Völker mordeten, Menschenrechte mit Füßen traten und alle Freiheiten abschafften. Der wahre Grund für den Verlust jedes gesellschaftlichen Interesses an den Intellektuellen ist jedoch eine direkte Folge des geringen Ansehens, den das Denken in der Kultur des Spektakels genießt.

Ein weiteres charakteristisches Merkmal ist nämlich, dass die Ideen, treibende Kraft des kulturellen Lebens, immer deutlicher verarmen. Heute erleben wir das Primat der Bilder über die Ideen, die Bücher werden zunehmend von den audiovisuellen Medien verdrängt, und wenn sich die pessimistischen Vorhersagen George Steiners bewahrheiten, landen sie in nicht allzu ferner Zukunft in den Katakomben. (Liebhaber der anachronistischen Buchkultur wie ich sollten es nicht beklagen, denn wenn es so kommt, hat diese Marginalisierung vielleicht einen reinigenden Effekt und räumt mit der Konfektionsware Bestsellerliteratur auf.)

Das Kino, das natürlich immer schon Unterhaltungskunst war, orientiert am großen Publikum, hat zugleich, mal am Rande, mal im Herzen der Filmindustrie, große Talente gekannt, die in der Lage waren, trotz der schwierigen Bedingungen, unter denen sie aufgrund strammer Budgets und der Abhängigkeit von den Produzenten immer arbeiten mussten, Werke von großer Tiefe und Originalität zu schaffen, Werke, die uns mit ihrem unverwechselbaren persönlichen Stil noch heute faszinieren. Doch unter dem unnachgiebigen Druck der herrschenden Kultur, die Witz über Intelligenz stellt, Bilder über Ideen, Humor über Ernsthaftigkeit, das Banale über das Tiefe und das Frivole über das Seriöse, bringt unsere Zeit keine Meister mehr hervor wie Ingmar Bergman, Luchino Visconti oder Luis Buñuel. Unterdessen wird ein Woody Allen zur Ausnahmeerscheinung gekrönt, Woody Allen, der verglichen mit einem David Lean oder einem Orson Welles dasselbe ist wie in der Malerei Andy Warhol gegenüber Gauguin oder Van Gogh und im Theater ein Dario Fo im Vergleich zu Tschechow oder Ibsen.

Es überrascht auch nicht, wenn heute die filmischen Spezialeffekte einen solchen Rang einnehmen, dass die Thematik, die Regisseure, das Drehbuch und selbst die Schauspieler in den Hintergrund treten. Hier ließe sich anführen, dies sei zu einem großen Teil der außerordentlichen technischen Entwicklung der letzten Jahre geschuldet, die es nun erlaubt, auf dem Gebiet der visuellen Fantasie und Simulation wahre Wunder zu vollbringen. Zum Teil, keine Frage. Andererseits aber, und vielleicht ist das entscheidend, ist der Grund eine Kultur, die nach dem geringsten geistigen Aufwand strebt: der Zuschauer soll sich am besten keine Gedanken machen, vielmehr passiv dem überlassen, was Marshall McLuhan, dieser scharfsinnige Prophet, als Eintauchen in ein heißes Bad bezeichnete; soll sich angesichts des außergewöhnlichen und manchmal brillanten Bombardements mit Bildern den von ebendiesen Bildern ausgelösten Emotionen und Gefühlen hingeben, auch wenn sie, aufgrund ihrer flüchtigen Natur, das Empfinden und den Verstand des Zuschauers nur abstumpfen.

Die bildende Kunst ging dabei allen anderen kulturellen Ausdrucksformen voran und schuf die Grundlagen für die Kultur des Spektakels, denn sie zeigte, dass die Kunst Spielerei und Farce sein kann und sonst nichts. Seit Marcel Duchamp, ohne Zweifel ein Genie, die künstlerischen Maßstäbe des Westens revolutionierte, indem er bestimmte, dass auch ein Pissoir ein Kunstwerk ist, wenn der Künstler es so will, war in der Malerei und der Bildhauerei alles möglich, was so weit geht, dass ein steinreicher Sammler fast zehn Millionen Euro für einen in Formalin eingelegten Hai in einem Glaskasten zahlt und der Urheber dieses Scherzes, Damien Hirst, heute nicht als ein phänomenaler Verkäufer seiner Schwindelware verehrt wird, sondern als großer Künstler. Vielleicht ist er es tatsächlich, aber das spricht weniger für ihn als gegen unsere Zeit. Eine Zeit, in der die Chuzpe und die Angeberei, die provokante und sinnfreie Geste manchmal ausreichen – unter tätiger Mithilfe der Mafias, die den Kunstmarkt kontrollieren, und der Komplizen oder Schwätzer unter den Kritikern –, um falschen Ruhm zu bekrönen, denn so werden Illusionisten, die ihre Dürftigkeit und Leere hinter glattem Betrug und vermeintlicher Frechheit verbergen, in den Rang von Künstlern erhoben. Ich sage vermeintlicher, denn Duchamps Urinal besaß zumindest die Kraft der Provokation. Heutzutage, da von Künstlern nicht Talent oder Können erwartet wird, sondern Pose und Skandal, sind ihre Gewagtheiten nicht mehr als die Masken eines neuen Konformismus. Was einmal revolutionär war, ist Mode geworden, Zeitvertreib, Spaß, eine feine Säure, die das künstlerische Tun zersetzt, und was bleibt, ist Kasperei. In der bildenden Kunst hat die

Frivolisierung erschreckende Ausmaße angenommen. Da selbst der kleinste Konsens über ästhetische Werte abhandengekommen ist, herrscht hier, und daran wird sich auf absehbare Zeit nichts ändern, die abenteuerlichste Verwirrung, denn es ist längst unmöglich, mit einer gewissen Objektivität zu unterscheiden, was es heißt, Talent zu haben oder eben nicht, was schön ist und was hässlich, welches Werk etwas Neues darstellt, das überdauert, und was nur als Irrlicht leuchtet. Diese Konfusion hat aus der bildenden Kunst einen einzigen Karneval gemacht, in dem wahre Schöpfer, Windhunde und Betrüger sich tummeln, und manchmal ist es schwer, sie voneinander zu unterscheiden – ein beunruhigender Vorgeschmack auf die Abgründe einer an billigem Hedonismus krankenden Kultur, die jede andere Motivation der Unterhaltung zum Pfand gibt. In einem klugen Essay über die haarsträubendsten Verirrungen, die es in der zeitgenössischen Kunst zu besichtigen gibt, erwähnt Carlos Granés Maya »eine der unsäglichsten Performances, an die man sich in Kolumbien erinnert«, eine Aktion des Künstlers Fernando Pertuz, der in einer Galerie vor dem Publikum kackte und dann, »mit großer Feierlichkeit«, seinen Kot verspeiste.[*]

Im Bereich der Musik ist das Äquivalent zu Marcel Duchamps Urinal gewiss die Komposition *4'33"* von John Cage, dem großen Guru der Neuen Musik in den USA, bei deren Uraufführung 1952 sich ein Pianist ans Klavier setzte, aber vier Minuten und dreiunddreißig

---

[*] Carlos Granés Maya, »Revoluciones modernas, culpas posmodernas«, in *Antropología: horizontes estéticos*, hrsg. von Carmelo Lisón Tolosana, Editorial Anthropos, Barcelona 2010, S. 227

Sekunden lang keinen Ton spielte, da das Werk allein aus den Geräuschen besteht, die im Raum durch Zufall und die belustigen oder erbosten Reaktionen der Zuhörer erzeugt werden. Das Bestreben des Komponisten und Musiktheoretikers war es, alle vorgefassten Meinungen, die einen Wertunterschied zwischen Klang, Krach und Geräusch machen, umzustoßen. Was ihm zweifellos gelang.

Auch die Politik hat in der Kultur des Spektakels eine Banalisierung erfahren, eine vielleicht ebenso tiefgreifende wie die Literatur, der Film und die bildende Kunst. Mit ihren Sprüchen, ihren Plattitüden und Frivolitäten, Moden und Ticks hat hier die Werbung fast vollständig den Raum okkupiert, der früher den Argumenten, Programmen und Ideen vorbehalten war. Wenn heute ein Politiker auf der Beliebtheitsskala nicht abrutschen will, muss er sein Augenmerk in erster Linie auf die Gestik und das Äußere richten, sie sind wichtiger als Werte, Überzeugungen und Prinzipien.

Denn Falten, Glatze, graues Haar, das Nasenmaß und die Strahlkraft des Gebisses wie auch die Kleidung sagen ebenso viel, wenn nicht mehr als eine Erklärung, was der Politiker, so er an die Regierung kommt, auf den Weg zu bringen gedenkt. Der Einzug des singenden Models Carla Bruni in den Élysée-Palast als Madame Sarkozy und das Medienfeuerwerk, das ihn begleitete und immer noch nachglüht, sind ein Beispiel dafür, dass nicht einmal Frankreich – das Land, das sich stets rühmte, die alte Tradition der Politik als intellektuelles Geschäft wachzuhalten – hat widerstehen können und ebenfalls der weltweit herrschenden Frivolität erlegen ist.

(Vielleicht sollte ich hier näher erläutern, was ich unter frivol verstehe. Laut Wörterbuch heißt es in seiner ersten Bedeutung leichtfertig, bedenkenlos, aber unsere Zeit hat eben diese Bedeutung mit vielschichtigen Nebenbedeutungen aufgeladen. Das Frivole besteht darin, sich auf einen kopfstehenden oder aus dem Gleichgewicht geratenen Wertekatalog zu stützen, wo die Form wichtiger ist als der Inhalt, der Schein wichtiger als das Sein und wo die Chuzpe und die Attitüde – die Darstellung – an die Stelle von Gedanken und Gefühlen treten. In einem Roman aus dem Mittelalter, den ich bewundere, *Tirant lo Blanc*, schlägt die Gemahlin des Wilhelm von Warwick ihrem Sohn mit der Hand ins Gesicht, einem erst wenige Monate alten Kind, damit es weint, weil der Vater gen Jerusalem zieht. Wir Leser lachen, sind amüsiert über diesen Unsinn, als könnte jemand die Tränen, die die Ohrfeige dem armen Wurm entlockt, für ein Gefühl von Traurigkeit halten. Aber weder die Gräfin noch die Personen, die der Szene beiwohnen, lachen; für sie ist Weinen – die bloße Form – Traurigkeit. Und es gibt keine andere Art, traurig zu sein, als laut zu weinen – sie brachen »alle in Tränen aus, schluchzten, stöhnten und wehklagten«, heißt es im Roman –, denn was zählt in dieser Welt, ist die Form, ihr haben die Inhalte der Handlungen zu dienen. Das meine ich mit Frivolität: eine Art, die Welt zu verstehen, das Leben, wonach alles Schein ist, also Theater, also Spiel und Vergnügen.)

In einem Kommentar zur kurzlebigen zapatistischen Revolution des Subcomandante Marcos in Chiapas – eine Revolution, die Carlos Fuentes die erste »postmoderne Revolution« nannte, was man nur gelten lassen

kann im Sinne reiner Darstellung ohne Inhalt noch Bedeutung, inszeniert von einem Marketingprofi – wies
Octavio Paz sehr richtig auf den ephemeren, präsentis-
tischen Charakter der Aktionen (eher Scheinaktionen)
heutiger Politiker hin: »Doch die Kultur des Spektakels
ist grausam. Die Zuschauer haben kein Gedächtnis,
und so haben sie auch weder Gewissensbisse noch ein
echtes Gewissen. Sie stürzen sich auf jede Neuigkeit,
welche auch immer es sei, Hauptsache, das Geschehen
ist neu. Sie vergessen rasch, und ohne mit der Wimper
zu zucken springen sie von Szenen des Todes und der
Zerstörung im Golfkrieg zu den Kurven, Verrenkun-
gen und Tremolos von Madonna und Michael Jackson.
Den Comandantes und den Bischöfen wird dergleichen
Schicksal nicht erspart bleiben; auch sie erwartet das
namenlose, weltumspannende große Gähnen, und das
ist die Apokalypse, das Jüngste Gericht der Gesellschaft
des Spektakels.«[*]

In der Sexualität hat unsere Zeit, dank zunehmender
Aufhebung alter religiöser Vorurteile und Tabus, welche
das Sexualleben in eiserne Verbote schlugen, beachtli-
che Veränderungen erlebt. In der westlichen Welt sind
die emanzipatorischen Fortschritte auf diesem Gebiet
unübersehbar: unverheiratete Paare werden akzeptiert,
die machistische Diskriminierung von Frauen, von
Schwulen und anderen sexuellen Minderheiten wurde
zurückgedrängt, nach und nach werden diese Gruppen
in eine Gesellschaft integriert, die, wenn auch manch-

---

[*] Octavio Paz, »Chiapas: hechos, dichos y gestos«, in *Obra com-
     pleta*, V, Galaxia Gutenberg / Círculo de Lectores, Barcelona
     2002, S. 546

mal zähneknirschend, das Recht auf sexuelle Selbstbestimmung anzuerkennen beginnt. Die andere Seite der Medaille war jedoch wiederum eine Banalisierung, in diesem Fall die Banalisierung des Geschlechtsakts, der für viele, vor allem aus den jüngeren Generationen, zu einem Sport oder Zeitvertreib geworden ist, einer gemeinsamen Beschäftigung, die eine womöglich geringere Bedeutung hat als Gymnastik, Tanzen oder Fußball. Dem psychischen und emotionalen Gleichgewicht mag eine solche Frivolisierung von Sex zuträglich sein, allerdings sollte uns die Tatsache nachdenklich stimmen, dass in einer von sexueller Freiheit geprägten Zeit wie der unseren selbst in den offensten Gesellschaften die Sexualverbrechen nicht abgenommen haben, vielleicht sogar im Gegenteil. Sex light ist Sex ohne Liebe, ohne Fantasie, ist rein triebgesteuerter, animalischer Sex. Er stillt ein biologisches Bedürfnis, bereichert aber weder das Gefühlsleben noch die Sinne, noch vertieft er die Beziehung des Paars über das fleischliche Gemenge hinaus; statt den Mann oder die Frau aus der Einsamkeit zu befreien, entlässt er sie nach dem dringlichen, flüchtigen Akt der körperlichen Liebe wieder in diese Einsamkeit, und zurück bleibt ein Gefühl von Enttäuschung.

Die Erotik ist nicht mehr, sie verschwand zur gleichen Zeit wie die Kritik und die Hochkultur. Warum? Weil die Erotik, die den Geschlechtsakt zu einem Kunstwerk erhebt, einem Ritual, das die Literatur, die bildenden Kunst, die Musik und eine verfeinertes Empfinden mit Bildern von ästhetischer Virtuosität aufluden, eben die Verweigerung eines solchen einfachen, raschen und promisken Sex ist, zu dem die Freiheit, wie die jüngeren Generationen sie sich erobert haben, pa radoxerweise geführt hat. Erotik bedeutet Aufhebung oder Missachtung der Norm, sie ist eine herausfordernde Haltung gegenüber den herrschenden Sitten, und ebendrum setzt sie auch Heimlichkeit und Verborgenheit voraus. Ins Licht der Öffentlichkeit gezerrt und zum Allgemeingut gewendet, verkommt sie, verflüchtigt sich, vollbringt nicht mehr diese Entanimalisierung und geistige wie künstlerische Humanisierung der sexuellen Verrichtung. Sie wird zu Pornografie, einem schamlosen, billigen, lumpigen Abklatsch jener Erotik, die in der Vergangenheit einen so reichen Strom an Werken der Literatur und bildenden Kunst speiste, Künste, die, inspiriert von den Fantasien des Begehrens, denkwürdige ästhetische Schöpfungen hervorbrachten, dem politischen und moralischen Status quo trotzten, für das Recht des Menschen auf seine Lust kämpften und einem animalischen Trieb Würde verliehen, indem sie ihn seinerseits in ein Kunstwerk verwandelten.

Und der Journalismus? Auf welche Weise hat er die Kultur des Spektakels beeinflusst und diese ihn?

Die Grenze, die einmal den seriösen Journalismus vom Boulevard schied, ist porös geworden und hat sich in vielen Fällen so weit aufgelöst, dass es schwer ist, einen Unterschied überhaupt noch festzustellen. Denn wo die Unterhaltung zum höchsten Wert wird, bleibt es nicht aus, dass dies auch in den Medien Veränderungen bewirkt: Nachrichten werden wichtig oder zweitrangig nicht aufgrund ihrer ökonomischen, politischen, kulturellen oder gesellschaftlichen Bedeutung, sondern in Abhängigkeit von ihrem Neuigkeitspotenzial; weil sie überraschend, ungewöhnlich, skandalös und spektakulär sind oder eben nicht. Im Einklang mit dem unausgesprochenen kulturellen Auftrag unserer Zeit versucht der Journalismus, informierend zu unterhalten, mit dem unvermeidlichen Ergebnis, dass er eine Presse befördert, die ebenfalls light ist, seicht, ansprechend, oberflächlich, kurzweilig, und die im Extremfall, sofern solche berichtenswerte Informationen nicht zur Hand sind, diese selber produziert.

Weshalb es auch nicht weiter verwundert, dass die Presseerzeugnisse, die sich die größte Leserschaft erschlossen haben, heute nicht die seriösen, nach Genauigkeit, Wahrheit und Objektivität in der Berichterstattung strebenden Publikationen sind, sondern Klatschzeitschriften, die einzigen, die mit ihren Millionenauflagen die heutige Medienkonkurrenz zu überleben in der Lage sind. Einbrüche erlebt vor allem die Presse, die noch gegen den Strom rudert, die Verantwortung zeigt und versucht, den Leser mehr zu informieren als zu unterhalten oder zu amüsieren. Aber was soll man sagen zu einem Phänomen wie *¡Hola!*? Diese Illustrierte, die jetzt nicht mehr nur auf Spanisch erscheint, sondern in elf Sprachen, wird weltweit gierig gelesen – vielleicht sollte man besser sagen: durchgeblättert –, darunter Leser in den kultiviertesten Ländern der Erde wie Kanada und England, Leser, die sich, und das ist erwiesen, beglücken lassen von Nachrichten über die Reichen, Schönen und Berühmten in diesem Jammertal, wie sie heiraten, sich trennen, wiederheiraten, sich anziehen, ausziehen, streiten und versöhnen und ihre Millionen ausgeben, Nachrichten über ihre Capricen und geschmacklichen Vorlieben, Ablieben und Irrlieben. Als 1989 die englische Ausgabe von *¡Hola!* erschien, *Hello!*, lebte ich in London und konnte selber sehen, mit welch atemberaubender

Geschwindigkeit dieses spanische Pressegewächs das Land Shakespeares eroberte. Es ist keine Übertreibung, wenn ich sage, dass ¡Hola! und artverwandte journalistische Produkte die authentischsten der Kultur des Spektakels sind.

Wird aus der Information ein Vergnügungsinstrument, öffnen sich nach und nach die Tore des Erlaubten hin zu dem, was früher nur in einem Randbezirk des Journalismus eine zuweilen heimliche Zuflucht fand: dem Skandal, dem Vertrauensbruch, dem Gerede, der Verletzung der Privatsphäre, wenn nicht gar der glatten Lüge, der Verleumdung und der Schmähung.

Denn es gibt kein wirksameres Mittel der Unterhaltung und des Amüsements, als die niederen Leidenschaften des Durchschnittsbürgers zu schüren. Und dabei ist die Enthüllung der Intimsphäre der Mitmenschen geradezu ein Markenzeichen, vor allem wenn es sich um eine bekannte und angesehene öffentliche Person handelt, ein Sport, den der heutige Journalismus, geschützt vom Recht auf Meinungsfreiheit, ohne jeden Skrupel betreibt. Zwar gibt es hierzu Gesetze, und in einigen – seltenen – Fällen kommt es zu Prozessen und Gerichtsurteilen, die die Exzesse ahnden, aber dergleichen Unsitte greift immer weiter um sich und hat es tatsächlich geschafft, dass sich die Privatsphäre heute auflöst, dass, wer immer die öffentliche Bühne betritt, kein Eckchen seines Lebens mehr hat, das geschützt davor wäre, durchleuchtet, enthüllt und bewirtschaftet zu werden, nur um diesen Heißhunger nach Unterhaltung und Vergnügen zu stillen, den die Zeitungen, Zeitschriften und Nachrichtensendungen berücksichtigen müssen, wenn sie nicht aus dem Markt gedrängt werden wollen. Und indem sie so agiert, als Antwort auf ein Bedürfnis des Publikums, trägt die Presse, wenn auch ungewollt und unbewusst, mehr als sonst wer dazu bei, diese Kultur light zu festigen.

In einem seiner letzten Artikel, »Kein Erbarmen mit Ingrid und Clara«[*], empört sich Tomás Eloy Martínez darüber, wie die Journalisten der Sensationspresse sich auf Ingrid Betancourt und Clara Rojas stürzten, als die nach ihrer Entführung durch Mitglieder der FARC und sechs Jahren im kolumbianischen Dschungel befreit wurden, und sie mit so rücksichtslosen und dummen Fragen bedrängten wie, ob man sie vergewaltigt hätte, ob sie gesehen hätten, wie andere Gefangene vergewaltigt wurden, oder – eine Frage an Clara Rojas – ob sie versucht hätte, das Kind, das sie von einem Guerrillero bekommen hatte, in einem Fluss zu ertränken. »Dieser Journalismus«, schreibt Tomás Eloy Martínez, »wird nicht müde, die Opfer zu Figuren eines Spektakels zu machen, dessen einzige Funktion, auch wenn man es als notwendige Information ausgibt, darin besteht, die perverse Neugier der Konsumenten des Skandals zu befriedigen.« Sein Einspruch war berechtigt, keine Frage. Sein Irrtum bestand in der Annahme, »die perverse Neugier der Konsumenten des Skandals« betreffe nur eine Minderheit. Das stimmt nicht, denn diese Neugier frisst an jenen breiten Mehrheiten, die wir im Blick haben, wenn wir von der »öffentlichen Meinung« sprechen. Es ist ebendiese verleumderische, obszöne und frivole Neigung, die in unserer Kultur den Ton angibt und so die stürmische Nachfrage schafft, welche die ge-

---

[*] *El País,* Madrid, 6. September 2008

samte Presse, in unterschiedlichen Graden und Ausprägungen, zu bedienen hat, die seriöse genau wie die, die unverhüllt auf den Skandal zielt.

Ein weiterer Stoff, der den Leuten das Leben freundlich gestaltet, sind Katastrophen – welche auch immer, von Erdbeben und Tsunamis bis zu Serienmorden, gerne mit Sadismus und sexueller Perversion als Beigabe. Weshalb auch die verantwortungsvollsten Journalisten nicht verhindern können, dass die Berichte sich mit Blut färben und gespickt sind mit Leichen und Pädophilen. Denn es ist diese morbide Kost, die das Verlangen nach dem Unfassbaren braucht und wonach es heischt, ein Verlangen, das vonseiten des lesenden, zuhörenden oder zuschauenden Publikums unbewusst Druck auf die Massenmedien ausübt.

Jede Verallgemeinerung ist trügerisch, man kann nicht alles über einen Kamm scheren. Natürlich gibt es Unterschiede, und einige Medien versuchen dem Druck standzuhalten, ohne die alten Ideale von Seriosität, Objektivität, Genauigkeit und Wahrheit aufzugeben, auch wenn es langweilig sein mag und bei den Lesern und Zuhörern jenes große Gähnen hervorruft, von dem Octavio Paz sprach. Doch die traurige Wahrheit ist, dass heute keine Tageszeitung, Zeitschrift oder Nachrichtensendung überleben, das heißt: das Publikum weiter an sich binden kann, wenn sie sich dem Mainstream völlig verschließt. Selbstverständlich sind die großen Verlagshäuser keine Wetterfähnchen, die ihre redaktionelle Linie, ihre Prioritäten und ihr moralisches Verhalten allein nach den Ergebnissen von Marktforschungen ausrichten. Ihre Funktion ist es auch, Orientierung zu bieten, Rat zu geben, zu erziehen und aufzuklären über das, was richtig ist und was falsch, gerecht und ungerecht, schön und verabscheuenswert. Aber um diese Funktion zu erfüllen, braucht es nun mal ein Publikum. Und die Zeitung oder Sendung, die nicht vor dem Altar des Spektakels betet, läuft heute Gefahr, es zu verlieren.

Es liegt nicht in der Macht der Journalisten allein, die Kultur des Spektakels, zu deren Prägung sie so viel beigetragen haben, zu verändern. Sie ist eine in unserer Zeit verwurzelte Realität, eine Art zu sein, zu leben und vielleicht zu sterben in dieser Welt, die uns zuteilwurde, uns, den glücklichen Bürgern jener Länder, denen die Demokratie, die Freiheit, die Ideen, die Werte, die Literatur und die Kunst das Privileg geschenkt haben, Unterhaltung zum Höchsten zu erheben und ein allgemeines Recht zu etablieren, zynisch auf alles herabzuschauen, was langweilt, beunruhigt und uns daran erinnert, dass das Leben nicht nur Vergnügen ist, sondern auch Drama, Schmerz, Mysterium und Enttäuschung.

Vorgeschichte

Prüfstein

Elefantenkacke

In England sind, man mag es kaum glauben, Kunstskandale noch möglich. Die altehrwürdige Royal Academy of Arts, jene private, 1768 gegründete Einrichtung, die in ihren Galerieräumen in Mayfair gewöhnlich Retrospektiven großer Klassiker zeigt oder moderne, von der Kritik mit den höheren Weihen bedachte Künstler, steht in diesen Tagen im Mittelpunkt eines solchen Skandals, zum Entzücken der Presse wie auch des Biedervolks, das sonst keine Zeit mit Ausstellungen verliert. Diesmal jedoch werden die Massen herbeiströmen und so – alles hat auch sein Gutes – der darbenden Royal Academy erlauben, ihre chronischen finanziellen Nöte noch ein Weilchen durchzustehen.

Ob sie das als Ziel vor Augen hatte, als sie die Ausstellung *Sensation* organisierte, mit Werken junger britischer Künstler aus der Sammlung des Werbeprofis Charles Saatchi? Wenn dem so ist, bravo, voller Erfolg. Ganz sicher werden die Leute Schlange stehen, um sich, und sei es mit zugehaltener Nase, die Werke des jungen Chris Ofili anzuschauen, neunundzwanzig Jahre alt, Schüler des Royal College of Art und, so ein Kritiker, Star seiner Generation, der getrockneten Elefantendung in seine Werke integriert. Doch nicht ob dieser Kuriosität schaffte es Chris Ofili auf die Titelseiten der Boulevardblätter, sondern wegen seines blasphemischen Bilds *The Holy Virgin Mary*, auf dem die Muttergottes umgeben ist von Ausschnitten aus Pornoheften.

Gleichwohl provozierte nicht dieses Bild die meisten Kommentare. Der Lorbeer gebührt dem Porträt einer berühmten Kindermörderin, Myra Hindley, vom smarten Marcus Harvey aus Abdrücken von Kinderhänden komponiert. Eine weitere Originalität der Show ist eine Arbeit des Duos Jake und Dinos Chapman. Ihre Skulptur nennt sich *Zygotic Acceleration* und zeigt – wie der Titel schon sagt? – miteinander verwachsene androgyne Kinder, aus deren Gesichtern Geschlechtsteile wachsen; der schimpfliche Vorwurf der Pädophilie gegen die inspirierten Urheber ließ, wie auch anders, nicht auf sich warten. Sollte die Ausstellung tatsächlich repräsentativ sein für das, was die jungen Künstler in Großbritannien anregt und beschäftigt, muss man zu dem Schluss gelangen, dass die Obsession für das Genitale ganz oben auf der Prioritätenliste steht. Mat Collishaw etwa hat ein Bild verübt, *Bullet Hole*, das in einer riesigen Großaufnahme das Einschussloch einer Kugel an einem Kopf zeigt; doch was der Betrachter tatsächlich sieht, ist eine Vulva, eine Vagina. Und was soll man sagen zu dem kühnen Komponisten, der seine Glaskästen vollstopft mit menschlichen Knochen und anscheinend auch Überresten eines Fötus?

Bemerkenswert daran ist nicht, dass solche Erzeugnisse es bis in die erlauchtesten Ausstellungshallen schaffen, sondern dass es Leute gibt, die sich darüber noch wundern. Was mich selbst betrifft, fiel mir vor genau siebenunddreißig Jahren auf, dass etwas faul ist in der Kunstszene, als nämlich in Paris ein guter Freund von mir, ein kubanischer Bildhauer, es nicht länger hinnehmen wollte, dass die Galerien seine großartigen Holzskulpturen verschmähten, an denen er, wie ich sehen konnte, von früh bis spät in seiner *chambre de bonne* arbeitete, und beschloss, der sicherste Weg zum Erfolg sei, Aufmerksamkeit zu erregen. Gesagt, getan: Er fertigte einige »Skulpturen« aus verfaulten Fleischstücken an und steckte sie, umschwirrt von Fliegen, in Vitrinen. Lautsprecher stellten sicher, dass das Summen der Fliegen im ganzen Raum wie eine fürchterliche Drohung erscholl. Er triumphierte tatsächlich, denn selbst Jean-Marie Drot, im französischen Funk und Fernsehen ein Star, machte eine Sendung über ihn.

Am erschreckendsten an der Entwicklung in der modernen Kunst ist aber die Tatsache, dass es mittlerweile überhaupt kein objektives Kriterium mehr gibt, mit dem man ein Kunstwerk hoch- oder geringschätzen könnte, es lässt sich in keine Hierarchie mehr einordnen, ein Verfahren, das mit der kubistischen Revolution zu schwinden begann und mit der ungegenständlichen Kunst vollends dahinging. Heutzutage kann alles und nichts Kunst sein, ganz nach Laune des Betrachters, der im Untergang aller ästhetischen Maßstäbe zum Richter oder Schiedsrichter erhoben wird, ein Stand, der früher nur wenigen Kritikern vorbehalten war. Das einzige mehr oder weniger allgemeingültige Kriterium in der heutigen Kunst hat mit Künstlerischem nichts mehr zu tun; es wird allein vom Markt bestimmt, einem Markt, den die Mafias der Galeristen und Kunstmakler kontrollieren und manipulieren und der weder Geschmack noch ästhetisches Empfinden erfordert, nur Werbung, PR-Aktionen und in vielen Fällen schlicht Überrumpelung.

Vor etwa einem Monat besuchte ich zum vierten Mal in meinem Leben (ganz sicher auch zum letzten Mal) die Biennale in Venedig. Ich verbrachte mehrere Stunden auf dem Gelände, und als ich herauskam, war mir klar, dass ich keinem einzigen dieser Werke, ob Bilder, Skulpturen oder Objekte, die ich in den vielleicht zwanzig durchstreiften Pavillons sah, die Türen meines Zuhauses geöffnet hätte. Die Veranstaltung war eine so langweilige und trostlose Farce wie die Ausstellung der Royal Academy, bloß mal hundert mit ihren zig Ländern, die bei diesem lächerlichen Mummenschanz vertreten waren, einem Spektakel, bei dem man unter dem Mäntelchen der Modernität, des Experiments und der Suche nach »neuen Ausdrucksmitteln« in Wahrheit nur die schreckliche Armut an Ideen, künstlerischer Kultur und handwerklichem Können, an Authentizität und Integrität dokumentierte, wie sie für einen großen Teil der bildnerischen Arbeiten heute kennzeichnend ist.

Natürlich gibt es Ausnahmen. Aber es ist nicht einfach, sie aufzuspüren, denn anders als in der Literatur, wo die ästhetischen Codes noch nicht ganz zerfallen sind, mit deren Hilfe sich Originalität, Neuheit und Talent, Schludrigkeit oder Pfusch und Betrug erkennen lassen, und wo es noch – wie lange noch? – Verlage gibt, die auf Niveau setzen und dafür ihre Kriterien haben, ist es in der bildenden Kunst das System, das bis ins Mark verrottet ist, und oft finden die begabtesten und glaubwürdigsten Künstler nicht den Weg zum Publikum, weil sie unbestechlich sind oder schlicht unfähig, in dieser verlogenen Gemengelage, wo über den künstlerischen Erfolg und Misserfolg entscheiden wird, zu bestehen.

Nur wenige Straßen von der Royal Academy entfernt,

am Trafalgar Square, in dem modernen Flügel der National Gallery, gibt es eine kleine Ausstellung, deren Besuch obligatorisch sein sollte für junge Menschen, die sich heute aufmachen, zu malen oder zu bildhauern, zu komponieren, zu schreiben oder zu filmen. Sie heißt *Seurat und die Badenden* und ist dem Gemälde *Eine Badestelle bei Asnières* von 1883/84 gewidmet, einem der beiden berühmtesten, die der Künstler geschaffen hat (das andere ist *Ein Sonntagnachmittag auf der Insel La Grande Jatte*). Auch wenn er zwei Jahre seines Lebens auf dieses außerordentliche Tableau verwandte, Jahre, in denen er zahllose Skizzen und Entwürfe des Ensembles und von Details des Bildes anfertigte, führt die Ausstellung doch anschaulich vor Augen, dass Seurats ganzes junges Leben eine langsame, zähe, schlaflose, geradezu besessene Vorbereitung war, um jene formale Perfektion zu erreichen, die die beiden Meisterwerke prägt.

Auf dem Gemälde *Eine Badestelle bei Asnières* erstaunt uns diese Perfektion – und bedrückt uns gleichsam – ob der Ruhe der Figuren, die sich sonnen, im Fluss baden oder die Landschaft betrachten, unter einem Licht, das die ferne Brücke, die Lokomotive darauf und die Schornsteine im Hintergrund zu einer flirrenden Luftspiegelung aufzulösen scheint. Diese Gelassenheit, diese Balance, diese tiefe Harmonie zwischen Mensch und Wasser, Wolke und Segelboot, Kleidung und Ruder, sie sind, jawohl, eine Demonstration vollkommener Beherrschung des Werkzeugs, der Strichführung und Farbgebung, wie es nur durch Anstrengung zu erlangen ist; und zugleich verweist alles auf einen höchsten, edelsten Begriff von der Kunst des Malens als sich selbst genügender Quelle der Lust und Verwirklichung des Geistes, einer Kunst, die in ihrem eigenen Tun die schönste Belohnung findet und sich in ihrer Ausübung rechtfertigt und preist. Als Seurat das Gemälde beendete, war er erst vierundzwanzig, in einem Alter also wie diese schrillen jungen Künstler der Ausstellung *Sensation* der Royal Academy. Er sollte nur sechs weitere Jahre leben, aber sein Werk, so gering sein Umfang auch sein mag, ist ein künstlerisches Leuchtfeuer des neunzehnten Jahrhunderts. Und was wir daran bewundern, ist nicht allein sein technisches Können, sein akkurates Handwerk, das sich darin zeigt. Es ist vor allem, dies gewissermaßen stützend und potenzierend, eine Haltung, ein Ethos, eine Art, sich mit seinem Talent einem Ideal zu verschreiben, und ohne all das ist es für einen Künstler unmöglich, mit den Traditionen zu brechen und sie zugleich zu bereichern, wie Seurat es tat. Diese Art, sich »zum Künstler zu erwählen«, scheint unter den jungen Ungeduldigen und Zynikern für immer verlorengegangen zu sein, denn sie lassen sich keine Gelegenheit entgehen, nach den Sternen zu greifen, und sei es, indem sie auf einen Haufen Dickhäuterscheiße steigen.

El País, Madrid, 21. September 1997

II

Kleiner Diskurs über die Kultur

Im Laufe der Geschichte wurde der Begriff Kultur unterschiedlich gedeutet und verstanden. Jahrhundertelang war es eine Vorstellung, die sich nicht trennen ließ von Religion und theologischer Erkenntnis. In Griechenland war sie geprägt von der Philosophie und in Rom vom Recht, in der Renaissance vor allem von der Literatur und den schönen Künsten. In jüngeren Epochen wie im Zeitalter der Aufklärung waren es die Wissenschaft und die großen wissenschaftlichen Entdeckungen, die der Idee von Kultur ihre Richtung gaben. Aber trotz aller Unterschiede und bis in unsere Zeit bedeutete sie immer eine Summe von Aspekten, ohne die, und das war breiter gesellschaftlicher Konsens, Kultur nicht denkbar war; wozu gehörte, dass man sich auf ein gemeinsames Erbe von Ideen, Werten und Kunstwerken stützte, von historischen, religiösen, philosophischen und wissenschaftlichen Erkenntnissen, und dass man die Erkundung neuer künstlerischer Formen ebenso förderte wie die Forschung auf allen übrigen Gebieten des Wissens.

Kultur hat immer soziale Abstufungen gekannt zwischen denen, die sie pflegten, mit ihren Beiträgen bereicherten und weiterentwickelten, und denen, die sich von ihr fernhielten, sie ignorierten oder geringschätzten oder die aus gesellschaftlichen und ökonomischen Gründen von ihr ausgeschlossen blieben. Zu allen Zeiten gab es Gebildete und Ungebildete und zwischen den beiden Polen Menschen, die leidlich gebildet waren oder leidlich ungebildet, und diese Zuordnungen waren recht klar.

Heute ist das alles anders. Der Kulturbegriff wird derart weit gefasst, dass die Kultur sich verflüchtigt hat. Sie ist zu einem ungreifbaren Phantom geworden, einer bloßen Metapher. Denn kein Mensch ist mehr gebildet, wenn alle es zu sein glauben oder wenn der Inhalt dessen, was wir Kultur nennen, so verwässert ist, dass alle mit gutem Recht davon ausgehen können, dass sie gebildet sind.

In Gang gesetzt wurde dieser Prozess von den Anthropologen. In der besten aller Absichten, voller Empathie und aus Respekt vor ihrem Untersuchungsgegenstand – den primitiven Gesellschaften – bestimmten sie, dass Kultur die Summe der Kenntnisse und religiösen Anschauungen, Sprachen, Sitten und Gebräuche, Kleider, Verwandtschaftssysteme und letztlich von allem sei, was ein Volk sagt, tut, fürchtet oder verehrt. Mit dieser Definition beließ man es jedoch nicht bei einer Methode, um das Kennzeichnende einer Ansammlung von Menschen im Verhältnis zu anderen Gruppen zu erforschen. Zuallererst galt es, dem vorurteilsbeladenen und rassistischen Ethnozentrismus abzuschwören, dessen sich der Westen anzuklagen nicht müde wird. Die Absicht hätte edler nicht sein können, aber der Weg zur Hölle ist bekanntlich mit guten Vorsätzen gepflastert. Denn zu glauben, dass alle Kulturen Achtung verdienen, da es in allen positive Beiträge zur menschlichen Zivilisation gibt, ist eine Sache; eine ganz andere dagegen, zu glauben, dass alle, bloß weil es sie gibt, gleichwertig seien. So unglaublich es klingt, aber genau Letzteres ist passiert, und zwar aufgrund eines kolossalen Vorurteils – erwachsen aus dem Wunsch, ein für alle Mal sämtliche kulturellen Vorurteile aus der Welt zu schaffen. Die Political Correctness hat uns irgendwann eingebläut, dass es anmaßend, borniert, kolonialistisch und eben gar rassistisch sei, von höheren und niederen Kulturen zu sprechen und selbst von modernen und primitiven. Nach dieser erzengelhaften Auffassung sind alle Kulturen, auf ihre Weise und in je ihrer Welt, gleich, gleichwertige Manifestationen der wunderbaren menschlichen Vielfalt.

Hatten Ethnologen und Anthropologen mit einer solchen horizontalen Gleichsetzung der Kulturen die klassische Bedeutung des Wortes bis zur Unkenntlichkeit verdünnt, setzten die Soziologen – besser gesagt, die Soziologen, die meinen, Literaturwissenschaft betreiben zu müssen – ihrerseits eine semantische Revolution ins Werk, indem sie der Vorstellung von Kultur die Unkultur als integralen Bestandteil eingliederten, camoufliert mit der Bezeichnung Populärkultur, eine weniger anspruchsvolle, weniger verfeinerte und artifizielle Form als die andere, dafür frecher, freier, unverfälschter, kritischer und repräsentativer. Ich möchte gleich sagen, dass im Zuge dieser allmählichen Aushöhlung der traditionellen Vorstellung von Kultur so anregende Bücher entstanden sind wie das von Michail Bachtin über François Rabelais und die Volkskultur im Mittelalter und in der Renaissance[*], worin er mit feinsinnigen Überlegungen und deftigen Beispielen untersucht, was er »Volks-

* Michail Bachtin, *Rabelais und seine Welt. Volkskultur als Gegenkultur*, Suhrkamp Verlag, Frankfurt am Main 1987

kultur« nennt, für den russischen Literaturwissenschaftler eine Art Kontrapunkt zur offiziellen und aristokratischen Kultur. Letztere keimt und konserviert sich in den Salons, Palästen, Klöstern und Bibliotheken, während die volkstümliche auf der Straße gedeiht und sich fortzeugt, in der Schenke, beim Fest, im Karneval. Die Volkskultur verspottet die offizielle mit Repliken, die enthüllen und übersteigern, was diese verbirgt und als das »leibliche Untenrum« tadelt, den Sex, die Ausscheidungen, das Derbe, und setzt den lüstern-rauflustigen »schlechten Geschmack« dem vermeintlich »guten Geschmack« der herrschenden Klassen entgegen.

Man darf die von Bachtin und Theoretikern soziologischer Abkunft vorgenommene Einteilung – offizielle Kultur versus Volkskultur – nicht verwechseln mit jener, die in der angelsächsischen Welt seit langem zwischen *highbrow culture* und *lowbrow culture* unterscheidet, der hochgeistigen Kultur und der Kultur der bescheideneren Gemüter. Hier befinden wir uns immer noch innerhalb der klassischen Bedeutung von Kultur, und was das eine vom anderen trennt, ist der Grad an Einfachheit oder Schwierigkeit, den das kulturelle Faktum dem Leser, Hörer, Zuschauer und einfachen Verehrer bietet. Ein Dichter wie T. S. Eliot und ein Romanschriftsteller wie James Joyce sind *highbrow*, die Erzählungen und Romane von Ernest Hemingway oder die Gedichte von Walt Whitman *lowbrow*, da durchschnittlichen Lesern zugänglich. In beiden Fällen befinden wir uns aber immer noch im Bereich der puren Literatur, ohne weitere Zuschreibung. Bachtin und seine Anhänger dagegen unternahmen (bewusst oder unbewusst) etwas Radikaleres: Sie schleiften die Grenzen zwischen Kultur und Unkultur und verliehen dem Unkultivierten eine besondere Würde, denn was es hier an Unvermögen, Geschmacklosem und Nachlässigem auch immer gebe, werde, so behaupteten sie, von seiner Vitalität, seinem Humor und seiner ungezwungenen und authentischen Art wettgemacht, und damit stehe es für die Erfahrungen der allermeisten Menschen.

Auch aus Angst, in politische Unkorrektheit zu verfallen, ist so alles aus unserem Vokabular verschwunden, was Kultur und Unkultur, Gebildete und Ungebildete voneinander scheidet. Heute ist niemand mehr kulturlos. Man muss nur eine Zeitung oder Zeitschrift aufschlagen und begegnet zahllosen Hinweisen auf die unendlichen Äußerungsformen dieser universalen Kultur, als deren Träger wir uns sämtlich fühlen dürfen, ob »pädophile Kultur«, »Marihuana-Kultur«, »Punk-Kultur«, »Nazi-Kultur« oder sonst was. Irgendwie sind wir jetzt alle Kultur, auch wenn wir noch nie ein Buch gelesen, noch nie eine Ausstellung oder ein Konzert besucht und uns auch keine humanistischen, wissenschaftlichen und technischen Grundkenntnisse angeeignet haben.

Wir wollten mit den Eliten aufräumen, denn das Privilegierte, Abwertende, Diskriminierende, das uns mit unseren egalitären Idealen allein schon aus diesem Begriff entgegenhallte, war uns moralisch zuwider, und im Laufe der Zeit haben wir auf verschiedene Weise diese exklusive Bande von Schulmeistern, die sich für etwas Besseres hielten und stolz Wissen, Werte und Geschmack für sich reklamierten, bekämpft und aufgerieben. Aber was wir erreicht haben, war ein Pyrrhussieg, ein Heilmittel, das schlimmer ist als die Krankheit: zu leben in einer verwirrten Welt, in der paradoxerweise, weil niemand mehr weiß, was sie eigentlich bedeutet, Kultur nun alles ist und nichts.

Aber, wird man mir entgegenhalten, nie zuvor hat es eine solche Fülle an wissenschaftlichen Durchbrüchen und technologischen Neuerungen gegeben, noch nie wurden so viele Bücher verlegt, so viele Museen eröffnet und so schwindelerregende Summen für klassische und moderne Kunst gezahlt. Wie kann man in einer Epoche, in der von Menschen konstruierte Raumschiffe zu den Sternen fahren und der Prozentsatz der Analphabeten der niedrigste aller Zeiten ist, von einer kulturlosen Welt sprechen? Dieser Fortschritt ist unübersehbar, gewiss, aber er ist nicht das Werk von gebildeten Menschen, sondern von Spezialisten. Und Kultur und Spezialisierung liegen so weit auseinander wie der Cromagnonmensch und die neurasthenischen Genießer bei Marcel Proust. Und dass es heute sehr viel mehr des Lesens und Schreibens Kundige gibt als in der Vergangenheit, ist eine quantitative Angelegenheit, und Kultur hat mit Quantität wenig zu tun. Wir sprechen von unterschiedlichen Dingen. Der außerordentlichen Spezialisierung in den Wissenschaften ist es ohne Zweifel geschuldet, dass wir heute ein Waffenarsenal von so massiver Zerstörungskraft versammelt haben, dass wir unseren Planeten mehrmals in die Luft jagen und noch das Weltall drumrum verseuchen könnten. Es ist eine wissenschaftliche und technische Großtat und zugleich ein flagrantes Zeichen von Barbarei, etwas zutiefst Kulturfeindliches also, wenn Kultur, wie T. S. Eliot glaubte, alles ist, »was das Leben lebenswert macht«.

Kultur ist, besser gesagt: war einmal ein gemeinsamer Nenner, der die Verständigung zwischen ganz unterschiedlichen Menschen gewährleistete, Menschen, die der Fortschritt in die Spezialisierung zwang, womit sie sich immer weiter voneinander entfernten und isolierten. Niemand kann in allem alles wissen – das war früher nicht anders als heute –, aber dem gebildeten Menschen diente die Kultur zumindest dazu, sich sowohl auf diesem Gebiet wie auch auf dem der ästhetischen Werte Hierarchien und Vorlieben zurechtzulegen. Heute sind die Hierarchien obsolet geworden, alles wird über einen Leisten geschlagen, und wir leben mit dem Schwindel, dass alles gleichwertig sei, so dass kein Mensch mehr mit einem Minimum an Objektivität unterscheiden kann, was in der Kunst schön ist und was nicht. Selbst die Rede von Schönheit hat sich im Grunde erübrigt, denn allein der Begriff ist so diskreditiert wie die klassische Vorstellung von Kultur.

In seinem Ressort sieht der Spezialist weit und schreitet weit aus, aber er weiß nicht, was links und rechts geschieht, er hält sich nicht auf mit einer Betrachtung der Schäden, die er mit seinen Errungenschaften in anderen Bereichen womöglich anrichtet. Ein solch eindimensionaler Mensch kann ein großer Spezialist und ein großer Ungebildeter zugleich sein, denn seine Kenntnisse verbinden ihn nicht mit den anderen, sie verschließen ihn in seinem Fach. Die Spezialisierung, wie wir sie seit den Anfängen der Zivilisation kennen, nahm mit den Erkenntnissen einen immer größeren Raum ein, und was die allgemeine Verständigung aufrechterhielt, gleichsam der Kitt des gesellschaftlichen Gefüges, waren die Eliten, gebildete Minderheiten, die nicht nur Brücken schlugen und einen Austausch ermöglichten zwischen den verschiedenen Provinzen des Wissens und der

Künste, sondern auch Einfluss ausübten, einen religiösen oder weltlichen, immer aber mit moralischem Inhalt beladenen, damit dieser geistige und künstlerische Fortschritt sich nicht gänzlich einer gewissen Zweckbestimmtheit entzieht und den Menschen stets im Auge behält; Fortschritt soll, mit anderen Worten, nicht nur bessere Chancen und bessere materielle Lebensbedingungen gewährleisten, sondern eine moralische Bereicherung aller sein, mit einem Weniger an Gewalt, an Ungerechtigkeit, Ausbeutung, Hunger, Krankheit und Ignoranz.

In seinen *Beiträgen zum Begriff der Kultur* legt T. S. Eliot Wert auf die Feststellung, dass Kultur zu unterscheiden sei von Kulturwissen – womit er mehr zu uns Heutigen zu sprechen schien als zu seinen Zeitgenossen, denn damals war das Problem noch lange nicht so virulent. Kultur geht bloßer Erkenntnis voraus, stützt sie, gibt ihr eine Orientierung und verleiht ihr eine Funktionalität, so etwas wie einen moralischen Vorsatz. Als gläubiger Mensch fand Eliot in den christlichen Werten jene Stütze des Wissens und des menschlichen Verhaltens, die er Kultur nannte. Aber ich glaube nicht, dass ein religiöser Glaube der einzig mögliche Halt ist, damit Erkenntnis nicht irregeht und in der Selbstzerstörung endet wie dieses Wissen, das die atomaren Pulvermagazine bestückt und mit Giften aller Art die Luft, den Boden und das Wasser verseucht. Seit dem achtzehnten und neunzehnten Jahrhundert waren es eine Moral und eine weltliche Philosophie, die für weite Teile der westlichen Welt diese Funktion erfüllten, auch wenn für viele, vielleicht die meisten Menschen die Transzendenz ein Anliegen oder lebensnotweniges Bedürfnis ist, von dem sie nicht Abstand nehmen können, ohne in Anomie oder Verzweiflung zu verfallen.

Halten wir uns vor Augen: Hierarchien in einem breiten Spektrum des Wissens, aus dem sich die Erkenntnis speist; eine alles umgreifende Moral, die nach Freiheit verlangt und der Menschheit in ihrer ganzen Vielfalt erlaubt, sich auszudrücken, darin jedoch unerschütterlich in ihrer Ablehnung all dessen, was den Grundbegriff des Menschlichen entwertet und herabsetzt und das Überleben der Art bedroht; eine Elite, gegründet nicht auf Geburt oder ökonomisch-politische Macht, sondern ausgewiesen durch Kompetenz und Leistung und mit moralischer Autorität, um sowohl im Raum der Kunst wie auch der Wissenschaft und Technik eine Art Wertekatalog aufzustellen – all das war die Kultur in den aufgeklärtesten Milieus und Gesellschaften, welche die Geschichte gekannt hat, und das sollte sie auch wieder sein, wenn wir nicht ziellos, blind, wie Automaten unserer eigenen Auflösung entgegenschreiten wollen. Nur so würde für die meisten von uns, die wir dem sehnlichen, immer unerreichbaren Wunsch nach einer glücklichen Welt hinterherlaufen, das Leben jeden Tag lebenswerter.

Es wäre verfehlt, wollte man der Wissenschaft und der Kunst in diesem Prozess identische Funktionen zuschreiben. Eben die Tatsache, dass man vergessen hat, sie voneinander zu unterscheiden, hat zu der heutigen kulturellen Konfusion beigetragen. Die Wissenschaft schreitet wie die Technik voran, indem sie das Veraltete und Überholte zerstört, für sie ist die Vergangenheit ein Friedhof, eine Welt Toter, durch die neuen Entdeckungen und Erfindungen überwundener Dinge. Die Kunst erneuert sich, schreitet aber nicht fort, sie zerstört ihre

Vergangenheit nicht, sie baut auf ihr auf, speist sich aus ihr und speist manchmal auch diese, so dass, wie groß die Distanzen auch sein mögen, ein Velázquez so lebendig ist wie Picasso und Cervantes so gegenwärtig wie Borges oder Faulkner.

Die Vorstellung von Spezialisierung und Fortschritt, wie sie der Wissenschaft eingeschrieben sind, verliert in der Kunst alle Gültigkeit, was natürlich nicht heißen soll, dass Literatur, Malerei oder Musik sich nicht veränderten und entwickelten. Aber man kann hier nicht wie von der Chemie und der Alchemie sagen, dass das eine das andere ablöst und überwindet. Das künstlerische Werk, das einen gewissen Grad an Vollkommenheit erreicht, stirbt nicht mit der Zeit: es lebt weiter, bereichert die jeweils neuen Generationen und entwickelt sich mit ihnen. Ebendeshalb waren Kunst und Literatur bisher der gemeinsame Nenner der Kultur, der Raum, in dem trotz unterschiedlicher Sprachen, Traditionen, Religionen und Epochen eine Verständigung zwischen den Menschen möglich war, denn wer sich heute von Shakespeare ergreifen lässt, bei Molière lacht und von Rembrandt oder Mozart überwältigt wird, tritt ein in einen Dialog mit jenen, die sie in der Vergangenheit lasen, hörten und bewunderten.

Dieses Gemeinsame, das eine Spezialisierung nie kannte und immer allen zugänglich war, hat Zeiten äußerster Komplexität, Abstraktion und Hermetik erlebt, was das Verständnis mancher Werke so weit erschwerte, dass sie einer Elite vorbehalten blieben. Aber solche experimentellen oder avantgardistischen Werke haben, wenn sie tatsächlich Momente der menschlichen Wirklichkeit erschlossen und Formen von dauerhafter

Schönheit schufen, am Ende immer ihre Leser, Zuhörer und Betrachter erzogen und sich auf diese Weise in das gemeinsame Erbe eingefügt. Kultur kann und muss auch Experiment sein, klar, solange ein Werk mit seinen neuen Techniken und Formen den Erfahrungshorizont erweitert und so die Geheimnisse des Lebens enthüllt oder uns mit einem ästhetischen Elan beseelt, der das Empfinden revolutioniert und uns eine subtilere und neuartige Sicht auf diesen bodenlosen Abgrund erlaubt, der die menschliche Natur ist.

Kultur kann Experiment und Reflexion sein, Gedanke und Traum, Leidenschaft und Poesie, eine ständige und drängende Überprüfung aller Gewissheiten, Überzeugungen, Theorien und Anschauungen. Aber sie darf sich nicht vom wirklichen Leben entfernen, vom wahren Leben, vom gelebten Leben, denn das ist niemals das der Gemeinplätze, des Blendwerks, des Sophismus und des bloßen Zeitvertreibs, sie liefe sonst Gefahr, sich aufzulösen. Es mag pessimistisch klingen, aber mein Eindruck ist, dass wir, mit einer Unverantwortlichkeit, die so groß ist wie unser zwanghafter Hang zu Spaß und Unterhaltung, aus der Kultur eins dieser auf Sand gebauten Schlösser gemacht haben, die bei der leisesten Berührung zusammenfallen.

Vorgeschichte

Prüfstein

Die Stunde der Scharlatane

An jenem Tag, als der französische Philosoph im Institute of Contemporary Arts seinen Vortrag hielt, machte ich mich eine halbe Stunde früher auf den Weg, um noch einen Blick in die Buchhandlung des ICA zu werfen, die mir, so klein sie auch ist, immer vorbildlich erschien. Doch was für eine Überraschung, denn seit meinem letzten Besuch hatte dieses Wunderstübchen eine Sortimentsrevolution erlebt. Die altmodischen Abteilungen von früher – Literatur, Philosophie, Kunst, Kino, Kritik – waren postmodernen gewichen: Kulturtheorie, Klasse und Gender. Ein Regal mit der Aufschrift »Das sexuelle Subjekt« gab mir eine gewisse Hoffnung, doch mit Erotik hatte es nichts zu tun, sondern mit Patristik in der Philologie oder machistischer Sprache.

Lyrik, Roman und Theater waren aussortiert, von Schöpferischem zeugten einzig ein paar Drehbücher. Auf einem Ehrenplatz thronte ein Buch von Deleuze und Guattari über Nomadologie, dazu ein offenbar sehr bedeutendes von einer Gruppe Psychoanalytikern, Juristen und Soziologen zur Dekonstruktion des Rechts. Kein einziger der auffälligeren Titel (wie *The Material Queer, Feminists Rethink the Self, Ideology und Cultural Identity* oder *The Lesbian Idol*) weckte meine Neugier, so dass ich wieder ging, ohne etwas zu kaufen, was mir in einer Buchhandlung nur selten passiert.

Jean Baudrillards Vortrag hörte ich mir an, weil der französische Soziologe und Philosoph, einer der Helden der Postmoderne, auch seinen Teil Verantwortung trägt für das, was heute mit dem kulturellen Leben passiert (wenn angesichts von Phänomenen, wie in der Buchhandlung des Londoner ICA zu besichtigen, von kulturell überhaupt noch die Rede sein kann). Und weil ich ihn sehen wollte nach all den Jahren. Ende der Fünfziger, Anfang der Sechziger besuchten wir beide an der Sorbonne die Vorlesungen von Lucien Goldmann und Roland Barthes und unterstützten den algerischen FLN in dem Netzwerk, das der Philosoph Francis Jeanson in Paris gegründet hatte. Damals war allen klar, dass Jean Baudrillard als brillanter Intellektueller Karriere machen würde.

Er war sehr intelligent, und seine Erläuterungen waren von einer seltenen Unbefangenheit. Damals schien er ein sehr ernsthafter Mensch zu sein, und es hätte ihn nicht gekränkt, wenn man ihn als modernen Humanisten beschrieben hätte. Ich habe noch im Ohr, wie er einmal in einem Bistro in Saint-Michel in aller Schärfe und mit Humor Foucaults These vom Verschwinden des Menschen auseinandernahm, die dieser in seinem gerade erschienenen Buch *Die Ordnung der Dinge* vertrat. Baudrillard hatte einen außerordentlichen literarischen Geschmack, und er war einer der Ersten in Frankreich, die auf das Genie Italo Calvinos hinwiesen, in einem glänzenden Aufsatz, den Sartre in *Les Temps Modernes* veröffentlichte. Ende der sechziger Jahre schrieb er dann die beiden dichten, anregenden, so wortreichen wie spitzfindigen Bücher, die sein Ansehen begründen sollten, das eine über *Das System der Dinge* und ein zweites über die Konsumgesellschaft. Seither, und während seine Gedanken um die Welt gingen und allenthalben Einfluss nahmen, vor allem im angelsächsischen Raum – der Beweis: der brechend volle Saal des ICA und die Hunderte von Menschen, die keine Eintrittskarte mehr bekamen –, verwandte er sein Talent, und es scheint geradezu schicksalhaft zu sein für den Werdegang der besten französischen Denker unserer Tage, immer mehr auf ein ehrgeiziges Unterfangen: das Existierende zu zertrümmern und durch ein geschwätziges Irreales zu ersetzen.

Sein Vortrag – beginnend mit einem Verweis auf *Jurassic Park* – bestätigte mir dies überdeutlich. Seine Landsleute, die ihm bei dieser Treibjagd vorangingen, waren da nicht ganz so forsch bei der Hand. Nach Foucault ist der Mensch verschwunden, aber dieses Verschwinden ist zumindest existent und bestimmt die Wirklichkeit mit ihrer unbeständigen Leere. Roland Barthes gesteht wirkliche Substanz nur dem Stil zu, eine Modulation, die jedes beseelte Leben dem Fluss der Wörter mitzugeben vermag, über dem das Sein wie ein Irrlicht aufscheint und vergeht. Für Derrida ist alles in Texte oder Diskurse aufgelöst, in eine unabschließbare Kette von Verweisen und Modifikationen, ohne je an diesen fernen und blassen Schatten des Wortes zu rühren, welcher die entbehrliche menschliche Erfahrung ist.

Die Kunststücke des Jean Baudrillard standen dem in nichts nach. Die wirkliche Wirklichkeit gibt es nicht mehr, sie wurde abgelöst von der virtuellen Wirklichkeit, wie sie die Bilder der Werbung und die audiovisuellen

Medien schaffen. Zwar gibt es etwas, was wir unter der Bezeichnung »Information« kennen, aber dieser Stoff erfüllt in Wahrheit die genau entgegengesetzte Funktion, denn er informiert uns nicht über die Geschehnisse um uns herum, sondern fälscht die wirkliche Welt der Ereignisse und die objektiven Handlungen, macht sie wertlos: es sind die immergleichen Versionen, die, selektiert und zubereitet von den Profigauklern in den Massenmedien, über die Fernsehbildschirme flimmern und nun an die Stelle dessen treten, was man früher als historische Wirklichkeit kannte, als objektives Wissen von der Entwicklung der Gesellschaft.

Die Geschehnisse der wirklichen Welt können nicht mehr objektiv dargestellt werden, sie sind von Beginn an in ihrer Wahrheit und ontologischen Beschaffenheit ausgehöhlt von einem alles zersetzenden Virus: ihrer Projektion in den manipulierten und gefälschten Bildern der virtuellen Wirklichkeit, welche die einzigen noch möglichen und begreiflichen sind für eine von den Fiktionen der Medien gezähmte Menschheit, Fiktionen, in deren Bann wir geboren werden, leben und sterben (nicht mehr und nicht weniger als Spielbergs Dinosaurier). Aber die im Fernsehen gesendeten »Nachrichten« schaffen nicht nur die Geschichte ab, sie heben auch die Zeit auf, denn sie machen jeden kritischen Blick auf das Geschehen zunichte, finden simultan mit den Ereignissen statt, über die sie angeblich informieren, und dauern nicht länger als der flüchtige Moment ihrer Besprechung, ehe sie verschwinden, hinweggewischt von anderen, die ihrerseits von neueren vernichtet werden, ein schwindelerregender Prozess der Entstellung des Existierenden, der schlicht und ergreifend zu seiner Verflüchtigung und Ablösung durch die Wahrheit der Medienfiktion geführt hat, der einzigen wirklichen Wirklichkeit unserer Zeit, für Baudrillard das Zeitalter »der Simulakren«.

Dass wir in einer Zeit der Abbilder leben, der Repräsentationen, die uns das Verstehen der realen Welt erschweren, scheint mir eine unumstößliche Wahrheit zu sein. Aber liegt es nicht auf der Hand, dass niemand, nicht einmal die Mediengaukler, so sehr dazu beigetragen hat, unser Verständnis dessen, was wirklich in der Welt geschieht, zu trüben wie manche Theoretiker, die sich, genau wie die Gelehrten in einer von Borges' fantastischen Erzählungen, bestrebt zeigen, das spekulative Spiel und die Träume der Fiktion im Leben zu verankern?

In einem Essay, in dem er erklärte, dass der Golfkrieg nicht stattgefunden habe – denn was Saddam Hussein, Kuwait und die alliierten Truppen dort getrieben hätten, sei eine bloße TV-Farce gewesen –, behauptete Jean Baudrillard: »Der Skandal besteht heute nicht im Verstoß gegen die moralischen Werte, sondern im Verstoß gegen das Realitätsprinzip.« Diesen Satz unterschreibe ich sofort. Zugleich lese ich darin eine deutliche, wenn auch unfreiwillige Selbstkritik, schließlich verwandte Baudrillard seit Jahren all seine dialektische Gewitztheit und Intelligenz darauf, uns zu beweisen, dass die Entwicklung der audiovisuellen Medien und die Revolution der Kommunikation den Menschen ihre Fähigkeit genommen haben, zwischen Wahrheit und Lüge, Realität und Fiktion zu unterscheiden, womit wir, die im Labyrinth der Medien verlorenen Zweibeiner aus Fleisch und Blut, zu bloßen automatischen Gespenstern werden, zu

Baukastenteilen ohne jede Freiheit und jedes Wissen um die Welt, verurteilt zum Erlöschen, ohne dass wir überhaupt gelebt hätten.

Nach seinem Vortrag bin ich nicht zu ihm hingegangen, um ihn zu begrüßen und an die gemeinsamen Jugendzeiten zu erinnern, als wir uns von Ideen und Büchern begeistern ließen und er noch glaubte, dass es uns gibt.

El País, Madrid, 24. August 1997

III

Verbieten verboten

Es ist schon ein paar Jahre her, als ich in Paris im französischen Fernsehen eine Reportage sah, die mir im Gedächtnis haften geblieben ist und deren Bilder immer wieder mit einem Peitschenknall aktualisiert werden, vor allem wenn es um das größte kulturelle Problem unserer Zeit geht: die Erziehung.

Der Beitrag beschrieb die Probleme einer Sekundarschule in den Banlieues von Paris, einem dieser Vororte, wo verarmte französische Familien mit Einwanderern aus Schwarzafrika, Lateinamerika und dem Maghreb Tür an Tür leben. Die staatliche Schule, deren Schüler beiderlei Geschlechts mit ihrer unterschiedlichen Herkunft, ihren Sprachen, Gebräuchen und Religionen einen bunten Regenbogen bilden, war ein Schauplatz der Gewalt gewesen: verprügelte Lehrer, Vergewaltigungen auf Toiletten, Zusammenstöße zwischen Banden bis hin zu Schießereien. Ich weiß nicht, ob bei alldem jemand zu Tode gekommen ist, aber es gab Verletzte, und bei der Durchsuchung des Gebäudes hatte die Polizei jede Menge Waffen, Alkohol und Drogen sichergestellt.

Der Film wollte keine Panik schüren, sondern beruhigen, wollte zeigen, dass das Schlimmste vorbei war und die Wogen sich glätteten, solange Behörden, Lehrer, Eltern und Schüler an einem Strang zogen. So machte etwa der Direktor aus seiner Befriedigung keinen Hehl, als er darauf hinwies, dass dank dem gerade installierten Metalldetektor, den nun die Schüler beim Betreten der Schule passieren müssten, alle Schlagringe, Messer und sonstigen Hieb- und Stichwaffen beschlagnahmt würden, folglich seien die Gewalttaten drastisch zurückgegangen. Man hatte angeordnet, dass Lehrer wie Schüler immer in Begleitung zu sein hatten, mindestens zu zweit, nicht einmal auf die Toilette durften sie allein. So konnten Überfälle verhindert werden. Und die Schule hatte jetzt zwei Psychologen, um den schwer erziehbaren oder hartnäckig streitsüchtigen Schülerinnen und Schülern mit Rat zur Seite zu stehen – fast immer Waisen oder Halbwaisen aus Familien, die wegen Arbeitslosigkeit, Promiskuität, Kriminalität oder häuslicher Gewalt auseinandergebrochen waren.

Was mich an der Reportage am meisten beeindruckte, war das Interview mit einer Lehrerin, die mit der größten Selbstverständlichkeit so etwas sagte wie: *»Tout va bien, maintenant, mais il faut se débrouiller.«* (»Es ist alles in Ordnung jetzt, aber man muss sich zu helfen wissen.«) Sie erklärte, um die Überfälle von früher zu unterbinden, hätte sie sich mit einer Gruppe Lehrer abgestimmt, sie träfen sich zu einer bestimmten Uhrzeit am nächstgelegenen Metro-Eingang und liefen dann zusammen zur Schule; so sei das Risiko, von den *voyous* angegriffen zu werden, geringer. Diese Lehrerin und ihre Kollegen, die jeden Tag zur Arbeit gingen, als ginge es in die Hölle, hatten resigniert, hatten zu überleben gelernt und schienen nicht einmal auf den Gedanken zu kommen, dass zu unterrichten etwas anderes sein kann als ein tägliches Martyrium.

In diesen Tagen hatte ich gerade einen der so spitzfindigen wie anregenden Essays von Michel Foucault gelesen, in dem der französische Philosoph mit gewohnter Brillanz darlegte, dass – genau wie die Sexualität, die Psychiatrie, die Religion, die Justiz und die Sprache selbst – auch das Unterrichtswesen in der westlichen Welt immer schon eine dieser »Machtstrukturen« gewesen sei, errichtet mit dem Ziel, die Gesellschaft durch die Installierung subtiler, aber hocheffizienter Formen der Unterwerfung und Entfremdung zu bezähmen und zu unterdrücken, um so den Fortbestand der Privilegien und der Machtkontrolle der herrschenden gesellschaftlichen Gruppen zu sichern. Wie auch immer, im Bereich der Bildung jedenfalls lag ab 1968 die Autorität, welche die libertären Neigungen der jungen Menschen beschnitt, in Trümmern. Nur hatte, wenn man sich die Reportage ansah, die auch an vielen anderen Orten in Frankreich und ganz Europa hätte gedreht werden können, der Ansehensverlust und die Auflösung allein der Vorstellung von Lehrkraft und Lehrtätigkeit – und letzten Endes jeder Form von Autorität – offenbar nicht die schöpferische Befreiung des jugendlichen Geistes gebracht, sondern die derart befreiten Schulen in chaotische Institutionen verwandelt, wenn nicht in kleine Tyrannenreiche von Schlägertypen und Frühkriminellen.

Natürlich hat der Mai 68 nicht mit der »Autorität« Schluss gemacht, auch wenn die schon lange und auf ganzer Linie, von der Politik bis zur Kultur und vor allem in der Bildung, darniederlag. Aber die Revolution der Wohlstandskinder, der Crème der bürgerlichen und privilegierten Klassen Frankreichs, die diesen lustigen Karneval anführte, der als eine seiner Parolen ausgab: »Verbieten verboten!«, sie stellte der Idee von Autorität die Sterbeurkunde aus. Dafür verlieh sie der Vorstellung

Legitimität und Glamour, jede Autorität sei verdächtig, schädlich und verwerflich, und das edelste libertäre Ideal sei es, sie zu leugnen, zu negieren und zu zerstören. Die Macht gab sich nicht im Mindesten berührt von dieser symbolischen Anmaßung der jungen Rebellen, die, auch wenn es den allermeisten nicht bewusst gewesen sein dürfte, die ikonoklastischen Ideale von Denkern wie Foucault zu den Barrikaden trugen. Erinnert sei daran, dass bei den ersten Wahlen in Frankreich nach dem Mai 68 die gaullistische Rechte einen satten Sieg errang.

Doch die Autorität, im römischen Sinne von *auctoritas*, nicht von Macht – definiert als auf Leistung oder Tradition beruhender Einfluss einer Person oder Institution und daraus erwachsendes Ansehen –, diese Autorität hat sich nicht mehr erholt. In Europa wie auch in einem großen Teil der übrigen Welt gibt es seither in der Politik und in der Kultur praktisch keine Persönlichkeiten mehr, denen dieser zugleich moralische und intellektuelle Status einer »klassischen Autorität« zukommt und für die im Volk einmal die Lehrer oder Lehrmeister standen, mit Bezeichnungen wie *magister, maestro, maître*, die so gut klangen, weil sie sich mit Wissen und Idealismus verbanden. Nirgendwo ist dies so katastrophal für die Kultur gewesen wie in der Bildung. Aller Glaubwürdigkeit und Autorität beraubt, hat der Lehrer – aus der progressiven Warte oftmals nur noch ein Vertreter der repressiven Macht, das heißt ein Feind, dem man zur Erlangung der Freiheit und der menschlichen Würde Widerstand leisten, den man fertigmachen muss – nicht nur das Vertrauen und die Achtung verloren, ohne die er seine Funktion als Erzieher – als Vermittler von Wissen wie von Werten – gegenüber den Schülern unmöglich ausüben kann, sondern auch den Respekt ihrer Eltern und jener revolutionären Philosophen, die nach Art des Verfassers von *Überwachen und Strafen* im Lehrer eines dieser finsteren Instrumente sahen, deren sich – genau wie die Gefängniswärter und die Psychiater in den Heilanstalten – das Establishment bedient, um dem kritischen Geist und der gesunden Aufsässigkeit von Kindern und Jugendlichen die Zügel anzulegen.

Tatsächlich bildeten sich viele Lehrer ein, dass an dieser Verteufelung ihrer selbst etwas dran sei, und trugen, indem sie eimerweise Öl ins Feuer schütteten, dazu bei, den Schaden noch zu vergrößern. So machten sie sich einige der absurdesten ideologischen Postulate des Mai 68 zu eigen und hielten es für abwegig, schlechte Schüler durchfallen und eine Klasse wiederholen zu lassen, überhaupt Noten zu geben oder die akademische Leistung von Studenten in einer Rangordnung zu bewerten, da man mit solchen Unterscheidungen die unheilvolle Vorstellung von Hierarchie, Egoismus und Individualismus, die Ungleichheit und den Rassismus fortschreibe. Zwar stimmt es, dass diese Extreme am Ende nicht den gesamten Bildungsbereich berührten, aber eine der perversen Folgen der siegreichen Ideen – der ätzenden Kritik wie der Träumereien – des Mai 68 war es, dass sich ebendrum, aus den Schulklassen heraus, die gesellschaftlichen Klassen noch weiter voneinander entfernten.

Die postmoderne Zivilisation hat unsere Kultur moralisch und politisch entwaffnet, was zu einem guten Teil erklärt, dass einige der »Gespenster«, die wir nach dem Zweiten Weltkrieg für immer verbannt glaubten – der Nationalismus in seiner extremsten Form und der Rassismus –, ihr Haupt wieder erhoben und im Herzen des Westens ihr Unwesen treiben, womit sie ein weiteres Mal seine demokratischen Werte und Prinzipien bedrohen.

Das öffentliche Bildungswesen war eine der großen Errungenschaften des demokratischen, republikanischen und laizistischen Frankreich. In seinen anspruchsvollen Schulen genossen Scharen von Schülern eine Chancengleichheit, die in jeder Generation aufs Neue die familiären und schichtspezifischen Asymmetrien und Privilegien korrigierte und den Kindern und Jugendlichen der am meisten benachteiligten Gruppen Möglichkeiten des beruflichen Erfolgs und der politischen Partizipation eröffnete. Die staatliche Schule war ein mächtiges Instrument der sozialen Mobilität.

Das Chaos und die Verschlechterungen im Bildungssystem, ob in Frankreich oder im Rest der Welt, haben den Privatschulen, zu denen nur eine kleine begüterte Minderheit Zugang hat, eine entscheidende Rolle zugewiesen als Schmiede der fachlichen, politischen und kulturellen Führungskräfte. Die Verheerungen der vermeintlich libertären Revolution haben sie weniger hart getroffen, aber bekanntlich weiß man nie, wem es am Ende nutzt: Im Glauben, eine wirklich freie Welt zu errichten, ohne Repression noch Entfremdung oder Autoritarismus, taten Philosophen wie Michel Foucault und seine wohlmeinenden Schüler mit der von ihnen beförderten großen Bildungsrevolution jedenfalls alles, damit die Armen weiter arm blieben und die Reichen weiter reich. Und wie eh und je schwangen die Herren der Macht ihre Peitsche.

Nicht von ungefähr erwähne ich Michel Foucault als ein paradoxes Beispiel. Seine Kritik war ernst gemeint, und sein libertäres Ideal ist unbestreitbar. Seine Vorbehalte gegen die westliche Kultur – die trotz aller Begrenztheiten und Verirrungen wie keine andere in der Geschichte die Freiheit, die Demokratie und die Menschenrechte befördert hat – verleiteten ihn zu der Annahme, leichter als in den Klassenzimmern oder an den Wahlurnen erreiche man die moralische und politische Emanzipation mit Steinwürfen auf Polizisten, mit dem Besuch einer Schwulensauna in San Francisco oder eines SM-Clubs in Paris. Und in seiner paranoiden Anprangerung der Tricks, deren sich ihm zufolge die Macht bedient, um die öffentliche Meinung ihren Diktaten zu unterwerfen, leugnete er bis zum Schluss die Wirklichkeit von Aids – der Krankheit, an der er starb – als ein weiteres Täuschungsmanöver des Establishments und seiner wissenschaftlichen Kollaborateure, um die Bürger einzuschüchtern und sie sexuell zu unterdrücken. Sein Fall ist paradigmatisch: Der intelligenteste Denker seiner Generation hatte, bei aller Ernsthaftigkeit, mit der er seine Forschungen auf den unterschiedlichsten Gebieten betrieb – Geschichte, Psychiatrie, Kunst, Soziologie, Erotik und natürlich Philosophie –, immer einen Hang zu Ikonoklasmus und Provokation, was zuweilen zu einer bloßen Attitüde geriet. Auch darin war Foucault nicht allein, er machte sich einen Generationsauftrag zu eigen, der die Kultur seiner Zeit tief prägen sollte: die Neigung zu Sophismus und Geblende.

Genau das ist ein weiterer Grund dafür, dass viele Denker ihre Autorität verloren haben, denn es mangelte ihnen an Ernsthaftigkeit, sie spielten mit den Ideen und Theorien wie die Jongleure im Zirkus mit ihren Bällen und Kegeln, was amüsant sein mag und staunen macht, aber kaum Überzeugungskraft besitzt. In der Kultur gelang ihnen dabei eine kuriose Umkehrung der Werte: Die Theorie, das heißt die Deutung, ersetzte das Kunstwerk, wurde zu seinem Daseinsgrund. Der Kritiker war wichtiger als der Künstler, war der eigentliche Schöpfer. Die Theorie rechtfertigte das Kunstwerk, es existierte allein, um vom Kritiker interpretiert zu werden, war so etwas wie eine Hypostase der Theorie. Diese maßlose Erhöhung der Kritik hatte den paradoxen Effekt, dass die Kulturkritik sich immer weiter vom großen Publikum entfernte, selbst von dem zumindest allgemein gebildeten, und betrieb so mit am wirksamsten die Frivolisierung der heutigen Kultur. Außerdem legten diese Theoretiker ihre Theorien häufig in einem derart esoterischen, eitlen und nicht selten hohlen Jargon vor, dass selbst Foucault, der ihm auch schon mal verfiel, ihn »terroristischen Obskurantismus« nannte.

Der delirante Inhalt mancher postmodernen Theorien – besonders des Dekonstruktivismus – war zuweilen jedoch noch schlimmer als ihre obskurante Form. So vertrat vor allem Jacques Derrida die These, und fast alle postmodernen Philosophen schlossen sich an, dass es falsch sei zu glauben, Sprache bilde die Wirklichkeit ab. In Wahrheit bildeten die Wörter sich selbst ab, böten »Versionen«, Masken, Verkleidungen der Wirklichkeit, weshalb die Literatur nicht die Welt beschreibe, sondern nur sich selbst, sie sei eine Abfolge von Bildern, die die verschiedenen Lesarten der Wirklichkeit, welche die Bücher gäben, dokumentierten, und dabei verwende sie diesen subjektiven und trügerischen Stoff, der die Sprache nun mal sei.

Auf diese Weise erschüttern die Dekonstruktivisten

unser Vertrauen in jede Wahrheit, den Glauben daran, dass es logische, ethische, kulturelle oder politische Wahrheiten gibt. Letztlich existiert nichts mehr außerhalb der Sprache, denn die Sprache ist es, die jene Welt errichtet, die wir zu kennen glauben, die aber nichts weiter ist als eine von den Wörtern hergestellte Fiktion. Von da war es nur ein kleiner Schritt zu der Behauptung, Sprache sei, wie Roland Barthes es formulierte, »schlicht und einfach: faschistisch«.

In den Augen der Dekonstruktivisten gibt es keinen Realismus, noch hat es ihn je gegeben, aus dem einfachen Grund, weil die Wirklichkeit auch für die Erkenntnis nicht existiert, sie ist lediglich ein Dickicht von Diskursen, welche die Wirklichkeit nicht abbilden, sondern verbergen oder in einem ungreifbaren Gewebe einander relativierender oder negierender Widersprüche und Versionen auflösen. Was bleibt dann noch? Diskurse, die einzige für das menschliche Bewusstsein fassbare Realität, Diskurse, die aufeinander verweisen, Vermittlungen eines Lebens oder einer Wirklichkeit, die nur durch Metaphern oder Rhetorik zu uns durchdringen, und ihr Inbegriff ist die Literatur. Nach Foucault benutzt die Macht die Sprache, um die Gesellschaft zu kontrollieren und jeden Versuch, die Privilegien der herrschenden Klassen zu beschneiden, im Keim zu ersticken. Das ist vielleicht eine der strittigsten Thesen der Postmoderne. Denn die lebendigste und schöpferischste Tradition der westlichen Kultur ist alles andere als konformistisch gewesen, ganz im Gegenteil, sie war immer ein Infragestellen alles Bestehenden, eine beharrliche Kritik des Etablierten, und von Sokrates bis zu Marx, von Platon bis zu Freud, von Shakespeare über Dostojewski, Kant und Nietzsche bis zu Kafka und Joyce hat sie im Laufe der Geschichte künstlerische Welten und Gedankengebäude hervorgebracht, die allen Mächten auf ihren Thronen radikal entgegenstanden. Wenn wir nur die Sprache wären, die die Macht uns aufzwingt, hätte es Freiheit niemals gegeben, noch eine historische Entwicklung oder künstlerische Originalität.

Natürlich hat es an kritischen Stimmen zu den intellektuellen Exzessen der Postmodernen nicht gefehlt. So erlebte etwa ihr Bestreben, sich gegen Kritik zu immunisieren und unangreifbar zu machen, einen herben Rückschlag, als zwei Wissenschaftler reinsten Wassers, Alan Sokal und Jean Bricmont, 1997 *Impostures intellectuelles*[*] veröffentlichten, eine überzeugende Demonstration des unverantwortlichen, ungenauen und oft auf zynische Weise betrügerischen Gebrauchs der Wissenschaften, anzutreffen in den Schriften so renommierter Denker wie Jacques Lacan, Julia Kristeva, Luce Irigaray, Bruno Latour, Jean Baudrillard, Gilles Deleuze, Félix Guattari und Paul Virilio. Erinnern wir uns, dass Jahre zuvor – 1957 – Jean-François Revel in seinem ersten Buch, *Pourquoi des philosophes?*, mit scharfen Worten die Verwendung eines abstrusen und trügerisch wissenschaftlichen Stils anprangerte, mit dem die einflussreichsten Denker seiner Zeit die Bedeutungslosigkeit ihrer Theorien oder ihre eigene Unwissenheit zu kaschieren suchten.

Eine weitere unnachgiebige Kritikerin der Theorien und Thesen der postmodernen Mode war Gertrude

---

[*] Alan Sokal / Jean Bricmont, *Eleganter Unsinn. Wie die Denker der Postmoderne die Wissenschaften missbrauchen*, C.H. Beck, München 1999

Himmelfarb. In einer polemischen Aufsatzsammlung mit dem Titel *On Looking Into the Abyss* stürmte sie 1994 gegen diese an, vor allem gegen den (Post)Strukturalismus von Michel Foucault und den Dekonstruktivismus von Jaques Derrida und Paul de Man, Denkströmungen, die ihr hohl erschienen verglichen mit den traditionellen Schulen der Literatur- und Geschichtswissenschaften.

Ihr Buch ist auch eine Hommage an Lionel Trilling, den Autor von *The Liberal Imagination* (1950) und vielen weiteren Aufsätzen zur Kultur, die großen Einfluss auf das geistige und akademische Leben der Nachkriegszeit in den USA und in Europa hatten, einen Literaturkritiker, an den sich heute nur wenige erinnern und den fast niemand mehr liest. Trilling war kein Liberaler in ökonomischen Dingen (da hegte er eher sozialdemokratische Ansichten), sehr wohl aber, was das Politische betraf, denn hartnäckig stritt er für die Toleranz als höchste Tugend und das Gesetz als Instrument der Gerechtigkeit, und vor allem die Kultur. Er glaubte an die Ideen als treibende Kraft des Fortschritts und war überzeugt, dass die großen literarischen Werke das Leben bereichern, die Menschen besser machen und der Zivilisation ihren Halt geben.

Für einen Postmodernen ist ein solcher Glaube Ausweis engelhaftester Treuherzigkeit oder sträflichster Dummheit, so dass niemand sich auch nur die Mühe macht, ihn zu widerlegen. Himmelfarb zeigt, auch wenn seine Generation und die eines Derrida oder Foucault nur wenige Jahre voneinander trennen, dass ein wahrer Abgrund klafft zwischen Lionel Trilling, für den die Geschichte der Menschheit eine einzige ist, die Erkenntnis eine allumfassende, der Fortschritt ein möglicher und die Literatur ein Wirken der Vorstellungskraft mit Wurzeln in der Geschichte und moralischer Strahlkraft, und denen, die die Begriffe von Wahrheit und Wert relativieren, bis sie zu Fiktionen werden, zum Axiom erheben, dass alle Kulturen gleichwertig sind, die Literatur von der Wirklichkeit scheiden und sie in eine autonome Welt von Texten verbannen, die, ohne je mit der gelebten Erfahrung in Verbindung zu treten, nur auf andere Texte verweisen.

Die Abwertung Foucaults, wie Himmelfarb sie betreibt, teile ich nicht. Bei allen Sophistereien und Übertreibungen, die man ihm vorwerfen mag, hat Foucault auf entscheidende Weise dazu beigetragen, bestimmten Randerfahrungen (des Wahns, der Sexualität, der gesellschaftlichen Unterdrückung) ein Heimatrecht in unserer Kultur zu verschaffen. Doch dass die Dekonstruktion, wie Himmelfarb aufzeigt, für die Geisteswissenschaften verheerende Folgen gehabt hat, scheint mir unwiderlegbar. So haben wir den Dekonstruktivisten etwa zu verdanken, dass es heutzutage nahezu unvorstellbar ist, von humanistischer Bildung zu sprechen, für sie ein Symptom von geistiger Vermottung und wissenschaftlicher Blindheit.

Wann immer ich mich auf die obskurante Prosa und die erstickenden literarischen oder philosophischen Untersuchungen von Jacques Derrida eingelassen habe, hatte ich das Gefühl, meine Zeit elend zu verplempern. Nicht weil ich glaubte, eine kritische Abhandlung habe immer nützlich zu sein – wenn sie amüsant oder anregend ist, reicht mir das. Aber wenn Literatur das ist, was er annimmt, nämlich eine Abfolge oder ein Archipel von autonomen, undurchlässigen Texten ohne jede Verbindung zur äußeren Welt und also immun gegen jede Wertung und jede Wechselbeziehung mit der gesellschaftlichen Entwicklung und dem individuellen Verhalten – welchen Grund gibt es dann, sie zu dekonstruieren? Wozu dieses angestrengte Bemühen um Gelehrsamkeit und rhetorische Archäologie, diese strapaziösen Sprachgenealogien, mit denen ein Text einem anderen angenähert oder von ihm entfernt wird, bis man jene gekünstelten Dekonstruktionen verfertigt hat, die nichts weiter sind als eine animierte Leere? Es ist eine Ungereimtheit sondergleichen, wenn man erst verkündet, die Literatur sei ihrem Wesen nach unfähig, das Leben zu beeinflussen (oder von ihm beeinflusst zu werden) und irgendwelche Wahrheiten zu den großen Fragen der Menschheit zu vermitteln, und sich dann befleißigt, diese Monumente unnützer Wörter unter intellektuellem Gespreize zu zerpflücken. Als im Mittelalter die Theologen über das Geschlecht der Engel stritten, verloren sie nicht ihre Zeit, denn so unerheblich es erscheinen mag, für sie stand diese Frage in einem Zusammenhang mit so gewichtigen Dingen wie dem Seelenheil oder der ewigen Pein. Aber Wortgebilde auseinanderzunehmen, die man bestenfalls für eine große formale Nichtigkeit hält, eine moralfreie, narzisstische Gratisveranstaltung, die über nichts etwas lehrt außer über sich selbst, es bedeutet, Literaturkritik und Literaturwissenschaft als rein solipsistisches Geschäft zu betreiben.

Nachdem der Dekonstruktivismus an so vielen westlichen Universitäten (besonders in den USA) einen erheblichen Einfluss ausgeübt hat, verwundert es nicht, dass die Fachbereiche für Literatur kaum noch Studierende finden, sich dort die Schwätzer breit machen und immer weniger nicht spezialisierte Leser Interesse für Literaturkritik zeigen (die man in den Buchhandlungen mit der Lupe suchen muss, wo sie dann nicht selten in triefigen Ecken ihr Dasein fristen, zwischen Lehrbüchern für Judo und Karate oder chinesischen Horoskopen).

Für Lionel Trilling und seine Generation hatte Literaturkritik noch mit den zentralen Fragen des Daseins zu tun, denn in der Literatur sahen sie das schönste Zeugnis für die Ideen, Mythen, religiösen Anschauungen und Träume, welche Menschen antreiben, für die heimlichen Enttäuschungen oder Beweggründe, die das Verhalten des Einzelnen erklären. Trillings Glaube an die Kraft der Literatur und ihr Einwirken auf das Leben war so groß, dass er sich in einem seiner Essays in *The Liberal Imagination* fragte, ob nicht Literatur zu lehren an sich schon dazu angetan sei, den Studiengegenstand zu schwächen. Er brachte es mit einer Anekdote auf den Punkt: »Ich gab meinen Studenten auf, ›in den Abgrund zu schauen‹ (in die Werke von Eliot, Yeats, Joyce oder Proust), und folgsam taten sie es, machten sich Notizen und erklärten dann: ›Wirklich sehr interessant.‹« Mit anderen Worten, der Universitätsbetrieb fror die Tragik der menschlichen Natur ein, die aus diesen Werken sprach, und machte sie zu einem abstrakten Wissen, womit er sie ihrer ganzen Vitalität beraubte, ihrer Möglichkeit, das Leben der Leser grundlegend zu verändern. Wehmütig weist Gertrude Himmelfarb darauf hin, wie viel Wasser die Flüsse hinabgeflossen ist, seit Lionel Trilling die Sorge zum Ausdruck brachte, der Literatur könnte, sobald sie Lehrstoff wird, ihre Seele und ihre Kraft genommen werden, und mit welch fröhlicher Leichtigkeit ein Paul de Man sich zwanzig Jahre später der Literaturkritik bediente, um den Holocaust zu »dekonstruieren«, mit geistigen Klimmzügen, die sich kaum von jenen der revisionistischen Historiker unterscheiden, die es nicht lassen können, die Vernichtung von sechs Millionen Juden durch die Nationalsozialisten zu leugnen.

Lionel Trillings Essay zur Lehre von Literatur habe ich mehrmals wiedergelesen, vor allem als es mir beschieden war, selber Vorlesungen zu halten. Es hat, wohl wahr, etwas Trügerisches und Paradoxes, wenn man Werke der Vorstellungskraft auf eine pädagogische, unvermeidlich schematisierende und unpersönliche Darstellung reduziert – und auf Seminararbeiten, die auch noch benotet werden wollen –, Werke, die tiefgreifenden, manchmal herzzerreißenden oder allergrausamsten Erfahrungen entsprangen und deren wirkliche Bewertung sich nicht vom Pult eines Hörsaals herab vornehmen lässt, sondern nur in der intimen, konzentrierten Lektüre und aufgrund ihrer Eindrücke und Echos im Leben des Lesers.

Ich kann mich nicht erinnern, dass einer meiner Literaturdozenten mir je das Gefühl gegeben hätte, ein gutes Buch führe uns an den Abgrund der menschlichen Erfahrung und ihrer brodelnden Mysterien. Literaturkritiker dagegen sehr wohl. Ich denke dabei besonders an einen, der derselben Generation wie Lionel Trilling angehörte und mich ähnlich beeindruckte wie dieser Gertrude Himmelfarb; der mich mit seiner Überzeugung ansteckte, dass das Schlimmste und das Schönste des Menschheitsabenteuers immer durch die Bücher geht und dass sie eine Hilfe sind im Leben.

Ich meine Edmund Wilson, dessen *To the Finland Station** vor 1940 mir in die Hände fiel, als ich Student war, ein ganz außerordentliches Buch über die Entwicklung der sozialistischen Ideen und Literatur von Jules Michelets Entdeckung der Werke Giambattista Vicos bis zur Ankunft Lenins in Petrograd (Sankt Petersburg). Auf diesen Seiten, geschrieben in einem glasklaren Stil, ist Denken, Imaginieren und Erfinden mithilfe der Feder eine wunderbare Form, zu handeln und die Geschichte mit einem Wasserzeichen zu versehen; in jedem Kapitel tritt zutage, dass die großen gesellschaftlichen Umwälzungen oder die kleinen individuellen Schicksale in der Tiefe verbunden sind mit der ungreifbaren Welt der Ideen und literarischen Fiktionen.

Anders als Lionel Trilling steckte Edmund Wilson in keiner pädagogischen Zwickmühle, denn er wollte nie Literatur unterrichten. Tatsächlich übte er eine Lehrtätigkeit aus, die weit umfassender war als die akademische, vom Campus eingehegte. Seine Artikel und Rezensionen erschienen in Zeitschriften und Zeitungen (was ein dekonstruktivistischer Kritiker als eine schändliche intellektuelle Degradierung betrachten würde), und einigen seiner Bücher – wie dem über die Schriftrollen vom Toten Meer – gingen zunächst entsprechende Reportagen im *New Yorker* voraus. Aber für das profane große Publikum zu schreiben nahm ihm nichts an Strenge noch an Kühnheit; es zwang ihn vielmehr, stets verantwortungsvoll und verständlich zu sein.

---

* Edmund Wilson, *Auf dem Weg zum Finnischen Bahnhof. Über Geschichte und Geschichtsschreibung*, Suhrkamp Verlag, Frankfurt am Main 1974

Verantwortung und Verständlichkeit gehen einher mit einer bestimmten Auffassung von Literaturkritik, mit der Überzeugung, dass Literatur die ganze menschliche Erfahrung umfasst, insofern sie diese reflektiert und entscheidend zu ihrer Prägung beiträgt, weshalb sie, die Literatur, auch das Erbe aller sein sollte, gespeist aus einem gemeinsamen Grundstock, etwas, worauf man immer zurückgreifen kann, wenn wir im Chaos zu versinken drohen und nach einer Ordnung suchen, nach Kraft in den Stunden der Entmutigung, der Zweifel und der Unsicherheit; wenn die Wirklichkeit um uns herum allzu gewiss und vertrauensheischend erscheint. Denkt man dagegen, die Funktion von Literatur sei allein, in einem bestimmten Fachgebiet zur rhetorischen Inflation beizutragen, und Gedichte, Romane, Dramen verfolgten als einziges Ziel, eine formale Unordnung in den Sprachkorpus zu bringen, kann sich der Kritiker, nach Art so vieler Postmoderner, ungestraft den Freuden der begrifflichen Albernheiten und des wortreichen Dunkels hingeben.

Vorgeschichte

Prüfstein

Das islamische Kopftuch

Im Herbst 1987 erschienen in der französischen Gemeinde Creil Schülerinnen des Collège Gabriel Havez mit dem islamischen Kopftuch zum Unterricht, worauf die Schulleitung, unter Verweis auf den laizistischen Charakter des öffentlichen Schulwesens in Frankreich, den muslimischen Mädchen den Zutritt verbot. Seither findet im Land eine heftige Debatte über das Thema statt, das noch an Aktualität gewonnen hat mit der Ankündigung, Premierminister Jean-Pierre Raffarin plane dem Parlament einen Entwurf vorzulegen, der das »ostentative« Tragen politischer oder religiöser Zeichen in den staatlichen Schulen per Gesetz verbiete.

Was den Ideenstreit anbetrifft, ist Frankreich nach wie vor beispielhaft; in der Woche, die ich in Paris verbrachte, habe ich fasziniert die Kontroverse verfolgt. Das Thema hat das politische und intellektuelle Milieu quer durch alle Reihen gespalten, so dass sich unter den Befürwortern und Gegnern des Kopftuchverbots in der Schule gleichermaßen Intellektuelle und Politiker der Linken wie der Rechten finden, ein weiterer Beweis dafür, wie untauglich diese starren Kategorien sind, will man die gesellschaftlichen Optionen im einundzwanzigsten Jahrhundert verstehen. Präsident Jacques Chirac teilt in diesem Konflikt die Ansicht seines Premierministers nicht, dagegen stimmen Sozialisten der Opposition wie die ehemaligen Minister Jack Lang und Laurent Fabius in diesem Punkt mit der Regierung überein. Man muss kein allzu großer Hellseher sein, um zu begreifen, dass das Kopftuch nur die Spitze eines Eisbergs ist, und worum es in der Debatte geht, sind zwei unterschiedliche Weisen, die Menschenrechte und das Funktionieren von Demokratie zu verstehen.

Aus liberaler Sicht – und die ist hier die des Verfassers – scheint es zunächst nicht den geringsten Zweifel zu geben. Die Achtung der Menschenrechte verlangt, dass eine Person, ob Kind oder Erwachsener, sich kleiden kann, wie sie will, ohne dass der Staat sich in die Entscheidung einmischt; eine Politik, wie wir sie etwa aus dem Vereinigten Königreich kennen, wo in den Londoner Vororten muslimische Mädchen scharenweise von Kopf bis Fuß verschleiert in die Klassenzimmer strömen, als wären sie in Riad oder in Amman. Wäre alle schulische Ausbildung privat, würde sich die Frage nicht einmal stellen – jede Gruppe oder Gemeinschaft würde ihre Schulen nach eigenen Kriterien und Regeln organisieren und sich lediglich an einige allgemeine staatliche Vorgaben zum Lehrplan halten. Aber das ist nicht der Fall und wird in absehbarer Zukunft auch in keiner Gesellschaft so sein.

Deshalb ist die Sache mit dem Kopftuch, betrachtet man sie etwas näher und im Rahmen der Institutionen, die den Rechtsstaat, Pluralismus und Freiheit garantieren, nicht so einfach.

Erste und unwiderrufliche Voraussetzung für eine demokratische Gesellschaft ist der säkulare Charakter des Staates, seine völlige Unabhängigkeit gegenüber den kirchlichen Institutionen, denn nur so ist er in der Lage zu garantieren, dass das Interesse der Allgemeinheit Vorrang hat vor den Partikularinteressen und dass die Bürger ihren Glauben und ihre religiösen Praktiken ohne irgendwelche Privilegien oder Diskriminierungen in absoluter Freiheit ausüben können. Eine der größten Errungenschaften der Neuzeit, und darin ging Frankreich zivilisatorisch voran und diente anderen demokratischen Gesellschaften als Modell, war die Trennung von Kirche und Staat. Als im neunzehnten Jahrhundert dort die weltliche öffentliche Schule eingerichtet wurde, tat man einen ungeheuren Schritt hin zur Schaffung einer offenen Gesellschaft, es war ein Stimulus für die wissenschaftliche Forschung und die künstlerische Kreativität, für das vielfältige Nebeneinander von Ideen, philosophischen Systemen und ästhetischen Strömungen, für die Ausbildung des kritischen Geistes und sehr wohl auch einer tiefen Spiritualität. Denn es ist ein großer Irrtum zu glauben, ein in religiösen Dingen neutraler Staat und eine weltliche öffentliche Schule gefährdeten den Fortbestand der Religion in der Zivilgesellschaft. In Wahrheit ist es genau umgekehrt, und eben das zeigt Frankreich, ein Land, in dem der Prozentsatz der Gläubigen und Menschen, die ihren Glauben praktizieren – in der großen Mehrheit natürlich Christen – einer der höchsten der Welt ist. Ein säkularer Staat ist kein Feind der Religion; er lenkt nur, um die Freiheit der Bürger zu schützen, die Ausübung der Religion aus der öffentlichen Sphäre in den Bereich, der ihr zukommt, nämlich den privaten. Denn wo Religion und Staat zusammengehen, verschwindet die Freiheit für immer; wo sie aber Abstand halten, neigt die Religion dazu, sich langsam, aber stetig zu demokratisieren, und so lernt jede Kirche, mit anderen Kirchen und Andersgläubigen zu koexistieren und Agnostiker und Atheisten zu tolerieren. Genau dieser Prozess der Säkularisierung hat die Demokratie möglich gemacht. Im Unterschied zum Christentum hat der Islam ihn nicht vollständig durchlaufen, allenfalls vorübergehend, im Larvenstadium, was einer der Gründe dafür ist, weshalb die Kultur der Freiheit es in den islamischen Ländern so schwer hat, Wurzeln zu schlagen, Ländern, in denen der Staat nicht als Gegengewicht zum Glauben begriffen wird, sondern als sein Diener und oftmals sein flammendes Schwert. In einer Gesellschaft, in der die Scharia Gesetz sein soll, verschwinden die Rechte des Einzelnen und die Freiheit genauso wie in den Verliesen der Inquisition.

Dass in Frankreich Mädchen von ihren Familien und Gemeinden mit dem Kopftuch in die öffentlichen Schulen geschickt werden, bedeutet mehr, als es auf den ersten Blick scheint, denn sie sind die Vorhut eines Feldzugs, den die militantesten Gruppierungen des islamischen Fundamentalismus begonnen haben, um einen Brückenkopf nicht nur im Schulsystem zu erobern, sondern in allen Einrichtungen der französischen Zivilgesellschaft. Sie wollen erreichen, dass man ihr Recht auf Verschiedenheit anerkennt, beanspruchen gewissermaßen im öffentlichen Raum einen exterritorialen Status, der im Einklang sein will mit dem, was diese Gruppierungen, gestützt auf ihre religiösen Überzeugungen und Praktiken, als ihre kulturelle Identität ausgeben. Eben dieser kulturelle und politische Prozess – übertönt von der freundlichen Rede von Kommunitarismus oder Multikulturalismus, womit seine Fürsprecher ihn verteidigen – ist eine der gewaltigsten Herausforderungen, der die Kultur der Freiheit heute gegenübersteht. Und hinter den scheinbar anekdotischen Geplänkeln und Zusammenstößen zwischen Befürwortern und Gegnern eines Kopftuchverbots in den öffentlichen Schulen ist es meiner Meinung nach auch genau die Schlacht, die in Frankreich längst begonnen hat.

Auf französischem Staatsgebiet wohnen mindestens drei Millionen Muslime (manche sagen, sehr viel mehr, wenn man die illegal dort lebenden hinzuzählt). Unter ihnen gibt es natürlich moderne, eindeutig demokratisch ausgerichtete Gruppen wie jene, die der Rektor der Großen Moschee von Paris vertritt, Dalil Boubakeur, mit dem ich vor ein paar Monaten bei einer von der Gulbenkian-Stiftung organisierten Konferenz in Lissabon zusammentraf und dessen tolerante Einstellung, umfassende Bildung und feine Art mich beeindruckten. Doch leider wurde diese moderne und offene Strömung bei den jüngsten Wahlen zum Französischen Rat der Muslime einschließlich ihrer Regionalräte von den radikalen, dem militantesten Fundamentalismus nahestehenden Gruppen geschlagen, versammelt in der Union der Islamischen Organisationen in Frankreich (UOIF), einer der Vereinigungen, die am meisten dafür gekämpft haben, dass den muslimischen Mädchen das Recht zugestanden wird, im Unterricht das Kopftuch zu tragen – aus »Achtung vor ihrer Identität und Kultur«. Denkt man das Argument weiter, nimmt es kein Ende. Anders gesagt, akzeptiert man es, werden Präzedenzfälle geschaffen, die dazu führen, dass man irgendwann auch solche Praktiken akzeptieren müsste, die für die je eigene Kultur so fiktiv »wesenhaft« sind wie die von den Eltern arrangierten Ehen der jungen Mädchen oder Polygamie, wenn nicht gar die Beschneidung der Frau. Dergleichen Obskurantismus kommt im Gewand des Fortschritts daher und macht mit Worten mächtig Wind: Mit welchem Recht will der kolonialistische Ethnozentrismus der Franzosen alten Schlags den neu hinzugekommenen Franzosen muslimischen Glaubens Sitten und Verhaltensweisen aufzwingen, die ihrer Tradition, ihrer Moral und ihrer Religion entgegenstehen? Geschönt mit pluralistischem Chichi, könnte das Mittelalter wieder auferstehen und eine anachronistische, unmenschliche und fanatische Enklave in ausgerechnet der Gesellschaft errichten, die als erste in der Welt die Menschenrechte erklärte. Eine solch abwegige und demagogische Argumentation muss energisch als das bezeichnet werden, was sie ist: eine ernste Gefahr für die Zukunft der Freiheit.

Die Einwanderung führt heute in vielen Ländern Europas zu einer übertriebenen Besorgnis, so auch in Frankreich, wo die Angst zu einem guten Teil die überraschend hohe Zahl an Wählerstimmen erklärt, die Le Pens rechtsextremer und fremdenfeindlicher Front National bei den letzten Präsidentschaftswahlen erzielte. Aber die Befürchtungen sind unberechtigt und absurd, denn Einwanderung ist unerlässlich, damit die Wirtschaft in den europäischen Ländern, in denen die Bevölkerungszahl abnimmt oder stagniert, weiter wachsen und der Lebensstandard zumindest gehalten werden kann. Zuwanderung muss deshalb verstanden werden nicht als der Alb, der die Träume so vieler Europäer bewohnt, sondern als Vitalitätsschub, eine Zufuhr an Kreativität und Arbeitskraft, und dafür sollten die westlichen Länder ihre Tore sperrangelweit öffnen und alles tun, damit die Integration der Einwanderer gelingt. Natürlich ohne dass dabei die wunderbarste Errungenschaft Europas, und das ist die demokratische Kultur, beeinträchtigt würde, sie könnte sich ganz im Gegenteil mit der Aufnahme der neuen Bürger selbst erneuern und bereichern. Dabei liegt es auf der Hand, dass es die Neubürger sind, die sich an die freiheitlichen Institutionen anpassen müssen, nicht umgekehrt die Institutionen, denn sie würden sich aufgeben, arrangierten sie sich mit unvereinbaren Praktiken und Traditionen. In diesem Punkt kann und darf es kein Zugeständnis geben, schon gar nicht im Namen eines völlig missverstandenen Kommunitarismus oder Multikulturalismus. Alle Kulturen, Anschauungen und Traditionen müssen in einer offenen Gesellschaft ihren Platz haben, nur dürfen sie nicht mit den Menschenrechten und den Grundsätzen von Toleranz und Freiheit kollidieren, dem Kern der Demokratie. Die Menschenrechte und die öffentlichen und privaten Freiheiten, wie die demokratische Gesellschaft sie garantiert, bieten eine große Bandbreite an Möglichkeiten, ein Leben zu gestalten, und erlauben in ihrer Mitte das Nebeneinander aller Religionen und Glaubensrichtungen; nur werden einige von ihnen, so wie es auch mit dem Christentum geschah, von ihren dogmatischen Maximalpositionen abrücken müssen – eine Monopolstellung, der Ausschluss des Anderen und diskriminierende oder die Menschenrechte verletzende Praktiken –, um in einer offenen Gesellschaft das Bürgerrecht zu erlangen. Weshalb man Alain Finkielkraut, Élisabeth Badinter, Régis Debray, Jean-François Revel und wer immer in diesem Streit auf ihrer Seite steht, nur zustimmen kann: Das islamische Kopftuch muss in den öffentlichen Schulen Frankreichs verboten werden – im Namen der Freiheit.

El País, Madrid, Juni 2003

IV

Das Verschwinden der Erotik

Was mit der bildenden Kunst und der Literatur geschehen ist und ganz allgemein im intellektuellen Leben, ist auch der Sexualität nicht erspart geblieben. Die Kultur des Spektakels hat nicht nur das, was einst als Kultur galt, über Bord geworfen, sie zerstört auch eine ihrer erhabensten Äußerungsformen und Triumphe: die Erotik.

Ein Beispiel unter tausend.

Ende 2009 gab es in Spanien einen kleinen Medienrummel, als herauskam, dass die sozialistische Regionalregierung von Extremadura im Rahmen ihres Plans zur Sexualaufklärung an der Schule Selbstbefriedigungskurse für Jungen und Mädchen ab vierzehn Jahren veranstaltet hatte, eine Kampagne, die sie nicht ganz unpfiffig *Die Lust in deiner Hand* taufte.

Auf die Proteste mancher Bürger, ihre Steuergelder auf diese Art zu investieren, führten die Sprecher der Regierung an, die Sexualaufklärung der Kinder sei notwendig, um »unerwünschten Schwangerschaften« vorzubeugen, der Masturbationsunterricht diene dazu, »schlimmere Übel zu verhindern«. In dem Streit, den die Sache auslöste, erhielt die Regierung von Extremadura Glückwünsche und Unterstützung von der andalusischen, deren Ministerin für Gleichstellungsfragen und Soziales, Micaela Navarro, ankündigte, bald in Andalusien eine ähnliche Kampagne zu starten. Wohingegen der Versuch einer dem Partido Popular nahestehenden und sinnigerweise *Saubere Hände* genannten Organisation, den Selbstbefriedigungskursen mit einem Gerichtsverfahren ein Ende zu setzen, krachend scheiterte, denn die Staatsanwaltschaft stellte das Verfahren ein und legte die Sache ad acta.

Dann also in die Hände gespuckt, Kinder dieser Welt! Wie viel Wasser ist die Flüsse hinabgeflossen auf diesem Planeten, der uns Menschen noch immer erträgt, seit die Salesianerpatres und die Ordensbrüder auf der La-Salle-Schule – Lehranstalten meiner Kindheit – uns mit dem Schreckgespenst kamen, die »Selbstbefleckung« führe zu Blindheit, Tuberkulose und Schwachsinn. Und sechs Jahrzehnte später Wichsunterricht in der Schule – meine Herren, das nennt man Fortschritt!

Tatsächlich?

Die Neugier martert mein Hirn: Ob es Noten gibt? Werden Prüfungen abgelegt? Sind die Kurse theoretischer oder auch praktischer Natur? Welche Glanzleistungen müssen die Schüler vollbringen, um Bestnoten zu erhalten, und was muss wie in die Hose gehen, um nicht zu bestehen? Hängt es vom Umfang der memorierten Kenntnisse ab oder von der Anzahl und Dauer der Orgasmen, die das taktile Geschick der Jungs und Mädels in welcher Geschwindigkeit zustande bringt? Das ist kein Scherz. Wenn man so verwegen ist, Kurse einzurichten, um Pubertierende in den Techniken der Selbstbefriedigung zu erleuchten, müssen dergleichen Fragen erlaubt sein.

Moralisch habe ich nichts einzuwenden gegen Initiativen wie *Die Lust in deiner Hand*. Ich erkenne die guten Absichten der Regierung von Extremadura an und räume ein, dass sich durch solche Kampagnen die Zahl unerwünschter Schwangerschaften womöglich in der Tat verringern lässt. Meine Kritik betrifft nicht die praktische, sondern allein die sinnliche und sexuelle Seite. Ich fürchte, statt die Kinder vom alten Aberglauben, von Lügen und Vorurteilen zu befreien, banalisieren die Masturbationskurse den Sex noch mehr, als es die heutige Kultur des Spektakels schon geschafft hat. Am Ende machen sie Sex zu einer bloßen Übung, einer Verrichtung ohne jedes Geheimnis, losgelöst von Gefühl und Leidenschaften, und berauben so die künftigen Generationen einer Quelle der Lust, die von jeher die Fantasie und die Kreativität der Menschen reich beschenkt.

Die allgemeine Trivialisierung beschädigt in gewisser Weise auch eine weitere bedeutende Errungenschaft unserer Zeit: die sexuelle Befreiung, die Befreiung der gelebten Erotik von Tabus und Vorurteilen. Denn wie in der bildenden Kunst und in der Literatur bedeutet das Verschwinden der Formen auch hier keinen Fortschritt, sondern einen Rückschritt, der die Freiheit verdirbt und den Sex ärmer macht, indem er ihn auf das Triebhafte und Animalische reduziert.

Wie man sich selbst befriedigt, muss niemandem beigebracht werden, das entdeckt man für sich allein, und es gehört zu den Beschäftigungen, die das Private, die Intimsphäre begründen. Es reißt den Jungen oder das Mädchen aus der familiären Umgebung heraus, individualisiert und sensibilisiert sie, enthüllt ihnen die geheime Welt des Begehrens und lehrt sie etwas über so wesentliche Dinge wie das Unverletzliche, das Verbotene, den Körper und die Lust. Werden diese privaten Rituale zerstört und das Arkane und die Scham abgeschafft, die den Sexus immer schon begleitet haben, bekämpft man damit nicht ein Vorurteil, sondern nimmt dem Geschlechtsleben jene Dimension, die sich in dem Maße herausbildete, wie die Kultur und die Entwicklung der Künste es bereicherten und selbst zu einem Kunstwerk machten. Wer den Sex aus dem Schlafzimmer holt, um ihn öffentlich auszustellen, befreit ihn paradoxerweise nicht, sondern schickt ihn zurück in die Steinzeit, als die Paare, wie die Affen und die Hunde, noch nicht gelernt hatten, miteinander zu schlafen, sondern nur zu kopulieren. Die angebliche Befreiung der Sexualität – und hierzu gehört auch die Idee eines Masturbationsunterrichts in der Schule – mag dazu beitragen, manch dummes Vorurteil zum Onanieren aus der Welt zu schaffen. Gratulation. Aber sie könnte der Erotik auch einen weiteren Stoß versetzen, vielleicht gar den Todesstoß. Wer hätte dann gewonnen? Nicht die Libertären und nicht die Libertins, sondern die Puritaner und die Kirchen. Und es ginge weiter mit dem läppischen Liebesgetue, wie es für die heutige Kultur in der westlichen Welt so bezeichnend ist.

Die Idee mit den Selbstbefriedigungskursen ist ein weiterer Meilenstein der Bewegung, die, um ihr eine Geburtsstunde zu geben (auch wenn sie tatsächlich älter ist), im Mai 1968 in Paris begann und die vorgibt, jene Hindernisse und Ressentiments religiöser und ideologischer Natur aus dem Weg zu räumen, die seit Urzeiten die Sexualität unterdrückt und zahllosen Menschen Leid gebracht haben, vor allem Frauen und sexuellen Minderheiten; die bei denen zu Frustration, Neurosen und anderen psychischen Störungen geführt haben, die ob der strengen Moral diskriminiert, verdammt und zu einer immer bedrohten Heimlichkeit verurteilt wurden.

Im Westen hat diese Bewegung Heilsames bewirkt, keine Frage, in anderen Kulturen wie der islamischen dagegen hat sie die Verbote und die Unterdrückung noch verschärft. Der Jungfräulichkeitskult, der schwer wie ein Grabstein auf der Frau lastete, hat sich verflüchtigt, und dank dieses Umstands und der Verbreitung der Pille genießen die Frauen heute zwar nicht ganz dieselbe Freiheit wie die Männer, aber zumindest eine gewisse Selbstbestimmung, eine unendlich größere jedenfalls als ihre Großeltern oder ihre Geschlechtsgenossinnen in den islamischen Ländern und der Dritten Welt. Außerdem sind die Vorurteile gegen Homosexuelle und deren Verdammung zwar nicht ganz verschwunden, aber doch leidlich, und die gesetzlichen Bestimmungen, die bis vor wenigen Jahren homosexuelle Handlungen unter Strafe stellten, wurden gestrichen. Nach und nach wird in den westlichen Ländern die Ehe zwischen gleichgeschlechtlichen Partnern zugelassen, und sie haben die gleichen Rechte wie heterosexuelle Paare einschließlich des Rechts, Kinder zu adoptieren. Immer mehr setzt sich auch der Gedanke durch, dass in der Sexualität das, was Erwachsene im Vollbesitz ihrer geistigen Kräfte und in freier Entscheidung untereinander tun oder lassen, ihre eigene Sache ist und dass niemand, angefangen beim Staat und bis hin zu den Kirchen, sich hier einmischen soll.

All das bedeutet einen Fortschritt, klar. Aber es ist ein Irrtum, wie die Vorkämpfer dieser »Befreiungsbewegung« zu glauben, der Sex werde, wenn man ihn entweiht, ihn der Scham und der Rituale entkleidet und jede symbolische Überschreitung abschafft, zu einer gleichsam gesunden und normalen Praxis.

Gesund und normal ist Sex nur unter Tieren. Er war es bei den Zweibeinern, als wir noch keine richtigen Menschen waren, als Sex bei uns kaum mehr als ein Abreagieren von Trieben war, eine physische Entladung von Energie, welche die Fortpflanzung gewährleistete. Die Entanimalisierung der Spezies war ein langer und komplizierter Prozess, und eine entscheidende Rolle spielte dabei, was Karl Popper die »Welt 3« nannte – die Welt der Kultur und der Erfindung –, das langsame Hervortreten des souveränen Individuums, die Emanzipation von seinem Stamm, geprägt von Neigungen, Veranlagungen, Sehnsüchten und Wünschen, die ihn von den anderen unterschieden und als einzigartiges und unverwechselbares Wesen konstituierten. Sexualität spielte bei alldem eine Hauptrolle, und wie Freud zeigte, festigt sich hier unser Eigenstes. Es ist dies ein verborgener, ein privater Bereich, und wir sollten darauf bedacht sein, dass er es auch bleibt, wenn wir nicht eine der größten Quellen der Lust und der Kreativität, mithin der Zivilisation, zum Versiegen bringen wollen.

Erotik lässt sich auf vielerlei Weise definieren, aber der vielleicht wichtigste Punkt ist eben die Entanimalisierung der körperlichen Liebe, wie sie im Laufe der Zeit möglich wurde, ihre Verwandlung von der bloßen Triebbefriedigung in eine kreative und gemeinsame Tätigkeit, welche die körperliche Lust verlängert und überhöht, indem sie sie mit einem solchen Raffinement inszeniert, dass sie zu einem Kunstwerk wird.

Bei wohl keiner anderen Betätigung hat man zwischen Tierischem und Menschlichem eine so klare Grenze gezogen wie beim Sex. Am Anfang, in grauer Vorzeit, gab es die Unterscheidung nicht, beides vermischte sich in einer fleischlichen Verbindung ohne Geheimnis, ohne Anmut, ohne Zartheit und Liebe. Die Humanisierung des Lebens ist ein langer Prozess, auf den die wissenschaftlichen Erkenntnisse, die philosophischen und religiösen Vorstellungen und die Entwicklung der Künste immer einwirken. Und dabei ändert sich nichts so sehr wie das Sexualleben. Es ist immer ein Ferment der künstlerischen Kreation gewesen, und umgekehrt haben Malerei, Literatur, Musik, Bildhauerei, Tanz, alle künstlerischen Äußerungen der menschlichen Vorstellungskraft zur Bereicherung der Lust beigetragen. Es ist gewiss nicht zu hoch gegriffen, wenn man sagt, dass die Erotik einen Gipfelpunkt der Zivilisation darstellt und dass sie diese auf entscheidende Weise mitbestimmt. Um zu erfahren, wie primitiv oder kultiviert eine Gemeinschaft ist, eignet sich nichts besser, als ihre Bettgeheimnisse zu erkunden und herauszufinden, wie die Menschen miteinander schlafen.

Erotik hat nicht nur die edle Funktion, die körperliche Lust zu bereichern und einen weiten Fächer an Möglichkeiten aufzuschlagen, die es erlauben, verschiedenste Wünsche und Fantasien zu befriedigen. Sie holt auch die destruktiven, im Irrationalen lauernden Gespenster ans Licht. Freud nannte sie Thanatos, Todestriebe, die mit den Lebenstrieben, Eros, um die Hoheit streiten. Sich selbst überlassen, ohne jede Zügelung, könnten diese Ungeheuer des Unbewussten, die in der Sexualität hervortreten und ihr Recht einfordern, zu den schlimmsten Formen der Gewalt führen (wie jene, die die Romane des Marquis de Sade mit Blut und Leichen überschwemmen), ja, selbst zum Verschwinden der Art.

Dass die Erotik nicht nur untrennbar mit der Freiheit des Menschen verbunden ist, sondern auch mit Gewalt, entdeckte ich, als ich all die Meister der erotischen Literatur las, die Guillaume Apollinaire in der von ihm betreuten Reihe *Les maîtres de l'amour* versammelte. Es war um das Jahr 1955, in Lima. Ich hatte gerade zum ersten Mal geheiratet und musste mir mehrere Jobs suchen, um den Lebensunterhalt zu bestreiten. Am Ende hatte ich acht zusammen, während ich zugleich weiter an der Universität studierte. Der beschaulichste war, auf dem Friedhof Presbítero Maestro die Toten der kolonialen Grabstellen zu verzeichnen, deren Register in den Archiven der Öffentlichen Wohlfahrt verschollen waren. Sonn- und feiertags ging ich also mit einer kleinen Leiter, Karteikarten und Stiften zum Friedhof, und nachdem ich die alten Grabsteine erkundet hatte, fertigte ich Listen mit den Namen und Daten an; bezahlt wurde ich von der Wohlfahrt von Lima pro Verstorbenen. Der angenehmste meiner acht Brotjobs war jedoch nicht dieser, sondern eine Beschäftigung in der Bibliothek des Club Nacional. Der Bibliothekar war einer meiner Lehrer, der Historiker Raúl Porras Barrenechea, und meine Aufgabe bestand darin, von Montag bis Freitag jeweils zwei Stunden in dem eleganten Club zu verbringen, einem Symbol der peruanischen Oligarchie, das in jenen Jahren sein hundertjähriges Jubiläum feierte. Theoretisch sollte ich die Neuerwerbungen der Bibliothek katalogisieren, doch der Club Nacional erwarb in diesen Jahren, ob mangels Budget oder aus Desinteresse, fast keine Bücher mehr, so dass ich in meinen zwei Stunden schreiben und lesen konnte. Es waren die glücklichsten Stunden zu jener Zeit, in der ich von früh bis spät irgendwelche Dinge tat, die mich kaum oder gar nicht interessierten. Ich arbeitete nicht in dem schönen Lesesaal im Erdgeschoss des Clubs, sondern in einem Büro im dritten Stock. Dort entdeckte ich voller Seligkeit, verborgen hinter diskreten Wandschirmen und verschämten Vorhängen, eine prächtige Sammlung erotischer Bücher, fast alle französischer Herkunft, und so las ich die erotischen Briefe und Fantasien von Diderot und Mirabeau, den Marquis de Sade und Restif de la Bretonne, Andréa de Nerciat, Aretino, die *Memoiren einer Sängerin*, die Lebensgeschichte Casanovas, die Liebesabenteuer eines Engländers, Choderlos de Laclos' *Gefährliche Liebschaften* und alle möglichen sonstigen Klassiker der erotischen Literatur.

Diese Literatur hat zwar ihre Vorläufer, aber der Durchbruch gelang ihr in Europa erst im achtzehnten Jahrhundert, auf dem Höhepunkt der *philosophes* mit ihren großen, die Moral und die Politik erneuernden Theorien, ihrem Angriff auf den religiösen Obskurantismus und ihrer leidenschaftlichen Verteidigung der Freiheit. Philosophie, Aufstand, Lust und Freiheit waren es, was diese Denker und Künstler in ihren Schriften forderten und praktizierten, Menschen, die sich stolz zu der Bezeichnung »Libertins« bekannten, mit der man sie belegte, durchaus daran erinnernd, worauf Bataille später hinweist, dass mit dem Wort einmal jene geschmäht wurden, die Gott und die Religion im Namen der Freiheit missachteten oder herausforderten.

Die libertine Literatur ist natürlich sehr ungleich, mit Meisterwerken ist sie nicht allzu reich gesegnet, auch wenn sich unter den vielen künstlerisch belanglosen oder nichtigen durchaus Schriften und Romane von Rang finden. Was ihrer Qualität im Allgemeinen Grenzen setzt, ist die obsessive und ausschließliche Fokussierung auf die Beschreibung sexueller Erfahrungen. Bücher, die *nur* erotisch sind, wirken rasch redundant und monomanisch, denn ein so intensiver und wunderbarer Quell der Freuden das Ausleben der Sexualität auch sein mag, sind die Möglichkeiten nun mal begrenzt, und wenn man sie von den übrigen Aktivitäten und Funktionen abtrennt, die das Leben bestimmen, zeigt sie nur noch einen ausschnitthaften, unechten, karikaturesken Wesenszug der menschlichen Natur.

Dessen ungeachtet hallt in der libertinen Literatur immer ein Schrei nach Freiheit wider, gegen alle religiöse, moralische oder politische Unterwerfung und Knechtschaft, die das Recht auf freien Willen, auf politische und gesellschaftliche Freiheit und auf die Lust einschränkt. Zum ersten Mal in der Geschichte der Menschheit wird es eingefordert: das Recht auf Verwirklichung sexueller Fantasien und Begierden. Bei alldem ist es das große Verdienst der eintönigen Romane des Marquis de Sade, aufzuzeigen, wie der Sex, wenn er ohne jede Hemmung und Einschränkung ausgeübt wird, zu wahren Gewaltexzessen führt, denn er ist der Raum, in dem die zerstörerischsten Triebe der Persönlichkeit hervortreten.

Im Idealfall werden die Grenzen, innerhalb deren sich das Sexualleben entfaltet, so weit ausgedehnt, dass Männer und Frauen in Freiheit handeln und ihre geheimsten Wünsche ausleben können, ohne sich bedroht oder diskriminiert zu fühlen, im Rahmen bestimmter kultureller Formen, welche die private und intime Natur der Sexualität bewahren, so dass der Sex weder banalisiert noch animalisiert wird. Das ist Erotik. Mit ihren Ritualen, Fantasien, ihren Heimlichkeiten, der Liebe zur Form und zur Theatralik ist sie eine Hervorbringung höchster Kultur, ein Phänomen, wie es bei primitiveren Gesellschaften oder ungeschliffeneren Zeitgenossen unvorstellbar ist, denn sie verlangt ein verfeinertes Empfinden, eine kunstaffine Kultur und eine gewisse Neigung zur Überschreitung. Wobei man mit diesem Wort vorsichtig umgehen muss, denn in der Erotik bedeutet es nicht das Negieren der herrschenden moralischen oder religiösen Prinzipien, sondern ihre Anerkennung und ihre Ablehnung zugleich, beides gehört hier untrennbar zusammen. Indem die Handelnden in einem intimen Raum die Regel verletzen, diskret und im gegenseitigen Einverständnis, bringen sie etwas zur Aufführung, ein theatralisches Spiel, das ihre Lust im Gestus der Freiheit und Herausforderung noch steigert und zugleich gewährleistet, dass der Sex nichts von seinem Nimbus des Verhüllten und Vertraulichen verliert.

Ohne Achtung der Formen, dieses Rituals, das die Lust zugleich bereichert, verlängert und überhöht, wird der Geschlechtsakt wieder zu einer rein körperlichen Angelegenheit – ein Trieb der Natur im menschlichen Organismus, Mann und Frau als ihre passiven Instrumente –, ohne jedes Empfinden und ohne Gefühl. Genau das veranschaulicht uns, unbewusst und ohne Absicht, jene Billigliteratur, die gerne erotisch wäre, es aber nur zu den plattesten Ansätzen des Genres schafft, der Pornografie. Wo aber erotische Literatur pornografisch wird, sind die Gründe strikt literarische: die Vernachlässigung der Form. Das heißt, wenn ein Schriftsteller, ob aus Unachtsamkeit oder Ungeschick, beim Gebrauch der Sprache, bei der Konstruktion des Romans, dem Aufbau der Dialoge oder der Beschreibung einer Situation unfreiwillig alles enthüllt, was es an Obszönem und Abstoßendem in einer sexuellen Begegnung gibt, einer Paarung, die kein Gefühl kennt und keine Anmut – keine Inszenierung, kein Ritual – und nichts weiter ist als bloße Befriedigung des Fortpflanzungstriebs.

Miteinander zu schlafen ist in der westlichen Welt heute der Pornografie näher als der Erotik, und so paradox es klingt, aber es ist dies das perverse Ergebnis einer fehlgeleiteten Freiheit.

Die Selbstbefriedigungskurse, die künftig die jungen Menschen aus Extremadura und Andalusien als Teil des Curriculums absolvieren werden, erwecken den Anschein eines kühnen Schrittes im Kampf gegen sexuelle Heuchelei und Vorurteile. Tatsächlich aber werden dergleichen Initiativen, die das Geschlechtsleben entweihen und zu einer so gewöhnlichen und alltäglichen Übung machen sollen wie Essen, Schlafen und Arbeitengehen, eher zu einer vorzeitigen Desillusionierung der jüngeren Generationen führen. Das Ausleben der Sexualität wird alles Geheimnis, alle Leidenschaft, Fantasie und Kreativität verlieren und sich banalisieren bis zur reinen Gymnastik. Mit dem Ergebnis, dass die Jugendlichen ihr Vergnügen woanders suchen, wahrscheinlich im Alkohol, in Gewalt, in Drogen.

Wenn wir wollen, dass die körperliche Liebe dazu beiträgt, das Leben zu bereichern, sollten wir uns von Vorurteilen befreien, aber nicht von der Form und den Ritualen, die sie veredeln und zivilisieren; und statt sie

ins Licht zu zerren und auf der Straße auszustellen, sollten wir Diskretion üben und die Privatsphäre schützen,
denn nur sie erlaubt es den Liebenden, Gott zu spie-
len und zu spüren, dass sie es tatsächlich sind in diesen
tiefen und einzigartigen Augenblicken der Leidenschaft
und des geteilten Begehrens.

Vorgeschichte

Prüfstein

Der Maler im Bordell

Jean-Jacques Lebel, Schriftsteller und Avantgardekünstler, der in den Sechzigern Happenings veranstaltete, fasste in dieser Zeit den Gedanken, das Theaterstück *Le Désir attrapé par la queue (Wie man Wünsche beim Schwanz packt)* »absolut treu« auf die Bühne zu bringen, ein bizarres, surreales Stück, das Picasso 1941 geschrieben hatte und in dem neben anderen Absonderlichkeiten eine weibliche Person, La Tarte (die Torte), zehn Minuten lang, in der Hocke über dem Souffleurkasten, Wasser lässt (wofür, erzählt Lebel, seine sich verflüssigende Schauspielerin literweise Tee und reichlich Kirschsaft trinken musste). Zur Vorbereitung dieses Projekts traf er sich Anfang 1966 mit dem Maler, und Picasso zeigte ihm eine ganze Reihe erotischer Skizzen und Bilder aus seiner Zeit in Barcelona, die noch nie öffentlich gezeigt worden waren. Lebel hatte gleich die Idee, eine Ausstellung zu organisieren und dort ohne jede Beschönigung oder Zensur zu zeigen, wie sehr Picassos Welt vom Sex beherrscht war. Verwirklicht wurde die Idee erst Jahrzehnte später, mit einer umfangreichen Ausstellung im Pariser Jeu de Paume, wo im Frühjahr 2001 dreihundertdreißig Werke zu sehen sind, viele davon zum ersten Mal. Danach reist die Ausstellung nach Montreal und Barcelona.

Die erste Frage, die sich der aufs Schönste erregte Betrachter nach seinem Rundgang vermutlich stellt, ist, warum es so lange gedauert hat, bis die Bilder gezeigt wurden. So viele Ausstellungen hat es gegeben über das Werk dieses Künstlers, dessen Einfluss in allen Epochen der modernen Kunst spürbar ist, aber noch nie eine zum Thema Sex. Die von Lebel und Gérard Régnier kuratierte Ausstellung führt anschaulich vor, wie besessen der Maler von dem Thema war und wie bemerkenswert ungezwungen und gewagt er sich, vor allem in seiner Jugend und im Alter, auf diesem Gebiet ausdrückte, in Zeichnungen, Skizzen, Objekten, Grafiken und Gemälden, die, wie ungleich ihr künstlerischer Wert auch sein mag, sein geheimstes Inneres enthüllen – seine erotischen Wünsche und Fantasien – und sein übriges Werk in ein anderes Licht stellen.

»Kunst und Sinnlichkeit sind dasselbe«, sagte Picasso einmal zu Jean Leymarie, und ein andermal bemerkte er: »Keusche Kunst gibt es nicht.« Ob das tatsächlich für alle Künstler gilt, mag dahinstehen, bei ihm jedenfalls war es so. Warum also trug Picasso selber dazu bei, diesen Aspekt seines Schaffens so lange zu verbergen? Aus ideologischen und kommerziellen Gründen, sagt Jean-Jacques Lebel in einem aufschlussreichen Gespräch mit Geneviève Beerette. Während seiner stalinistischen Phase, als er ein Stalinporträt zeichnete und das Bild *Massaker in Korea* entstand, hätte alles Erotische nur zu Konflikten mit der Kommunistischen Partei geführt, deren Mitglied Picasso war, und für sie galt allein die Ästhetik des sozialistischen Realismus, wo es keinen Platz gab für die »dekadente« Verherrlichung der sexuellen Lust. Später billigte er auf Anraten seiner Galeristen, diese Dimension seines Werkes zu verheimlichen, aus Angst, er könnte die reichen Sammler in den puritanischen USA verprellen.

Heute ist es endlich möglich, den Blick auf den ganzen Picasso zu richten, ein Universum mit so vielen Gestirnen, dass einem schwindlig wird. Wie konnte die Vorstellungskraft eines einzelnen Sterblichen einen solch ungeheuren, brodelnden Kosmos schaffen? Eine Antwort auf die Frage gibt es nicht, sie macht uns bei Picasso so sprachlos wie bei Rubens, Mozart oder Balzac. Sein Werk mit all den verschiedenen Phasen, Themen, Formen und Motiven ist ein Streifzug durch die Schulen und künstlerischen Bewegungen des zwanzigsten Jahrhunderts, aus denen es sich speist und die es mit unverwechselbaren eigenen Akzenten bereichert. Später wirft er sich auf die Vergangenheit, holt sie in Porträts, Beschwörungen, Karikaturen und in stets neuen Lesarten zurück in die Gegenwart, zeigt, was es an Aktuellem und Frischem bei den alten Meistern zu entdecken gibt. Klar, Sex fehlte nie, in keiner der Perioden seines Wirkens, nicht einmal in den kubistischen Jahren. Manchmal zeigt er sich recht scheu, auf symbolische Art, über Anspielungen, doch meist bricht der Sex mit frecher Nacktheit und Derbheit herein, in Bildern, die die Konventionen der Erotik, das Verfeinerte und jene schamhaften Staffagen herauszufordern scheinen, mit denen die Kunst die körperliche Liebe traditionell abgebildet hat, um sie mit der geltenden Moral in Einklang zu bringen.

Der Sex, wie Picasso ihn in den meisten dieser Werke zeigt, vor allem in denen aus seinen Jugendjahren in Barcelona, ist ein elementarer, nicht sublimiert durch die Rituale oder barocken Zeremonien einer Kultur, die den animalischen Trieb verhüllt, zivilisiert und zu einem Kunstwerk erhebt. Es ist ein Sex, der die sofortige Befriedigung sucht, ohne Verzug, ohne Ausflüchte, Getue oder Ablenkung, ein Sex der Hungernden und Unnachgiebigen, nicht der Träumer oder Genießer, ein machistischer Sex, wie er im Buche steht, bei dem männliche Homosexualität nicht vorkommt und die weibliche einzig zum Vergnügen des Voyeurs. Sex von Männern und für Männer, geil und primitiv, und der Phallus ist König. Die Frau ist zum Dienen da, es geht nicht darum, dass sie selber Lust empfindet, sie soll Lust bereiten, die Beine breit machen und sich den Launen des Bocks unterwerfen, vor dem sie oftmals, bei einer Fellatio, auf Knien erscheint, das Urbild dieser sexuellen Spielart: Während sie Lust spendet, ergibt sich das Weib und verehrt den allmächtigen Mann. Der Phallus, rufen diese Bilder, ist vor allem Macht.

Der bevorzugte Ort für das Ausleben einer solchen sexuellen Lust ist natürlich das Bordell. Keine gefühligen Ablenkungen für diesen Trieb, der einen körperlichen Drang befriedigen will, und dann wird vergessen und zu anderem übergegangen. Im Bordell, wo Sex gekauft und verkauft wird, gibt es weder Verbindliches, noch will irgendetwas moralisch oder affektiv gerechtfertigt werden, der Sex entfaltet sich in seiner ganzen ungeschminkten Wahrheit, als reine Gegenwart, wie eine schamlose Übung, die keine Spur in der Erinnerung hinterlässt, pure, flüchtige Kopulation, frei von Gewissensbissen und Sehnsucht.

Die sich wiederholenden Bilder dieses vulgären und fantasielosen Bordellsex, welche Hefte, Kartons, Leinwände bedecken, wären monoton ohne die heiteren Prahlereien, die immer wieder in ihnen aufscheinen, Scherze und lustige Übertreibungen, die von einem verzückten, glücklichen Gemüt zeugen. Ein obszöner Fisch, eine Makrele – *maquereau*, Zuhälter! – leckt ein gefälliges, aber zu Tode gelangweiltes Mädchen. Es sind Bilder von fröhlicher Vitalität, überschwängliche Manifeste des Lebens. Und in allen, selbst in den raschen Skizzen, hingeworfen im Trubel eines Festes auf Servietten, Speisekarten, Zeitungsausschnitte, um einen Freund zu amüsieren oder von einer Begegnung Zeugnis abzulegen, blitzt das Geschick dieser meisterlichen Hand auf, das Treffsichere eines scharfen Blicks, das es vermag, mit ein paar wenigen wesentlichen Strichen die aus den Fugen fliegende Wirklichkeit einzufangen. Die Apotheose des Bordells in Picassos Werk ist natürlich *Les Demoiselles d'Avignon*; es wird in der Ausstellung zwar nicht gezeigt, dafür aber viele der zahllosen Skizzen sowie vorläufige Versionen dieses außerordentlichen Gemäldes.

Mit den Jahren legt sich die sexuelle Derbheit, lädt sich auf mit Symbolen, die Lust geht ein in Gestalten der Mythologie. All die Minotaurus-Motive in den Grafiken und Gemälden der dreißiger Jahre sprühen vor Sinnlichkeit und einer sexuellen Kraft, die ihre Unzucht so anmutig wie schamlos ausstellt, Zeichen von Lebendigkeit und künstlerischer Kreativität. In *Raphaël et la Fornarina* dagegen, der Ende der Sechziger entstandenen wunderbaren Serie von Radierungen, sind die Liebesgeplänkel des Malers und seines Modells unter den lüsternen Augen eines alten Pontifex, der mit seinem schlaffen Fleisch auf einem Nachttopf sitzt, durchdrungen von einer unterschwelligen Traurigkeit. Hier ist es nicht nur die glückliche Hingabe der jungen Menschen in der körperlichen Liebe, der Wollust, die sich mit der künstlerischen Tätigkeit vermischt, sondern auch die Melancholie des Betrachters, den die Jahre im Liebesturnier aus dem Spiel genommen haben, eines Exkämpfers, dem als einzige Freude die Betrachtung der fremden Lust bleibt, während er spürt, wie das Leben verrinnt und dem Tod des Geschlechtstriebs bald der andere folgt, der vollständige, endgültige. Das Thema taucht in Picassos letzten Jahren immer wieder auf, und die Ausstellung im Jeu de Paume zeigt es in Bildern, in denen oftmals mit anrührender, beklemmender Eindringlichkeit die untröstliche Sehnsucht nach der verlorenen Männlichkeit aufscheint, die Bitterkeit um das Wissen, vom unheilvollen Lauf der Zeit gehindert zu sein an diesem schwindelnden Eintauchen in die Quelle des Lebens, diese Explosion der reinen Lust, die dem Menschen eine Ahnung von der Sterblichkeit gibt und welche die Franzosen nicht ohne Ironie *la petite mort* nennen, den »kleinen Tod«. Jener sinnbildliche Tod und der andere, der des absoluten Endes und des körperlichen Erlöschens, sind die Protagonisten dieser dramatischen Bilder, die Picasso zum Schluss weitermalte, fast bis zum letzten Atemzug.

El País, Madrid, 1. April 2001

Kalter Sex

Der Legende nach schlief der junge Victor Hugo in der Hochzeitsnacht acht Mal mit seiner Frau, der sittsamen Adèle Foucher. Und als Folge dieses Rekords, den der ungestüme Autor von *Die Elenden* da aufstellte – nach eigenem Bekunden war er jungfräulich in die Ehe gegangen –, war Adèle für immer geimpft gegen dergleichen Bettaktivität. (Ihre gewundene Liaison mit dem hässlichen Sainte-Beuve hatte nichts mit Lust zu tun, sondern mit Erbitterung und Rache.)

Der kluge Jean Rostand spottete über diese typisch Hugosche Spitzenleistung und führte die Heldentaten an, die andere Exemplare beim Geschlechtsverkehr vollbringen. Was sind schon die acht aufeinanderfolgenden Ergüsse des romantischen Dichters verglichen mit den vierzig Tagen und vierzig Nächten, in denen der Kröterich die Kröte begattet, ohne sich auch nur eine Atempause zu gönnen? Wie dem auch sei, dank einer versierten Französin, Madame Catherine Millet, haben Froschlurche, Karnickel, Nilpferde und was es sonst an formidablen Stechern im Tierreich gibt, in der mediokren menschlichen Spezies eine Rivalin gefunden, die es mit ihnen aufnehmen kann und sie, was die Beischlaffrequenz anbetrifft, sogar in den Schatten stellt.

Wer ist Catherine Millet? Eine angesehene Kunstkritikerin, die, mittlerweile jenseits der fünfzig, die Redaktion von *art press* in Paris leitet und Bücher geschrieben hat über Konzeptkunst, den Maler Yves Klein, den Produktdesigner Roger Tallon, über avantgardistische und zeitgenössische Kunst. 1989 war sie Kuratorin der französischen Abteilung auf der Biennale von São Paulo und 1995 des französischen Pavillons auf der Biennale von Venedig. Ihr Ruhm hingegen ist jüngeren Datums. Er gründet sich auf einen autobiografischen Bericht, *La vie sexuelle de Catherine M. (Das sexuelle Leben der Catherine M.)*, der für beträchtlichen Aufruhr gesorgt hat und wochenlang die französische Bestsellerliste anführte.

Ich will gleich sagen, dass das Buch mehr ist als der lächerliche Wirbel, mit dem es vermarktet wurde; auch dass diejenigen, die sich gleich in die Lektüre stürzten, angelockt von seinem erotischen oder pornografischen Nimbus, eine Enttäuschung erlebten. Das Buch ist keine sexuelle Stimulans, auch kein Panoptikum an ausgefeilten Ritualen, wie die erotische Erfahrung sie hervorbringen mag, sondern eine intelligente, schonungslose, ungewöhnlich aufrichtige Reflexion, die zuweilen anmutet wie ein klinischer Bericht. Die Autorin beugt sich über ihr eigenes Sexualleben mit der eisigen und obsessiven Beflissenheit der Miniaturisten, die Buddelschiffe bauen oder auf einem Stecknadelkopf Landschaften malen. Und genauso sage ich auch gleich, dass das Buch, so interessant und wertvoll es ist, kein Lesevergnügen bereitet, denn das Bild vom Sex, das es vermittelt, ist fast so ermüdend und deprimierend wie jenes, das die acht ehelichen Überfälle ihrer Hochzeitsnacht bei *Madame* Victor Hugo hinterließen.

Für ein Mädchen ihrer Generation, der Generation der großen Revolution der Sitten, für die der Mai 68 steht, begann Catherine Millet ihr Geschlechtsleben recht spät, mit achtzehn Jahren. Aber sofort holte sie die verlorene Zeit nach, vögelte wild drauflos, ob vorn oder hinten, oben oder unten, in einem wahnsinnigen Tempo, bis sie Zahlen erreichte, die jene tausend bei weitem überstiegen haben dürften, die der belgische Vielschreiber Georges Simenon, der nicht nur die Tinte nicht halten konnte, in seinen Memoiren sich rühmt, an Frauen im Bett gehabt zu haben.

Ich betone den quantitativen Faktor, weil sie selbst es in dem ausführlichen ersten Kapitel ihres Buches auch tut, überschrieben mit »Die Zahl«, worin sie ihre Vorliebe für die *partouzes* dokumentiert, den promisken Sex, den Gruppensex. In den siebziger und achtziger Jahren, bevor die sexuelle Freiheit an Schwung verlor und, unter dem Damoklesschwert von Aids, in ganz Europa aus der Mode kam, hatte Catherine Millet – die sich als eine schüchterne, disziplinierte, eher fügsame Frau beschreibt, die in den sexuellen Beziehungen eine Möglichkeit findet, mit Gleichgesinnten zu verkehren, wie es sich in anderen Lebensbereichen nicht leicht ergibt – Sex in Swingerclubs, im Gebüsch des Bois de Boulogne, am Straßenrand, in Hauseingängen, auf Parkbänken, einmal auch auf der Ladefläche eines Lieferwagens, wo sie mit Unterstützung ihres Freundes Éric, der die Warteschlange organisierte, in ein paar Stunden Dutzende von Bewerbern abfertigte.

Ich sage Bewerber, weil ich nicht weiß, wie ich diese flüchtigen und anonymen Begleiter im Abenteuer der Autorin nennen soll. Freier nicht, klar, denn Catherine Millet, die ihre Günste mit einer grenzenlosen Freizügigkeit spendete, nahm niemals Geld dafür. Bei ihr war Sex immer Hobby, Sport, Routine, Vergnügen, nicht Beruf oder Geschäft. Bei aller Hemmungslosigkeit, mit der sie ihn ausübte, sagt sie, sei sie niemals Opfer von

Gewalt gewesen und habe sich nie in Gefahr gefühlt; selbst in Situationen, die an Gewalt grenzten, genügte ein einfaches Zeichen, und die Umgebung respektierte ihre Entscheidung. Sie hatte Liebhaber, und jetzt hat sie einen Ehemann – Schriftsteller und Fotograf, der einen Band mit Aktfotos seiner Frau herausgegeben hat –, aber bei einem Liebhaber darf man annehmen, dass eine einigermaßen feste Beziehung besteht, während die meisten Sexpartner von Catherine Millet kaum mehr sind als vorbeiziehende Schatten, beiläufig genommen und zurückgelassen, ohne auch nur ein Wort mit ihnen zu wechseln. Als Individuen ohne Namen, ohne Gesicht, ohne Geschichte erinnern die Männer, die durch ihr Buch ziehen, an all die verstohlenen Vulven in den Büchern der Libertins, sie sind nichts weiter als vagabundierende Schwänze. Bisher hatten in der Geständnisliteratur nur Männer solchen Sex, in blinder Abfolge und wild drauflos, ohne dass es sie kümmerte, mit wem. Millets Buch zeigt – und das ist vielleicht das wirklich Unerhörte daran –, dass all jene sich irrten, die glaubten, Sex am laufenden Band, verwandelt in rein fleischliche Gymnastik und völlig losgelöst von Gefühlen und Empfindungen, sei Männersache.

Dabei geriert sich Catherine Millet in ihrem Buch keineswegs als Feministin. Sie führt ihre überreiche Erfahrung nicht als Bannerträgerin der Emanzipation vor oder wie eine Anklage gegen die sexuellen Vorurteile und Diskriminierungen, unter denen die Frauen immer noch zu leiden haben. Ihr Zeugnis ist frei von Tiraden und lässt nicht den geringsten Anspruch erkennen, mit dem, was sie erzählt, irgendeine allgemeine ethische, politische oder gesellschaftliche Wahrheit zu verkünden.

Im Gegenteil, ihr Individualismus ist grenzenlos, ablesbar schon daran, dass sie aus ihrer Erfahrung partout keine Schlussfolgerung für alle Welt ziehen will, zweifellos weil sie nicht glaubt, dass es eine solche gibt. Aber warum hat sie dann mit einer beispiellosen sexuellen Selbstautopsie ihre Intimsphäre öffentlich gemacht, wo die allermeisten Menschen die ihre fest unter Verschluss halten? Man möchte meinen, um zu sehen, ob sie sich so besser versteht, ob sie aus dieser Perspektive dem dunklen Abgrund ihrer gewagten Initiativen, ihrer Exzesse und auch ihrer Verwirrtheit eine Erkenntnis abgewinnen und sie in klare und kohärente Gedanken fassen kann; einem Abgrund, der für sie, auch wenn sie ihn in aller Freiheit akzeptiert hat, immer noch der Sex ist.

Was an ihrem Bericht am meisten verstört, ist die nüchterne Kälte, mit der er geschrieben ist. Eine um Klarheit bemühte Prosa, die effizient ist, oft abstrakt. Aber die Kälte bestimmt nicht nur den Ausdruck und das Denken. Auch die Thematik, der Sex, verströmt etwas Frostiges, Eisiges, vielfach auch Deprimierendes. Zwar versichert uns Catherine Millet, dass viele ihrer Partner sie befriedigen, ihr helfen, ihre Fantasien auszuleben, und dass sie glückliche Momente mit ihnen gekannt hat. Aber erfüllen sie sie wirklich, bringen sie sie zum Höhepunkt? Tatsache ist, dass ihre Orgasmen etwas Mechanisches haben, etwas Resigniertes und Trauriges. Sie selbst gibt es gegen Ende des Buches eindeutig zu verstehen, als sie darauf hinweist, dass sie, so unterschiedlich die jeweiligen Personen, mit denen sie schlief, auch waren, sich sexuell nie so verwirklicht gefühlt hat wie beim Masturbieren (»mit der Zuverlässigkeit eines Beamten«). Der weit verbreitete machistische

Glaube (wobei sich über diese Adjektivierung jetzt streiten ließe), wonach beim Sex allein in der Abwechslung das Vergnügen liege, stimmt so gesehen nicht. Sage Madame Millet es selbst: Keiner ihrer unzähligen Partner aus Fleisch und Blut hat es geschafft, ihre wirbellosen Phantome zu entthronen.

Ihr Buch bestätigt, was alle Literatur, die allein um den Sex kreist, bis zum Überdruss gezeigt hat: abgetrennt von den übrigen Aktivitäten und Funktionen, die das Dasein bestimmen, ist er extrem eintönig und von einem so begrenzten Horizont, dass er schließlich verroht. Ein vom Sex und nur von ihm geprägtes Leben reduziert ihn auf eine primär organische Tätigkeit, die nicht edler oder vergnüglicher ist, als etwas Beliebiges hinunterzuschlucken oder Kot auszuscheiden. Erst wenn die Kultur ihn zivilisiert, ihn mit Gefühlen und Leidenschaft auflädt und mit Zeremonien und Ritualen schmückt, wird der Sex zu einer außerordentlichen Bereicherung, und seine Wohltaten strahlen in alle Winkel des Daseins. Für eine solche Sublimierung aber ist es, wie Georges Bataille erklärte, unerlässlich, dass bestimmte Tabus und Regeln, die den Sex zügeln und lenken, aufrechterhalten werden, so dass die körperliche Liebe als eine Überschreitung gelebt – genossen – werden kann. Uneingeschränkte Freiheit und der Verzicht auf alles Theatralische und Förmliche haben nicht dazu beigetragen, den Menschen einen glücklicheren Sex zu schenken. Sie haben ihn nur, indem sie die körperliche Liebe zu einem reinen Zeitvertreib machten, banalisiert.

Man sollte auch nicht vergessen, dass die sexuelle Freiheit, für die Millets Bericht so beredt Zeugnis ablegt, noch das Privileg kleiner Minderheiten ist. Während ich ihr Buch las, erschien in der Presse eine Meldung über die Hinrichtung einer Iranerin, einer Frau, die ein mit Ajatollahs besetztes Provinzgericht für schuldig befand, in pornografischen Filmen mitgewirkt zu haben. Stellen wir klar, dass »Pornografie« in einer fundamentalistischen islamischen Theokratie darin besteht, dass eine Frau ihr Haar zeigt. Die nach dem Gesetz des Korans schuldig Gesprochene wurde auf einem öffentlichen Platz bis zu den Brüsten eingegraben und zu Tode gesteinigt.

El País, Madrid, 27. Mai 2001

V

Kultur, Politik und Macht

Kultur ist unabhängig von Politik, oder sollte es zumindest sein, auch wenn in Diktaturen das Gegenteil nicht ausbleibt, wo die Regime sich ermächtigt glauben, Normen zu diktieren und Grenzen abzustecken, innerhalb deren sich das kulturelle Leben abzuspielen hat, überwacht von einem Staat, der darauf achtet, dass sie nicht von der Doktrin, auf die die Regierenden sich stützen, abweicht. Das Ergebnis einer solchen Kontrolle ist, wie wir wissen, die fortschreitende Umwandlung von Kultur in Propaganda, ihre Auflösung aus Mangel an Originalität, Spontaneität, kritischem Geist und Willen zur Erneuerung und zum formalen Experiment.

In einer offenen Gesellschaft ist es bei aller Unabhängigkeit jedoch unvermeidlich und auch notwendig, dass Kultur und Politik in einer Beziehung und in Austausch stehen. Nicht nur weil der Staat, ohne die Freiheit des Schöpferischen und der Kritik zu beschneiden, kulturelle Aktivitäten unterstützen und befördern soll – zur Bewahrung des kulturellen Erbes vor allem –, sondern weil die Kultur auch Einfluss auf das politische Leben nehmen soll, sie soll die Politik kritisch begleiten und ihr, damit sie nicht verkommt, Werte und Modelle an die Hand geben. In der Kultur des Spektakels trägt der Einfluss, den die Kultur auf die Politik ausübt, leider nicht dazu bei, gewisse Qualitätsstandards und Integrität einzufordern, er verdirbt sie vielmehr moralisch und lässt den Bürgersinn zuschanden gehen, setzt frei, was es an Schlechtestem in ihr geben kann, und macht sie zur reinen Farce. Wir haben schon gesehen, wie die Politik, im Gleichschritt mit der herrschenden Kultur, die Ideen und Ideale, die Debatten und Programme immer mehr durch bloßes Werbebohei ersetzt. Folgerichtig erreicht man Popularität und Erfolg weniger durch Intelligenz und Redlichkeit als durch Demagogie und schauspielerisches Talent. Womit sich ein kurioses Paradox ergibt: Während in autoritären Gesellschaften die Kultur von der Politik korrumpiert und verdorben wird, ist es in den modernen Demokratien gerade die Kultur – oder das, was diesen Namen für sich beansprucht –, welche die Politik und die Politiker korrumpiert und verdirbt.

Um zu veranschaulichen, was ich meine, tue ich einen kleinen Sprung in die Vergangenheit, in das öffentliche Leben, das ich am besten kenne, das peruanische.

Als ich 1953 in Lima an der Universität San Marcos zu studieren begann, war »Politik« landesweit ein anrüchiges Wort. Die Diktatur des Generals Manuel Apolinario Odría (1948-1956) hatte es geschafft, dass für viele Peruaner »in die Politik zu gehen« bedeutete, sich einer kriminellen Tätigkeit hinzugeben, verbunden mit gesellschaftlicher Gewalt und rechtswidrigen Geschäften. Das Regime hatte ein Gesetz zur inneren Sicherheit der Republik verkündet, das die Parteien aller Rechte beraubte, und eine strenge Zensur verhinderte, dass in Zeitungen, Zeitschriften oder im Radio (Fernsehen gab es damals in Peru noch nicht) auch nur die geringste Kritik an der Regierung aufschien. Dafür wurde allenthalben das Loblied auf den Diktator und seine Spießgesellen gesungen. Der gute Bürger sollte sich seiner Arbeit und den häuslichen Belangen widmen und nicht in das öffentliche Leben einmischen, das allein Sache derer blieb, die unter dem Schutz der Streitkräfte die Macht ausübten. Die Repression sperrte die Führer der APRA, der Kommunisten und der Gewerkschaften ins Gefängnis. Hunderte von Mitgliedern dieser Parteien und Personen, die mit der weggeputschten demokratischen Regierung von José Luis Bustamante y Rivero (1945-1948) in Verbindung standen, mussten ins Exil gehen.

Es gab heimliche politische Aktivitäten, aber nicht viele, zu hart wurden sie verfolgt. Die Universität San Marcos war eines der Zentren dieser Untergrundaktion, und beteiligt waren fast ausschließlich Apristen und Kommunisten, selber erbitterte Gegner. Aber unter der Masse der Studenten und Akademiker waren sie eine Minderheit; die apolitische Haltung, die Odría wie alle Diktaturen dem Land verordnete, hatte, ob aus allgemeiner Angst oder Apathie, auch dort um sich gegriffen.

Ab Mitte der fünfziger Jahre wurde das Regime immer unbeliebter. Und so wagte es eine wachsende Zahl von Peruanern, sich politisch zu betätigen, das heißt, sich auf Versammlungen, bei Streiks oder mit Veröffentlichungen der Regierung, ihren Polizisten und Schlägern entgegenzustellen, bis man sie gezwungen hatte, Wahlen einzuberufen, die 1956 schließlich dem »Jahracht« ein Ende setzten.

Kaum waren der Rechtsstaat wiederhergestellt, das Gesetz zur inneren Sicherheit abgeschafft, die Pressefreiheit und das Recht auf Kritik auferstanden, die verbotenen Parteien legalisiert und neue Parteien zugelassen, kehrte die Politik ins Zentrum des Geschehens zurück, verjüngt und mit neuem Prestige. Wie immer, wenn auf eine Diktatur eine freiheitliche Ordnung folgt, zeigten viele Peruanerinnen und Peruaner nun staatsbürgerliches Engagement, sahen mit Optimismus auf die Politik, betrachteten sie als Mittel, um die Übel des Landes zu bekämpfen. Ich übertreibe nicht, wenn ich sage, dass sich in diesen Jahren die hervorragendsten Fachleute, Unternehmer, Akademiker und Wissenschaftler aufgerufen fühlten, das öffentliche Leben mitzubestimmen, angetrieben von einem selbstlosen Willen, Peru zu dienen, was sich auch in dem 1956 gewählten Parlament spiegelt. Nie wieder hat das Land einen Senat und einen Kongress von solch intellektuellem und moralischem Rang gehabt. Ähnliches gilt für all jene, die in diesen Jahren Minister waren oder andere öffentliche Ämter bekleideten oder die von der Oppositionsbank aus die Regierung kritisierten und Alternativen vorschlugen.

Womit ich nicht sagen will, dass die Regierungen von Manuel Prado (1956-1962) und Fernando Belaúnde Terry (1963-1968) – mit dem Intermezzo einer Militärjunta (1962-1963), um nicht aus der Übung zu kommen – erfolgreich gewesen wären. Das waren sie tatsächlich nicht, denn 1968 war es mit dieser demokratischen Phase von kaum mehr als zehn Jahren schon wieder vorbei, und es folgte eine weitere Militärdiktatur – unter den Generälen Juan Velasco Alvarado und Francisco Morales Bermúdez –, die zwölf Jahre dauern sollte (1968-1980). Worauf ich hinauswill, ist, dass in den Jahren nach 1956 die Politik von der peruanischen Gesellschaft nicht mehr wahrgenommen wurde als ein verachtenswertes Geschäft; sie nährte vielmehr die Hoffnungen all jener, die in ihr nun eine Möglichkeit sahen, die Energien und Begabungen zu bündeln, auf dass aus diesem rückständigen und verarmten Land eine freie und blühende Nation werde. Die Politik wurde für ein paar Jahre anständig, weil die anständigen Leute sich aufrafften und, statt ihr aus dem Weg zu gehen, Politik gestalteten.

Heute ist nach allen Umfragen eine große Mehrheit der Bürger der Meinung, Politik sei eine mediokre und schmutzige Tätigkeit, welche die Ehrlichsten und Fähigsten abstoße und vor allem Nieten und Schlitzohren anlocke, deren Interesse es allein sei, schnell reich zu werden. Dieses Phänomen beschränkt sich nicht auf die Dritte Welt. Der Ansehensverlust der Politik kennt keine Grenzen, und was dahintersteht, ist unbestreitbar: Mit je nach Land typischen Ausprägungen und Abstufungen ist fast auf der ganzen Welt, der entwickelten wie der unterentwickelten, das intellektuelle, professionelle und ohne Zweifel auch moralische Niveau der politischen Klasse gesunken. Das gilt nicht nur für Diktaturen. Die Demokraten erleben diesen Verfall genauso, und die Folge ist eine Politikverdrossenheit, wie sie sich fast überall an der hohen Wahlabstinenz ablesen lässt. Ausnahmen sind selten. Wahrscheinlich gibt es keine Gesellschaft mehr, in der das politische Geschäft die Besten anzieht.

Doch warum macht sich die ganze Welt diesen Gedanken zu eigen, den alle Diktatoren den von ihnen unterjochten Völkern immer eintrichtern wollten, dass nämlich politisches Engagement etwas Schäbiges sei?

Vielerorts ist Politik tatsächlich schmutzig und schäbig, oder sie ist es zumindest geworden. »Aber das war sie schon immer«, sagen die Pessimisten und die Zyniker. Nein, das stimmt nicht, und sie ist es auch heute nicht überall auf die gleiche Weise. In vielen Ländern und zu vielen Zeiten war staatsbürgerliches Engagement zu Recht hoch angesehen, weil es tüchtige Leute waren, die sich einsetzten, und weil die negativen Aspekte nicht ins Gewicht fielen gegenüber dem Idealismus, dem Verantwortungsgefühl und der Ehrlichkeit der politischen Klasse. In unserer Zeit werden die negativen Seiten des Politikbetriebs jedoch oft auf eine geradezu unverantwortliche Weise von der Boulevardpresse aufgebauscht, mit dem Ergebnis, dass die öffentliche Meinung zu der Überzeugung gelangt ist, Politik sei das Geschäft eines amoralischen, ineffizienten und zur Korruption neigenden Personals.

Die Entwicklung der digitalen Medien, mit denen sich in autoritären Gesellschaften die Zensur- und Kontrollsysteme aushebeln lassen, sollte die Demokratie vervollkommnet und die Teilhabe am öffentlichen Leben befördert haben. Aber es hat eher den gegenteiligen Effekt gehabt, denn die kritische Funktion des Journalismus ist ob der Frivolität und der Unterhaltungsgier der herrschenden Kultur oft nur noch eine verzerrte. Indem der Journalismus, so wie Julian Assange mit Wikileaks, selbst die läppischsten Interna aus Politik und Diplomatie ans Licht der Öffentlichkeit bringt, trägt er dazu bei, dass einer Beschäftigung, die einmal eine gewisse mythische Aura besaß, die Aura eines Raums, in dem die Zivilcourage gedieh und für die Menschenrechte, soziale Gerechtigkeit, Fortschritt und Freiheit gestritten wurde, dass dieser Beschäftigung alle Achtbarkeit und Seriosität abhandenkommt. Das wilde Stochern nach dem Skandal und der billige Klatsch, der sich an den Politikern verbeißt, hat in vielen Demokratien dazu geführt, dass das, was die Öffentlichkeit von ihnen am besten kennt, nur das Schlimmste ist, was sie von sich zeigen können. Und was sie von sich zeigen, ist dann diese traurige Farce, zu der unsere Zivilisation macht, was immer sie berührt, eine Farce mit Hampelmännern, die sich der schlimmsten Tricks bedienen, um die Gunst eines nach Unterhaltung gierenden Publikums zu gewinnen.

Ein Problem ist das nicht, denn für Probleme gibt es eine Lösung. Nur ist hier keine in Sicht, und ein Entrinnen gibt es nicht. Theoretisch sollten Gerichte die Grenzen abstecken, was von öffentlichem Interesse ist und was gegen Persönlichkeitsrechte verstößt. In den meisten Ländern können sich jedoch nur Reiche einen solchen Prozess überhaupt leisten. Außerdem sind Richter oft, aus prinzipiell sehr achtbaren Gründen, wenig geneigt, Urteile zu sprechen, die dazu angetan sind, die Meinungs- und Informationsfreiheit – Grundrechte in einer Demokratie – einzuschränken oder aufzuheben.

Der Skandaljournalismus ist ein perverses Stiefkind der Kultur der Freiheit. Man kann ihn nicht verbieten, ohne der Meinungsfreiheit einen tödlichen Schlag zu versetzen. Da das Heilmittel schlimmer wäre als die Krankheit, müssen wir ihn ertragen, so wie manche Betroffene einen Tumor ertragen, weil sie wissen, ihn herauszuschneiden könnte sie das Leben kosten. Aber der Grund dafür, dass es so weit gekommen ist, sind nicht die finsteren Machenschaften einiger geldgieriger Eigentümer von Zeitungshäusern oder Fernsehkanälen, die bar jedes Verantwortungsgefühls die niederen Instinkte der Leute bewirtschaften. Das ist nur die Folge, nicht die Ursache.

So konnte man es unlängst in England erleben, wo man bis dahin noch glauben mochte, die Politik halte sich an hohe ethische Standards, getrübt nur durch gelegentlichen Unterschleif und Vorteilsnahmen einzelner Staatsdiener. Der Skandal um den mächtigen Rupert Murdoch, Eigentümer des Medienimperiums News Corporation, und die Londoner Sonntagszeitung *News of the World*, die zu schließen er sich trotz ihrer ungeheuren Popularität genötigt sah, als herauskam, dass man, um die Klatschsucht zu bedienen, die das Geheimnis ihres Erfolgs war, die Telefone von mehreren tausend Personen abgehört hatte, darunter Mitglieder der Königsfamilie und ein entführtes Mädchen, dieser Skandal hat gezeigt, welch unseligen Einfluss eine derartige Presse auf die Institutionen und die Politiker haben kann. *News of the World* hatte auf der Lohnliste hochrangige Beamte von Scotland Yard, bestach Politiker und setzte Detektive ein, um das Privatleben prominenter Persönlichkeiten auszuschnüffeln. Die Macht der Zeitung war so groß, dass Minister, Beamte und selbst Premierminister ihre Herausgeber und leitenden Angestellten umwarben, aus Furcht, die Zeitung könnte sie in einen Skandal verwickeln, der ihren Ruf und ihre Zukunft zugrunde richtete.

Natürlich ist es gut, dass all das ans Licht gekommen ist, und die Justiz möge den Schuldigen ihre gerechte Strafe auferlegen. Aber ich bezweifle, dass mit solchen Sanktionen das Übel ausgerottet wird, denn seine Wurzeln reichen bis tief in alle Schichten der Gesellschaft.

Und dort treffen wir wieder auf die Kultur. Genauer

gesagt auf die unterhaltsame Banalisierung, welche die herrschende Kultur betreibt. Die Leute schlagen eine Zeitung auf, gehen ins Kino, schalten den Fernseher an oder kaufen ein Buch, um es sich gutgehen zu lassen, im plattesten Sinne des Wortes, nicht um sich den Kopf mit Zweifeln, Sorgen und Problemen zu zermartern. Man will abgelenkt werden, die ernsthaften, tiefgehenden, beunruhigenden und schwierigen Dinge vergessen, sich einem leichten, freundlichen, oberflächlichen, fröhlichen und im Grunde dummen Amüsement hingeben. Und gibt es Vergnüglicheres, als die Intimsphäre der Mitmenschen auszuspionieren, einen Minister oder Abgeordneten in Unterhose zu erwischen, den sexuellen Verirrungen eines Richters nachzugehen, zu sehen, wie jene, die als achtbar und vorbildlich galten, durch den Schmutz waten?

Die Sensationspresse verdirbt niemanden; sie ist von Anfang an verdorben durch eine Kultur, die nicht die plumpe Einmischung in das Privatleben der Leute verurteilt, sondern nach ihr verlangt, denn dieser Zeitvertreib, im Dreck der anderen herumzuschnüffeln, macht den Arbeitstag des pünktlichen Beamten, des gelangweilten Angestellten und der erschöpften Hausfrau erträglicher. Die Gedankenlosigkeit ist zur Königin und Herrscherin über das postmoderne Leben geworden, und die Politik ist eins ihrer ersten Opfer.

Tatsächlich sind es die Politiker, denen die Massenmedien die wohl würdeloseste Rolle zuweisen. Was ein weiterer Grund dafür ist, dass es in der politischen Welt von heute so wenige Persönlichkeiten vom Format eines Nelson Mandela oder einer Aung San Suu Kyi gibt, die rund um den Globus bewundert werden.

Hinzu kommt, auch das eine Folge von alldem, dass das große Publikum (wenn überhaupt) nur spärlich auf die Korruption reagiert, eine Korruption, die in den entwickelten Ländern wie in den sogenannten Entwicklungsländern, in den autoritären Gesellschaften wie in den Demokratien den vielleicht höchsten Stand in der Geschichte erreicht hat. Null-Bock-Mentalität und Snobismus schläfern eine Gesellschaft moralisch und pragmatisch ein, und so wird sie immer nachsichtiger gegenüber den Abirrungen und Exzessen jener, die öffentliche Ämter bekleiden und über Macht verfügen. Andererseits kommt es zu dieser Laxheit in einer Zeit, da das Wirtschaftsleben sich auf dem ganzen Planeten so weit entwickelt und einen solchen Grad an Komplexität erlangt hat, dass die Kontrolle der Macht, wie sie die Gesellschaft über die unabhängige Presse und die Opposition ausüben kann, sehr viel schwieriger geworden ist. Und die Dinge verschärfen sich, wenn der Journalismus, statt seiner Kontrollfunktion gerecht zu werden, es vor allem als seine Aufgabe betrachtet, die Leser, Hörer oder Zuschauer mit Klatsch und Skandalen zu unterhalten. Das alles befördert nur eine tolerante oder gleichgültige Haltung gegenüber der Unmoral.

Bei den letzten Präsidentschaftswahlen in Peru wunderte sich der Schriftsteller Jorge Eduardo Benavides, als ein Taxifahrer in Lima ihm sagte, er werde Keiko Fujimori wählen, die Tochter des Diktators, der als Dieb und Mörder eine fünfundzwanzigjährige Haftstrafe verbüßt. »Macht es Ihnen nichts aus, dass der Präsident Fujimori ein Verbrecher war?«, fragte er den Taxifahrer. »Nein«, sagte der, »Fujimori hat nicht zu viel gestohlen.« Nicht zu viel! Diese Antwort fasst auf unübertreffliche

Weise zusammen, was ich zu erklären versuche. Die zuverlässigste, von der Staatsanwaltschaft vorgenommene Schätzung des von Alberto Fujimori und seinem starken Mann, Vladimiro Montesinos, in ihren zehn Jahren an der Macht (1990-2000) unterschlagenen Geldes beläuft sich auf etwa sechs Milliarden Dollar, von denen die Schweiz, die Cayman-Inseln und die USA bisher gerade mal hundertvierundachtzig Millionen an Peru zurückgegeben haben. Der Taxifahrer war nicht der Einzige, der eine solche Beute für akzeptabel hielt, denn auch wenn die Tochter des Diktators die Wahlen von 2011 verlor, hätte sie doch beinahe gewonnen: Ollanta Humala besiegte sie nur mit einem knappen Vorsprung von drei Prozentpunkten.

Nichts demoralisiert eine Gesellschaft und diskreditiert die Institutionen so sehr wie der Missbrauch ihres Vertrauens durch Regierende, die, gewählt bei mehr oder weniger sauberen Abstimmungen, die Macht benutzen, um sich zu bereichern. In Lateinamerika ist es der Drogenhandel gewesen, der den öffentlichen Sektor am weitesten in die Kriminalität getrieben hat. Er ist eine echte Industrie, die sich modernisiert hat und außerordentliche Zuwachsraten verzeichnet, denn wie keine andere hat sie von der Globalisierung profitiert, hat ihre Netzwerke über die Grenzen hinaus ausgeweitet, hat sich diversifiziert und in der Legalität neue Geschäftsfelder erschlossen. Ihre riesigen Gewinne erlauben ihr, in alle Bereiche des Staates einzudringen. Und da sie besser zahlen kann als der Staat, werden Richter, Abgeordnete und Minister, Polizisten und Beamte gekauft und bestochen, oder es wird eingeschüchtert und erpresst, womit man sich vielerorts der Straflosigkeit versichert. Kaum ein Tag vergeht, an dem nicht in irgendeinem lateinamerikanischen Land ein neuer Fall von Korruption in Verbindung mit Drogenhandel bekannt wird. Die Kultur, wie wir sie heute erleben, sorgt dafür, dass all das nicht den kritischen Geist der Gesellschaft mobilisiert, sondern vom großen Publikum mit derselben Resignation, demselben Fatalismus betrachtet wird, mit dem es Naturereignisse hinnimmt – Erbeben, Tsunamis –, oder wie eine Theateraufführung, die, wie tragisch oder blutig auch immer, große Gefühle hervorruft und den Alltag schmiert.

Natürlich ist die Kultur nicht allein schuld an der Entwertung von Politik und Staatsdienst. Ein weiterer Grund dafür, dass die geeignetsten Persönlichkeiten hier auf Distanz gehen, ist die allgemein schlechte Bezahlung. Praktisch in keinem Land der Welt ist die Entlohnung im öffentlichen Sektor vergleichbar mit dem, was ein junger Mensch mit Talent und guten Referenzen in einem privaten Unternehmen verdienen kann. Die Gehaltsbeschränkungen finden allgemein Zuspruch, vor allem wenn das Image des Staatsdieners am Boden liegt, aber die Auswirkungen sind fatal. Die niedrigen Gehälter laden zur Korruption ein, und die am besten ausgebildeten und redlichsten Bürger halten sich von den öffentlichen Einrichtungen fern, was heißt, dass die Posten oft von inkompetenten Leuten besetzt werden oder von solchen, die es mit der Moral nicht allzu genau nehmen.

Damit eine Demokratie richtig funktioniert, braucht es eine fähige und ehrliche Bürokratie, Verwaltungen wie jene, die in der Vergangenheit die Größe Frankreichs, Englands und Japans ausgemacht haben, um nur drei Beispiele zu nennen. Bis vor gar nicht langer Zeit war in diesen Ländern dem Staat zu dienen ein begehrtes Karriereziel, denn es wurde einem gelohnt, mit Respekt, Ehrbarkeit und dem Bewusstsein, zum Fortschritt der Nation beizutragen. Die Beamten erhielten im Allgemeinen angemessene Gehälter, und ihre Zukunft war leidlich abgesichert. Auch wenn viele von ihnen in privaten Unternehmen mehr hätten verdienen können, bevorzugten sie den öffentlichen Dienst, denn was sie hier aufgaben, wurde da durch das Gefühl wettgemacht, geachtet zu sein, ihre Mitbürger erkannten an, wie wichtig die von ihnen ausgeübte Funktion war. Heute kann davon keine Rede mehr sein. Der Beamte verliert genauso an Ansehen wie der Berufspolitiker, und die öffentliche Meinung sieht in ihm nicht einen Agenten des Fortschritts, sondern ein Hindernis und einen Schmarotzer auf Kosten des Staates. Natürlich hat das Aufblähen der Bürokratie, der unverantwortliche Stellenzuwachs, um politische Gefälligkeiten zu erweisen und eine ergebene Klientel an sich zu binden, die öffentliche Verwaltung zuweilen in ein Labyrinth verwandelt, wo die kleinste Formalität für den Bürger, der über keinen Einfluss verfügt und kein Schmiergeld zahlen kann oder will, zu einem wahren Albtraum wird.

Aber es wäre ungerecht, zu verallgemeinern und alle in einen Sack zu stecken, solange es noch viele gibt, die der Apathie und dem Pessimismus widerstehen und so unauffällig wie couragiert beweisen, dass die Demokratie sehr wohl funktioniert.

Ein weit verbreiteter, aber irriger Glaube ist, die freiheitlichen Demokratien würden von der Korruption ausgehöhlt, die Korruption würde endlich verwirklichen, was der dahingeschiedene Kommunismus nicht vermochte: sie zum Einsturz zu bringen. Kommen nicht Tag für Tag, in den alten Demokratien wie in den allerjüngsten, widerliche Fälle ans Licht, in denen Regierende und Beamte sich ihrer politischen Macht bedienen, um mit astronomischer Geschwindigkeit Vermögen anzuhäufen? Zählt noch jemand die bestochenen Richter, die heimlichen Absprachen, die Militärs, Polizisten, Minister, Zollbeamten auf den Lohnlisten von Konzernen? Ist das System nicht schon derart verfault, dass man nur noch resignieren und akzeptieren kann, dass die Gesellschaft ein immerwährender Dschungel ist, in dem die Raubtiere das Lämmchen fressen?

Eine solch pessimistische und zynische Haltung ist es, nicht die verbreitete Korruption, die den freiheitlichen Demokratien vielleicht tatsächlich ein Ende bereitet, denn sie entkernt sie, macht sie zu dem, was die Marxisten mit der Bezeichnung »formale« Demokratie ins Lächerliche zogen. Oft ist es eine unbewusste Einstellung, und sie äußert sich in achtloser Gleichgültigkeit gegenüber dem öffentlichen Leben, Skepsis gegenüber den Institutionen, Unlust, sie auf die Probe zu stellen. Aber wenn beträchtliche Teile einer von der Unschlüssigkeit erodierten Gesellschaft ohnehin nur noch schwarzsehen und sich innerlich von ihr verabschieden, ist das Feld frei für die Wölfe und Hyänen.

Doch so weit muss es nicht kommen. Das demokratische System ist zwar kein Garant dafür, dass Betrug und Gaunerei aus dem menschlichen Verkehr verschwinden, aber es kennt Mechanismen, um die Schäden möglichst zu begrenzen, um diejenigen zu bestrafen, die illegal handeln, und, viel wichtiger noch, um das System auf eine Weise zu reformieren, dass dergleichen Vergehen für die Täter immer größere Risiken bergen.

In keiner der heutigen Demokratien streben die jüngeren Generationen danach, dem Staat mit jener Begeisterung zu dienen, mit der sich noch vor wenigen Jahrzehnten die idealistische Jugend in der Dritten Welt der revolutionären Aktion verschrieb. Diese Hingabe führte in den sechziger und siebziger Jahren Hunderte von jungen Leuten in den Dschungel und die Berge fast ganz Lateinamerikas, Menschen, die in der sozialistischen Revolution ein Ideal sahen, das es wert war, dafür ihr Leben zu geben. Es war ein Irrtum zu glauben, der Kommunismus sei besser als die Demokratie, keine Frage, aber eine entschlossene Haltung kann man ihnen nicht absprechen. In anderen Ländern wie in Afghanistan, Pakistan oder dem Irak opfern sich vom islamischen Fundamentalismus beseelte Jugendliche, verwandeln sich in Bomben und löschen das Leben Dutzender von Unschuldigen aus, fest davon überzeugt, dieses Hinmorden würde die Welt von Frevlern, Lüstlingen und Kreuzfahrern reinigen – ein terroristischer Wahn, den man nur ablehnen und verurteilen kann.

Aber wenn wir sehen, was heute in der arabischen Welt geschieht, spüren wir da nicht wieder etwas von dieser verlorengegangenen Begeisterung? Zeigt es uns nicht, dass die Kultur der Freiheit lebendig ist und sehr wohl in der Lage, der Geschichte eine radikale Wende zu geben, selbst dort, wo dies so gut wie unmöglich schien? Der Aufstand der arabischen Völker gegen die korrupten Regime, die sie ausbeuteten und für dumm verkaufen wollten, hat bereits drei Tyrannen gestürzt, in Ägypten Mubarak, in Tunesien Ben Ali und in Libyen Muammar al-Gaddafi. Alle übrigen autoritären Regime in der Region, angefangen bei Syrien, sehen sich bedroht von diesem Erwachen der Millionen, die sich nichts sehnlicher wünschen, als dem Autoritarismus zu entfliehen, der Zensur, der Plünderung, und die endlich in der Moderne ankommen, Arbeit finden und ohne Angst, in Frieden und in Freiheit leben wollen.

Es ist eine selbstlose, idealistische, antiautoritäre, im Volk verankerte und zutiefst demokratische Bewegung, von Beginn an zivilgesellschaftlich und säkular ausgerichtet, und sie wurde weder angeführt noch – zumindest bisher nicht – von den fundamentalistischen Kreisen gekapert, die gerne die Militärdiktaturen durch religiöse Diktaturen ersetzen würden. Um dies zu verhindern, müssen die westlichen Demokratien denen ihre Solidarität und aktive Unterstützung zusichern, die heute in der ganzen arabischen Welt für die Freiheit kämpfen und sterben.

Allerdings dürfen wir uns dabei auch fragen: Wie viele junge Menschen im Westen wären heute wohl bereit, für die demokratische Kultur ein Martyrium auf sich zu nehmen, wie es die Libyer, Tunesier, Ägypter, Jemeniten, Syrer und andere getan haben oder noch tun? Wie viele von denen, die das Privileg genießen, in offenen Gesellschaften zu leben, im Schutz eines Rechtsstaats, würden ihr Leben riskieren, um eine solche Gesellschaft zu verteidigen? Sehr wenige, aus dem schlichten Grund, weil die freiheitlich-demokratische Gesellschaft, auch wenn sie den höchsten Lebensstandard in der Geschichte geschaffen und gesellschaftliche Gewalt, Ausbeutung und Diskriminierung weiter reduziert hat, nicht begeisterte Zustimmung erfährt, sondern von ihren Nutznießern mit Langeweile und Verachtung gestraft wird, wenn nicht mit systematischer Feindseligkeit.

Zu beobachten etwa unter Künstlern und Intellektuellen. Als ich diese Zeilen zu schreiben begann, war in der kubanischen Diktatur ein Dissident, Orlando Zapata, nach fünfundachtzigtägigem Hungerstreik – aus Protest gegen die Haftbedingungen der politischen Gefangenen auf der Insel – gestorben, und ein anderer, Guillermo Fariñas, lag nach wochenlanger Verweigerung der Nahrungsaufnahme auf den Tod. In der spanischen Presse waren in diesen Tagen Beschimpfungen der beiden zu lesen, von einem Schauspieler und einem Sänger, beide berühmt, die sie, die Parolen der karibischen Diktatur aufgreifend, »Verbrecher« nannten. Keiner von ihnen sah in puncto politischer Repression und mangelnder Freiheit den Unterschied zwischen Kuba und Spanien. Wie lässt sich eine solche Haltung erklären? Fanatismus? Ignoranz? Bloße Dummheit? Nein. Frivolität. Die Clowns und Komiker, nun also *maîtres à penser*, Vordenker der heutigen Gesellschaft, äußern sich als das, was sie sind – wen wundert's? Ihre Meinungen scheinen von vermeintlich fortschrittlichen Ideen getragen, doch in Wahrheit plappern sie nach einem versnobten Drehbuch der Linken: mit Tamtam und Trara von sich reden machen.

Es ist nicht verwerflich, wenn die größten Nutznießer der Freiheit die offenen Gesellschaften kritisieren, denn Kritikwürdiges gibt es viel; sehr wohl aber, wenn sie dabei Partei ergreifen für jene, die sie zerstören und durch autoritäre Regime ersetzen wollen, wie wir sie aus Kuba oder Venezuela kennen. Der Verrat vieler Künstler und Intellektueller an den demokratischen Idealen ist kein Verrat an abstrakten Prinzipien, sondern an Tausenden und Abertausenden von Menschen aus Fleisch und Blut, die unter den Diktaturen Widerstand leisten und für die Freiheit kämpfen. Aber das Traurigste ist, dass diesem Verrat an den Opfern keine Prinzipien und Überzeugungen zugrunde liegen, sondern karrieristischer Opportunismus und dazu passende Posen, Gesten und Provokationen. Viele Künstler und Intellektuelle unserer Zeit sind sehr wohlfeil geworden.

Ein weiterer heikler Aspekt, der die Demokratie schwächt, ist die Abkehr vom Gesetz, auch dies eine Folge der Kultur des Spektakels.

Aber Vorsicht, man darf diese Abkehr nicht verwechseln mit der rebellischen oder revolutionären Haltung jener, die die bestehende Rechtsordnung für unerträglich halten und sie zerstören und durch eine gerechtere ersetzen wollen, denn aus diesem Wunsch spricht immer noch die Hoffnung auf Wandel und die Wette auf eine bessere Gesellschaft. Nur sind mit dem großen Scheitern der kommunistischen Länder, deren Ende der Fall der Berliner Mauer 1989 besiegelte, dem Verschwinden der Sowjetunion und dem Umbau der chinesischen Volksrepublik in ein Land mit kapitalistischer Wirtschaft, aber vertikaler und autoritärer Politik solche Haltungen praktisch ausgestorben. Natürlich gibt es hier und da noch Erben dieser zerbrochenen Utopie, aber es sind kleine Minderheiten und Splittergruppen ohne größere Aussicht auf Zukunft. Die letzten kommunistischen Länder auf Erden, Kuba und Nordkorea, sind zwei Anachronismen, bloße Museumsstücke noch. Und das Venezuela des Comandante Hugo Chávez, der trotz reichlicher Ölreserven mit einer beispiellosen

Wirtschaftskrise zu kämpfen hat, wird kaum dazu taugen, das kommunistische Modell, das in den sechziger und siebziger Jahren weite Teile der Ersten und der Dritten Welt begeisterte, zu neuem Leben zu erwecken.

Die Abkehr vom Gesetz hat sich in der Mitte des Rechtsstaats vollzogen, und sie besteht in einer Haltung der Geringschätzung oder Verachtung des Rechtssystems, in einer Indifferenz und moralischen Anomie, die es dem Bürger gestattet, das Gesetz wann immer möglich zu übertreten und zu umgehen, zum eigenen Vorteil, oft aber auch nur, um Missachtung oder Misstrauen zu demonstrieren oder die herrschende Ordnung zu verspotten. Es sind nicht wenige, die im Zeitalter der Unterhaltungskultur Gesetze brechen, um sich zu amüsieren, als wäre es ein Risikosport.

Die Abkehr vom Gesetz mag auch darin begründet liegen, dass die Gesetze oft nicht im Sinne des Gemeinwohls erlassen werden, sondern zur Durchsetzung von Sonderinteressen; oder sie sind handwerklich so schlecht gemacht, dass die Bürger sich aufgerufen fühlen, sie zu umgehen. Auch wundert es nicht, dass die Steuerzahler, wenn eine Regierung sie mit zu hohen Steuern belastet, in Versuchung geraten, ihren Abgabenpflichten auszuweichen. Schlechte Gesetze widersprechen nicht nur den Interessen des Durchschnittsbürgers, sie beschädigen auch das Ansehen des Rechtssystems und befördern ebendiese Abkehr vom Gesetz, die wie ein Gift den Rechtsstaat zerfrisst. Schlechte Regierungen hat es immer gegeben, und schon immer gab es unsinnige oder ungerechte Gesetze. Aber anders als in einer Diktatur gibt es in einer demokratischen Gesellschaft Möglichkeiten, solche Verirrungen anzuprangern, zu bekämpfen und zu korrigieren: den unabhängigen Journalismus, Pressefreiheit, das Recht auf Kritik, Oppositionsparteien, Wahlen, die Mobilisierung der öffentlichen Meinung, Gerichte. Nur muss das demokratische System, damit dies funktioniert, auch auf das Vertrauen und die Unterstützung der Bürger zählen können, darauf, dass es ihnen bei aller Unvollkommenheit stets verbesserungsfähig erscheint. Die Abkehr vom Gesetz rührt von der Auflösung dieses Vertrauens her, dem Gefühl, dass das System selber faul ist und dass die schlechten Gesetze, die es hervorbringt, keine Ausnahmen sind, sondern eine unvermeidliche, da systemimmanente Folge von Korruption und Vorteilsnahme. Die Entwertung der Politik durch die Kultur des Spektakels führt also geradewegs zu einer Abkehr vom Gesetz.

Ich weiß noch, wie beeindruckt ich war, als ich 1966 nach England zog – die sieben Jahre davor hatte ich in Frankreich verbracht – und sah, welch gewissermaßen natürlichen – spontanen, instinktiven und zugleich von der Vernunft geleiteten – Respekt die Bevölkerung dem Gesetz entgegenbrachte. Die Erklärung schien der fest in der Bürgerschaft verwurzelte Glaube zu sein, dass Gesetze im Allgemeinen gut gemacht sind, dass ihr Zweck und ihre Inspirationsquelle das Gemeinwohl ist und dass sie ebendeshalb eine *moralische* Legitimität besitzen; dass demnach das, was das Gesetz gestattet, richtig und gut ist, und was es verbietet, falsch und schlecht. Es überraschte mich, denn weder in Frankreich, Spanien, Peru oder Bolivien, Länder, in denen ich gelebt hatte, war mir dergleichen Eindruck vergönnt gewesen. Diese Gleichsetzung von Gesetz und Moral ist eine angelsächsische und protestantische Besonderheit, in romanischen Ländern trifft man sie kaum. Hier neigen die Bürger dazu, sich dem Gesetz bestenfalls zu fügen, sie betrachten es weniger als Inbegriff moralischer und religiöser Prinzipien denn als etwas, was ihren Anschauungen zwar nicht zwangsläufig feindselig gegenübersteht oder ganz und gar widerspricht, aber doch fremd bleibt.

Wie dem auch sei, heute gibt es diesen Unterschied, der für die Viertel, in denen ich in London lebte, noch gegolten hat, wahrscheinlich nicht mehr, denn die Abkehr vom Gesetz hat, zumal durch die Globalisierung, angelsächsische und romanische Länder einander angeglichen.

Die Grundannahme ist hier, dass Gesetze das Werk einer Macht sind, die keine andere Daseinsberechtigung hat als sich selbst zu dienen, das heißt denen, die sie verkörpern und verwalten, und dass demnach die Gesetze, Verordnungen und Bestimmungen, die aus ihr hervorgehen, belastet sind mit dem Egoismus Einzelner oder bestimmter Gruppen, was den Normalbürger moralisch von ihrer Einhaltung entbindet. Die meisten befolgen das Gesetz, weil ihnen nichts anderes übrig bleibt, oder aus Angst, das heißt unter dem Eindruck, dass es mehr schadet als nützt, wenn man versucht, die Regeln zu verletzen. Aber eine solche Haltung schwächt die Legitimität und Kraft einer Rechtsordnung genauso wie die Haltung derjenigen, die sich auf kriminelle Weise über sie hinwegsetzen. Was bedeutet, dass bezüglich der Gesetzestreue die heutige Kultur auch eine Scheinkultur ist, und an vielen Orten wird sie nicht selten zur reinen Farce.

Nichts verdeutlicht diese allgemeine Abkehr vom Gesetz besser als das allenthalben herrschende Piraterieunwesen, ob bei Büchern, DVDs, Videos oder sonstigen audiovisuellen Produkten, vor allem in der Musik, ein Unwesen, das nahezu ungehindert, fast möchte man sagen mit dem Einverständnis aller, sämtliche Länder der Erde erfasst hat.

In Peru zum Beispiel musste die Videotheken-Kette Blockbuster ihre Filialen schließen. Seither können peruanische Filmliebhaber keine DVDs mehr legal bekommen, selbst wenn sie wollten, denn auf dem normalen Markt gibt es praktisch keine mehr, nur noch in ausgesuchten Kaufhäusern, die ein paar Titel importieren und sie teuer anbieten. Das ganze Land beschafft sich Filme als Raubkopien, vor allem auf dem beispiellosen Markt Polvos Azules in Lima, wo ganz offen, unter den Augen der Polizei, die die Händler vor Überfällen und Dieben schützt, tagtäglich für ein paar Sol – Centbeträge nur – Tausende Klassiker oder neue Filme über die Theke gehen, von denen viele bisher noch nicht einmal in den Kinos der Stadt gezeigt wurden. Das Raubgewerbe ist so gut organisiert, dass man seltene Filme in Auftrag geben kann, und nach wenigen Tagen hat man sie in der Hand. Ich nenne den Fall Polvos Azules wegen seiner schieren Größe und kommerziellen Effizienz. Der Markt ist mittlerweile eine Touristenattraktion, und es kommen Leute eigens aus Chile und Argentinien, um sich in Lima mit Raubkopien einzudecken. Aber dieser Markt ist nicht der einzige Ort, wo die Piraterie zusehends und zum allgemeinen Wohlgefallen gedeiht. Wer würde schon Schwarzkopien verschmähen, die einen halben Dollar kosten, wo die legalen (die man eben kaum bekommt) fünfmal teurer sind? Die Verkäufer sind überall, und ich kenne Leute, die ihre DVDs telefonisch bei ihrem »Stammdealer« bestellen, denn es wird auch frei Haus geliefert. Diejenigen unter uns, die sich aus prinzipiellen Erwägungen weigern, Raubkopien zu kaufen, sind ein winzig kleiner Haufen, und man hält uns (nicht ganz zu Unrecht) für ein wenig tumb.

Dasselbe wie mit den DVDs passiert mit den Büchern. Raubdrucke und Gratiskopien haben bemerkenswert zugelegt, vor allem in den Entwicklungsländern, und die Kampagnen der Buchbranche scheitern gemeinhin kläglich ob der – wenn überhaupt – spärlichen Unterstützung durch die Regierungen und vor allem die Bevölkerung, die keine Skrupel kennt, illegale Bücher zu kaufen, schließlich ist ihr Preis ja auch unschlagbar. In Lima sang ein Schriftsteller, Kritiker und Universitätsprofessor öffentlich das Loblied auf die Buchpiraterie, so käme die Literatur zum Volk. Der Diebstahl, den dies bedeutet – gegenüber dem rechtmäßigen Verleger, dem Autor und dem Staat, den der Raubverleger durch Steuerhinterziehung schädigt –, wird von niemandem in Rechnung gezogen, aus schlichter Gleichgültigkeit gegenüber dem Gesetz. Diese Form der Piraterie begann als handwerkliches Gewerbe, aber dank der Straflosigkeit, die sie genießt, hat sie sich so weit modernisiert, dass nicht auszuschließen ist, dass in Ländern wie Peru mit den Büchern dasselbe passiert wie mit den DVDs: dass die Raubdrucker und -kopierer die legalen Verlage in die Insolvenz treiben und am Ende die alleinigen Herren des Marktes sind. Alfaguara, der Verlag, in dem meine Bücher in der spanischsprachigen Welt erscheinen, schätzt, dass für jedes Buch von mir, das in Peru legal erworben wird, sechs oder sieben Raubdrucke verkauft werden. (Eine illegale Ausgabe meines Romans

Das Fest des Ziegenbocks wurde sogar in der Druckerei der Armee gedruckt!)

Schlimmer noch als um Filme und Bücher aber steht es um die Musik. Nicht nur wegen der Raub-CDs, sondern weil sich mit Leichtigkeit und völlig ungestraft Songs, Konzerte und Alben aus dem Internet herunterladen lassen. Alle Kampagnen, die Musikpiraterie einzudämmen, waren vergeblich, und tatsächlich haben viele Plattenfirmen Konkurs angemeldet oder stehen kurz vor dem Aus, allzu unfair ist diese Konkurrenz, die ein Publikum, das sich keinen Deut um die Gesetze schert, am Leben erhält und expandieren lässt.

Was ich zu Filmen, Büchern und Musik sage, gilt grundsätzlich natürlich auch für eine Unzahl von Markenprodukten, ob Parfüm, Kleidung oder Schuhe. Bei einem meiner letzten Besuche in Rom musste ich ein paar Touristenfreunde zu einem großen »Imitate-Markt« begleiten, wo gefälschte Waren bekannter Marken mit Etikett und allem Drum und Dran zu einem Viertel oder Fünftel des Preises der Originale verkauft werden. Für diese Art von Handel ist also nicht nur die Dritte Welt anfällig. Auch in der Ersten hat sich eine solche Praxis inzwischen fest etabliert und bedroht all jene, die im Rahmen der Legalität produzieren und vertreiben.

Wo die Gesellschaft in der Breite dem Gesetz den Rücken kehrt, kommt eine geistige Dimension ins Spiel, die wir nicht vergessen dürfen. Denn der große Ansehensverlust der Politik hat ohne Zweifel auch mit dem Zusammenbruch einer religiösen Ordnung zu tun, die in der Vergangenheit, zumindest im Westen, den Überschreitungen und Exzessen der Herren der Macht entgegenzuwirken vermochte. Mit dem Verschwinden der geistigen Vormundschaft jedenfalls erhoben all jene Dämonen ihr Haupt, die die Politik herabwürdigen und die Bürger verleiten, in ihr nichts Edles und Selbstloses mehr zu sehen, sondern ein von Unredlichkeit beherrschtes Geschäft.

Die Kultur sollte das Vakuum, das die Religion hinterlassen hat, ausfüllen. Nur wird das nicht geschehen, solange sie ihre Verantwortung verrät, allein nach dem Gefälligen schielt, sich den dringendsten Problemen verweigert und zur bloßen Unterhaltung wird.

Vorgeschichte

Das Private und das Öffentliche

Seit ich seine Bücher und Artikel zu lesen begann, es muss etwa dreißig Jahre her sein, passiert mir mit dem Schriftsteller und Philosophen Fernando Savater etwas, was mir sonst mit keinem anderen meiner Lieblingsautoren passiert: Fast immer bin ich mit seinem Urteil oder seiner Kritik einverstanden. Seine Argumentation leuchtet mir meist sofort ein, auch wenn ich dafür von Grund auf korrigieren muss, was ich bis dahin dachte.

Ob es um Politik, Literatur, Ethik oder gar Pferde geht (von denen ich nichts verstehe, ich weiß nur, dass ich die wenigen Male, die ich eine Rennbahn betreten habe, beim Wetten kein einziges Mal gewann), Savater war für mich immer ein engagierter Intellektueller, wie er im Buche steht, prinzipientreu und zugleich pragmatisch, einer jener seltenen zeitgenössischen Denker, die es schaffen, in diesem verschlungenen Dickicht der heutigen Welt stets klar zu sehen und uns, die wir etwas verirrt umherlaufen, eine Orientierung zu geben, auf dass wir den verlorenen Weg wiederfinden.

All das kommt mir in den Sinn anlässlich eines seiner Artikel über Wikileaks und Julian Assange im Nachrichtenmagazin *Tiempo*. All denen, die die Verbreitung Tausender von vertraulichen Dokumenten der Vereinigten Staaten als Großtat gepriesen und Assange als Freiheitshelden gefeiert haben, empfehle ich wärmstens, diesen überaus intelligenten, mutigen und besonnenen Beitrag zu lesen. Auch wenn er ihre Meinung nicht ändert, bringt er sie, da bin ich sicher, doch wenigstens zum Nachdenken, und sie werden sich fragen, ob sie sich nicht etwas vorschnell haben begeistern lassen.

Savater stellt fest, dass sich in der ganzen großen Auswahl an zugespieltem Material praktisch keine bedeutenden Enthüllungen finden; dass die vertraulichen Informationen und Meinungen, die so ans Licht kamen, längst bekannt oder für jeden einigermaßen informierten Beobachter der politischen Szene kaum überraschend waren und dass sie überwiegend Klatsch und Tratsch enthalten – es gehe also nur darum, jene Frivolität zu bedienen, die unter dem Banner der Transparenz tatsächlich nichts anderes biete als das in den Himmel gehobene »Recht aller, alles zu wissen: dass es keine Geheimnisse und keine Diskretion mehr gibt, die sich der Neugier von jemandem entgegenstellen könnte [...], wer immer dabei zu Fall kommt und was immer wir unterwegs verlieren«. Dieses angebliche »Recht«, fügt er hinzu, sei »Teil der gegenwärtigen gesellschaftlichen Verblödung«. Das unterschreibe ich sofort.

Die digitale Revolution hat die Mauern der Zensur, die bisher die freie Information behinderte und kritische Stimmen zum Schweigen brachte, eingerissen, und so haben heute die autoritären Regime sehr viel weniger Möglichkeiten als früher, ihre Völker in Unwissenheit zu halten und die öffentliche Meinung zu manipulieren. Das ist natürlich ein ungeheurer Fortschritt für die Kultur der Freiheit, und man muss die Chancen nutzen. Aber zwischen diesen Aussichten und der Schlussfolgerung, die wunderbaren neuen Kommunikationsmedien berechtigten die Nutzer, zu erfahren und zu verbreiten, was immer unter der Sonne (oder unterm Mond) geschieht, und so die Grenze zwischen dem Öffentlichen und dem Privaten ein für alle Mal zu schleifen, dazwischen klafft ein Abgrund. Dies zu verkennen hätte weitreichende Folgen, es hieße letztlich, die Fundamente der Demokratie zu untergraben.

Keine Demokratie könnte funktionieren, wenn in den Behörden ein vertrauliches Kommunizieren nicht mehr möglich wäre; auch hätte in der Diplomatie, der Verteidigung, der inneren Sicherheit, der öffentlichen Ordnung und selbst in der Wirtschaft nichts mehr Bestand, wenn die Prozesse, welche die politischen Entscheidungen bestimmen, in allen Instanzen und mit allen Details ans Licht der Öffentlichkeit kämen. Das Ergebnis wäre die Lähmung der Institutionen und würde es den antidemokratischen Gruppierungen ermöglichen, jede Initiative, die ihren autoritären Zielen widerspricht, zu erschweren oder zu verhindern. Informationelle Libertinage hat mit Meinungsfreiheit nichts zu tun, sie steht ihr diametral entgegen.

Ein solcher Missbrauch der Freiheit ist nur möglich in einer offenen Gesellschaft, nicht in Gesellschaften, die einer vertikalen Kontrolle durch die Polizei unterliegen, denn dort wird jeder Versuch, die Zensur zu umgehen, grausam bestraft. Es ist also kein Zufall, dass die zweihundertfünfzigtausend vertraulichen Dokumente, die Wikileaks erhalten hat, von Informanten aus den USA und nicht aus Russland oder China stammen. Die Absichten des Herrn Assange mögen, wie es heißt, vom utopischen und anarchistischen Traum von der vollkommenen Transparenz beflügelt sein, aber seine Aktionen, mit denen er dem »Geheimnis« ein Ende setzen will, dürften wohl eher dazu führen, dass in den offenen Gesellschaften Strömungen hervortreten, die mit dem Argument, es gelte die Vertraulichkeit im Innern des Staatswesens zu verteidigen, Einschränkungen fordern für eines der wichtigsten demokratischen Grundrechte: das Recht auf freie Meinungsäußerung und Kritik.

In einer freien Gesellschaft wird das Handeln der Regierung kontrolliert von den gewählten Volksvertretern, den Gerichten, der unabhängigen Presse, den politischen Parteien, Institutionen, die selbstverständlich alles Recht der Welt haben, die Lügen und Manipulationen aufzudecken, mit denen gesetzwidrige Taten zuweilen verschleiert werden. Aber was Wikileaks gemacht hat, ist nichts dergleichen, sondern die rücksichtslose Zerstörung der Kommunikationskanäle, auf die Diplomaten und ihre Mitarbeiter angewiesen sind, um die vorgesetzten Stellen über politische, ökonomische und gesellschaftliche Interna aus den Ländern zu informieren, in denen sie ihren Dienst versehen. Ein großer Teil des Materials besteht aus Daten und Einschätzungen, die zwar kaum von Bedeutung sind, deren Verbreitung aber die betroffenen Beamten sehr wohl in eine äußerst heikle Lage bringt; und sie schürt Groll, Empfindlichkeiten und Ressentiments, die die Beziehungen zwischen verbündeten Ländern und ihre Regierungen womöglich nachhaltig beschädigen. Es geht hier nicht darum, eine »Lüge« zu bekämpfen, es geht ausschließlich um die Befriedigung einer allgemeinen krankhaften Neugier — unter den Bedingungen einer immer stärker boulevardisierten Kultur. Herr Assange ist kein großer

Freiheitskämpfer, er ist ein erfolgreicher Entertainer, eine Art Oprah Winfrey der Information.

Wenn es ihn nicht gäbe, hätte unsere Zeit ihn früher oder später erfunden, denn eine solche Gestalt ist geradezu emblematisch für eine Kultur, in der eine Information in dem Maße an Wert gewinnt, wie sie ein gedankenloses, nach Skandalen lechzendes Publikum zu amüsieren vermag, indem sie die Intimsphäre von Prominenten ausleuchtet, ihre Schwächen und Affären zeigt und sie zu den Narren dieser großen Farce macht, die das öffentliche Leben geworden ist. Auch wenn von »öffentlichem Leben« zu sprechen vielleicht nicht mehr ganz richtig ist, denn damit es eines gibt, müsste es auch sein Pendant geben, das »Privatleben«. Das aber existiert praktisch nicht mehr.

Denn was ist heute noch privat? Als unfreiwillige Folge der digitalen Revolution haben sich die Grenzen, die das Private vom Öffentlichen trennten, in Luft aufgelöst, und beides hat sich in einem Happening vermengt, bei dem wir alle zugleich Zuschauer und Darsteller sind, stolz unser Privatleben vorführend und amüsiert das Leben der anderen betrachtend, ein kollektiver Striptease, wo nichts bleibt als eben die krankhafte Neugier eines von der Albernheit verdorbenen Publikums.

Das Verschwinden des Privaten, die mangelnde Achtung der Privatsphäre, die, von allen begafft, zu einer bloßen Parodie geworden ist, und eine Medienindustrie, die diesen allgegenwärtigen Voyeurismus unablässig und hemmungslos speist, sie sind ein deutliches Zeichen von Verrohung. Denn ohne die Dimension des Privaten verkommen viele der schönsten menschlichen Hervorbringungen: Erotik, Liebe, Freundschaft und

Scham, Formen des Umgangs und der Kunst, das Heilige, die Moral.

Dass ordnungsgemäß gewählte Regierungen von Revolutionen gestürzt werden, die das Paradies auf Erden versprechen (auch wenn es meist eher die Hölle wird), muss man hinnehmen. Und dass Länder Konflikte und selbst blutige Kriege austragen, um unvereinbare Religionen, Ideologien oder sonstige Ambitionen zu verteidigen, muss man beklagen. Aber dass es zu solchen Tragödien kommt, weil im Wohlstand badende Zeitgenossen, die sich langweilen, einen starken Kick brauchen und ein internetter Schlaukopf wie Julian Assange ihnen gibt, was sie wollen, nein, das kann und darf nicht sein.

El País, Madrid, 16. Januar 2011

VI

Das Opium des Volks

Anders als die Freidenker, Agnostiker und Atheisten des neunzehnten und zwanzigsten Jahrhunderts sich vorstellten, ist die Religion in unserer heutigen postmodernen Ära nicht tot und begraben, noch zählt sie zum alten Eisen: sie ist quicklebendig und mitten unter uns.

Natürlich lässt sich kaum herausfinden, ob die Frömmigkeit der Gläubigen und Praktizierenden der verschiedenen Religionen auf der Welt zugenommen oder abgenommen hat. Aber niemand wird leugnen, welchen Raum das Thema Religion im gesellschaftlichen, politischen und kulturellen Leben heute einnimmt, einen vielleicht sogar noch größeren als im neunzehnten Jahrhundert, als man in einer Vielzahl von Ländern beiderseits des Atlantiks vehement für und wider die Trennung von Kirche und Staat stritt.

So ist eine zentrale Figur des aktuellen politischen Geschehens, der Selbstmordattentäter, ein Nebenprodukt der fundamentalistischsten und fanatischsten Spielart des Islams und damit nicht von der Religion zu trennen. Wir dürfen nicht vergessen, dass der Kampf von Al Kaida und ihrem Anführer, dem getöteten Osama bin Laden, immer in erster Linie ein religiöser gewesen ist, ein reinigender Schlag gegen die frevlerischen Muslime und Abtrünnigen des Islams sowie gegen die Ungläubigen, Nazarener (Christen) und den verkommenen Westen, angeführt von den USA, dem Großen Satan. In der arabischen Welt haben die gewalttätigsten Konfrontationen einen eindeutig religiösen Charakter, und bis heute hat der islamistische Terror unter den Muslimen mehr Opfer gefordert als unter den Gläubigen anderer Religionen; vor allem wenn man berücksichtigt, wie viele Menschen im Irak von schiitischen und sunnitischen extremistischen Gruppen getötet oder verstümmelt oder in Afghanistan von den Taliban ermordet wurden, jener fundamentalistischen Bewegung, die sich in den afghanischen und pakistanischen Koranschulen formierte und, genau wie Al Kaida, nie gezögert hat, Muslime zu ermorden, die ihren Puritanismus nicht teilen.

All die Zwistigkeiten und Konflikte, mit denen die muslimischen Gesellschaften geschlagen sind, haben nicht im Geringsten dazu beigetragen, den Einfluss der Religion auf das Leben der Völker zu verringern, sie haben ihn nur noch verschärft. Der Laizismus jedenfalls hat nicht an Boden gewonnen, und mit dem Erstarken von politischen Kräften wie der libanesischen Hisbollah (»Partei Gottes«) und der Hamas, die in sauberen Wahlen die Kontrolle über den Gazastreifen erlangte, sind dort die Gruppen, die sich für einen säkularen Staat einsetzen, in den letzten Jahren geschrumpft. Parteien wie die Hisbollah und die Hamas sind, genau wie der palästinensische Islamische Dschihad, tief religiösen Ursprungs. Auch bei den ersten freien Wahlen, die Tunesien und Ägypten in ihrer Geschichte erlebten, konnten die (eher moderaten) islamischen Parteien die meisten Stimmen auf sich vereinigen.

Dies alles spielt sich im Islam ab. Doch genauso wenig kann man sagen, dass das Zusammenleben der verschiedenen christlichen Kirchen, Freikirchen und Sekten immer friedlich gewesen wäre. In Nordirland haben in dem (hoffentlich für immer beendeten) Kampf zwischen der protestantischen Mehrheit und der katholischen Minderheit die kriminellen Taten der Extremisten beider Seiten eine erschreckende Zahl an Toten und Verletzten gefordert. Auch dieser politische Konflikt zwischen Unionisten und Nationalisten war immer begleitet von einem tiefer gehenden religiösen Antagonismus.

Der Katholizismus selbst ist in seinem Innern alles andere als spannungsfrei. Bis vor einigen Jahren war der heftigste Konflikt der zwischen den Traditionalisten und den Vorkämpfern der Befreiungstheologie, ein Streit, der mit der Einsetzung zweier konservativ ausgerichteter Päpste – Johannes Pauls II. und Benedikts XVI. – einstweilen durch Einhegung (nicht Niederlage) der progressiven Richtung gelöst zu sein scheint. Das größte Problem, mit dem sich die katholische Kirche nun konfrontiert sieht, ist die Enthüllung von Pädophilie und Vergewaltigungen in Schulen, Seminaren, Heimen und Pfarreien, eine schaurige Wirklichkeit, auf die es schon vor Jahren Hinweise gegeben hatte, was die Kirche jedoch unter der Decke hielt. Durch Aktionen und Strafanzeigen der Opfer selbst sind diese Missbrauchsfälle allerdings so zahlreich ans Licht gekommen, dass man nicht länger von vereinzelten Vorkommnissen sprechen kann, sondern von einer räumlich und zeitlich weit verbreiteten Praxis, einer regelrechten Tradition. Die Sache hat die ganze Welt schaudern lassen, vor allem die Gläubigen selbst. Die Aussagen Tausender von Opfern in fast allen katholischen Regionen führte die Kirche mancherorts, so in Irland und in den USA, wegen der hohen Summen, die aufzubringen waren, um sich vor Gericht zu verteidigen oder den Missbrauchsopfern Entschädigungen zu zahlen, an den Rand der Zahlungsunfähigkeit. Trotz aller gegenteiliger Beteuerungen ist es offensichtlich, dass zumindest ein Teil der Kirchenhierarchie – die Anschuldigungen betrafen gar den Papst selbst – den pädophilen Priestern und Vergewaltigern Beihilfe geleistet hat; dass diese geschützt wurden, indem man sich weigerte, sie anzuzeigen, und sie lediglich versetzte, ohne sie von ihren priesterlichen Aufgaben zu entbinden, nicht einmal vom Unterrichten Minderjähriger. Die Härte, mit der Papst Benedikt XVI. die Legionäre Christi, denen er eine vollständige Neuordnung der Kongregation auferlegte, und ihren Gründer verurteilte, den mexikanischen Pater Marcial Maciel, der in Bigamie lebte, Inzest beging, Geld veruntreute, Jungen und Mädchen schändete, selbst eines seiner eigenen Kinder – eine Figur wie aus einem Roman des Marquis de Sade –, diese Härte vermag die Schatten nicht zu vertreiben, die das alles auf eine der bedeutendsten Religionen der Welt wirft.

Hat der Skandal dazu beigetragen, den Einfluss der katholischen Kirche zu verringern? Das lässt sich kaum behaupten. Zwar werden in vielen Ländern mangels Novizen die Priesterseminare geschlossen, und verglichen mit früher sind Gelder aus Spenden, Schenkungen und Vermächtnissen, die der Kirche zufließen, weniger geworden; aber zugleich haben die Schwierigkeiten, so sieht es zumindest aus, den Eifer der Katholiken befeuert, denn nie waren sie aktiver mit ihren Kampagnen gegen die Homo-Ehe, die Legalisierung der Abtreibung, die Empfängnisverhütung, die Sterbehilfe und den Laizismus. In Ländern wie Spanien hat die katholische Mobilisierung – sowohl im Klerus wie auch in ihren weltlichen Einrichtungen – solch beeindruckende und zuweilen heftige Ausmaße angenommen, dass von einer auf dem Rückzug befindlichen oder in die Enge getriebenen Kirche keine Rede sein kann. Die politische und gesellschaftliche Macht, die der katholischen Kirche in weiten Teilen Lateinamerikas zukommt, ist ungebrochen, weshalb es beim Thema sexuelle Selbstbestimmung und Emanzipation der Frau auch kaum vorangeht. In den meisten iberoamerikanischen Ländern hat die katholische Kirche es geschafft, dass die Pille oder die »Pille danach« gesetzwidrig bleibt, ebenso jede andere Form der Empfängnisverhütung. Das Verbot trifft selbstverständlich nur arme Frauen, denn in der Mittel- und Oberschicht wird Verhütung genau wie Abtreibung weithin praktiziert.

Ähnliches lässt sich von den protestantischen Kirchen sagen. In den USA haben sie, oftmals mit Unterstützung der Katholiken, die Initiative ergriffen und sich dafür eingesetzt, dass der Schulunterricht den Vorgaben der Bibel folgt und Darwins Theorie von der Entstehung der Arten und der Evolution aus den Lehrplänen gestrichen und durch den Kreationismus ersetzt wird, das »Intelligent Design«, eine unwissenschaftliche Haltung, von der, so anachronistisch und obskurantistisch sie erscheinen mag, nicht auszuschließen ist, dass sie in einigen Bundesstaaten der USA, wo der religiöse Einfluss auf die Politik sehr groß ist, einmal obsiegt.

Zudem hat die energisch ausgreifende protestantische Missionsoffensive in Lateinamerika und anderen Regionen der Dritten Welt Beachtliches erreicht. Besonders die evangelikalen Kirchen haben in den von Armut geprägten Randvierteln und in abgelegenen Ortschaften die katholische Kirche verdrängt, die mangels Priestern oder Missionseifers gegenüber den ungestümen protestantischen Kirchen an Boden verloren hat. Von den Frauen werden sie willkommen geheißen, denn sie verbieten den Alkohol und verlangen von den Bekehrten, auch im Alltag ein religiöses Leben zu führen, was zur Stabilisierung der Familien beiträgt und die Männer von Kneipen und Bordellen fernhält.

Wie auch immer, in den blutigsten Konflikten der jüngeren Zeit ist fast immer die Religion die eigentliche Triebkraft gewesen, in der Auseinandersetzung zwischen Israel und Palästina, im Krieg auf dem Balkan, bei den Gewalttätigkeiten in Tschetschenien, den Vorfällen in China im Gebiet Xinjiang, wo die muslimischen Uiguren den Aufstand probten, den Gemetzeln zwischen Hindus und Muslimen in Indien, den Zusammenstößen zwischen Indien und Pakistan und so weiter.

Die UdSSR und ihre Satellitenstaaten sind ein lehrreiches Beispiel. Trotz siebzig Jahren der Verfolgung und atheistischer Propaganda ist die Religion nicht verschwunden, im Gegenteil, nach dem Zusammenbruch des Kommunismus lebte sie wieder auf und nahm erneut einen prominenten Platz in der Gesellschaft ein. In Russland sind die Kirchen heute voll, und die Popen mischen sich wie früher ins politische und öffentliche Leben ein. In den Ländern, die unter sowjetischer Kontrolle waren, sieht es nicht anders aus. Ob orthodox oder katholisch, die Religion blüht und gedeiht, was darauf hindeutet, dass sie nie verschwunden war, sie hat nur im Verborgenen überwintert. Die Wiedergeburt der orthodoxen Kirche in Russland ist wahrlich beeindruckend. Die Regierungen unter der Präsidentschaft Putins und dann Medwedews haben begonnen, die von den Bolschewiken beschlagnahmten Kirchen und religiösen Besitztümer zurückzugeben, sogar die Rückgabe der Kathedralen im Kreml ist im Gange, ebenso die von Klöstern, Schulen, Kunstwerken und Friedhöfen. Seit dem Untergang des Kommunismus, so wird geschätzt, hat sich die Zahl der orthodoxen Gläubigen in Russland verdreifacht.

Die Religion macht also keine Anstalten zu verschwinden. Alles deutet darauf hin, dass sie noch eine Weile am Leben bleibt. Ist das nun gut oder schlecht für die Kultur der Freiheit?

Die Antwort, die zwei bekannte Atheisten geben, der britische Wissenschaftler Richard Dawkins in seinem Buch *Der Gotteswahn* (*The God Delusion*) und der Journalist Christopher Hitchens mit einem Buch unter dem bezeichnenden Titel *Der Herr ist kein Hirte. Wie Religion die Welt vergiftet* (*God is not Great. How Religion Poisons Everything*), ist mehr als eindeutig. Doch in dem Streit, den die beiden entfachten, indem sie die alten Vorwürfe des Obskurantismus, des Aberglaubens, der Irrationalität, der Geschlechterdiskriminierung, des Konservatismus und Autoritarismus erneut gegen die Religionen auffuhren, gab es auch zahlreiche Wissenschaftler wie den Physik-Nobelpreisträger Charles Townes (der die These vom »Intelligent Design« unterstützt) und Publizisten, die nicht weniger leidenschaftlich ihre religiösen Überzeugungen verteidigten und die Argumente zurückwiesen, wonach der Glaube an Gott und die religiöse Praxis mit der Moderne, der Freiheit und den Entdeckungen und Wahrheiten der heutigen Wissenschaft nicht vereinbar seien.

Dies ist kein Streit, den man mit Argumenten entscheiden kann, denn ihnen zugrunde liegt immer etwas Vorgefasstes: ein Glaubensakt. Es ist unmöglich, rational darzulegen, dass es Gott gibt oder nicht gibt. Jede Beweisführung zugunsten einer der beiden Thesen findet ihr Äquivalent in einer, die dieser These widerspricht, so dass bei dem Thema jede Analyse oder Diskussion, die sich auf das gedanklich Fassbare beschränken will, damit beginnen muss, die metaphysische oder theologische Prämisse – die Existenz oder Nichtexistenz von Gott – auszuschließen und sich auf ihre Folgen und Weiterungen zu konzentrieren: auf die Funktion von Kirchen und Religionen im historischen Werden und kulturellen Leben der Völker, denn dies ist mit den Mitteln der menschliche Ratio sehr wohl überprüfbar.

Als wesentliches Faktum gilt es zunächst zu berücksichtigen, dass der Glaube an ein höheres Wesen, Schöpfer aller Dinge, und an ein Leben, das dem irdischen vorausgeht und folgt, Teil aller bekannten Kulturen und Zivilisationen ist. Von dieser Regel gibt es keine Ausnahme. Alle haben ihren Gott oder ihre Götter, und alle vertrauen auf ein Leben nach dem Tod, auch wenn die besonderen Merkmale dieser Transzendenz je nach Zeit und Ort variieren. Aber wieso haben sich die Menschen aller Epochen und Weltgegenden einen solchen Glauben zu eigen gemacht? Atheisten antworten sofort: aus Unwissenheit und Angst vor dem Tod. Die Menschen wollen sich, wie informiert oder kultiviert sie auch sind, nicht mit dem Gedanken an ein vollkommenes Erlöschen abfinden, mit der Tatsache, dass ihre Existenz nur vorübergehend und zufällig ist, und deshalb brauchen sie die Existenz eines anderen, von einem höheren Wesen bestimmten Lebens. Je größer die Unwissenheit, desto größer die Macht der Religion. Sobald die wissenschaftliche Erkenntnis den Aberglauben aus den Köpfen der Menschen verbannt und durch objektive Wahrheiten ersetzt hat, beginnt das ganze künstliche Konstrukt der Kulte und religiösen Anschauungen, mit denen schlichtere Gemüter versuchen, sich die Welt, die Natur und das Jenseits zu erklären, Risse zu bekommen. Dies ist der Anfang vom Ende einer solchen magisch-irrationalen Deutung von Leben und Tod, die Religion verliert ihre Kraft und verflüchtigt sich.

So weit die Theorie. In der Praxis ist dies nicht geschehen, und es sieht auch nicht so aus, als ob es jemals passiert. Wissenschaft und Technik haben sich auf erstaunliche Weise entwickelt, seit der Mensch die Höhle verließ, haben ihm erlaubt, die Natur, den Himmelsraum, den eigenen Körper bis in den letzten Winkel zu erkunden, Vergangenheiten zu erforschen, entscheidende Schlachten gegen alle erdenklichen Krankheiten zu schlagen und die Lebensbedingungen der Völker zu verbessern, wie unsere Vorfahren es sich nicht hätten vorstellen können. Aber diese Entwicklung hat es weder geschafft, Gott aus dem Herzen der allermeisten Menschen zu verjagen, noch die Religionen niederzuringen. Atheisten argumentieren, es sei ein noch unabgeschlossener Prozess, der Vormarsch der Wissenschaft werde nicht aufgehalten, es gehe voran, früher oder später komme das Ende dieses atavistischen Kampfes, bei dem Gott und die Religion von den wissenschaftlichen Wahrheiten aus dem Leben der Völker vertrieben würden. Doch was für die Liberalen und Fortschrittsgläubigen des neunzehnten Jahrhunderts geradezu ein Dogma war, scheint wenig einleuchtend, sieht man sich die Welt von heute an, denn sie widerspricht dem in allem: Wir sind rings von Gott umgeben, und politisch verbrämt richten die religiösen Kriege wieder und weiter so viele Verheerungen an wie im Mittelalter. Was nicht beweist, dass es Gott tatsächlich gibt, allerdings, dass eine große Mehrheit der Menschen, darunter viele herausragende Wissenschaftler, sich nicht damit abfindet, auf ein göttliches Wesen, das ihnen ein Weiterleben nach dem Tod garantiert, zu verzichten.

Außerdem ist es nicht nur die Angst vor dem Tod und dem körperlichen Vergehen, die den Transzendenzgedanken durch die Geschichte hindurch wachgehalten hat. Es ist auch die Überzeugung, dass es, um dieses Leben zu ertragen, eines höheren Ortes als hienieden bedarf, wo das Gute belohnt wird und das Böse bestraft, wo unterschieden wird zwischen guten und schlechten Taten, wo die Ungerechtigkeiten und Grausamkeiten wiedergutgemacht und jene zur Rechenschaft gezogen werden, die sie uns zufügen. Wahr ist, dass es keine Gesellschaft gibt, in der das Gros der Bevölkerung nicht spürte oder fest daran glaubte, dass völlige Gerechtigkeit nicht von dieser Welt wäre. Wie gerecht auch immer die Gesetze sind, wie angesehen die mit der Rechtsprechung betrauten Gerichte oder wie rechtschaffen und ehrbar die Regierungen, die meisten glauben, dass Gerechtigkeit niemals eine so greifbare, allen zugängliche Wirklichkeit wird, dass sie den einfachen Menschen, den namenlosen Bürger davor schützt, von den Mächtigen missbraucht, beleidigt und diskriminiert zu werden. Und so verwundert es nicht, dass Religion und religiöse Praktiken am tiefsten in jenen Schichten und Gruppen der Gesellschaft wurzeln, die am schlimmsten benachteiligt sind und die, weil arm und verwundbar, am ärgsten betrogen und schikaniert werden, was im Allgemeinen ungestraft bleibt. Armut und Erniedrigung lassen sich leichter ertragen, wenn man glaubt, dass all das nach dem Tod gesühnt und wiedergutgemacht wird. (Weshalb Marx die Religion »das Opium des Volks« nannte, eine Droge, die den aufrührerischen Geist der Arbeiter betäubt und ihren Herren erlaubt, sie in Ruhe weiter auszubeuten.)

Ein weiterer Grund, weshalb sich die Menschen an den Gedanken eines allmächtigen Gottes und eines jenseitigen Lebens klammern, ist das mehr oder weniger ausgeprägte, aber weit verbreitete Gefühl, wenn dieser Gedanke verschwände und als eindeutige wissenschaftliche Wahrheit gälte, dass es Gott nicht gibt und die Religion ein bloßer Schwindel ohne Substanz noch Wirklichkeit ist, würde früher oder später die Barbarei über die Welt kommen und erneut das anarchische Recht des Stärkeren triumphieren, würden sich die grausamsten Neigungen Bahn brechen, die dem Menschen innewohnen und die letztlich nicht von gesetzlichen Konventionen oder einer von der Ratio der Regierenden eingesetzten Moral aufgehalten und abgemildert werden, sondern: von der Religion. Anders gesagt, wenn es etwas gibt, was man noch Moral nennen kann, ein Bündel an Verhaltensnormen, die das Gute, das Miteinander in der Vielfalt, Großzügigkeit, Selbstlosigkeit, Mitleid und die Achtung des Anderen begünstigen und Gewalt, Missbrauch, Raub und Ausbeutung zurückdrängen, dann ist es die Religion, das göttliche Gesetz und nicht das menschengemachte. Ohne dieses Gegenmittel würde das Leben zu einem einzigen Hexentanz, und die Herren der Macht – sei es der politischen, wirtschaftlichen, militärischen oder sonstigen – fühlten sich frei, ihren zerstörerischsten Trieben und Gelüsten die Zügel schießen zu lassen und jede nur erdenkliche Gewalttat zu begehen. Wenn dieses Leben das einzige ist, das wir haben, wenn es danach nichts weiter gibt und wir für immer erlöschen, warum sollten wir da nicht versuchen, es maximal auszuschöpfen, selbst wenn es bedeutete, unseren eigenen Untergang zu beschleunigen und die Welt um uns herum mit den Opfern unserer entfesselten Triebe zu pflastern? Die Menschen wollen an Gott glauben, weil sie nicht auf sich selbst vertrauen. Und die Geschichte zeigt, dass sie damit nicht unrecht haben, denn bisher haben wir uns tatsächlich nicht als vertrauenswürdig erwiesen.

Das soll natürlich nicht heißen, dass die Geltung der Religion ein Garant wäre für den Sieg des Guten über das Böse, für eine Moral, die der Gewalt und der Grausamkeit in unseren menschlichen Beziehungen wirksam Einhalt geböte. Es bedeutet nur, dass, so schlecht es auch um die Welt bestellt ist, ein Großteil der Menschheit zu der Befürchtung neigt, dass es bedeutend schlechter um sie stünde, wenn Atheisten und radikale Laizisten ihr Ziel erreichten und Gott und die Religion aus unserem Leben rissen. Was allerdings nur eine Ahnung oder Überzeugung sein kann (noch ein Glaubensakt), denn es gibt keine Statistik, die zu beweisen vermöchte, ob es tatsächlich so ist oder andersherum.

Schließlich gibt es noch einen letzten, philosophischen oder, genauer gesagt, metaphysischen Grund für die tiefe Verwurzelung von Gott und Religion im menschlichen Bewusstsein. Anders als die Freidenker glaubten, genügen weder wissenschaftliche Erkenntnis noch Kultur im Allgemeinen – erst recht nicht eine von der Frivolität zerstörte Kultur –, um den Menschen aus der Einsamkeit zu befreien, in die ihn die Ahnung stürzt, eine jenseitige Welt, ein überirdisches Leben könnte es vielleicht nicht geben. Es ist nicht die Angst vor dem Tod, sondern das Gefühl, hier und jetzt, in diesem Leben, unbeschützt und verloren zu sein. Und dieses Gefühl regt sich im Menschen allein bei dem Verdacht, dass da kein Jenseits ist, von dem aus ein Wesen oder mehrere Wesen den Sinn des Lebens und der zeitlichen wie historischen Ordnung kennen und bestimmen – das Geheimnis also, in dem wir geboren werden, leben und sterben –, Wesen, die mächtiger und weiser sind als wir und deren Weisheit wir uns annähern können, bis wir unser eigenes Dasein auf eine Art verstehen, dass es dem Leben Halt und eine Rechtfertigung gibt. Mit all ihren Fortschritten hat die Wissenschaft es nicht vermocht, dieses Geheimnis zu enthüllen, und es ist fraglich, ob sie es jemals vermag. Sehr wenige nur sind in der Lage, die Vorstellung von einer »absurden Existenz« zu akzeptieren, den Gedanken, dass wir durch einen unbegreiflichen Zufall, einen kosmischen Unfall in die Welt »geworfen« sind, dass unser aller Leben auf Zufälligkeiten beruht, ohne jeden Plan, und dass, was immer uns in unserem Leben widerfährt oder nicht widerfährt, ausschließlich von unserem Willen und Verhalten abhängt und von der gesellschaftlichen und historischen Situation, in die wir eingebettet sind. Allein dieser Gedanke, wie Albert Camus ihn in *Der Mythos des Sisyphos* luzide und klar beschrieb und aus dem er wunderbare Schlussfolgerungen über die Schönheit, die Freiheit und die Freuden des Lebens zog, stürzt den Normalsterblichen in Anomie und lähmende Verzweiflung.

In »Von der Geburt der Götter«, dem Auftakt-Essay ihres Bandes *Der Mensch und das Göttliche*[*], fragt María Zambrano sich: »Wie sind die Götter entstanden und warum?« Die Antwort, die sie findet, ist noch älter und weitreichender als die bloße Bewusstwerdung der ersten Menschen über ihre Schutzlosigkeit, Einsamkeit und Verletzlichkeit. Es ist etwas ganz Grundlegendes, ein die Conditio humana bestimmendes »abgrundtiefes Bedürfnis«, vor der Welt jene »Fremdheit« zu spüren, die im Menschen einen »Verfolgungswahn« auslöst, der nur aufhört oder zumindest nachlässt, wenn er die Götter, deren Existenz er ahnte und die ihn in Beklemmung und Raserei hielten, anerkennt, in sein Dasein aufnimmt und sich von ihnen umgeben fühlt. María Zambrano spricht von den griechischen Göttern, aber ihre Schlussfolgerungen gelten für alle Zivilisationen und Kulturen. So fragt sie sich auch selbst: »Warum hat es immer Götter gegeben, wohl verschiedener Art, aber doch Götter?« Die Antwort, die sie in einem anderen Essay ihres Buches gibt, »Die Spur des Paradieses«, könnte überzeugender nicht sein: »Und an den beiden Polen, die den menschlichen Horizont kennzeichnen – die verlorene Vergangenheit und die zu bildende Zukunft –, leuchten das Verlangen und die Sehnsucht nach einem gött-

---

[*] María Zambrano, *El hombre y lo divino*, México 1955; *Der Mensch und das Göttliche*, Verlag Turia + Kant, Wien 2005

lichen Leben, das nichtsdestotrotz menschlich ist, ein göttliches Leben, das der Mensch offenbar immer als erstes Vorbild gehabt hat, das durch die Wirrungen hindurch in bunten Bildern hervorstach, wie ein Strahl reinen Lichtes, das beim Durchdringen der aufgewühlten Atmosphäre der Leidenschaften, Bedürfnisse und Schmerzen an Farbe gewinnt.«

In den sechziger Jahren erlebte ich in London, wie eine neue Kultur kraftvoll hereinbrach und sich von dort aus über einen großen Teil der westlichen Welt ausbreitete, die Kultur der Hippies oder *flower children*. Das Auffälligste und neuartig Revolutionäre an ihr war die Musik – die Musik der Beatles und der Rolling Stones –, dazu eine neue Art, sich zu kleiden, die Forderung nach Legalisierung von Marihuana und anderen Drogen, die sexuelle Freiheit, aber auch das Wiedererwachen einer Religiosität, die sich vor allem dem Orient zuwandte, dem Buddhismus und dem Hinduismus und allen damit verbundenen Kulten, ebenso zahllosen Sekten und ursprünglichen religiösen Praktiken, von denen viele zweifelhafter Herkunft waren, zuweilen zusammengeschustert von Möchtegerngurus und skurrilen Trittbrettfahrern. Aber egal wie naiv, modisch oder albern dieser Trend war, all die aus dem Boden schießenden Kirchen und exotischen Glaubensvorstellungen, ob authentisch oder gegaukelt, zeigten deutlich, dass die Tausenden von jungen Menschen weltweit, die sich ihnen zuwandten und sie mit Leben erfüllten oder die nach Kathmandu pilgerten wie früher ihre Großeltern zu den heiligen Stätten oder die Muslime nach Mekka – dass sie dieses Bedürfnis nach Spiritualität und Transzendenz verspürten, von dem sich im Laufe der Geschichte nur kleine Minderheiten befreit haben. Aufschlussreich in diesem Zusammenhang ist auch, dass etliche Nonkonformisten und solche, die gegen die Vormachtstellung des Christentums zu Felde zogen, dann dem Zauber und den religiös-psychedelischen Reden von solchen Gestalten erlagen wie dem Vater des LSD, Timothy Leary, dem Maharishi Mahesh Yogi, Lieblingsguru der Beatles, oder dem koreanischen Propheten der *Moonies* und ihrer Vereinigungskirche, Reverend Sun Myung Moon.

Viele haben diese wiedererwachte Religiosität kaum ernst genommen, zu einfältig und oberflächlich kam sie daher mit ihrem bunten Gepränge, ihrem Budenzauber wie im Kintopp und all den Kulten oder Kirchen, die von einer so geschmacklosen wie schrillen Reklame beworben wurden wie sonst Haushaltsprodukte. Aber dass sie neu sind, zuweilen grotesk verlogen, und dass sie die Arglosigkeit, Unkultur und Frivolität ihrer Anhänger ausnutzen, steht der Tatsache nicht entgegen, dass sie ihnen einen spirituellen Dienst erweisen und helfen, eine Leere in ihrem Leben auszufüllen, genauso ergeht es Millionen von Menschen mit den traditionellen Kirchen. Anders lässt sich auch nicht erklären, dass einige dieser neueren Kirchen, so die von L. Ron Hubbard gegründete und von Hollywood-Stars wie Tom Cruise und John Travolta unterstützte Church of Scientology, ein wahres internationales Wirtschaftsimperium geschaffen und herben Anfechtungen widerstanden haben, in Deutschland etwa, wo man den Scientologen Gehirnwäsche und die Ausnutzung Minderjähriger vorwarf. Jedenfalls verwundert es nicht, dass in der Kultur des Gaukelspiels die Religion sich dem Zirkus annähert und manchmal kaum noch davon zu unterscheiden ist.

Wenn wir Bilanz ziehen und uns ansehen wollen, welche Funktion die Religionen im Laufe der Menschheitsgeschichte gehabt haben, müssen wir jedoch scharf trennen zwischen den Auswirkungen im individuell-privaten Bereich und im öffentlich-gesellschaftlichen. Man darf sie nicht durcheinanderwerfen, denn sonst gingen nicht nur Nuancen verloren, sondern grundlegende Tatsachen. Dem Gläubigen und Praktizierenden hilft seine Religion natürlich, sei es eine alte, fundierte, im Volk verankerte Religion oder eine neue, oberflächliche, sehr kleine. Sie erlaubt ihm, sich zu erklären, wer er ist und was er tut in dieser Welt, bietet ihm eine Ordnung, eine Moral, nach der er seine Existenz und sein Verhalten ausrichten kann, eine Hoffnung auf Unvergänglichkeit, einen Trost im irdischen Unglück und jene Erleichterung und Sicherheit, die einem das Gefühl schenkt, einer Gemeinschaft anzugehören, welche Glauben, Riten und Lebensformen teilt. Vor allem für die Leidgebeugten und Sorgenschweren, von Armut, Missbrauch und Ausbeutung Geschlagenen ist die Religion eine rettende Planke, an die sie sich klammern können, um nicht einer Verzweiflung zu erliegen, die ihnen die Fähigkeit nimmt, auf das Unglück zu reagieren, und sie zum Selbstmord drängt.

Auch gesellschaftlich lässt sich aus der Religion viel Positives herleiten. So war die christliche Predigt der Vergebung seinerzeit eine echte Revolution, eine Vergebung, die selbst die Feinde einschloss, die zu lieben Jesus lehrte, dazu die Umdeutung der Armut in einen moralischen Wert, von Gott belohnt in einem Leben im Jenseits (»die Letzten werden die Ersten sein«), oder die Verurteilung des Reichtums und der Reichen durch Jesus im Matthäusevangelium: »Es ist leichter, dass ein Kamel durch ein Nadelöhr gehe, als dass ein Reicher ins Reich Gottes komme.« Das Christentum formulierte eine universelle Brüderlichkeit, bekämpfte Ressentiments und Feindschaft zwischen den Stämmen, Völkern und Kulturen und verfocht, dass ausnahmslos alle Menschen Kinder Gottes seien und willkommen im Hause des Herrn. Auch wenn es dauerte, bis diese Vorstellungen sich durchsetzten und im Handeln der Staaten und Regierungen ihren Niederschlag fanden, trugen sie doch dazu bei, die brutalsten Formen von Ausbeutung, Diskriminierung und Gewalt zu mildern und das Leben zu humanisieren; und sie schufen die Grundlage für das, was später mit der Anerkennung der Menschenrechte, der Abschaffung der Sklaverei, der Verurteilung des Völkermords und der Folter manifest wurde. Mit anderen Worten, das Christentum hat einen entscheidenden Anstoß gegeben zur Entstehung der demokratischen Kultur.

Doch während es mit der Philosophie, die seiner Lehre innewohnt, dieser Sache diente, war das Christentum vor allem in Gesellschaften, die keinen Prozess der Säkularisierung durchlaufen hatten, zugleich eines der größten Hindernisse für die Ausweitung und Verwurzelung der Demokratie. Darin unterscheidet sich die christliche in nichts von anderen Religionen. Sie dulden und verkünden nur absolute Wahrheiten, und eine jede lehnt die Wahrheiten der anderen kategorisch ab. Alle wollen die Seelen und die Herzen der Menschen gewinnen und darüber hinaus ihr Verhalten bestimmen. Als das Christentum noch, ausgegrenzt und verfolgt, eine Religion der Katakomben war, der Armen und Schutzbedürftigen, bedeutete es eine Form der Zivilisation, die im Widerspruch stand zur Barbarei der Heiden, zu ihrer wahnsinnigen Gewalt, ihren Vorurteilen und abergläubischen Praktiken, ihren Ausschweifungen und ihrem unmenschlichen Umgang mit dem Nächsten. Doch als es sich ausbreitete, die herrschenden Klassen in ihre Reihen zog und dazu überging, mitzuregieren oder die Gesellschaft ganz unmittelbar zu regieren, verlor das Christentum sein einstmals sanftes Antlitz. An der Macht wurde es intolerant, dogmatisch, exklusiv und fanatisch. Die Verteidigung des rechten Glaubens brachte die katholische Kirche dazu, ebensolche oder schlimmere Gewalttaten abzusegnen oder zu verüben wie die, welche die ersten Christen unter den Heiden erlitten hatten, sie überzog ihre Gegner mit Krieg und schändlichen Grausamkeiten und legitimierte dies obendrein. Die Nähe zur Macht oder ihre direkte Ausübung verleitete die Kirche oftmals dazu, Königen, Fürsten, Caudillos und ganz allgemein den Mächtigen beschämende Zugeständnisse zu machen. Wenn die Kirche in manchen Epochen, der Renaissance etwa, die Entwicklung der Kunst förderte – weder Dante noch Piero della Francesca oder Michelangelo wären ohne sie möglich gewesen –, gab sie sich, sobald es um die Gedanken ging, gleich so brutal repressiv, wie sie es von Anfang an gegenüber den Wissenschaften gewesen war, zensierte der Irrlehre verdächtige Denker, Forscher und Künstler und bestrafte sie mit Folter und Tod. Kreuzzüge, Inquisition und der Index stehen hier für die Unnachgiebigkeit und den Dogmatismus, mit denen die Kirche die Freiheit des Geistes bekämpfte, aber auch die harten Schlachten, die die großen Kämpfer für die Freiheit in den katholischen Ländern gegen sie schlagen mussten. Die protestantischen Länder waren weniger intolerant gegenüber der Wissenschaft, und die Kunst wurde weniger streng zensiert, doch was Familie, Sex und Liebe anbetraf, war man mindestens genauso streng wie in den katholischen Gesellschaften. Hier wie dort fand die Diskriminierung der Frau ihre Wortführerin immer in der Kirche, und hier wie dort ermunterte oder duldete sie den Antisemitismus.

Erst mit der Säkularisierung sollte die Kirche akzeptieren (besser gesagt, sich damit abfinden), dass sie dem Kaiser geben musste, was des Kaisers war, und Gott, was Gottes ist; musste eine strikte Trennung zwischen Geistlichem und Weltlichem zulassen und ihre Souveränität auf das eine beschränken und beim anderen respektieren, was alle Bürger, ob Christen oder nicht, bestimmten. Ohne diesen Prozess, der die Kirche von der weltlichen Herrschaft schied, hätte es keine Demokratie gegeben, ein System des Miteinanders in der Vielfalt, des bürgerlichen und auch religiösen Pluralismus und der Gesetze, die nicht nur nicht mit der christlichen Philosophie und Moral übereinstimmen müssen, sondern zuweilen radikal von ihr abweichen. Während der Französischen Revolution, in den anarchistischen und kommunistischen Kreisen während der Zweiten Spanischen Republik oder in einer bedeutenden Phase der Mexikanischen Revolution und in den Revolutionen Russlands und Chinas wurde die Säkularisierung als ein notwendiger Frontalangriff auf die Religion verstanden. Klöster und Kirchen wurden in Brand gesteckt, Mönche und Nonnen, Priester und Gläubige ermordet, der Gottesdienst wurde verboten, jede Form christlicher Unterweisung aus dem Unterricht verbannt, der Atheismus nach Kräften befördert und Materialismus gelehrt. All das war nicht nur grausam und ungerecht, sondern vor allem unnütz. Die Verfolgungen bewirkten das Gleiche wie das Beschneiden eines Baumes, denn nach einer Weile erblühten Glaube und religiöse Praktiken nur umso üppiger. Frankreich, Russland und Mexiko sind dafür die besten Beispiele.

Säkularisierung kann niemals Verfolgung bedeuten, nicht Diskriminierung noch Verbot eines bestimmten Glaubens oder Kultes, sondern allein uneingeschränkte Freiheit, damit alle Bürger ihren Glauben ungehindert leben und ausüben können, solange sie nur die demokratischen Gesetze achten. Pflicht der Parlamente und Regierungen ist es, zu garantieren, dass niemand wegen seines Glaubens bedrängt oder verfolgt wird, und zugleich alles dafür zu tun, dass die Gesetze befolgt werden, egal wie weit sie von einer religiösen Lehrmeinung abweichen. So war es in allen demokratischen Ländern, wenn es um Scheidung, Abtreibung oder Geburtenkontrolle ging, um Homosexualität oder gleichgeschlechtliche Ehe, Sterbehilfe oder die Legalisierung von Drogen. Im Allgemeinen hat sich die Kirche darauf beschränkt, zu protestieren, und versucht, mit Manifesten, Versammlungen, Publikationen und Kampagnen die öffentliche Meinung gegen solche Reformen zu mobilisieren, auch wenn es in ihrer Mitte immer wieder Geistliche und Institutionen gibt, die der extremen Rechten zuneigen und diese aktiv unterstützen.

Die Trennung von Kirche und Staat ist eine Grundvoraussetzung für das Überleben und die Weiterentwicklung der Demokratie. Um das zu erkennen, reicht ein Blick auf die Gesellschaften, in denen der Prozess der Säkularisierung kaum oder gar nicht stattgefunden hat, so in den meisten muslimischen Ländern. Die Verschmelzung von Staat und Islam – am augenfälligsten in Saudi-Arabien und dem Iran – war immer ein unüberwindliches Hindernis für die Demokratisierung und hat dazu gedient – selbst heute noch, auch wenn in der arabischen Welt endlich ein emanzipatorischer Prozess begonnen zu haben scheint –, diktatorische Systeme zu stützen, Regime, die eine friedliche und freie Koexistenz der Religionen verhindern, das Privatleben der Bürger einer despotischen Kontrolle unterwerfen und jene mit aller Härte bestrafen (bis hin zu Gefängnis, Folter und Hinrichtung), die sich den Vorschriften der einzigen erlaubten Religion nicht beugen. Vor der Säkularisierung war die Situation in den christlichen Gesellschaften kaum anders, und sie wäre es noch, wenn sich dieser Prozess nicht vollzogen hätte. Katholizismus und Protestantismus übten sich in Toleranz und lernten, mit den anderen Religionen zu leben, nicht weil ihre Lehre weniger totalitär und intolerant wäre als die des Islams, sondern von den Verhältnissen gezwungen, unter einem gesellschaftlichen Druck, der die Kirche in die Defensive drängte und sie verpflichtete, sich den demokratischen Gepflogenheiten anzupassen. Es stimmt nicht, dass der Islam mit der Kultur der Freiheit unvereinbar wäre, nicht weniger jedenfalls als das Christentum. Der Unterschied ist, dass es in den christlichen Gesellschaften, angestoßen durch widerständige politische Bewegungen und weltliche Philosophien, eine Entwicklung gegeben hat, die die Religion zwang, sich zu privatisieren, zu entstaatlichen, nur so konnte die Demokratie gedeihen. In der Türkei war es Mustafa Kemal Atatürk, dem die Gesellschaft einen solchen Säkularisierungsprozess verdankt (vorangetrieben mit gewaltsamen Methoden), und auch wenn die Türken mehrheitlich Muslime sind, hat sich das Land sehr viel weiter auf die Demokratie zubewegt als die übrigen islamischen Staaten.

Weltanschauliche Neutralität richtet sich nicht gegen die Religion; sie richtet sich dagegen, dass die Religion die Ausübung der Freiheit beeinträchtigt und Pluralismus und Vielfalt bedroht, beides Kennzeichen einer offenen Gesellschaft. In einer solchen gehört die Religion in die Sphäre des Privaten und maßt sich keine Funktion des Staates an, der seinerseits weltlich bleiben muss, eben um auf religiösem Gebiet ein stets problematisches Monopol zu verhindern. Und nur so auch kann der Staat, in der Erfüllung seiner Aufgaben an keine religiöse Einrichtung gebunden, die Unparteilichkeit wahren, die allen Bürgern das Recht garantiert, sich zu der Religion ihrer Wahl zu bekennen oder alle abzulehnen. Solange die Religion Privatsache bleibt, ist sie keine Gefahr für die demokratische Kultur, sie ist vielmehr ihre Basis und ein durch nichts zu ersetzendes Komplement.

Hier berühren wir ein heikles Thema, über das es unter Demokraten keine Einigkeit gibt, nicht einmal unter den liberalen. Es ist vermintes Terrain, das wir vorsichtig betreten müssen. So wie ich der festen Überzeugung bin, dass der Laizismus unabdingbare Voraussetzung für eine wirklich freie Gesellschaft ist, glaube ich nicht minder fest, dass es in ihr, eben damit sie frei sein kann, auch eine tiefe Spiritualität geben muss – was für die große Mehrheit gleichbedeutend ist mit Religiosität –, da andernfalls weder die Gesetze noch die Institutionen, so gut sie auch verfasst sein mögen, richtig funktionieren und rasch stumpf werden oder verderben. Zu einer demokratischen Kultur gehören nicht allein Institutionen und Gesetze, die für Gerechtigkeit sorgen, für Gleichheit vor dem Gesetz, Chancengleichheit, freie Märkte, eine unabhängige und effiziente Justiz mit integren und kompetenten Richtern, politischen Pluralismus, Pressefreiheit, eine starke Zivilgesellschaft, die Einhaltung der Menschenrechte; zu ihr gehört vor allem auch die in der Bürgerschaft verwurzelte Überzeugung, dass die Demokratie das bestmögliche politische System ist, sowie der Wille, daran mitzuwirken, dass es weiter funktioniert. Doch Wirklichkeit kann dies nicht werden ohne einige tief im Gemeinwesen verankerte bürgerliche und moralische Werte und Leitvorstellungen, etwas, was für die meisten Menschen von manchen religiösen Überzeugungen nun einmal nicht zu unterscheiden ist. Sicher, seit dem achtzehnten und neunzehnten Jahrhundert hat es in der westlichen Welt unter den – immer minoritären – Freidenkern die schönsten Beispiele gegeben für Menschen, deren Agnostizismus oder Atheismus sie keineswegs daran hinderte, ein untadeliges, von Rechtschaffenheit, Gesetzestreue und Solidarität bestimmtes bürgerliches Leben zu leben. Dies gilt auch, im Spanien der ersten Jahrzehnte des zwanzigsten Jahrhunderts, für all die von der anarchistischen Ideologie geprägten Lehrerinnen und Lehrer, deren weltliche, von großem Bürgersinn getragene Moral sie zu wahren sozialen Missionaren machte, die sich unter großen persönlichen Opfern und spartanischer Lebensführung bemühten, die Ärmsten zu alphabetisieren und auszubilden. Viele ähnliche Beispiele ließen sich nennen. Aber es waren immer Ausnahmen, eine solche weltliche Moral hat sich nur in kleinen Gruppen entfaltet. Für die große Mehrheit besteht nach wie vor kein Zweifel daran, dass die Religion die erste und größte Quelle jener moralischen und bürgerlichen Prinzipien ist, die der demokratischen Kultur ihren Halt geben; und dass es für die demokratischen Institutionen ein böses Erwachen geben könnte, wenn die Religion – wie heute in den freien Gesellschaften der Ersten und auch der Dritten Welt – zu ermatten beginnt, an Dynamik und Ansehen verliert, oberflächlich und frivol wird und nur noch als gesellschaftlicher Zierrat besteht.

Wir kennen das aus den verschiedensten Bereichen. Am sichtbarsten aber tritt es zweifellos in der Wirtschaft zutage.

Katholische Kirche und Kapitalismus haben sich noch nie gemocht. Seit den Anfängen der industriellen Revolution in England, welche die ökonomische Entwicklung und die Marktwirtschaft in Schwung brachte, haben die Päpste in Predigten und Enzykliken immer wieder scharf ein System verurteilt, das ihrer Meinung nach eine materialistische Einstellung, Egoismus und Individualismus befeuert, die Unterschiede zwischen Arm und Reich verstärkt und die Menschen dem spirituellen und religiösen Leben entfremdet. An dieser Kritik ist etwas Wahres dran, aber sie verliert ihre Überzeugungskraft, wenn man sie in einen weiteren historischen Kontext stellt und die positive Transformation betrachtet, die das Privateigentum und eine freie Wirtschaft gebracht haben, in der Unternehmen und Unternehmer im Rahmen klarer und ausgleichender Regeln darum konkurrieren, die Bedürfnisse der Verbraucher zu befriedigen. Diesem System ist zu verdanken, dass sich ein bedeutender Teil der Bevölkerung von dem befreite, was Marx den »Idiotismus des Landlebens« nannte, dass die Wissenschaften, insbesondere die Medizin, sich entwickeln konnten und dass in allen offenen Gesellschaften der Lebensstandard auf atemberaubende Weise anstieg, während die geschlossenen Gesellschaften in einer patrimonialistischen und merkantilistischen Ordnung erstarrten, einer Ordnung, die einem großen Teil der Weltbevölkerung Mangel und Elend brachte und ein paar Mächtigen obszönen Luxus. Der freie Markt, ein unübertroffenes und unübertreffliches System für die Verteilung von Ressourcen, hat jenen Mittelstand hervorgebracht, der den modernen Gesellschaften mit politischem Pragmatismus Stabilität verleiht, und er hat dafür gesorgt, dass eine große Mehrheit ihrer Bürger ein würdiges Leben führen kann, was es so in der Menschheitsgeschichte noch nie gegeben hat.

Allerdings stimmt es auch, dass dieses System die ökonomischen Unterschiede vertieft und den Materialismus befördert, mithin eine egoistische und aggressive Haltung, die, wenn nichts sie bremst, die Gesellschaft zutiefst verstört und womöglich traumatisiert. Ein Beispiel hierfür ist die jüngste internationale Finanzkrise, die den ganzen Westen ins Wanken gebracht hat. Es war die entfesselte Gier von Bankern und Finanzinvestoren, die die Spielregeln des Marktes verletzten, täuschten und betrogen und eine Katastrophe heraufbeschworen, die Millionen von Menschen auf der Welt ruiniert hat.

Außerdem bewirkt der Kapitalismus mit seiner Kreativität und, sagen wir ruhig: seinen Luftnummern eine zuweilen abenteuerliche Verwechslung von Preis und Wert, wobei Letzterer immer Schaden nimmt, was früher oder später zur Degradierung der Kultur und des Geistes führt, womit wir wieder bei der Kultur des Spektakels sind. Der Markt bestimmt den Preis eines Produkts je nach Angebot und Nachfrage, was dazu geführt hat, dass fast überall, selbst in den kultiviertesten Gesellschaften, künstlerische Werke von höchstem Wert abgedrängt und aussortiert werden, weil sie nun mal schwierig sind und, damit man sie wirklich schätzen kann, eine gewisse geistige Bildung und ein geschärftes Empfinden erfordern. Wo aber der Geschmack des großen Publikums den Wert bestimmt, bleibt es nicht aus, dass mittelmäßige oder ganz und gar unerhebliche Schriftsteller, Denker und Künstler, so sie sich geschickt positionieren und selbst vermarkten, wenn nicht den schlimmsten Instinkten des Publikums anstellig schmeicheln, höchste Popularitätswerte erreichen und der ungebildeten Mehrheit als die besten erscheinen, deren Werke die weiteste Verbreitung finden und am teuersten gehandelt werden. In der bildenden Kunst hat dies, wir haben es gesehen, dazu geführt, dass dank der Moden und der Manipulation des Sammlergeschmacks durch Galeristen und Kritiker Werke von wahren Betrügern schwindelerregende Summen erzielen. Weshalb Intellektuelle wie Octavio Paz den Markt verurteilten und die Ansicht vertraten, er sei der große Verantwortliche für den Bankrott unserer heutigen Kultur. Es ist ein großes und komplexes Thema, und es mit all seinen Aspekten zu beleuchten würde uns zu weit wegführen von dem, worum es in diesem Kapitel geht, nämlich die Funktion der Religion in der Kultur unserer Zeit. Der

Hinweis mag genügen, dass Religion, so wie der Markt, nicht ohne Einfluss ist auf diese Anarchie und die vielfältigen Missverständnisse, die das Auseinanderdriften von Preis und Wert in der Kulturindustrie bedeutet hat, das Verschwinden der Eliten und jener Kritiker, die früher einmal Hierarchien und ästhetische Maßstäbe aufstellten, ein Phänomen, das nicht direkt mit dem Markt in Verbindung steht, sehr wohl aber mit dem Bestreben, die Kultur zu demokratisieren und sie aller Welt zugänglich zu machen.

Alle großen liberalen Denker, von Adam Smith über John Stuart Mill, Ludwig von Mises, Friedrich Hayek und Karl Popper bis hin zu Isaiah Berlin und Milton Friedman, haben darauf hingewiesen, dass die ökonomische und politische Freiheit ihre zivilisatorische Funktion – Schaffung von Wohlstand und Beschäftigung, Schutz des souveränen Individuums, Geltung des Gesetzes und Achtung der Menschenrechte – nur erfüllen kann, wo die Gesellschaft ein waches geistiges Leben pflegt, mit einer verbindlichen und gelebten Hierarchie von Werten. Dies ist ihrer Meinung nach die beste Gewähr dafür, dass Preis und Wert sich decken oder zumindest annähern. Die großen Fehlschläge und Krisen, die das kapitalistische System immer wieder erlebt – Korruption, Vorteilsnahme oder Absprachen, um sich am Gesetz vorbei zu bereichern, die unglaubliche Gier, welche die Betrügereien erklärt, die Bankhäuser und Finanzinstitute sich im großen Stil leisten und dergleichen mehr –, sie rühren nicht von einer grundlegenden Fehlkonstruktion seiner Institutionen her, sondern vom Zusammenbruch des moralischen und geistigen Haltes, wie ihn das religiöse Leben bietet, ein gleichsam permanentes Korrektiv, das den Kapitalismus zügelt und ihm aufgibt, bestimmte Regeln des Anstands, den Nächsten und das Gesetz zu achten. Sobald dieses unsichtbare, aber wirkmächtige Gefüge ethischen Charakters zerfällt und schwindet, beginnt im Wirtschaftsleben die Anarchie zu greifen, und die Wirtschaft der freien Gesellschaften wird unterhöhlt von jenen zerrüttenden Elementen, die zu einem immer größeren Misstrauen gegen ein System führen, das nur noch zum Wohle der Mächtigsten (oder Schlauesten) und zum Schaden der einfachen Bürger zu funktionieren scheint. Die Religion, die den Kapitalismus einst im Bewusstsein fest verankerte, wie Max Weber es in seinem Aufsatz über die protestantische Ethik sah, hat durch die fortschreitende Banalisierung ihrer selbst mit dazu beigetragen, diese »Krise des Kapitalismus« auszulösen, von der immer lauter die Rede ist.

Die Frivolität entwaffnet moralisch eine gottlose Kultur. Sie untergräbt ihre Werte und ermuntert zu unredlichen und manchmal offen kriminellen Praktiken, ohne dass es dafür irgendwelche moralischen Sanktionen gäbe. Was umso schlimmer ist, wenn derjenige, der sich auf diese Weise vergeht – etwa indem er die Privatsphäre einer prominenten Person verletzt, um sie in einer verfänglichen Situation zur Schau zu stellen –, mit dem Medienerfolg belohnt wird und es schafft, die fünfzehn Minuten Ruhm zu erlangen, die Andy Warhol für alle und jeden prophezeite. Ein Beispiel aus jüngerer Zeit für das, was ich meine, ist der sympathische italienische Betrüger Tommaso De Benedetti, der jahrelang in Zeitungen seines Landes »Interviews« mit Schriftstellern, Politikern, Geistlichen (einschließlich dem Papst) veröffentlichte, die oft auch von Zeitungen in anderen Ländern übernommen wurden. Sie alle waren erfunden, von vorn bis hinten Schmu. Ich selbst war einer seiner »Interviewpartner«. Entdeckt hat den Bluff der amerikanische Romancier Philip Roth, als er sich in einigen Aussagen, die ihm die Presseagenturen zuschrieben, nicht wiedererkannte. Er verfolgte die Spur der Nachricht, bis er auf den Fälscher stieß. Ist Tommaso De Benedetti etwas passiert, weil er Zeitungen und Leser mit seinen neunundsiebzig bislang aufgeflogenen Beiträgen getäuscht hat? Fehlanzeige. Die Enthüllung des Betrugs hat ihn zu einem Medienhelden gemacht, einem verwegenen, aber harmlosen Schelm, dessen Bild triumphal um die Welt ging. Und auch wenn es traurig ist, dies anzuerkennen, aber er ist wirklich ein Held. Er selbst verteidigt sich mit einem hübschen Paradox: »Ich habe gelogen, aber nur um die Wahrheit zu sagen.« Welche? Dass wir in einer Zeit des Betrugs leben, in der man das Vergehen, wenn es amüsant ist und die Menge unterhält, verzeiht.

Zwei Dinge haben in den letzten Jahren die Religion zu einem aktuellen Thema gemacht und in den entwickelten Demokratien scharfe Polemiken ausgelöst. Zum einen, ob man aus den öffentlichen, vom Staat verwalteten und von allen Steuerzahlern finanzierten Schulen jede Form religiösen Unterrichts ausschließen darf. Und zum anderen, ob man den Mädchen und jungen Frauen in der Schule das Tragen von Kopftuch, Hidschab und Burka verbieten soll.

Jede Form von Religionsunterricht an den öffentlichen Schulen abzuschaffen hieße, der jüngeren Generation ein grundlegendes Wissen vorzuenthalten, mit dem sie ihre Geschichte, ihre Tradition verstehen und sich westliche Kunst, Literatur und Philosophie erschließen kann. Unsere Kultur ist durchdrungen von religiösen Gedanken, Anschauungen, Bildern, Festen und Bräuchen. Die schulische Erziehung von diesem reichen Erbe abzutrennen würde bedeuten, die Heranwachsenden völlig ungeschützt der Kultur des Spektakels auszuliefern, der Frivolität, der Ignoranz und Oberflächlichkeit, dem Klatsch und schlechten Geschmack. Ein offener und verantwortungsbewusster Religionsunterricht, der die hegemoniale Rolle erklärt, die das Christentum für unsere Kultur gespielt hat, mit all seinen Zwisten und Abspaltungen, Kriegen und historischen Wirkungen, seinen Errungenschaften und Exzessen, Heiligen und Mystikern, Märtyrern und Gemarterten, ein solcher Unterricht ist unerlässlich, wenn man nicht will, dass die Kultur weiter in diesem Tempo degeneriert, und wenn die Welt in der Zukunft nicht aufgeteilt sein soll zwischen kulturellen Analphabeten hier und ungebildeten, unsensiblen Spezialisten dort.

Das Tragen eines Kopftuchs oder einer Kleidung, die den Körper der Frau zum Teil oder ganz bedeckt, sollte in einer demokratischen Gesellschaft eigentlich kein Anlass zur Debatte sein. Herrscht hier etwa nicht die Freiheit? Welche Freiheit soll das sein, die ein Mädchen oder eine junge Frau daran hindert, sich nach den Vorschriften ihrer Religion oder nach Lust und Laune anzuziehen? Doch es ist keineswegs gesagt, dass die Entscheidung, ein Kopftuch, Hidschab oder Burka zu tragen, von dem Mädchen, der Jugendlichen oder der Frau frei getroffen wurde. Sehr wahrscheinlich tragen sie diese Kleidung weder, weil es ihnen so gefällt, noch aus freien Stücken, sondern als Symbol des Standes, den die islamische Religion der Frau zuweist, und das heißt absolute Unterordnung unter den Vater oder den Ehemann. Vor diesem Hintergrund sind es nicht bloß Kleidungsstücke, sondern Embleme einer Diskriminierung, der die Frau in weiten Teilen der islamischen Gesellschaft nach wie vor ausgesetzt ist. Soll ein demokratisches Land im Namen der Achtung eines Glaubens oder einer Kultur zulassen, dass es in seiner Mitte weiterhin gesellschaftliche Muster und Gebräuche (wohl eher: Vorurteile und Stigmen) gibt, für deren Abschaffung die Demokratie schon vor Jahrhunderten mit vielen Opfern gekämpft hat? Die Freiheit ist tolerant, aber sie kann es denen gegenüber nicht sein, die sie durch ihr Verhalten leugnen, die sie verspotten und letztendlich zerstören wollen. In vielen Fällen dienen religiöse Symbole wie eben die Burka und der Hidschab, die von den muslimischen Mädchen in die Schule getragen werden, als bloße Herausforderung der im Westen erlangten Freiheit der Frau, einer Freiheit, die man am liebsten beschneiden würde, indem man Zugeständnisse erzwingt und im Herzen der offenen Gesellschaft souveräne Enklaven errichtet. Hinter der scheinbar braven Kleidung verbirgt sich nichts anderes als eine Offensive, um ein Grundrecht zu erstreiten für Praktiken und Haltungen, die mit der Kultur der Freiheit unvereinbar sind.

Für ein entwickeltes Land, das dies auch bleiben will, ist Zuwanderung unerlässlich. Schon aus pragmatischen Erwägungen muss es sie fördern und Arbeitskräfte fremder Zunge und anderen Glaubens aufnehmen. Und selbstverständlich muss eine demokratische Regierung es den Migrantenfamilien ermöglichen, ihre Religion und ihre Sitten zu bewahren. Allerdings unter der Bedingung, dass diese nicht gegen die Prinzipien und Gesetze des Rechtsstaates verstoßen – von Menschenrechten gar nicht zu reden –, was weder die Diskriminierung von Frauen erlaubt noch ihre Knechtschaft. In einer westlichen demokratischen Gesellschaft hat eine muslimische Familie dieselbe Pflicht wie eine alteingesessene, ihr Verhalten an die geltenden Gesetze anzupassen, auch wenn die ihren hergebrachten Bräuchen widersprechen.

In diesem Zusammenhang sollte man die Debatte um Kopftuch, Hidschab und Burka immer sehen. So würde man die – meiner Ansicht nach richtige und demokratische – Entscheidung Frankreichs auch besser verstehen, Mädchen in staatlichen Schulen das Tragen des Kopftuchs und jeder anderen religiösen Tracht kategorisch zu verbieten.

Vorgeschichte

Prüfstein

Das Zeichen des Kreuzes

Niemand in Deutschland nahm dieses Elternpaar, Anhänger der anthroposophischen Lehre von Rudolf Steiner, allzu ernst, das von seinem abgelegenen bayrischen Städtchen aus beim Bundesverfassungsgericht in Karlsruhe Beschwerde einreichte und vorbrachte, ihre drei Kinder seien »traumatisiert« vom Anblick des gekreuzigten Christus, den anzusehen sie in der öffentlichen Schule, wo das Kruzifix die Wände schmückte, tagtäglich genötigt seien.

Doch noch die letzte Familie im Land erfuhr – und nicht wenige nahmen es entgeistert zur Kenntnis –, dass das hohe Gericht, das über die Einhaltung des Grundgesetzes der Bundesrepublik wacht, der Verfassungsbeschwerde stattgegeben hatte. Aus dem Mund des Vorsitzenden Johann Friedrich Henschel, eines brillanten Juristen, vernahm das Publikum das von den acht Richtern des Ersten Senats mehrheitlich gefällte Urteil, wonach das Angebot der betroffenen bayrischen Schule, die Kruzifixe an den Wänden gegen schlichte Kreuze auszutauschen – vielleicht »enttraumatisierte« diese Abstraktion ja die Kinder des Streits –, unzureichend sei, und sie verpflichteten den Freistaat Bayern, Kreuze und Kruzifixe aus allen Klassenzimmern der Pflichtschulen zu entfernen, da der Staat »in Glaubensfragen Neutralität« zu wahren habe. Das Gericht differenzierte sein Urteil insofern, als es bestimmte, eine Schule dürfe nur in dem Fall, dass es Einstimmigkeit unter Eltern, Lehrern und Schülern gebe, in ihren Klassenzimmern das christliche Symbol beibehalten. Die Wellen der Empörung sind selbst bis an diesen stillen See in den Wäldern Österreichs geschwappt, wohin ich mich aus der Londoner Hitze und Dürre geflüchtet habe.

Bayern ist nicht nur das Paradies des Cholesterins und der Fettsäuren, schließlich isst man dort die besten Würste der Welt und trinkt das beste Bier; das Land ist auch ein Bollwerk des politischen Konservatismus, und die katholische Kirche ist in der Bevölkerung solide verankert (womit ich keinen Kausalzusammenhang andeuten will): mehr als neunzig Prozent der 850 000 bayrischen Schüler stammen aus katholischen Familien. Die CSU ist die unbestritten herrschende politische Kraft im Freistaat, und ihr Vorsitzender Theo Waigel stellte sich an die Spitze jener, die gegen das Urteil aus Karlsruhe protestierten. In einem Artikel im Parteiorgan *Bayernkurier* befand er: »Wenn sich das Gericht immer stärker des vorgeblichen Schutzes von Minderheiten annimmt und die rechtlichen Bedürfnisse der Mehrheit immer stärker in den Hintergrund drängt, sind das Selbstverständnis unserer Gesellschaft und der Verfassungspatriotismus in Gefahr.«

Eine gemäßigte Reaktion, vergleichen wir sie mit der des Hochwürdigsten Herrn Erzbischof von München und Freising, Friedrich Kardinal Wetter, den die Angelegenheit an den Rand eines Schlaganfalls und – aus demokratischer Sicht noch bedenklicher – des bürgerlichen Aufruhrs brachte, als er daran erinnerte, dass zuletzt die Nationalsozialisten Kreuze aus den Schulen verbannten. Doch aus dem Volk, eiferte der Purpurträger, habe sich Widerstand erhoben: »Was unter der NS-Diktatur damals möglich war, muss in unserem freiheitlichen Rechtsstaat heute doch erst recht möglich sein.« Und wie! Der Kardinal hat zum zivilen Ungehorsam aufgerufen – keine Schule soll den Richterspruch umsetzen – und für den 23. September zu einer Demonstration aufgerufen, zu der gewiss päpstliche Massen strömen werden. Der Protest wird unter dem kriegerischen Stakkato eines vom Kirchenfürsten persönlich geprägten Mottos stattfinden: »Das Kreuz bleibt, gestern – heute – morgen.«

Wenn die Meinungsforscher ihre Arbeit anständig gemacht haben, unterstützt eine robuste Mehrheit der Deutschen den aufständischen Kardinal Wetter: Achtundfünfzig Prozent missbilligen das Urteil des Verfassungsgerichts, und nur siebenunddreißig heißen es gut. Der beflissene Kanzler Helmut Kohl hat sich beeilt, die Richter zu tadeln für eine Entscheidung, die im Widerspruch zur »christlichen Tradition unseres Landes« stehe, sie erscheine ihm sowohl inhaltlich wie auch im Hinblick auf mögliche Folgen unbegreiflich.

Doch vielleicht noch bedenklicher für das, was das Verfassungsgericht verficht, ist die Tatsache, dass die einzigen Politiker, die sich bislang zu seiner Verteidigung aufgeschwungen haben, eine Handvoll vegetarischer Schlappenträger sind, Liebhaber des Chlorophylls und der Entbehrung, die in diesem Landstrich der großen Brüh- und Bratwurstfreunde niemand sonderlich ernst nimmt. Der parlamentarische Geschäftsführer der Bundestagsfraktion der Grünen, Werner Schulz, hat in

Bonn die Notwendigkeit betont, dass der Staat sich in religiösen Dingen strikt neutral zu verhalten habe, zumal in einer Zeit, da durch islamischen Fundamentalismus und Sekten die weltanschauliche Freiheit bedroht sei. Außerdem müsse Schluss damit sein, dass der Staat die Kirchensteuer eintreibe, und er fordert, den Religionsunterricht abzuschaffen und durch einen Ethikunterricht zu ersetzen, ohne eine bestimmte Religion zu privilegieren.

Von den belebenden Wassern des Fuschlsees aus möchte auch ich meine erkältete Stimme zur Unterstützung des Verfassungsgerichts der Bundesrepublik Deutschland erheben und den Richtern Beifall spenden für ihr klares Urteil, das meiner Meinung nach den soliden Demokratisierungsprozess noch weiter bestärkt, den das Land nach dem Zweiten Weltkrieg erlebt hat, das Wichtigste, was Westeuropa im Blick auf die Zukunft widerfahren ist. Nicht weil ich auch nur den kleinsten ästhetischen Einwand gegen Kruzifixe und Kreuze hätte, auch hege ich nicht die geringste Abneigung gegen Christen oder Katholiken. Ganz im Gegenteil. So wenig gläubig ich selber bin, trägt mich doch die Überzeugung, dass eine Gesellschaft eine hohe demokratische Kultur nicht erreichen, das heißt, nicht über völlige Freiheit und Legalität verfügen kann, wenn sie nicht durchdrungen ist von jener Spiritualität und Moralität, wie sie für die übergroße Mehrheit der Menschen untrennbar mit der Religion verknüpft ist. Daran erinnert seit mindestens zwanzig Jahren Paul Johnson, der in seinen ausführlichen Untersuchungen belegt, welch grundlegende Rolle das Christentum bei der Herausbildung einer demokratischen Kultur gespielt hat, als das Menschengeschlecht noch durch die Finsternis der Willkür und Gewaltherrschaft taumelte.

Doch anders als Paul Johnson bin ich auch davon überzeugt, dass, wenn der Staat nicht seinen säkularen Charakter bewahrt, wenn er sich auf die quantitativ begründeten Argumente einlässt, die die Gegner des Kruzifix-Urteils nun ins Feld führen – warum sollte der Staat nicht ein christlicher sein, wenn die meisten Bürger es sind? –, und sich mit einer Kirche identifiziert, dass dann die Demokratie über kurz oder lang am Ende ist. Aus einem ganz einfachen Grund: Keine Kirche ist demokratisch. Sie alle postulieren eine Wahrheit, an der – wer kommt schon an gegen Transzendenz und den wundersamen Schutz eines göttlichen Wesens? – alle Argumente der Vernunft zerschellen. Auch würden sie sich selbst verleugnen, geradezu Selbstmord begehen, wenn sie tolerant wären, sich verkröchen und die Bereitschaft aufbrächten, die grundlegenden Prinzipien des demokratischen Lebens wie Pluralismus und das Nebeneinander sich widersprechender Wahrheiten zu akzeptieren, die Bereitschaft, ständig Kompromisse zu schließen, um einen gesellschaftlichen Konsens zu erreichen. Wie wollte der Katholizismus überleben, wenn er, sagen wir: das Dogma von der unbefleckten Empfängnis den Gläubigen zur Abstimmung stellte?

Wie dogmatisch und unnachgiebig Religion ihrem Wesen nach ist, sehen wir besonders deutlich am Beispiel des Islams, denn die Gesellschaften, in denen er feste Wurzeln schlug, haben nicht die Säkularisierung erlebt, die im Westen die Religion vom Staat trennte und ihr den Privatbereich zuwies, womit sie zu einem individuellen Recht wurde statt einer öffentlichen Pflicht und also gezwungen, sich den neuen Gegebenheiten anzupassen, das heißt, sich auf eine immer privatere und weniger öffentliche Tätigkeit zu beschränken. Daraus jedoch zu schließen, die demokratischen Gesellschaften wären, würde die Kirche ihre dort verlorene weltliche Macht zurückgewinnen, weiterhin so frei und offen, wie sie es heute sind, wäre mehr als naiv. Optimisten wie Paul Johnson, die dies glauben, mögen einen Blick auf jene Länder der Dritten Welt werfen, wo die katholische Kirche es noch in der Hand hat, Regierung, Gesetzgebung und Gesellschaft entscheidend zu beeinflussen. Man sehe sich nur an, was dort mit der Filmzensur passiert oder wenn es um Scheidung und Geburtenkontrolle geht – von der Legalisierung der Abtreibung gar nicht zu reden –, und es ist offenkundig, dass die katholische Kirche, so es ihr gegeben ist, keine Sekunde zögert, ihre Wahrheiten mit allen Mitteln aufzuzwingen, nicht nur ihren Schäfchen, sondern auch allen Ungläubigen, die in ihre Nähe kommen.

Weshalb eine demokratische Gesellschaft, die eine solche bleiben will und die zugleich die Bekenntnisfreiheit garantiert und in ihrer Mitte ein religiöses Leben gutheißt, darüber wachen muss, dass die Kirche – jede Glaubensgemeinschaft – nicht die Sphäre überschreitet, die ihr zukommt, nämlich die private; und sie muss verhindern, dass sie in den Staat einsickert und anfängt, ihre eigenen Überzeugungen der Allgemeinheit aufzuzwingen, was zwangsläufig die Freiheit der Ungläubigen und Andersgläubigen beschneidet. Ein Kreuz oder Kruzifix in einer öffentlichen Schule ist für Nichtchristen genauso anmaßend, wie es die Durchsetzung des Kopftuchs in einer Klasse wäre, in der neben muslimischen Mädchen auch christliche oder buddhistische sitzen, oder der jüdischen Kippa in einer Mormonenschule. Da es bei diesem Thema unmöglich ist, alle Religionen und Weltanschauungen zugleich zu berücksichtigen, kann die Politik eines Staates keine andere sein als die Neutralität. Die Richter des Bundesverfassungsgerichts in Karlsruhe haben getan, was sie tun mussten, und ihr Urteil ehrt sie.

El País, Madrid, 27. August 1995

Verteidigung der Sekten

1983 nahm ich im kolumbianischen Cartagena an einem von zwei renommierten Intellektuellen (Germán Arciniegas und Jacques Soustelle) geleiteten Medienkongress teil, auf dem neben Journalisten aus der halben Welt auch ein paar unermüdliche junge Leute herumschwirrten, alle mit diesem festen und glühenden Blick, wie er jene auszeichnet, die im Besitz der Wahrheit sind. Irgendwann betrat, unter großem Geflatter der jungen Schar, Reverend Moon den Saal, Oberhaupt der Vereinigungskirche, die über eine Deckorganisation den Kongress förderte. Die Mafia der Progressiven, so konnte ich später feststellen, fügte meinem Sündenregister darauf den Eintrag hinzu, dass ich mich an eine finstere Sekte verkauft hätte, die der *Moonies*.

Da ich, seit ich meinen einstigen Glauben verlor, auf der Suche nach einem neuen bin, stürzte ich mich voll Hoffnung in die Aufgabe, herauszufinden, ob der Glaube dieses fröhlichen, das Englische malträtierenden koreanischen Dickerchens mir mein Problem wohl lösen konnte. Und so las ich das hervorragende Buch, das Eileen Barker, Professorin an der London School of Economics, über die Vereinigungskirche geschrieben hatte. Ich hatte sie bei dem Treffen in Cartagena kennengelernt, und wahrscheinlich hat niemand das Phänomen der vielen neuen Sekten so seriös und besonnen untersucht wie sie. Auf diese Weise erfuhr ich unter anderem, dass Reverend Moon sich nicht nur als vom Schöpfer beauftragt sieht, eine solche Kleinigkeit wie die Vereinigung von Judentum, Christentum und Buddhismus in einer einzigen Kirche zu bewerkstelligen, er hält sich selbst auch für eine Hypostase von Buddha und Jesus Christus. Das disqualifiziert mich natürlich völlig, in seine Reihen einzutreten: Wenn ich mich schon, trotz der exzellenten Empfehlungen, die zweitausend Jahre Geschichte ihm ausstellen, als ganz und gar unfähig bekenne, an die Göttlichkeit des Mannes aus Nazareth zu glauben, werde ich eine solche schwerlich bei einem nordkoreanischen Evangelisten akzeptieren, der nicht einmal mit dem Internal Revenue Service der Vereinigten Staaten zurande kommt (welcher ihn wegen Steuerhinterziehung für mehr als ein Jahr ins Gefängnis schickte).

Doch wenn die Moonies (und die 1600 neureligiösen Gruppen und Grüppchen, die das von Eileen Barker geleitete Informationszentrum INFORM ausfindig gemacht hat) mich skeptisch stimmen, so ergeht es mir nicht anders mit all denen, die sie seit geraumer Zeit bedrängen und die Regierungen auffordern, sie zu verbieten, mit dem Argument, sie würden die Jugend verderben, die Familie zerstören, dem Steuerzahler auf der Tasche liegen und die Institutionen des Staates unterwandern. Was in diesen Tagen in Deutschland mit Scientology passiert, verleiht dem Thema eine ungute Aktualität. Wie bekannt, versuchen in einigen Bundesländern – in Bayern vor allem – die Behörden, Mitglieder dieser Organisation vom Staatsdienst fernzuhalten, es gab Boykottkampagnen gegen Filme mit John Travolta und Tom Cruise, weil sie Scientologen sind, und in Baden-Württemberg wurde aus demselben Grund der Pianist Chick Corea an einem Auftritt gehindert.

Auch wenn es eine absurde Übertreibung ist, solche Schikanen mit der Verfolgung der Juden unter den Nationalsozialisten zu vergleichen, wie es, erschienen als ganzseitige Anzeige in der *International Herald Tribune*, ein »Offener Brief an Helmut Kohl« tut, in dem vierunddreißig Hollywood-Größen diese Aktionen gegen Scientologen scharf kritisieren, so sind sie doch eine flagrante Verletzung der Prinzipien von Toleranz und Pluralismus in einer demokratischen Kultur und ein gefährlicher Präzedenzfall. Man mag Herrn Cruise und seiner schönen Frau Nicole Kidman vorwerfen, sie hätten einen stumpfen Sinn und einen fürchterlichen literarischen Geschmack, wenn sie die Lektüre der wissenschaftlich-theologischen Machwerke des L. Ron Hubbard, der vor vier Jahrzehnten die Church of Scientology gründete, den Evangelien vorziehen – einverstanden. Aber müssen die Behörden da ihre Nase hineinstecken, Behörden eines Landes, dessen Verfassung den Bürgern als Grundrecht garantiert, an das zu glauben, was sie wollen, oder eben an nichts?

Das einzige echte Argument, will man die »Sekten« verbieten oder ausgrenzen, steht einer demokratischen Ordnung nicht zu Gebote – im Gegensatz zu Gesellschaften, in denen die religiöse und die politische Macht eins sind und wo, wie in Saudi-Arabien oder dem Sudan, der Staat bestimmt, welche Religion die wahre ist, und sich deshalb das Recht anmaßt, die falschen zu verbieten und Ketzer, Frevler, Andersgläubige zu bestrafen, sämtlich Feinde des Glaubens. In einer offenen Gesellschaft geht das nicht. Der Staat muss den je eigenen Glauben respektieren, so unsinnig er erscheinen mag, und darf sich nicht mit einer Kirche identifizieren, denn das hieße, dass er sich irgendwann zwangsläufig über den Glauben (oder Nichtglauben) einer großen Zahl von Bürgern hinwegsetzt. Wir sehen es in diesen Tagen in Chile, einer der modernsten Gesellschaften Lateinamerikas, die gleichwohl in mancherlei Hinsicht hinterm Mond zu leben scheint, denn es gibt immer noch kein Scheidungsgesetz, zu heftig ist der Widerstand der einflussreichen katholischen Kirche.

Die Gründe, die gegen die Sekten angeführt werden, sind zumeist triftig. Es stimmt, dass ihre Jünger oft fanatisch sind und ihre aufdringlichen Methoden eine Plage (ein Zeuge Jehovas belagerte mich in Paris ein volles Jahr lang, um mich zum reinigenden Untertauchen zu bewegen, und verfolgte mich bis in meine Träume); genauso, dass viele dieser Sekten ihre Anhänger finanziell buchstäblich auspressen. Aber ist das nicht bei vielen überaus geachteten Gruppierungen der traditionellen Religionen haargenau dasselbe? Die ultraorthodoxen Juden von Mea Shearim, die samstags Steine auf Autos werfen, die durch das Jerusalemer Viertel fahren, sind sie etwa ein Muster an Anpassungsfähigkeit? Verlangt das Opus Dei vielleicht von seinen Numerariern eine weniger strikte Hingabe als die unnachgiebigsten evangelikalen Gemeinden von ihren Mitgliedern? Es sind nur ein paar herausgegriffene Beispiele, viele weitere ließen sich nennen, aber sie zeigen deutlich, dass alle Religionen – ob bekräftigt von der Patina der Jahrhunderte und Jahrtausende, ihrer reichen Literatur und dem Blut der Märtyrer oder im glitzernden, in Brooklyn, Salt Lake City oder Tokio frisch angerührten Lack – potenziell intolerant sind und einen Hang zum Monopol besitzen; und dass die Argumente, um eine von ihnen einzuschränken oder an der Ausübung zu hindern, auch auf alle anderen zutreffen. Eins geht nur: Entweder man verbietet sie ausnahmslos, wie Naive aller Länder es versuchten – in Frankreich während der Revolution, unter Lenin, Mao, Fidel Castro –, oder man erlaubt sie alle, unter der einzigen Bedingung, dass sie im Rahmen des Gesetzes agieren.

Selbstverständlich bin ich ein entschiedener Verfechter der zweiten Option. Und nicht nur, weil es ein grundlegendes Menschenrecht ist, den gewählten Glauben zu praktizieren, ohne dafür diskriminiert oder verfolgt zu werden. Auch weil für die übergroße Mehrheit der Menschen die Religion der einzige Weg ist, der zu einem spirituellen Leben und einem ethischen Bewusstsein führt, und ohne gibt es nun mal kein Zusammenleben, keine Achtung der Legalität und auch nicht diesen elementaren Konsens, der ein zivilisiertes Leben trägt. Es ist ein im Laufe der Geschichte oft begangener Irrtum gewesen, zu glauben, dass Vernunft, Wissenschaft, Kultur den Menschen fortschreitend vom religiösen »Aberglauben« befreien würde, bis die Religion, mit ebenjenem Fortschritt, nutzlos geworden wäre. Die Säkularisierung hat nicht Ideen, Wissen und Überzeugungen an die Stelle der Götter gesetzt. Sie hat eine geistige Leere hinterlassen, die die Menschen füllen, so gut sie können, mal mit grotesken Surrogaten, mal mit vielfältigen Formen von Neurosen oder indem sie dem Ruf einer dieser Sekten folgen, die – eben weil sie so hermetisch geschlossen wie übergriffig sind und das Leben ihrer Mitglieder kontrollieren und verplanen – all jenen eine Ordnung und einen Seelenfrieden verschaffen, die sich in der heutigen Welt verwirrt, verloren und vereinsamt fühlen.

In diesem Sinne sind die Sekten nützlich und sollten nicht nur respektiert, sondern geschützt werden. Allerdings nicht mit dem Geld der Steuerzahler bezuschusst oder unterhalten, so viel ist klar. Ein demokratischer Staat, und ein solcher kann nichts anderes als ein säkularer, das heißt in religiösen Dingen neutraler sein, gibt seine Neutralität auf, wenn er mit dem Argument, eine Mehrheit oder ein beträchtlicher Teil der Bevölkerung bekenne sich zu einer bestimmten Kirche, diese von der Steuer befreit und ihr Privilegien gewährt, von denen er minoritäre religiöse Weltanschauungen ausschließt. Dergleichen Politik ist gefährlich, denn sie diskriminiert im subjektiven Bereich des Glaubens und bestärkt die Filzokratie.

Wie weit man hier gehen kann, hat Brasilien gezeigt, als die neue Landeshauptstadt Brasilia gebaut wurde. An einer am Reißbrett gezogenen Straße schenkte man allen Glaubensgemeinschaften der Welt, die einen Tempel errichten wollten, ein Grundstück. Es gibt Dutzende dort, wenn mich die Erinnerung nicht trügt: große und prunkende Gebäude, von einer vielfältigen und eigentümlichen Architektur, unter denen sich donnernd, starrend von Kuppeln und unentzifferbaren Symbolen, der Tempel der Rosenkreuzer erhebt.

El País, Madrid, 23. Februar 1997

Schlussgedanken

Ich ende mit einer etwas wehmütigen persönlichen Anmerkung. Seit einigen Jahren überkommt mich beim Besuch von Ausstellungen oder wenn ich Filme, Theaterstücke und Fernsehsendungen sehe oder Bücher, Zeitschriften und Zeitungen lese, das unbehagliche Gefühl, dass man mich auf den Arm nimmt und ich nicht weiß, wie ich mich vor dieser so subtilen wie machtvollen Verschwörung schützen soll.

So drängte sich mir die beunruhigende Frage auf, warum die Kultur wohl so banal geworden ist. Mir scheint, dieser Niedergang stürzt uns in eine immer größere Verwirrung, aus der sich über kurz oder lang eine Welt ohne ästhetische Werte erheben könnte, in der die Kunst, die Literatur – die humanistische Bildung – nur noch wenig mehr als nachrangige und zutiefst folgenlose Formen der Unterhaltung sind, marginalisiert durch die neuen Massenmedien. Das gesellschaftliche Leben würde sich dann, nach pragmatischen Erwägungen getrimmt, unter der Regie von Technikern und Spezialisten abspielen, im Wesentlichen ausgerichtet auf die Befriedigung materieller Bedürfnisse und beseelt vom Streben nach Profit – Motor der Wirtschaft, höchster Wert der Gesellschaft, alleinige Messlatte für Erfolg und Misserfolg und ebendrum die einzige Rechtfertigung für das Schicksal des Einzelnen.

Das ist kein Orwellscher Albtraum, sondern eine sehr

realistische Möglichkeit, der sich die am weitesten entwickelten Nationen der Erde, die des demokratischen
und freiheitlichen Westens, stetig angenähert haben,
während die Fundamente der traditionellen Kultur zer-
fielen. Nie haben wir in einem an wissenschaftlichen
Erkenntnissen und technischen Neuerungen so reichen
Zeitalter gelebt wie heute, noch in einem, das besser
gerüstet gewesen wäre, um Krankheiten, Unwissenheit
und Armut zu besiegen; und gleichwohl waren wir vielleicht nie so ratlos, wenn es um fundamentale Fragen
geht wie: Was tun wir auf diesem unserem Gestirn ohne
eigenes Licht, wenn das bloße Überleben das einzige
Ziel und die alleinige Rechtfertigung für das Leben ist?
Bedeuten Wörter wie Geist, Ideal und Solidarität, Liebe
und Lust, Kunst und Schöpfung, Schönheit, Seele,
Transzendenz noch etwas, und wenn ja, was? Aufgabe
der Kultur war es, eine Antwort auf solche Fragen zu
geben. Heute ist sie dergleichen Verantwortung entho-
ben, denn wir haben aus ihr etwas sehr viel Oberfläch-
licheres und Flüchtigeres gemacht: eine Form des Zeitvertreibs für das große Publikum oder ein rhetorisches,
okkultes und obskurantes Spielchen für eitle Zirkel von
Akademikern und Intellektuellen, die der Gesellschaft
die Schulter zeigen.

Die Idee von Fortschritt ist trügerisch. Natürlich
könnte nur ein Blinder oder ein Eiferer leugnen, dass
eine Epoche, in der die Menschen in der Lage sind, zu
den Sternen zu reisen, dank Internet in Echtzeit über
alle Entfernungen hinweg miteinander kommunizieren,
Tiere und Menschen klonen, Waffen produzieren, mit
denen sich der ganze Planet sprengen lässt, und mit
ihren industriellen Erfindungen die Luft verschmut-

zen, die wir atmen, das Wasser, das wir trinken, und die Erde, die uns nährt, dass diese Epoche einen beispiellosen Entwicklungsstand erreicht hat. Zugleich ist das Überleben der Spezies nie weniger sicher gewesen, zu groß sind die Risiken einer Konfrontation oder eines Atomunfalls, zu blutig der Wahn der religiösen Fanatiker und zu zerstört schon die Umwelt. Auch hat es in dieser so prosperierenden Welt wohl noch nie ein solches Elend gegeben, denn noch immer leiden Hunderte Millionen von Menschen eine schreckliche Not, nicht nur in den Entwicklungsländern, auch in verschämten Enklaven der glanzvollsten Städte. Und schon lange hat die Welt auch keine Finanzkrise mehr erlebt wie jene, die in den letzten Jahren so viele Unternehmen, Personen und Staaten ruiniert hat.

In der Vergangenheit war die Kultur oft der beste Seismograf für solche Probleme, sie schuf ein Bewusstsein und verhinderte, dass gebildete Menschen der rauen und grausamen Wirklichkeit den Rücken kehrten. Heute ist sie eher eine Form des Eskapismus, der uns erlaubt, Problematisches zu ignorieren, Dringliches beiseitezuschieben und in ein vorübergehendes »künstliches Paradies« einzutauchen, ein Surrogat wie ein Zug am Joint oder eine Nase Koks, das heißt ein kleiner Urlaub von der Wirklichkeit.

Das alles sind komplexe Themen und zu groß für das, was dieser Essayband beansprucht. Für mich sind es ganz persönliche Fragen. Sie spiegeln sich auf diesen Seiten, vielfach gebrochen, in der Erfahrung eines Menschen, der, seit er durch die Bücher das geistige Abenteuer entdeckte, zum Vorbild immer jene hatte, die sich unvoreingenommen in der Welt der Ideen bewegten und sich über ästhetische Werte im Klaren waren, welche ihnen erlaubten, treffsicher zu befinden, was gut ist und was schlecht, originell oder epigonal, revolutionär oder routiniert, ob in der Literatur, der bildenden Kunst, der Philosophie oder der Musik. Da ich mir meiner Bildungslücken sehr bewusst bin, habe ich mein Leben lang versucht, sie zu schließen, habe gelernt, gelesen, Museen und Galerien besucht, bin in Bibliotheken gegangen, auf Konferenzen und zu Konzerten. Ein Opfer war dies für mich nicht. Vielmehr ein ungeheures Vergnügen, zu sehen, wie sich mein geistiger Horizont weitete, denn Nietzsche oder Popper zu verstehen, Homer zu lesen, Joyce' *Ulysses* zu entschlüsseln, die Gedichte von Góngora, Baudelaire und T. S. Eliot zu genießen, das Universum von Goya, Rembrandt und Picasso zu erkunden, von Mozart, Mahler und Bartók, Tschechow und O'Neill, Ibsen und Brecht, das alles hat meine Fantasie außerordentlich bereichert und mein Empfinden beträchtlich geschärft.

Bis ich, wie gesagt, irgendwann spürte, dass viele zeitgenössische Künstler, Denker und Schriftsteller mich auf den Arm nahmen. Und dass es kein Einzelfall war, weder Zufall noch vorübergehendes Phänomen, sondern eine echte Entwicklung, offenbar unter tätiger Mithilfe von Kritikern, Verlegern, Galeristen, Produzenten und einem tumben Publikum, das beliebig manipulierbar schien.

Das Schlimmste daran ist, dass es wohl keine Umkehr mehr gibt, denn die Banalisierung bestimmt bereits zu einem nicht geringen Teil, wie heute gelebt, geträumt und geglaubt wird, und was ich mir wünsche, ist längst Staub und Asche und unmöglich wiederherzustellen. Aber da nichts in unserer Welt stillsteht, könnte es genauso gut sein, dass dieses Phänomen, die Kultur des Spektakels, ob ihrer eigenen Nichtigkeit sang- und klanglos vergeht und dass eine andere, vielleicht bessere, vielleicht schlechtere, in der künftigen Gesellschaft an ihre Stelle tritt. Ich gestehe, dass ich wenig neugierig bin auf eine Zukunft, an die ich, so wie die Dinge stehen, immer weniger glaube. Sehr viel mehr interessiert mich die Vergangenheit, und noch mehr die Gegenwart, die ohne die Vergangenheit nicht zu begreifen ist. In dieser Gegenwart gibt es zahllose Dinge, die besser sind als alles, was unsere Vorfahren kannten: weniger Diktaturen, mehr Demokratien, eine viel weitere Verbreitung von Freiheit, einen größeren allgemeinen Wohlstand und bessere Bildungschancen als je zuvor.

Doch im Bereich der Kultur haben wir ungewollt und fast unbemerkt eher Rückschritte gemacht, und dafür verantwortlich sind ausgerechnet die kultiviertesten Länder, denn sie marschieren an der Spitze der Entwicklung, setzen die Maßstäbe und die Ziele, an denen sich dann die anderen orientieren. Als Konsequenz dieses von der Frivolität ins Werk gesetzten Verfalls der Kultur könnte irgendwann deutlich werden, dass ausgerechnet die entwickeltsten Länder nicht mehr sind als Kolosse auf tönernen Füßen, dass sie Macht und Geltung einbüßen, weil sie so leichtfertig die Geheimwaffe verschleudert haben, die aus ihnen gemacht hat, was sie einst waren, dieses zarte Gespinst, das dem, was wir Zivilisation nennen, einen Sinn, einen Inhalt und eine Ordnung gibt. Zum Glück ist die Geschichte nicht vorherbestimmt, sondern ein leeres Blatt, auf das wir selbst – mit unserem Tun und Lassen – die Zukunft schreiben werden. Das ist gut so, denn es bedeutet, dass uns immer noch Zeit bleibt für Korrekturen.

Eins wüsste ich allerdings gern: Werden die Bücher aus Papier überleben, oder machen die elektronischen Bücher ihnen den Garaus? Werden die Leser der Zukunft nur noch Tablets und Reader vor sich haben? In dem Moment, da ich diese Zeilen schreibe, hat sich das E-Book noch nicht wirklich durchgesetzt, in den meisten Ländern ist das Buch aus Papier immer noch beliebter. Aber niemand wird bestreiten, dass das E-Book dem Papierbuch zunehmend den Rang streitig macht, und es ist durchaus eine Zeit vorstellbar, in der die Leser digitaler Bücher in der großen Mehrheit sind und die Liebhaber des Papiers zu winzigen Minderheiten schrumpfen oder gar verschwinden.

Viele wünschen sich, dass es bald so kommt, wie Jorge Volpi, einer der Protagonisten der jüngeren lateinamerikanischen Literatur, der die Ankunft des E-Books feiert[*] als »eine radikale Transformation aller mit der Lektüre und der Übermittlung von Wissen verbundenen Praktiken«, was, versichert er, »den größten Impuls für die Demokratisierung der Kultur in der neueren Zeit« bedeute. Volpi glaubt, dass das digitale Buch sehr bald viel billiger sein wird als das aus Papier, und die Texte würden dann »nicht mehr nur mit Bildern, sondern mit Audio und Video angereichert«. Buchhandlungen und Bibliotheken, Literaturagenten, Lektoren, Verlage und Vertrieb würden verschwinden, und was bleibe, sei allein die Sehnsucht nach dem Alten. Diese Revolution,

---

[*] Siehe seinen Artikel »Réquiem por el papel« (»Requiem für das Papier«), *El País*, 15. Oktober 2011

sagt er, trage auf entscheidende Weise bei »zur größten demokratischen Verbreitung, welche die Kultur seit der Erfindung des Buchdrucks erlebt hat«.

Wahrscheinlich hat Volpi recht, aber diese Aussicht, die ihn zum Jubilieren bringt, ängstigt mich und noch ein paar andere, etwa Vicente Molina Foix[*]. Im Unterschied zu Volpi glaube ich nicht, dass der Wechsel vom Papier- zum elektronischen Format harmlos wäre, ein bloßer Wechsel der »Verpackung«, es ist auch einer des Inhalts. Ich kann es nicht beweisen, aber ich vermute, wenn ein Schriftsteller virtuelle Literatur schreibt, wird er nicht mehr so schreiben, wie er es bisher getan hat, auf die Materialisierung des Geschriebenen aus, materialisiert in diesem konkreten, berührbaren und dauerhaften Gegenstand, der das Buch ist (oder uns zumindest zu sein scheint). Etwas von der Unkörperlichkeit des elektronischen Buchs wird sich auf den Inhalt übertragen, wie es ja auch mit diesen unbeholfenen Texten geschieht, die, ohne Satzbau noch sonstige Ordnung und mit ihren Stummelwörtern und ihrem Jargon oft kaum zu entziffern, in der Welt der Blogs, bei Twitter, Facebook und auf anderen Kommunikationsplattformen vorherrschen, als fühlten sich ihre Verfasser von jeder formalen Anforderung befreit und berechtigt, den gesunden Menschenverstand fahrenzulassen und die Grammatik und die elementarsten Grundsätze des sprachlichen Anstands zu missachten. Das Fernsehen ist bisher der beste Beweis dafür, dass der Bildschirm die Inhalte – die

---

[*] Siehe seine Antwort auf Volpi, »El siglo XXV: una hipótesis de lectura« (»Das 25. Jahrhundert: ein Lektüreversuch«), *El País*, 3. Dezember 2011

Gedanken vor allem – banalisiert und dazu neigt, alles, was über ihn flimmert, in ein Spektakel zu verwandeln, im äußerlichsten und vergänglichsten Sinne des Wortes. Mein Eindruck ist, dass Literatur, Philosophie, Geschichte, Kunstkritik, von Lyrik gar nicht zu sprechen, dass alle für das Netz verfassten kulturellen Manifestationen ohne Zweifel immer unterhaltsamer werden, das heißt oberflächlicher und flüchtiger, wie alles, was sich in die Abhängigkeit der Aktualität begibt. Wenn dem so ist, werden die kommenden Generationen schwerlich in der Lage sein, all das zu würdigen, was jene Werke wert sind und bedeuten, die ein Denken oder einen Akt der Schöpfung erfordern, denn sie werden ihnen genauso fern und exzentrisch erscheinen wie uns Heutigen die scholastischen Dispute des Mittelalters über die Engel oder die alchemistischen Abhandlungen über den Stein der Weisen.

Außerdem besteht für Volpi, so darf man seinen Artikel verstehen, das Lesen nur im Lesen, das heißt darin, sich über den Inhalt des Textes zu informieren, und ganz zweifellos geht es unzähligen Lesern nicht anders. Doch in der Polemik, die sein Artikel auslöste, erinnerte Vicente Molina Foix ihn daran, dass »Lesen« für viele Menschen ein Akt ist, der neben der inhaltlichen Information auch und vielleicht zuallererst bedeutet, jene Schönheit zu genießen und auszukosten, die, so wie die Klänge einer großartigen Sinfonie, die Farben eines außergewöhnlichen Bildes oder die Gedanken einer scharfsinnigen Argumentation, von den Wörtern ausgehen, Wörtern, die an ihre materiellen Träger gebunden sind. Für diese Art von Lesern ist Lesen nicht allein ein geistiges Geschäft, sondern eine körperliche

Übung, etwas, was, wie Molina Foix sehr schön sagt, »den Akt des Lesens unfehlbar um eine sinnliche Dimension erweitert. Die Berührung und die Immanenz eines Buches sind, zumindest für den Liebhaber, Variationen der Erotik eines bearbeiteten und mit Händen gefühlten Körpers, eine Art zu lieben.«

Ich kann mir nur schwer vorstellen, dass die Tablets und Reader, die sich, fade, nichtssagend, austauschbar und funktional bis zum Gehtnichtmehr, alle gleichen, ein solches mit Sinnlichkeit aufgeladene taktile Vergnügen bereiten können, wie die Bücher aus Papier es manchen Lesern schenken. Aber es ist nicht verwunderlich, dass in einer Zeit, zu deren Großtaten es zählt, mit der Erotik aufgeräumt zu haben, auch dieser verfeinerte Hedonismus verschwindet, der das geistige Vergnügen der Lektüre um das körperliche des Berührens und Streichelns bereichert.

Vorgeschichte

Prüfstein

Mehr Information, weniger Wissen

Nicholas Carr studierte Literatur am Dartmouth College und an der Harvard University, und alles deutet darauf hin, dass er in seiner Jugend gute Bücher nur so verschlungen hat. Dann entdeckte er, ein Kind seiner Generation, den Computer, das Internet, die Wunder der digitalen Revolution, und er verwandte nicht nur einen großen Teil seines Lebens darauf, von früh bis spät durchs Netz zu surfen, er wurde auch zu einem Profi und Experten für die neuen Informationstechnologien, über die er in angesehenen englischsprachigen Publikationen immer wieder schrieb.

Eines Tages stellte er fest, dass er kein guter Leser mehr war, eigentlich gar kein Leser mehr. Sein Geist schweifte nach ein oder zwei Buchseiten ab, und wenn das, was er las, schwierig war und große Aufmerksamkeit und Mitdenken erforderte, machte sich in seinem Kopf eine Art Widerwille breit, diese geistige Tätigkeit weiter zu verfolgen. Er beschreibt es so: »Ich werde zappelig, verliere den Faden, schaue mich nach einer anderen Beschäftigung um. Es ist, als müsste ich mein launisches Gehirn immer wieder zu dem Text zurückschleifen. Das konzentrierte Lesen, das mir früher leichtfiel, wurde zu einem anstrengenden Akt.«

Besorgt traf er eine radikale Entscheidung. Ende 2007

ließen er und seine Frau ihr ultramodernes Equipment in Boston und lebten fortan in einer Blockhütte in den Rocky Mountains, wo es keinen Mobilfunk gab und das Internet mehr schlecht als recht funktionierte. Dort schrieb er zwei Jahre an dem polemischen Buch, das ihn berühmt gemacht hat: *The Shallows: What the Internet is Doing to Our Brains (Wer bin ich, wenn ich online bin … und was macht mein Gehirn solange? Wie das Internet unser Denken verändert)*. Ich habe es in einem Rutsch gelesen, und ich war so fasziniert wie erschrocken und traurig.

Carr ist kein Abtrünniger der digitalen Welt, er ist nicht zu einem zeitgenössischen Maschinenstürmer geworden, der am liebsten mit allen Computern aufräumen würde, ganz und gar nicht. In seinem Buch erkennt er an, welchen außerordentlichen Beitrag Dienste wie Google, Twitter, Facebook und Skype zur Information und zur Kommunikation leisten, wie viel Zeit sie sparen, wie leicht eine ungeheure Zahl von Menschen Erfahrungen teilen können, welchen Nutzen das alles für Unternehmen, die wissenschaftliche Forschung und die wirtschaftliche Entwicklung der Völker bedeutet.

Aber es hat seinen Preis, und letzten Endes bewirkt es eine so große Veränderung unseres kulturellen Lebens und unserer Denkstrukturen wie im fünfzehnten Jahrhundert Gutenbergs Erfindung des Buchdrucks, der einem großen Publikum die Lektüre von Büchern ermöglichte, die bis dahin einer kleinen Minderheit von Geistlichen, Intellektuellen und Aristokraten vorbehalten waren. Carr verweist in seinem Buch immer wieder auf die Theorien des heute fast vergessenen Medientheoretikers Marshall McLuhan, der zunächst auf wenig Resonanz stieß, als er vor mehr als einem halben

Jahrhundert behauptete, dass die Medien niemals bloße Träger eines Inhalts seien, sondern langfristig unsere Art zu denken und zu handeln bestimmten. McLuhan bezog sich vor allem auf das Fernsehen, aber Carrs Argumente und die zahlreichen Experimente und Belege, die er hierfür in seinem Buch anführt, deuten darauf hin, dass seine These in Verbindung mit dem Internet aktueller ist denn je.

Die hartnäckigen Verfechter eines Lebens mit der Software führen an, dass sie ein bloßes Werkzeug ist, im Dienste dessen, der sie benutzt, und natürlich gibt es zahlreiche Experimente, die das zu bestätigen scheinen. Nur, es stimmt nicht, das Internet ist nicht nur ein Werkzeug. Es wird zu einer Erweiterung unseres Körpers, unseres Gehirns, welches sich seinerseits nach und nach an das neue System der Informationsbeschaffung und des Denkens anpasst und dabei die Funktionen aufgibt, die dieses System nun übernimmt und manchmal besser erfüllt als das Gehirn selbst. Es ist keine poetische Metapher, wenn man sagt, die »künstliche Intelligenz«, die ihm zu Diensten steht, besticht und erweicht unser Denkorgan, das so mit der Zeit abhängig von diesen Werkzeugen und am Ende ihr Sklave wird. Warum soll ich das Gedächtnis frisch und aktiv halten, wenn es schon komplett gespeichert ist in etwas, was ein Systemprogrammierer »die beste und größte Bibliothek der Welt« nannte? Und wozu die Aufmerksamkeit schärfen, wenn mit einem Tastenbefehl die Erinnerungen, die ich benötige, zu mir kommen, wiedererweckt durch diese fleißigen Maschinchen?

Es wundert daher nicht, dass ein Webfan wie Joe O'Shea, Philosophiestudent der Florida State University und nun Rhodes-Stipendiat, behauptet: »Sich hinzusetzen und ein Buch von vorn bis hinten durchzuarbeiten, hat doch überhaupt keinen Sinn. Da verschwende ich nur meine Zeit, wo ich alle Informationen, die ich brauche, über das Web viel schneller bekomme.« Sobald man ein geschickter »Online-Jäger« sei, würden Bücher überflüssig. Das Schlimmste daran ist nicht die Schlussfolgerung, sondern dass der Herr Philosoph glaubt, Bücher würden nur gelesen, um sich »zu informieren«. Es ist eine der Verheerungen, die dieses verrückte Kleben am Bildschirm anrichten kann. Und so gesteht auch Katherine Hayles, Literaturwissenschaftlerin an der Duke University: »Ich kann meine Studenten nicht mehr dazu bringen, Bücher ganz zu lesen.«

Es ist nicht die Schuld der Studenten, dass sie nicht mehr in der Lage sind, *Krieg und Frieden* oder den *Quijote* zu lesen. Darin geübt, an ihren Rechnern nach Informationen zu picken, ohne dafür ihre Konzentration über längere Strecken bemühen zu müssen, haben sie die Gewohnheit und selbst die Fähigkeit dazu verloren, sie sind längst konditioniert und begnügen sich mit einem kognitiven Geflatter, wie sie es vom Netz mit seinen unzähligen Links und Sprüngen zu Nachträgen und Ergänzungen kennen, so dass sie gewissermaßen geimpft sind gegen jede Art von Aufmerksamkeit, Reflexion, Geduld und Hingabe, und ohne kann man große Literatur mit Genuss nun mal nicht lesen. Aber ich glaube nicht, dass das Internet nur die Literatur überflüssig macht, denn jedes arbiträre, nicht einem pragmatischen Zweck unterworfene schöpferische Werk steht außerhalb der Art von Erkenntnis und Kultur, wie das Netz sie befördert. Natürlich sind die Werke Prousts, Homers, Poppers und Platons online verfügbar, aber sie werden so schwerlich viele Leser finden. Warum soll ich mich der Mühe unterziehen, sie zu lesen, wenn ich mir einfache, ansprechende und klare Zusammenfassungen des Inhalts dessen ergoogeln kann, was sich die Verfasser dieser Schwarten, welche die prähistorischen Leser einst lasen, ausgedacht hatten?

Die Revolution der Information ist noch lange nicht abgeschlossen. Im Gegenteil, jeden Tag ergeben sich neue Möglichkeiten, und was gestern unmöglich schien, ist morgen schon Alltag. Sollen wir uns freuen? Zweifellos, wenn die Art von Kultur, die an die Stelle der alten tritt, uns als Fortschritt erscheint. Aber wir sollten uns Sorgen machen, wenn dieser Fortschritt bedeutet, was Christof van Nimwegen, ein klinischer Psychologe, der in einer Studie zum computergestützten Lernen die Auswirkungen auf unser Gehirn und unsere Gewohnheiten untersuchte, herausfand: Vertrauen wir einer Software die Bewältigung aller kognitiven Aufgaben an, reduziert dies die Fähigkeit unseres Gehirns, stabile Wissensstrukturen aufzubauen. Mit anderen Worten: je intelligenter unser Computer, desto dümmer wir selbst.

Nicholas Carr mag in seinem Buch hier und da übertreiben, wie das zu geschehen pflegt, wenn es darum geht, umstrittene Thesen zu untermauern. Mir fehlen die notwendigen Kenntnisse der Neurologie und der Informatik, um einschätzen zu können, wie verlässlich die Belege und wissenschaftlichen Experimente sind, die er beschreibt. Aber ich habe den Eindruck, dass sein Buch sehr genau und besonnen ist, ein Weckruf, der, machen wir uns nichts vor, ungehört verhallen wird. Und sollte er recht haben, würde dies bedeuten, dass die Robotisierung einer Menschheit, die sich in Abhängigkeit von der »künstlichen Intelligenz« organisiert, nicht aufzuhalten ist. Es sei denn, klar, eine Atomkatastrophe, ausgelöst durch einen Unfall oder einen Terroranschlag, schickte uns zurück in die Höhle. Dann müssten wir neu anfangen, und wer weiß, ob wir es beim zweiten Mal besser machen.

El País, Madrid, 31. Juli 2011

Danksagung

So wie die Unzulänglichkeiten und Irrtümer, die es in diesem Essayband geben mag, allein meine sind, verdanken seine womöglich treffenden Argumente sehr viel den Anregungen dreier generöser Freunde, die das Manuskript gelesen haben und denen ich namentlich danken möchte: Verónica Ramírez Muro, Jorge Manzanilla und Carlos Granés.

Madrid, Oktober 2011   *Mario Vargas Llosa*

Inhalt

suhrkamp taschenbücher
Eine Auswahl

Isabel Allende
- Fortunas Tochter. Roman. Übersetzt von Lieselotte Kolanoske. st 3236. 483 Seiten. st 4011. 485 Seiten
- Das Geisterhaus. Übersetzt von Anneliese Botond. st 1676. 500 Seiten
- Die Insel unter dem Meer. Roman. Übersetzt von Svenja Becker. st 4290. 552 Seiten
- Inés meines Herzens. Roman. Übersetzt von Svenja Becker. st 4035. 394 Seiten. st 4062. Großdruck. 620 Seiten
- Paula. Übersetzt von Lieselotte Kolanoske. st 2840. 496 Seiten. st 3926. Großdruck. 706 Seiten
- Das Siegel der Tage. Roman. Übersetzt von Svenja Becker. st 4126. 409 Seiten
- Zorro. Roman. Übersetzt von Svenja Becker. st 3861. 443 Seiten

Antonia Baum
- Vollkommen leblos, bestenfalls tot. st 4413. 239 Seiten

Jurek Becker
- Amanda herzlos. Roman. st 2295. 384 Seiten
- Jakob der Lügner. Roman. st 774. 283 Seiten

Louis Begley
- Lügen in Zeiten des Krieges. Roman. Übersetzt von Christa Krüger. st 2546. 223 Seiten
- Schmidt. Roman. Übersetzt von Christa Krüger. st 3000. 320 Seiten
- Der Fall Dreyfus. Teufelsinsel, Guantánamo, Alptraum der Geschichte. st 4304. 248 Seiten

NF 266d/1/04.13

Hans Magnus Enzensberger
- Der Fliegende Robert. Gedichte, Szenen, Essays.
  st 1962. 350 Seiten
- Gedichte 1950 – 2005. st 3823. 253 Seiten
- Hammerstein oder Der Eigensinn. Eine deutsche
  Geschichte. st 4095. 378 Seiten

Louise Erdrich
- Der Club der singenden Metzger. Roman. Übersetzt von
  Renate Orth-Guttmann. st 3750. 503 Seiten
- Solange du lebst. Roman. Übersetzt von Chris Hirte.
  st 4267. 396 Seiten

Laura Esquivel. Bittersüße Schokolade. Roman. Übersetzt von
Petra Strien. st 2391. 278 Seiten

Philippe Grimbert. Ein Geheimnis. Roman. Übersetzt von
Holger Fock und Sabine Müller. st 3920. 154 Seiten

Peter Handke
- Kali. Eine Vorwintergeschichte. st 3980. 160 Seiten
- Immer noch Sturm. st 4323. 165 Seiten
- Die morawische Nacht. Erzählung. st 4108. 560 Seiten
- Mein Jahr in der Niemandsbucht. st 3084. 632 Seiten

Marie Hermanson
- Der Mann unter der Treppe. Übersetzt von Regine Elsässer.
  st 3875. 250 Seiten.
- Muschelstrand. Roman. Übersetzt von Regine Elsässer.
  st 3390. 304 Seiten.

Hermann Hesse
- Das Glasperlenspiel. Versuch einer Lebensbeschreibung des
  Magister Ludi Josef Knecht samt Knechts hinterlassenen
  Schriften. st 2572. 616 Seiten

Andreas Maier
- Das Haus. Roman. st 4416. 165 Seiten
- Onkel J. Heimatkunde. st 4261. 132 Seiten
- Sanssouci. Roman. st 4165. 298 Seiten
- Wäldchestag. Roman. st 3381. 315 Seiten
- Das Zimmer. Roman. st 4303. 203 Seiten

Cees Nooteboom
- Allerseelen. Roman. Übersetzt von Helga van Beuningen.
  st 3163. 440 Seiten
- Roter Regen. Leichte Geschichten. st 4246. 239 Seiten.
- Schiffstagebuch. Ein Buch von fernen Reisen. st 4362.
  283 Seiten

Amos Oz. Eine Geschichte von Liebe und Finsternis. Roman.
Übersetzt von Ruth Achlama. st 3788 und st 3968. 829 Seiten

Marcel Proust. In Swanns Welt. Auf der Suche nach der
verlorenen Zeit. Übersetzt von Eva Rechel-Mertens.
st 2671. 564 Seiten

Ralf Rothmann
- Feuer brennt nicht. Roman. st 4173. 304 Seiten
- Junges Licht. Roman. st 3754. 236 Seiten
- Milch und Kohle. Roman. st 3309. 210 Seiten
- Shakespeares Hühner. Erzählungen. st 4434. 212 Seiten
- Stier. Roman. st 2255. 384 Seiten

Judith Schalansky
- Blau steht dir nicht. Matrosenroman. st 4284. 139 Seiten
- Der Hals der Giraffe. Bildungsroman. st 4388. 222 Seiten

Andrzej Stasiuk
- Dojczland. st 4316. 92 Seiten
- Hinter der Blechwand. Roman. st 4405. 349 Seiten

MAKING
WOOD TOOLS

Second Edition

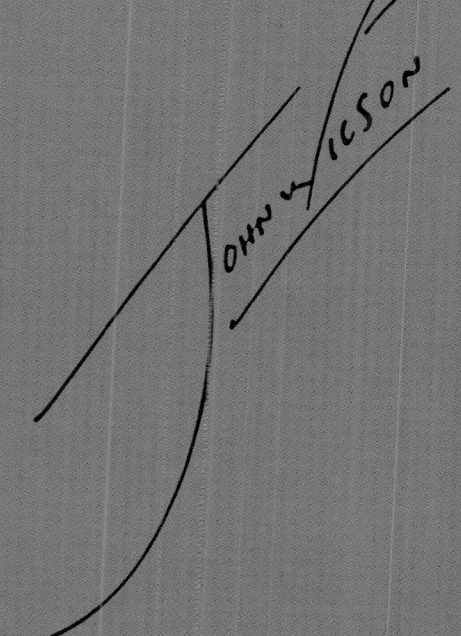

MAKING WOOD TOOLS

Second Edition

Traditional Woodworking Tools
You Can Make in Your Own Shop

John Wilson *Best wishes,*

John Wilson
2019

HOME SHOP BOOKS
406 E. Broadway Hwy.
Charlotte, MI 48813

Learn the process of making tools. This is more interesting than the tool itself. We can see and feel the tool, but process is the life that produces it. Focusing on process spares us from the tedium of material acquisition. It is the line between craftsmen and collectors.

— John Wilson

Making Wood Tools. Second Edition. Copyright © 2013 by John Wilson. Printed and bound in China.

ISBN 0-9729947-5-0

This book is published as an outgrowth of the work and teaching at The Home Shop, Charlotte, Michigan.

Permission to use photographs from my articles published in *Popular Woodworking Magazine* is gratefully acknowledged. They are copyrighted by F+W Media Inc. Please note that these photos are not included in the Public Domain Statement below.

SOURCES OF SUPPLY AND PRICES are included even though they may be out of date by the time you read about the project. Magazine articles include such helpful information as a matter of course. Many publishers withhold such information for reasons of timeliness and self-serving reluctance in offending sources not mentioned. However, I have included prices and sources to give some indication of what I had to work with in 2013. You can use it as a starting point for your search.

SAFETY NOTE: Besides the obvious cautions when using a torch to heat metal in the wood shop, there is one less obvious source of fire. Using a belt sander to sand tool steel blades gives off sparks that land in the sanding wood dust in the machine and on the bench/floor. The fine sanding dust is a place where such sparks can smolder and ignite. Keep all areas clear of wood dust.

The Home Shop
406 E. Broadway Hwy.
Charlotte, MI 48813

COVER: Cap and screw mechanism for adjusting jack plane. See page 43 for a description of how this is made in the wood shop.

HAND ADZE: Page 116

BOOK DESIGN & LAYOUT: LINDA WATTS

Acknowledgements

☐

To craftsmen past in whose footsteps we follow,
whose skills we pass on.

☐

To craftsmen today whom I have known and taught. These
projects owe much to the inspiring proving ground of the
classroom. With special thanks for teaching and project help
from Keith Cole, Gil Chesbro, David Abeel, and Tod Herrli.

☐

To the opportunity afforded by writing for publication,
and especially to the editorial staff at *Popular Woodworking
Magazine*, where some of these projects first appeared:
Christopher Schwarz, Megan Fitzpatrick, Kara Gebhart Uhl,
Linda Watts and Al Parrish.

☐

To the Home Shop, my commute across the drive, which
makes every day interesting, and to working with Eric
Pintar, John Kellogg, Simon Porter, Dale Dodds, Pat Weston
and all those others who make every day a pleasure.

☐

To those who helped with this book: Lynn Fletcher
interpreting my penned pages accurately, Jack Terry
grooming my photos, Dusty Kuehner's gentle editorial
suggestions, Kara Gebhart Uhl for proofreading, and
Linda Watts, whose artistic templates pulled it all together.

☐

To those at home where work and dreams are shared and
find meaning: my children, David, Andrew, Molly and Will,
and most of all, my wife, Sally.

Contents

□

About the Author

◻

Bits and pieces of my story are scattered throughout this book. For instance, telling about the shop stool as a badge of the journeyman carpenter as a 19-year-old in Cazenovia, New York. Seeing for the first time a wood block plane made by Adolph Peschke in St. Louis, which sparked interest in both making and teaching tools. Relating how the classroom at the Home Shop has been a proving ground in which to test the prototypes of wood tools and workbenches. All these are steps along the way to authoring this book on making wood tools.

My great grandfather, William Dexter Wilson, was an academic of some renown on the founding faculty of Cornell University (1867-1885) who authored some 16 books on Church history, philosophy, economics and jurisprudence. The lineage of teaching and writing goes back that far at least. Manual arts were not a part of his life, and presumably, he felt it a lack to rectify in his son. So he sent my grandfather as a Saturday learner to a cabinetmaker. My grandfather was rector of St. Mark's Episcopal Church, Syracuse, New York, and his carvings grace the altar and reredos to this day. His carving tools reside under my bench, though I have carved only two motifs: one in the headboard and one in the footboard of my bed in the little house next to the shop. I lived there for 12 years, and made oval boxes before the completion of the Home Shop. Still a guest house for visitors, it is testimony to making shop space wherever you are. Teaching and writing, tools and wood, are all elements with a goodly heritage.

I was free to work in my father's basement work shop as it was a hand tool only environment, although I remember the purchase of his first electric drill. In this shop I was free to work as a child, presumably because my parents felt that pain would intervene before damage was done using hand tools. I learned from my father how to sharpen tools on an oil stone followed by a whetstone, and how to hand scrape a porch needing refinishing. I was provided with a good education concluding in a liberal arts degree from Carleton College (1962) and a graduate degree in social anthropology from the School of Oriental and African Studies, University of London (1964).

For a decade I taught anthropology at various colleges and universities, until the inability to complete the doctoral dissertation brought my college teaching career to an end. One door closed, another opened: residential construction, pretty much as a one-man business; teaching part-time as a woodworking instructor at Lansing Community College for 23 years; and the formation of the Home Shop in 1988. The mission of the Home Shop is to supply the Shaker oval box trade with all the materials and instruction needed to engage in this traditional craft.

Parallel to oval boxes are an array of projects and activities that spark my interest. Boatbuilding, furniture, and wood tools have all been on the agenda of workshops. Lacking dedicated teaching facility, all of these classes have been by necessity short in duration and focused in subject. Friday is a busy day finishing the backlog of orders for shipment, and this goes on until sweeping and rearranging the shop at the end of the day for the upcoming workshop. Constraints of time and space have served to distill class projects into focused entities. Many of these projects are the subject of *Making Wood Tools*.

The Home Shop

My commute across the drive gives me space to work. The Home Shop is represented at www.ShakerOvalBox.com.

The shop was completed May 8, 1988, in time for a celebration: the reception following Sally's and my wedding. The building was not yet a working wood shop with all the equipment that entails, so there was space to have a pot luck followed by a dance with piano and hammer dulcimer accompaniment. It was a celebration appropriate to the many good times people have joined together since, both as production facility and a classroom.

THE HOME SHOP exhibits the architectural lessons and quirks of a decade as a residential contractor.

Preface

□

Restoring our tool making heritage involves both design and construction of the tool body as well as the making of the blade. This book takes the mystery out of both. Those familiar with the First Edition will find modification to several tools as well as the addition of new ones. The hand adze is improved with added head weight and the spokeshave with a sole plate to protect from wear.

The new shoulder plane lends itself to a mortising plane for hinge gains, a rabbeting plane, and molding hollows and rounds. The simplicity of construction commends it as an undertaking early in your tool making venture into these specialty activities. The large compass plane builds on the scrub plane platform to give you the ability to hollow a Windsor chair seat or similar indent. And if you want a first project in using dimensional tool steel look no farther than the carving and layout knife.

Using O1 dimensional tool steel is new ground for many woodworkers. The availability of a variety of dimensions at reasonable cost is the beginning. Knowing about heat treating is what makes it useful. It is reassuring to learn that O1 tool steel remains as fine a steel as any available for the woodworker. The following is a conversation with a knife maker:

In SEM monographs comparing the grain structure of popular knife steels, O1 had the finest grain structure by far. In practical terms it means the O1 can be made sharper than other steels. Other steels have larger carbides and can make an edge that lasts longer in terms of wear, but can never be as sharp. Another attribute of O1 is that heat treating has more latitude and is easier to get good performance out of low tech processing.

The path to a fine tool can take many routes. What you will find here is my encounter with shop made tools:

- Using means of construction readily available in the wood shop
- Breaking down the construction into understandable steps
- Simplifying each step to ensure success
- Having the journey give you ownership in the fullest sense of a tool you can use.

John Wilson

The Home Shop

P.S. Besides new projects like the Carving & Layout Knife shown below (see page 142), check out using table salt to "sand" the glue line to prevent clamping slippage on page 11.

Introduction

☐

The projects in this book represent tools you can make. These are not the electric stationary or portable tools prominent in most shops in the 21st century. They are the legacy of the 18th- and 19th-century craftsmen that are being rediscovered by woodworkers today. While the majority of my day is spent with a fractional horsepower electric motor in my hand or turned on before me at a saw, my life in wood is immeasurably enriched by knowing about these tools and knowing where to reach for them when the task calls for it.

Tools represent a state of mind. Their use and range of application depend on the skill of the hands that reach for them and put them to use. Whenever you see an application for another tool, that is the time to make or buy it. This is more than collecting. It is using the tools of the trade.

Don't balk at the price of a hand tool. For some reason we think they should be cheaper than their power equivalent and yet hand tools last immeasurably longer. My grandfather's hand tools are as good and useful today as they were in the 1860s when he learned to use them.

By the 1960s much of this legacy had been lost to Americans, both the mindset to use hand tools and the sources of supply where they could be found. It is one of the success stories of woodworking in our lifetime that this trend was reversed. Forums for good information were started and two of the first were *Fine Woodworking* (1975) and *WoodenBoat* (1974). I remember the first time I received the Garrett Wade catalog. What a feast for the eye and an invitation to explore. Two catalog sources from hand tool designers and manufacturers are very much alive today and come out of this revival: Lie-Nielsen Toolworks (lie-nielsen.com) and Lee Valley Tools/Veritas (leevalley.com). One of the individuals responsible for teaching Americans about their heritage, Tage Frid, is found in "The Home Shop Workbench" on page 176.

Magazines, books, film, schools, and wood shows have proliferated in the period since the beginning of this tool revival. It is said that woodworking ranks along with gardening, cooking, and reading as America's favorite pastimes. Magazines like *Popular Woodworking Magazine*, *American Woodworker* and *Wood* serve their interests and serve them well. Ernie Conover, Marc Adams, and Kelly Mehler come to mind as individuals whose knowledge and passion for fine woodworking and tools have led to opening schools. The Home Shop, my own business for supplying craftsmen with oval box supplies, holds classes where all of the tools featured here have been taught, and whose students served as proving ground for what you read.

So why make your own tools? Some do it to save money. Others for the challenge to learn how. I would add that a tool is more than itself, it is a mindset. This makes tool making an enlightening experience, and a legacy to give your grandchildren.

1

Making Planes & Other Tools

- ☐ Block Plane
- ☐ Chisel Plane
- ☐ Compass Plane
- ☐ Jack Plane
- ☐ Shoulder Plane
- ☐ Molding Plane
- ☐ Scrub Plane
- ☐ Large Compass Plane
- ☐ Smoothing Plane

- ☐ Spokeshave
- ☐ Router Plane
- ☐ Travisher
- ☐ Hand Adze
- ☐ Shop Drawknife
- ☐ Scrapers
- ☐ Cabinetmaker's Bow Saw
- ☐ Carving & Layout Knife

Block Plane

□

The block plane is a good place to start. It is the first woodworking tool for which I can claim ownership. I don't mean ownership in laying out money, but tool ownership of acquired proficiency. After leaving high school I hired on as a carpenter. The uniform was a baggy white coverall with bib and suspender front, ample pockets including a ruler slot at the hip, and a nail apron across the waist. The tools of the trade were a 20 oz. Estwing curved claw hammer slung in a canvas loop in the coverall, an 8" Stanley square which we called a handy-dandy tucked into the ruler slot and used for a myriad of tasks that would make a tool purist flinch, a Lufkin 6' folding rule with sliding brass extension for inside measurements, and a block plane. It resided in the nail apron and was employed for everything from chamfering a shelf board to making a door fit. If a tool is an object to solve a problem, and a wood tool is a way to work wood, then the block plane became my introduction to the world of hand tools.

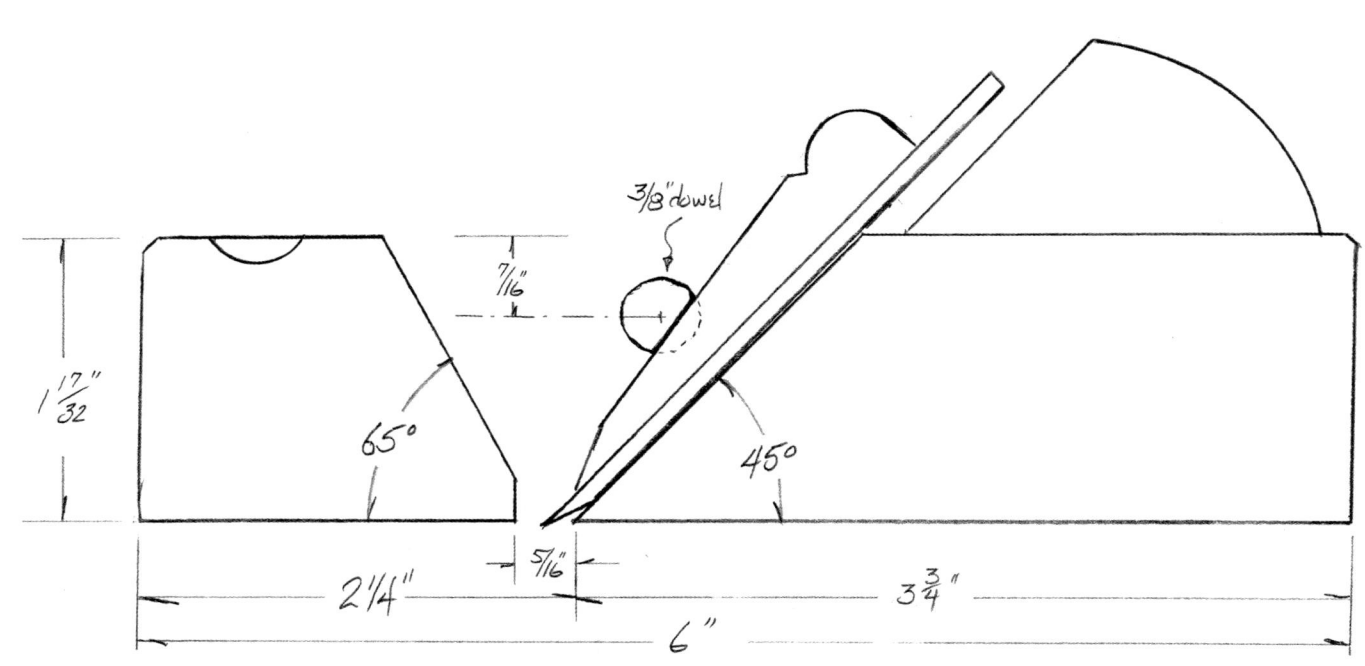

SIDE VIEW

WOOD BLOCK PLANE

MATERIALS

Core block [1,2]	$1^{17}/_{32}$" x $1^{17}/_{32}$" x 6" walnut
Sides (2)	$^{1}/_{4}$" x $1^{17}/_{32}$" x 6" maple
Wedge	$^{1}/_{2}$" x $1^{1}/_{2}$" walnut stock
Blade	$^{1}/_{8}$" x $1^{1}/_{2}$" x $3^{1}/_{2}$" O1 tool steel
Retainer bar	$^{3}/_{8}$" hardwood dowel
Alignment	$^{1}/_{4}$" x $1^{7}/_{8}$" x 6" board and $^{3}/_{16}$" dowel for 4 – $^{1}/_{2}$" pins

[1] *Plane body wood can be made from a variety of hard, smooth grained species.*

[2] *The width of the core block is the blade width plus $^{1}/_{32}$" to $^{1}/_{16}$" clearance. The height need not be so precise. However, when I made the core blocks $1^{17}/_{32}$" x $1^{1}/_{2}$" instead of $1^{17}/_{32}$" x $1^{17}/_{32}$" students sometimes cut and glued the wrong surface ending up with a plane with no blade clearance.*

Block Plane Design

A plane is a frame, wooden or metal, for holding a blade much like a chisel. It fits comfortably in hand at a fixed angle for removing shavings from wood. Wood grain runs differently along the side and across the end of a board. The block plane is spoken of as being the tool of choice for working, or blocking, end grain. It does that, and so much more. Being the right size for single handed operation, it gets employed for chamfering edges either side or end grain. For ease of long strokes the length of a board its big brother planes come into play, but the block plane is handy, and kept sharp will serve the craftsman well.

There are several types of block planes sold today. Stanley has two versions of a metal block plane: the standard, No. 9½, and the low angle No. 60½. The low angle block plane is ¼" narrower as well as having a blade bedded to cut at a lower angle of attack as its name implies. The standard angle of a plane blade is 45° which experience has shown to be best for general work. Two attributes of blade angle are ease of operation and smoothness of cut. The first relates to the effort needed to do the planing, the second to the presence of any tear-out of wood fiber on the surface. As a blade is lowered it gets easier to push; as it gets steeper it does a smoother job. Hence, smoothing planes will have a blade angle of 52° or 55° or more rather than the standard 45°.

Bezel Up or Down

At first glance, the metal-bodied block planes, either standard or low angle, will appear to be much lower than a bench plane. This is deceptive due to the change in how the blade is placed. The blade's bezel, or bevel angle, in a metal-bodied block plane is up, while other planes have theirs turned down. It is the angle of approach rather than the angle of the whole blade that counts. It is the metal frame of the plane that allows the manufacturer to turn over the blade giving it a lower, and handier profile whether standard or low angle. In the illustrations on page 6, the blade is sharpened at a 25° bevel.

The wood-bodied plane, whether a bench plane or a small block plane, has the blade bezel down. This is because the wood frame can not be shimmed down in the bedding angle as is

FOUR BLOCK PLANES. Stanley Model No. 9½ (middle) with standard blade angle and No. 60½ (bottom) low angle version. The wood-bodied E. C. Emmerich Co. (top right) and the shop-made model (top left) both have standard 45° angle of blade with the blade bevel down rather than up as the metal-bodied block planes do.

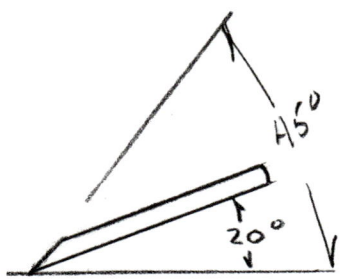

STANLEY NO. 9½
Blade angle 20° plus bezel 25°
= 45° Angle of Approach

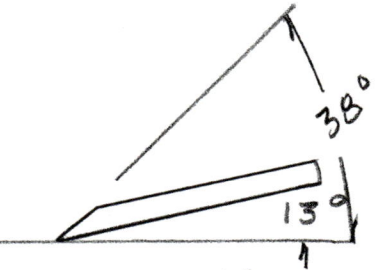

STANLEY NO. 60½
Blade angle 13° plus bezel 25°
= 38° Angle of Approach

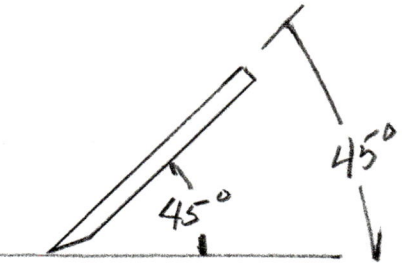

WOOD-BODIED BLOCK PLANE
Blade angle 45°
= 45° Angle of Approach

possible in a metal casting. It is still a small handy tool, but not as much as the low angle Stanley No. 60½ which remains in a class by itself.

Teaching Block Plane Making

Not only was the block plane the first tool for which I could claim ownership, but it was the first plane I saw being made in a class. I credit Adolph Peschke for showing me this project. The father of *Woodsmith* editor Don Peschke taught classes in plane making at their family store in St. Louis. I was there to teach oval box making and learned from Adolph. The class has been the flagship event in plane making at the Home Shop since 1987. It set the pattern for every project to follow where students do both the plane construction as well as blade making. Being able to make your own blade gives versatility to project design as well as being a great learning experience.

A wood-bodied plane uses materials and methods you can do in the shop. In this regard it echoes the experience of apprentices for generations in learning their trade, and acquiring the tools needed to be a journeyman. The proportions of the block plane design are similar to the beautifully crafted Primus plane made in Germany and sold by the ECE Company. It also is based on a three-piece body which allows for accurate cutting of blade rest and fore angles

that otherwise require difficult chiseling operations in a solid block. The use of a walnut core block and contrasting Birdseye maple cheek pieces introduces a striking appearance. From a durability standpoint, an all-maple body would be more serviceable, as wood-bodied planes do wear on the sole and require periodic resurfacing if given extended use.

Making the Blade

The blade is made from an O1 tool steel blank ⅛" x 1½" x 3½". This steel is very serviceable, easily worked in shop conditions (meaning the heat treatment tolerances are forgiving of the imprecise methods we have available) and produces a finished blade as good as any. While other alloys are touted in the market, one well-known producer of plane blades said in conversation that O1 would be his preference for a plane iron intended for this project. The steel is sold in 18" and 36" lengths at a reasonable cost of $3 per blade. It comes annealed, meaning softer than what results from heat treatment, so shaping and beveling can be accomplished, as well as drilling blades used in the chisel plane described next.

Grinding the blade blank begins with rounding the top end to be comfortable in your hand. I call this style a tombstone end. The bezel or bevel cutting end is ground to an angle of 25°.

Leave off grinding while a small flat remains (¹⁄₆₄") so that the feathered edge will not become carbon starved in heat treatment. Use the belt sander with 80-grit belt to level the bezel. The advantage is the flat surface and control possible with this tool. CAUTION: Sparks can ignite wood dust so clean your work area first. The sander is also used to ease the edges of the sides and tombstone end.

Everyone is fascinated with fire. The bezel end of the blade needs to be heated to 1,450° F to 1,600° F which renders the steel a glowing cherry red. This is a color as seen in the dim interior of the old blacksmith's forge, so be cautious in bright sunlight where it might be overdone. Only a band a half-inch wide at the end need be brought to this temperature. The use of a double tin can used as a heat shield, or elemental furnace, can help get an even glow to the blade end when using a propane or MAPP gas torch which may be more accessible than the intense heat of an acetylene torch used by welders. In either case, the blade when hot is quenched in oil, the whole of the blade immediately submerged in one stroke to avoid warping the blade if dipped slowly, also flame will surround the hot steel at the surface where oxygen can ignite the oil. (Read the section on "Tool Steel & Blade Making," pages 150-157.)

The realignment of the molecular structure produces a blade very hard, yet brittle. Drop a blade at this stage and it is likely to chip. I have had one flake similar to that seen at the edge of glass. To achieve a useful balance between hardness and toughness, the blade is tempered. This involves heating the blade in an oven and holding it for 20 minutes at 350° F to 400° F. This results in an edge with a Rockwell hardness of 60-62 (in contrast to the brittle hard 65 to 70 or the annealed 45) which can hold an edge without chipping.

The final sharpening will bring your blade making to an end. Lap the back to ensure it is straight and smooth at the cutting edge. The entire blade can be polished, or left with heat treating colors and slight roughness that can help secure the blade when wedged. Imprint name and date on your creation.

TOOL STEEL IS HEATED to cherry red using a torch and tin can "furnace" to focus heat. Quench in oil to make it hard and brittle. CAUTION: Tin can gets hot. Keep away from flammable surfaces.

TEMPERING IN OVEN and holding at 400° F for 20 minutes and cooling slowly will restore needed toughness. Polish and sharpen cutter, but leave reverse side rough to help hold securely in plane.

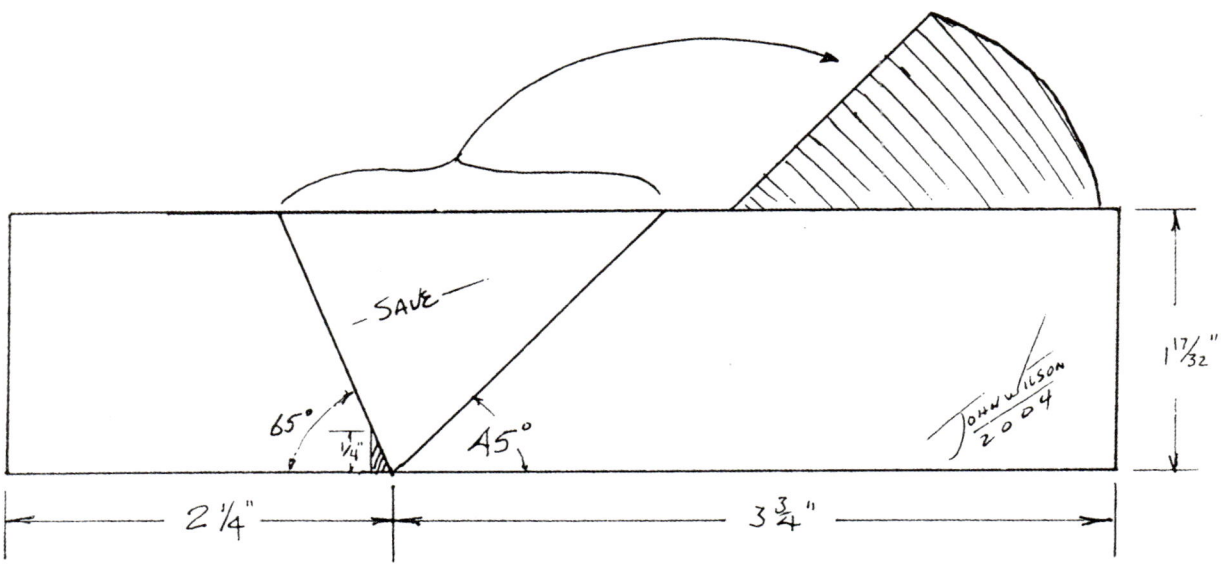

CORE BLOCK

Wood Plane Body

While all this working with fire and grinding, sharpening and heat treatment is going on, the class I teach is also working on the wood plane body. The three-piece body is the key to success for the new toolmaker. Making an inside square hole with a variety of angles is not for beginners, or anyone with the time constraint of a one day tool class. Follow the plan for cutting the core block. Draw the bedding angle 45° and fore angle 65° from a point 2¼" from the front end. This is cut and sanded being sure that the bedding surface especially is flat and square. Save the triangle scrap which will become the heel of the body later. The fore block receives a ¼" wide flat at 90° on the disc sander.

Glue-up of the plane body is accomplished using a thin board ¼" x 1⅞" x 6" to keep all pieces aligned. Draw two lines across this board at 2" and 2⁵⁄₁₆" to show where the throat opening comes. The appropriate size of the opening of the mouth is a factor of two opposing conditions. Having the sole close to the blade helps prevent tear-out, while having a mouth too small creates

THE CORE BLOCK IS CUT for the throat opening: 65° forward and 45° for blade angle. The intersect of angles is 2¼" from front of the core block. The salvage cut from the throat gives you the piece for the heel block.

THE THREE-PIECE BODY allows for accuracy. The bedding angle shown here is being sanded flat and square to the sides.

a jamb. The trade-off of these two factors results in an opening that varies from plane maker to plane maker. I believe that the evidence for a very tight mouth being significant in smoothness of cut is unclear. At the same time I know for a fact that a jamb of shavings is a pain.

Wax the alignment board to prevent glue from adhering. Clamp the fore and bed blocks to the board. Set the cheek pieces alongside the core blocks and lightly pencil the throat opening so you can avoid spreading glue here. Holding the sides in position with a small clamp, drill 3/16" holes 1/2" deep through sides into middle of both core blocks. See photo below right showing this operation for accurately drilling these small pins. When all is ready, glue all surfaces (avoiding throat opening) and drive pins.

Clamp pressure can be in your bench vise or you can use four clamps. If you use a bench vise, be sure alignment board and dowel pins do not interfere with clamping pressure. Before glue sets hard, clear out any glue beads from the throat.

The sole and top surfaces are sanded flat and square to the sides. The ends are sanded on a slight arc. Next, sand a chamfer around the top surface and all four corners as shown in the photo of the plane body on page 10. A nice touch is a finger indent in the fore block made with a router core bit chucked into the drill press. Finally, the heel block is made from the throat salvage piece and glued to the bed block leaving 1/4" space behind the opening so a hammer can tap the blade.

The wedge is cut at an 8° to 10° angle, any steeper and it pops out under pressure. Bevel the lower end for shavings and carve a crease near the top for ease in removing. The 3/8" dowel used for retaining the wedge has a flat filed one-third into the surface touching the wedge that will increase retention.

AN ALIGNMENT BOARD ensures that core blocks are in the right place. Mark 5/16" throat opening, then wax the board to prevent glue from sticking.

SIDES ARE HELD IN PLACE with two 3/16" dowel pins each. Drill is marked with masking tape to give 1/2"-depth hole. Be sure no slippage happens when drilling the second hole. Here the first pin is set partially without glue to ensure accuracy. Draw a faint pencil line in the throat so that when you spread glue on all surfaces, you can avoid it there.

SQUEEZE IN BENCH VISE. Be sure alignment board and dowel pins do not interfere with pressure to sides. A chisel will clear glue beads from throat when glue skins over.

SHAPING BODY SEQUENCE I – all sides, top and sole flat and square.

SHAPING BODY SEQUENCE II – finish both ends. Give slight arc to end on disc sander.

SHAPING BODY SEQUENCE III – round over where sides meet ends, then chamfer edges as seen in this and other photos.

DIMPLE FORE BLOCK FOR FINGER HOLD using a router core bit chucked into the drill press. Note edge chamfering and corners rounded.

Locating the retainer pin is key to making the wedge work. The center point of the hole for the pin is $1/8$" ahead of the wedge. The drawing shows the blade in position along with the wedge. Draw a line along the front of the wedge. Then draw a line parallel to and $7/16$" down from the top edge of the side. The $3/8$" hole is centered $1/8$" ahead of the intersect of these lines.

Transfer the points from the inside of the throat to the outside of the plane. Draw a $7/16$" parallel line outside and carefully eye the wedge position. You can make a simple transferring tool as shown. Drilling both holes independently will ensure location and leave any tear-out inconspicuous on the inside.

HEEL BLOCK IS CUT FROM THROAT SCRAP. Here you see the remainder behind it on the bench. Round over edges. Leave $1/4$" space between bedding angle and heel block for hammer tapping the blade.

CUT WEDGE from $1/2$" x $1^1/2$" stock. A 9° wedge is cut from end corner back 3". Sand micro bevel on lower end. Notch top. Sand true.

Final adjustment of wedge position is made by the amount of filing of the flat on the dowel, or by remaking the wedge. After putting blade, wedge, and cross bar together, sand the outside flush. Note that the retainer bar has no glue.

Final adjustments and sharpening will give you ownership of your very own plane. Working with a wedged blade is discussed in the section "Adjusting a Wedged Blade" on page 13.

GLUE-UP LESSONS FOR THE SECOND EDITION

The three-piece plane body takes the mystery out of the verious angles of the throat opening. One change in doing the glue-up involves the use of common table salt. How do you prevent these pieces from sliding when clamped? Using more clamps is one way to prevent slippage, and using pegs in each core block is another.

Now you can try a sprinkle of table salt to "sand" the glue line. I learned this from a participant who said it was used in assembling marquetry. A tool collector confirmed this when he told me of two instances where he purchased patternmakers' tool chests, and pondered over the presence of a small salt cellar amongst the tools. His initial surmise that it was part of the toolmakers' lunch kit now seems more reasonably explained: They both knew about salting the glue line.

This is the place to add a further suggestion about gluing: Use half as much glue when wetting both surfaces, and start with light pressure. Only after four clamps are in place do you increase pressure all around. And just as with using half the amount of glue, use half as much final pressure. While talking about minimal amounts, use only a few grains of salt to sand the glue line. They will do the job and dissolve in the glue.

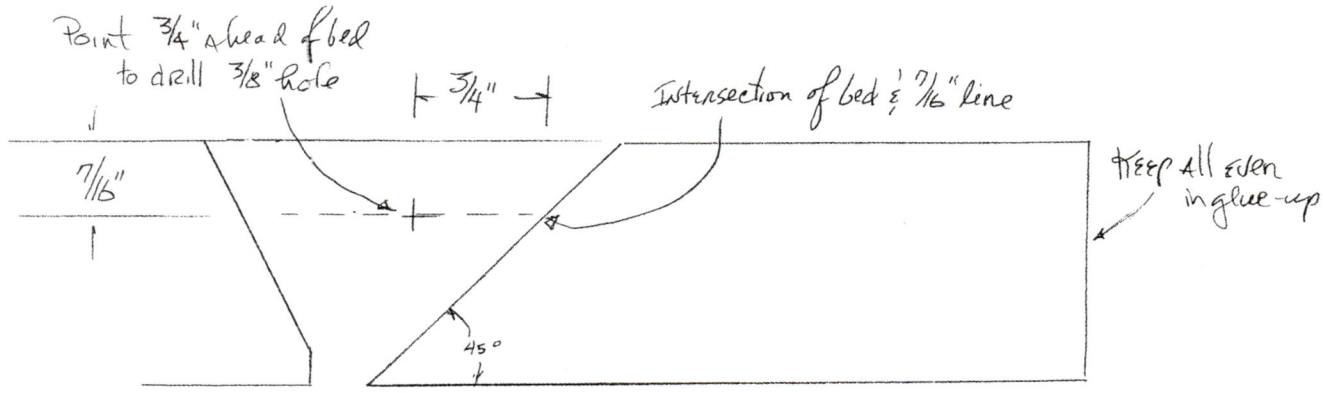

LOCATING CROSSBAR HOLES

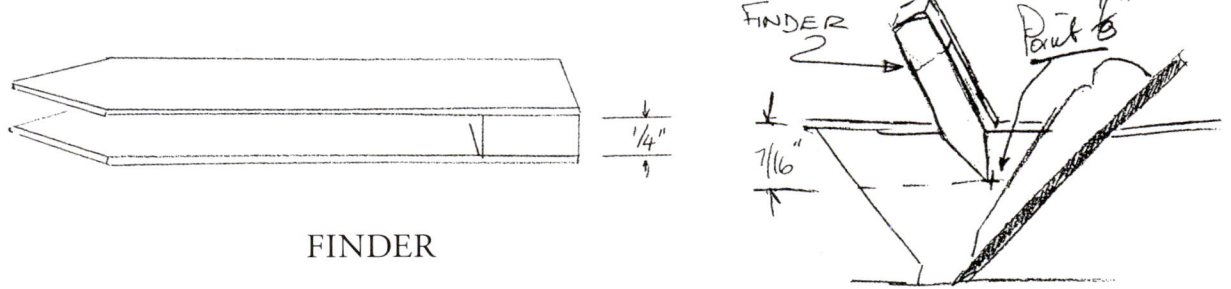

FINDER

LOCATING THE ³/₈" DOWEL HOLDING PIN. With blade and wedge in place, mark point ⁷/₁₆" down from the edge and ¹/₈" ahead of the wedge, as shown in the drawing above right. Transfer this point to the outside. A simple toast tong tool is used here.

DRILL ³/₈" HOLES for dowel pin.

RETAINER PIN IS IN PLACE with wedge tapped snug. Cut pin remainder, then sand both sides flush. Note there is no glue used with this pin.

ADJUSTING A WEDGED BLADE

Tapping a blade and wedge to adjust the shaving size is not part of modern plane culture. The Bailey and Stanley inventions of the last quarter of the 1800s made screw adjustment standard. Planes in this book employ both old and new ways. Looking ahead, the jack plane, chisel plane, and spokeshave have screw mechanisms, while the block plane, compass plane, scrub plane, and smoothing plane rely on a wedge. From a construction standpoint, the wedge is easier to make in shop-built tools. So for this reason alone, becoming familiar with adjusting the wedged blade is worth it. Additionally all those old planes collecting dust in the flea market, or maybe some you already own, can become part of your tool kit.

Advancing the blade is always easier than retracting it, or at least it is more obvious. Just tap the blade and it goes down. Alignment is accomplished the same way with sidewise taps to the blade. But how to reduce shaving size is mysterious. Tapping the sharp end of the blade is not an option. What is done is tapping the plane body, either on the back end or the top surface, to jar loose the wedge, or slightly move the blade back in the throat.

The plane body is first placed on a hardwood surface, and the blade is inserted and wedge engaged to give blade placement resting squarely on the flat surface. Tap the wedge with a light blow. Over-tightening the wedge will complicate adjusting. Sight down the sole and adjust the blade by tapping the blade to extend it. To retract the blade, tap the surface immediately ahead or behind the blade. Tapping the heel of the stock to retract the blade will provide finer adjustment. Hold the wedge and blade with one hand while tapping both to retain control of a loose blade as well as provide pressure to retract.

Chisel Plane

☐

A plane is basically a holder for a chisel, keeping the blade at a uniform angle, providing a sole to the board, and affording a handhold to work effectively. A chisel plane is a cut away low angle block plane. The blade is exposed to the plane end making it the most obvious chisel holder. The plane can cut right up to an inside corner, much as one uses a bench chisel, only with more control.

Inspiration for this plane comes from "Wooden Chisel Plane" by Norm Pollack, Fine Woodworking, *March/April 2001.*

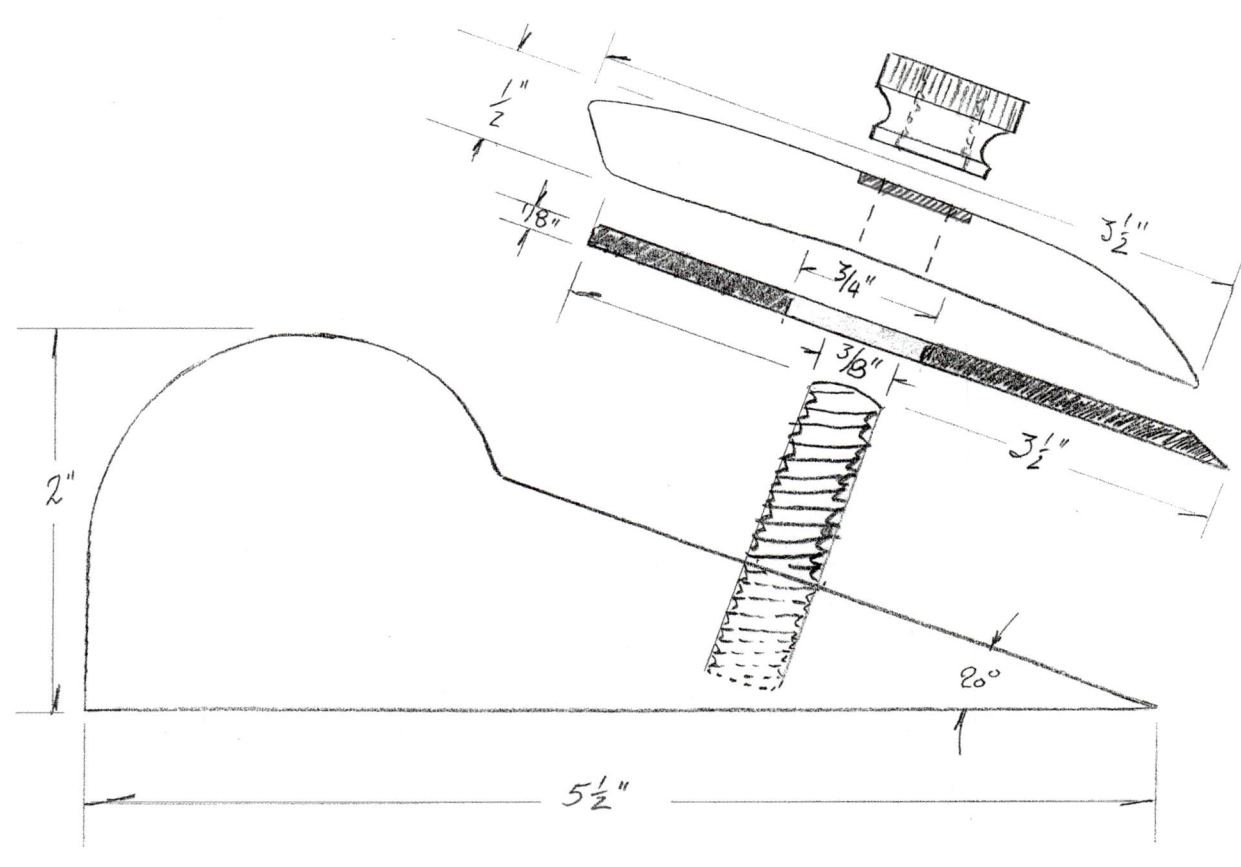

SIDE VIEW

CHISEL PLANE

MATERIALS

Maple plane body	1½" x 2" x 5½"	
Maple cap	½" x 1½" x 3½"	
01 Tool steel blade	⅛" x 1½" x 3½"	Reid Supply, 18", #SFS-54006, $13.42
Steel threaded rod	⅜" x 16	Reid Supply, 36" length, #TR-90, $3.98
Brass thumb nut	⅜"-16	Reid Supply, #AJ-727, $3.12
Copper washer		NAPA, #26442, $.69
Rotary file (optional)		Reid Supply, #GAR-60020, $7.04

The elements of the plane follow directly from the block plane. The blade uses the same 01 tool steel blank $\frac{1}{8}$" x $1\frac{1}{2}$" x $3\frac{1}{2}$". The grinding of the bezel (cutting angle) together with its hardening, tempering, and sharpening is the same. The one difference is the $\frac{3}{8}$" x $\frac{3}{4}$" hole for the screw rod. This is accomplished by drilling two $\frac{3}{8}$" holes in the annealed steel, and filing away the bridge between the two holes.

The maple plane blank is $1\frac{1}{2}$" x 2" x $5\frac{1}{2}$". The hand rest and bedding angle are cut in one piece. Take particular care of the flatness of the blade bed. The blade must rest firmly at both ends. The threaded post is anchored directly into the hard maple block. The hole is the minor dimension of the threads using a $\frac{5}{16}$" or $\frac{21}{64}$" drill bit. The $\frac{3}{8}$" steel rod is clamped in a vise grip plier so that you can turn it into the hole. The threaded

PARTS OF THE CHISEL PLANE. Cut the body from a maple blank $1\frac{1}{2}$" x 2" x $5\frac{1}{2}$".

SAND THE BLADE SURFACE FLAT and square to the side. Shape palm end for comfortable grip.

rod self-taps itself. Hard maple is a wonderful wood in this regard, anchoring the threaded rod as surely as if a metal insert were used. Once in place, the post is cut off with 1" exposed.

The cap, also of maple, is shaped to hold the blade firmly at both ends. The center is slightly relieved to ensure the pressure is applied along the whole length of the blade. The $^3/_8$" hole can be given a wear washer as used in the Jack Plane (page 43) made from a copper $^5/_8$" o.d. x $^3/_8$" i.d. auto part. A $^5/_8$" Forstner bit is used to recess a $^1/_{16}$"-deep hole prior to drilling through with the

$^3/_8$" drill. The washer is a press fit. To be sure, this is an embellishment more than maple needs to do its job for a lifetime. The knurled brass nut completes the cap. To aid in preventing the blade slipping during use, you can glue a piece of emery paper to the bed. This will provide some "tooth" to the surface to help grip the blade firmly. The back surface of the blade should be left rough from the heat treating.

Simple, yet effective, the chisel plane lives up to its name being ready to reach those hard to get to places in the manner of a chisel with control.

THE BLADE IS SIMILAR to that in a block plane, only an elongated hole $^3/_8$" x $^3/_4$" is drilled and filed in the annealed steel before hardening. The bridge between holes is being filed. Also useful is a rotary file with burrs on the side of a 1/4" shank that chucks into your drill press.

THE THREADED $^3/_8$" POST is self-tapping with vise grip to turn it. Drill the hole to the minor dimension of the threads, $^5/_{16}$" or $^{21}/_{64}$".

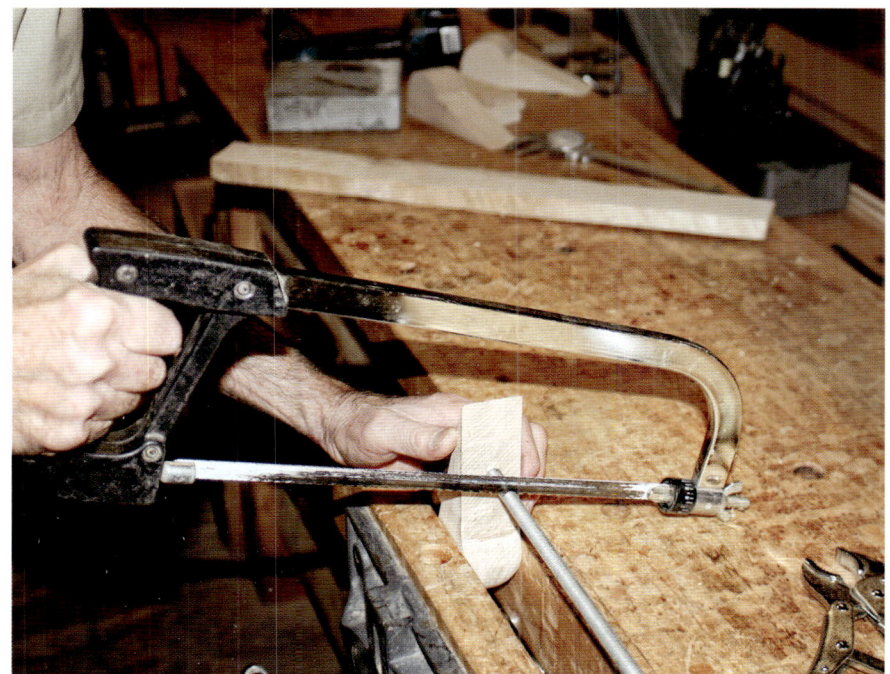

THE THREADED ROD is cut 1" long and end filed smooth.

THE CAP is $1/2$" x $1\frac{1}{2}$" x $3\frac{1}{4}$" with a $3/8$" hole for the post. A nice touch is the copper ware washer shown here being drilled with a $5/8$" Forstner bit. The washer is in the foreground.

Compass Plane

□

This plane came about in 1986 when I was teaching a class alongside Mike Dunbar's Windsor chair class at Ernie Conover's School. From time to time I would check on progress, or listen in on Mike's directions. Making the characteristic Windsor seat occupied a good deal of students' time, and involved hand tools unique to the trade. One such tool was this compass plane. I happened to have an extra block plane made by the German ECE Company with me, so I borrowed Mike's little compass plane as a model for this cut down block plane.

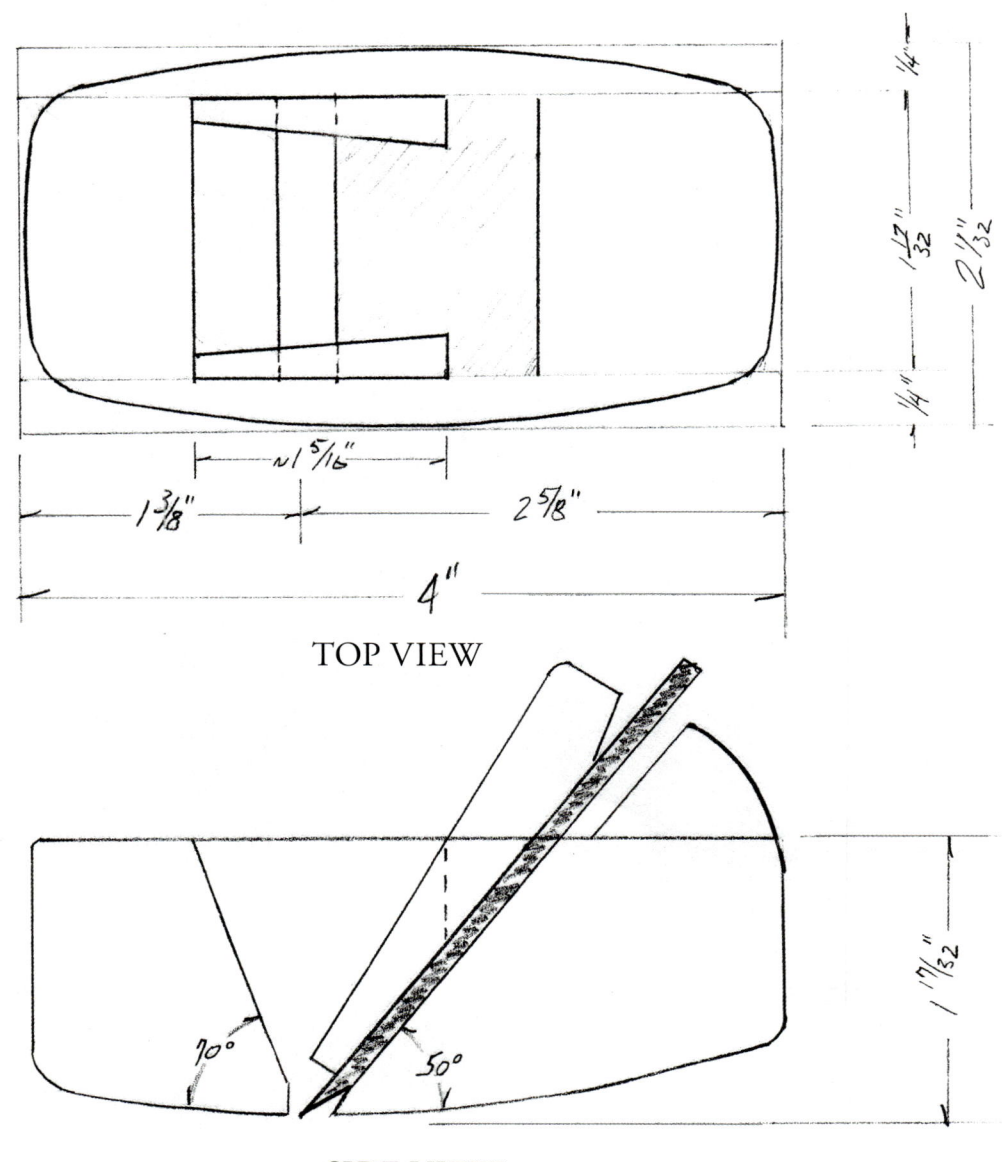

TOP VIEW

SIDE VIEW

COMPASS PLANE

MATERIALS

Core block	1$\frac{17}{32}$" x 1$\frac{17}{32}$" x 4" maple or similar hardwood
Sides (2)	$\frac{1}{4}$" x 1$\frac{17}{32}$" x 4" maple
Wedge	$\frac{1}{2}$" x 1$\frac{1}{2}$" maple stock
Abutments	$\frac{1}{4}$" x 1$\frac{1}{4}$" tapered maple stock
Alignment & pins	$\frac{1}{4}$" x 1$\frac{7}{8}$" x 4" board, and $\frac{3}{16}$" dowel pins
Blade	$\frac{1}{8}$" x 1$\frac{1}{2}$" x 3$\frac{1}{4}$" O1 tool steel

Beyond the Straight Surface

Various tools are used to shape curved surfaces. The straight chisel is curved side to side in the gouge, or bent up in the hollow. The draw knife is curved round to make the inshave or scorp. The plane has three variations to allow the blade to follow a depression. Two of these have short soles with handles to both sides, the spokeshave and the travisher are shown as projects later in this book. The third is the compass plane which modifies the straight soled block plane. Curve the sole front to back and create a hollow used by wheelwrights and coopers. Curve the sole side to side and make a round as in molding planes, or the boat wright's spar plane. Combine both front and back and side to side curves in the sole and you have a compass plane.

Materials for the Compass Plane

This plane's body parts are hardwood and you have several choices. The German plane I first modified had a body of hornbeam with a laminated sole of lignum vitae which is hard and self lubricating. My choice is hard maple. The parts include a core block, two cheek boards, tapered strip for abutments, and wedge. Cut the sides and core to 4" length, but leave abutment and wedge stock longer both for safe cutting of these parts and for spare parts for recutting if needed.

In addition, other wood parts are a ³⁄₁₆" dowel from which to cut four ½" dowel pins (or see page 11 for salting the glue line), and a piece of ¼" wood 1⅞" wide x 4" long to use as a sole plate to align the two pieces of the core block in gluing.

TWO COMPASS PLANES, one adapted from the German ECE block plane in the background, and parts for making one from scratch. The angles of 70° and 50° are drawn on the core block, which has been cut.

The Blade

The blade is O1 tool steel ⅛" x 2" x 3¼". We will start by shaping and hardening the blade. You can purchase tool steel at a mill supply in lengths 18" and 36". In its annealed state as it comes to you, it can be cut with a sharp hack saw to length.

The top of the blade is rounded and edges eased for a comfortable grip as this small plane will fit in the palm of your hand. The cutter is curved to a 2½" arc with a 25° bevel. A grinding wheel will do the major shaping, while my favorite tool for finishing the shape is the belt sander. The surface is flat and the operation is not so prone to overheating as the grinder. Use #80 grit belts that may have a little wear left before being thrown away.

Tool steel has about 1 percent carbon. The molecular structure of the carbon controls the qualities of hardness and ductility. The use of heat and rate of cooling control carbon grains. Once the blade is shaped, the blade end is heated by a torch to cherry red 1,500° F, then quenched in oil. The heat and rapid cooling will make the blade very hard and brittle. To reduce the hardness somewhat and restore needed toughness to

THE BLADE AS MADE FOR A BLOCK PLANE is given an arc of 2½" radius and a cutting angle of 25°. The belt sander is the tool of choice to achieve an accurate shape without overheating the steel. One partially used 80-grit belt will do the work before it gets thrown away.

prevent possible chipping, the blade is tempered in an oven to 400° F for 15-30 minutes and allowed to air cool slowly.

Final sharpening is done now. The unhardened top of the blade can be stamped with your name and date as the maker. Leave the surface that will touch the bedding block unpolished as the rough surface from the torch will help keep the blade from slipping.

HARDENING TOOL STEEL requires heating the blade to cherry red (1,500° F) using a propane torch and double can "furnace" to conserve heat, and quenching in oil.

TEMPERING THE BLADE to restore toughness requires oven heating to 400° F. Air cooled slowly.

Angles, Blocks, and Cheeks

Making the wood plane body from a single hardwood block was a task mastered by an apprentice during his four years learning to be a journeyman woodworker. Carving the throat angles are difficult and unforgiving work. The solution to this showstopper task is to divide it into the various parts and reconstitute the parts into a plane.

The core block is 4" long by the width of the tool steel blade plus $^1/_{32}$" adjustment clearance. The blade needs from $^1/_{32}$" to $^1/_{16}$" clearance for lateral adjustment. The two cheek boards are $^1/_4$" thick and match the core for width and length. The bedding angle of 50° and the fore angle of 70° are laid out and cut. Sand these surfaces square and flat. The bedding angle especially needs to be flat to hold the blade.

The two blocks are clamped to the sole plate. This plate is marked with the $^1/_4$" throat opening and waxed to prevent it from being stuck during glue-up. The two sides are placed in position and drilled for $^3/_{16}$" dowel pins. These pins hold the sides during gluing to prevent slipping under pressure. See that the pins and sole plate do not interfere with the squeezing pressure. Now

ARRANGING THE PARTS FOR GLUE-UP is aided by the use of a sole plate on which the $^1/_4$" gap for the throat is drawn. This will ensure that the opening is correct and the sole flat. The $^1/_4$" board is waxed to prevent it from getting stuck in the gluing.

spread glue on core and sides, and clamp either with several more C-clamps or use the bench vise. Remove any glue beads from the throat, and sand all outside surfaces, keeping them square.

SEQUENCE FOR MAKING BLADE

Shape Blade:
1. Blank $^1/_8$" x $1^1/_2$" x $3^1/_4$".
2. Grind top to shape.
3. Grind 25° bevel with $2^1/_2$" radius arc.
4. Use belt sander to finish cutter and fair and ease all edges.

Heat Treating:
1. Harden at 1,500° F, oil quench.
2. Temper 400°, air cool.
3. Stamp name and date.
4. Sharpen and lap cutter.

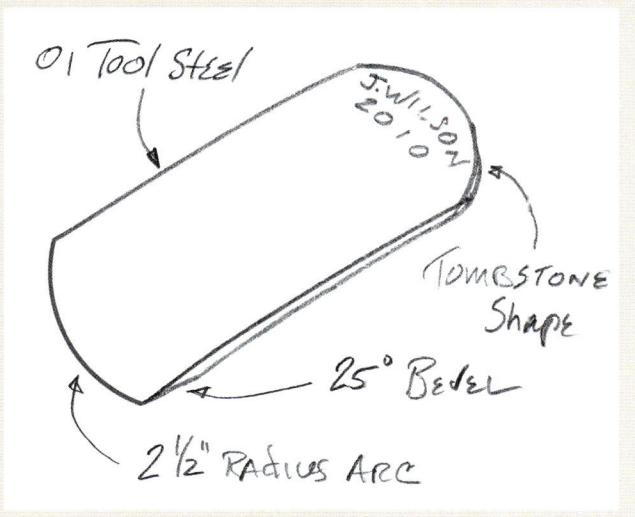

AS A MEANS OF KEEPING THE SIDE PIECES ALIGNED, small dowel pins anchor the cheek to front and back core blocks. Two 3/16" dowels 1/2" long are used for each side. See page 11 for alternative of salting the glue line.

THE SMALL COMPASS PLANE FITS WELL into the bench vise. Be sure that neither the sole plate nor the dowel pins will get in the way of good squeeze pressure.

YELLOW CARPENTER GLUE is removed from the throat opening. Then the plane is sanded square on all outside surfaces.

Curves, Templates, and Compasses

The shape of the plane derives from curves of a compass arc. The several arcs inscribed by a radius of 2½", 5" and 7½" compass will serve to give the curve in the blade, side-to-side, and end-to-end hollow of the sole. Lay out this end-to-end curve first. Note that the center of the template arc is located at the throat opening giving the heel of the sole a bit more up-sweep than the front end. Cut out and sand.

The sides are profiled using the same 7½" arc template. Mark the arc on each side, and cut and sand. The ends are sanded to shape as you round the corners. Giving the ends a slight arc completes the little boat appearance of this demure plane.

Wedges and Abutments

Here is the key element of the plane: holding the blade. The wedge holds the blade, and the abutments hold the wedge. Elsewhere in the book are other means of doing this such as a dowel pin piercing the cheeks from side to side (block plane) and screw mechanisms anchoring a cap to give pressure (chisel and jack plane). Following the German model made by ECE Company, this plane has abutments to hold both edges of the wedge.

TEMPLATES OF DIFFERENT RADIUS ARCS will guide the shape of the plane and blade. The 7½" radius arc centered on the throat opening is the first to be drawn, cut, and sanded.

REPEAT THE 7½" ARC layout for the side profile.

THE BELT SANDER FIRST SMOOTHS THE ARC cut on the band saw. Then is used as shown here to round the corners and give a slight arc to the ends.

LIKE A LITTLE BOAT, the plane awaits the addition of the wedge (below) and its abutments (above).

To chisel the throat accurately in one piece presents a challenge that most of us admire but do not want to emulate. However, following the method of the three piece body with its core block and cheek pieces, the abutments can be added as small wedges on either side of the throat.

Start by making the wedge. Take a piece of hard maple ½" x 1½" long enough to hold safely while shaping, or about 10". The wedge is only 2½" long, but this gives you a spare in case the first turns out to be a practice piece. Cut a wedge ¼" x 2" from the end (see drawing below) and sand smooth and flat. Save the scrap and use it to support the wood for the next step when the wedge is chiseled to give more openness to shavings passaging the throat (see photo on the facing page).

First make two small saw cuts defining the opening to be chiseled in the end of the wedge. Then C-clamp to bench using the scrap wedge and a protective board to do the chiseling. The top end of the wedge is shaped by a small cut in each corner, the edges rounded on the sander and a small bit of relief sanded on the underside as shown in the drawing below.

The abutment strip is 1¼" wide by a tapering thickness of ¼" on one side and ⅛" on the other. On your table saw this is a 5° bevel cut. Again, make it long enough (10-12") to cut safely and provide additional abutments if needed. With the blade and wedge in place, mark the length needed to fill the space ahead of the wedge. The angle at the fore block is 70°.

SEQUENCE FOR MAKING PRIMUS-STYLE WEDGE

1. Stock: ½" x 1½", final length 2½".
2. Cut taper on underside ¼" thick back 2". Save wedge.
3. Cut both sides of opening back ½".
4. Chisel slope, use scrap wedge when clamping.
5. Cut wedge to 2½" length.
6. Cut top profile and sand.
7. Bevel underside of top end 1/16" back ½".

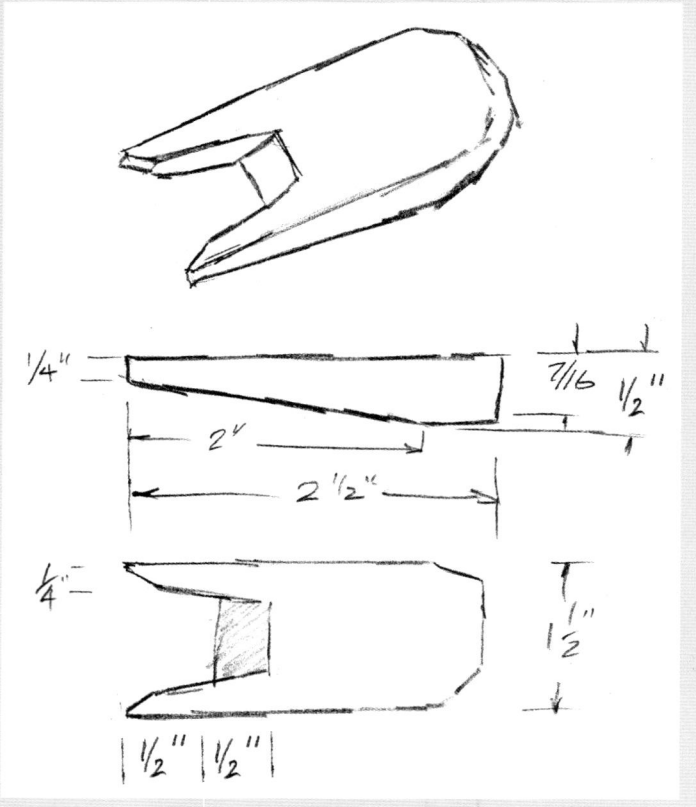

AFTER CUTTING THE WEDGE, the center is chiseled to keep it from being in the way of shavings. Use the scrap cut away in the first angled cut to help support the stock while chisel work goes on. Then cut to length, and make the final shape.

THE WEDGE IS DONE, and in position with the blade. Mark where the abutment comes for length. The angle of 70° will match the fore block. The wedge angle is a combination of the bedding block 50° plus the wedge angle, or about 60°.

SEQUENCE FOR ABUTMENTS

Abutments hold wedges without limiting the throat opening. Complicated in shape, they can be readily made when sequenced in the way shown here. Follow 1 through 5 on drawing. Also see page 246. Shaping both ends will provide you with two mirror image abutments.

1. Beginning stock 1/2" x approx. 12", tapered thickness 1/4" to 1/8".
2. Cut both ends 70°.
3. Starting 1 1/4" from end, sand 1/4" thickness to 1/8".
4. Cut 60° line for abutment 1/8" longer than opening in plane.
5. Sand bottom point taper.

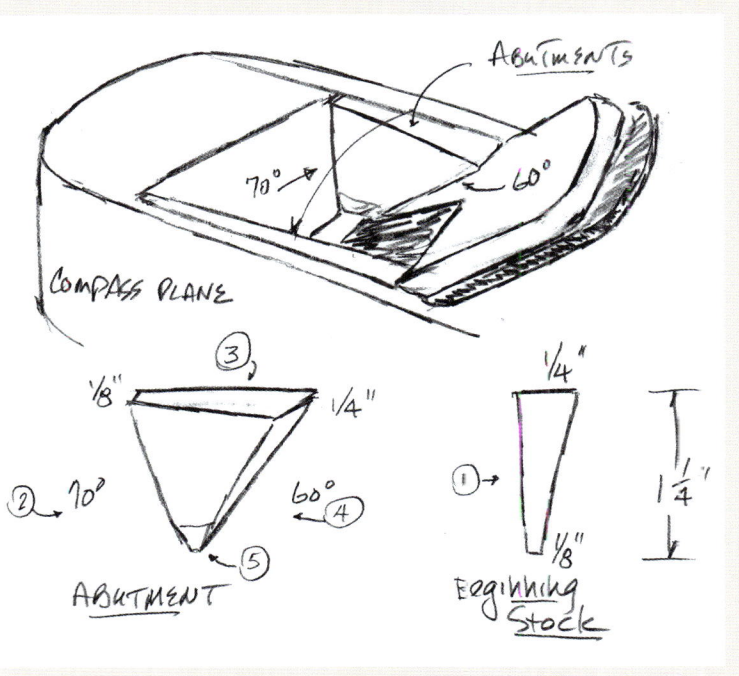

The abutments are graced with tapers forward and down to make the throat opening. The small wedges of wood are hard to hold while sanding, so do this shaping while still attached to the stick. First, cut the 70° end. Next taper the end ⅛" thick back 1¼". Then take the measurement for the length of the abutment and add ⅛", draw a 60° line and cut it off. Repeat for the second abutment remembering that the two are mirror images of each other, rather than identical. Making an abutment at each end of your stick will give a mirror image.

The extra ⅛" length will give you room to sand the angles to an exact fit. Any surplus will be above the top of the plane which is sanded flush after gluing. The last move is a touch of sanding to the lower point of the abutment to feather where no shavings can hit.

Once both abutments are made, add glue, place blade and wedge in place, and hand hold in position for a few minutes until the glue achieves some tack, then add thin strips of wood as wedges across the throat opening to press the glue line. When dry, sand the top face flush.

GETTING THE ABUTMENTS CUT JUST RIGHT may take some trial and error, so have enough of the wedged strip from which they are cut. Besides being wedged from top to bottom, the abutments are tapered forward, and a small feathered end at the bottom. Look at the following photos.

ONCE THE THROAT IS COMPLETE, cut and attach the palm block. It is cut out of the salvage material from the initial core block cut. Glue in place leaving a small space of an ⅛" between blade and the block so it won't interfere with hammer tapping adjustments.

Heel Block and Rocker Sanding

The last addition to the body is a small heel block made from the salvage core wood taken out of the throat opening. See the photo on the facing page showing this cut. The heel block glues in place ⅛" behind the blade which can be clearly seen in the photo where final sanding is done. Final shaping is done on the sander after glue-up.

The final dimensional shape is to rocker the sole to a 5" arc side-to-side. I find making a preliminary chamfer ¼" wide along both sides of the sole will guide an equal and symmetric amount of sanding. Use a 5" arc template to check progress of the final curve. When that is done, give all hard edges a rounding to make the plane comfortable to your palm.

THE SIDE-TO-SIDE RADIUS OF 5" ARC is given to the sole. Also, all edges are chamfered to make it comfortable to hold.

COMPASS PLANE doing its job.

Jack Plane

☐

The story of this plane goes back 20 years to a chance encounter I had with a Cecil Pierce jack plane. Pierce was a plane maker in Maine who made beautiful planes in his shop for more than 50 years. Just a one-man operation, an avocation really, for the love of the craft. I saw it while on the road in a shop where I was teaching and its shape captivated me. I drew its plan. I was to the point of asking if I might buy it. I was smitten.

That experience stayed in my memory, to surface recently when a group of friends with whom I conduct a tool making session asked for something different. How about a jack plane? I thought of Cecil Pierce's plane.

This project first appeared in Popular Woodworking Magazine *#189, April 2011.*

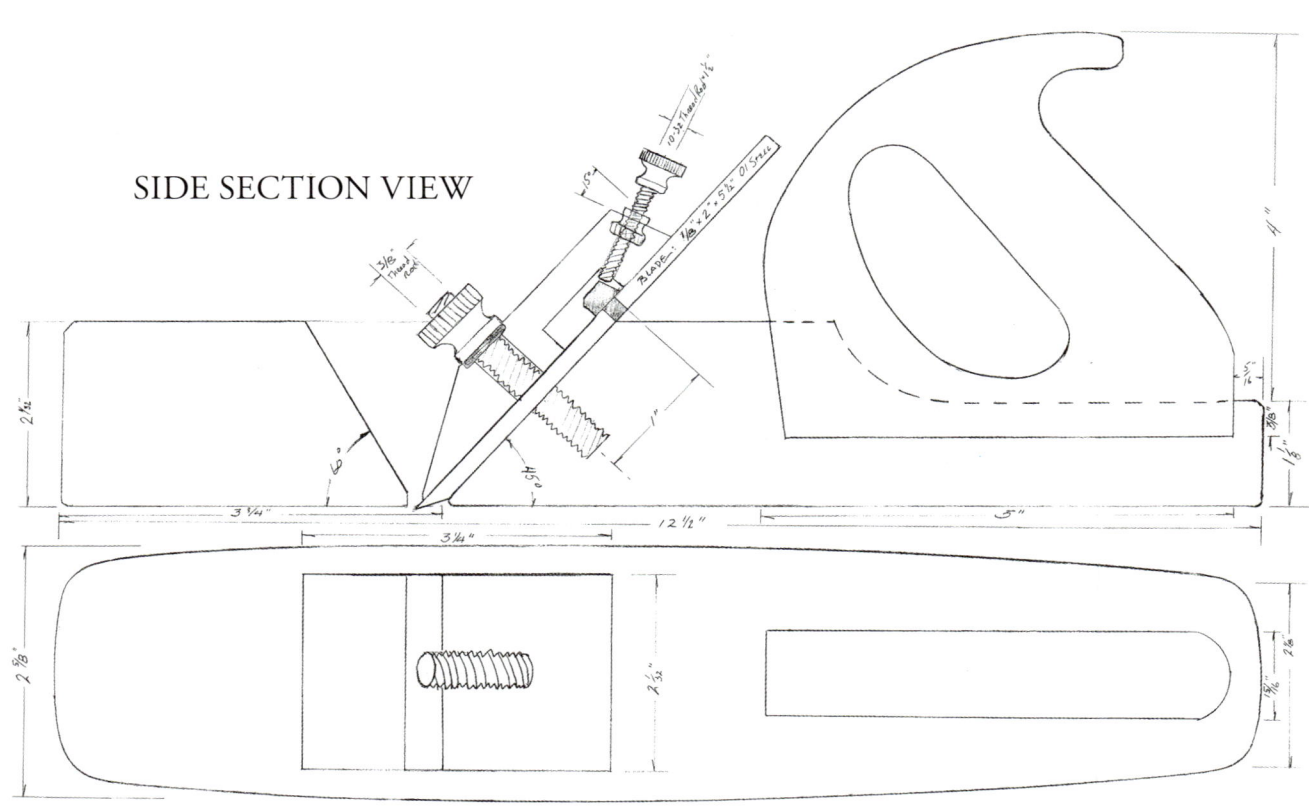

SIDE SECTION VIEW

TOP VIEW

JACK PLANE

MATERIALS

Body, hardwood core	2 1/32" x 2 1/32" x 12 1/2"	
Sides (2)	5/16" x 2 1/32" x 12 1/2"	
Cap, hardwood	3/4" x 2 1/32" x 4"	
Handle, hardwood	15/16" x 5" x 5"	
O1 Tool steel blade	1/8" x 2" x 5 1/2"	Reid Supply, #SFS-54006 (18", $13.42)
Stainless rest button	1/2" x 3/8"	Reid Supply, #PF-105 ($2.79)
Steel threaded rod	3/8" x 16	Reid Supply, TR-90 (36", $3.98)
Threaded rod	10 – 32	Reid Supply, TR-57 (36", $8.83)
Brass thumb nut	3/8" – 16	Reid Supply, AJ-727 ($3.12)
Brass thumb nuts (2)	10 – 32	Reid Supply, AJ-718 ($1.68)
Copper washer		NAPA United, #26442 ($.69)

OPTIONAL PARTS

Wedge, hardwood	9/16" x 2" x 4 1/4"	
Wedge for 52° pitch	3/8" x 2" x 3"	
Additional 3/8" knurled nut for making beveled washer		

The Design

There are three basic parts to this plane: the wood body, the cutter, and the adjustment mechanism. The Pierce plane body was what started the venture, and was easiest for a woodworker like myself to make. The design copies his work which is gratefully acknowledged (*Fifty Years a Plane Maker and User*, by Cecil E. Pierce with drawings by Sam Manning, Monmouth Press, Monmouth, Maine, 1992). What is different is the method of construction and the blade holding cap. Instead of starting with a single wood block, I start with three, one core and two side boards.

The blade is made from O1 tool steel available from mill supply catalogs in an 18" length for about $20, enough for three blades. Two reasons exist for doing your own. One is being able to make exactly the kind of blade needed for the plane. The second is finding out how blades are made. I incorporate blade making in all my tool workshops. I have heard from students that the blade forming and hardening is an epiphany.

The third element is the blade adjustment mechanism. For hundreds of years, shop-made planes, the kind that apprentices made for themselves in the course of becoming a journeyman, had a wedge for holding the blade. Then in the period 1875 to 1900 a series of developments occurred resulting in the modern plane. The ability to advance and retract the blade by screw mechanism rather than tapping a wedge, won over the market and made us unfamiliar with working any wedged plane.

The elements of a jack plane with double screw adjustment: Razee plane body, cap with holding and adjustment screws, blade with rest button, and 52° wedge for optional smoothing plane pitch.

PARTS OF THE JACK PLANE: Handle with ¾" holes prior to cutting, blade, cap parts, core block and sides, angle pattern, lead screw and thumb nut.

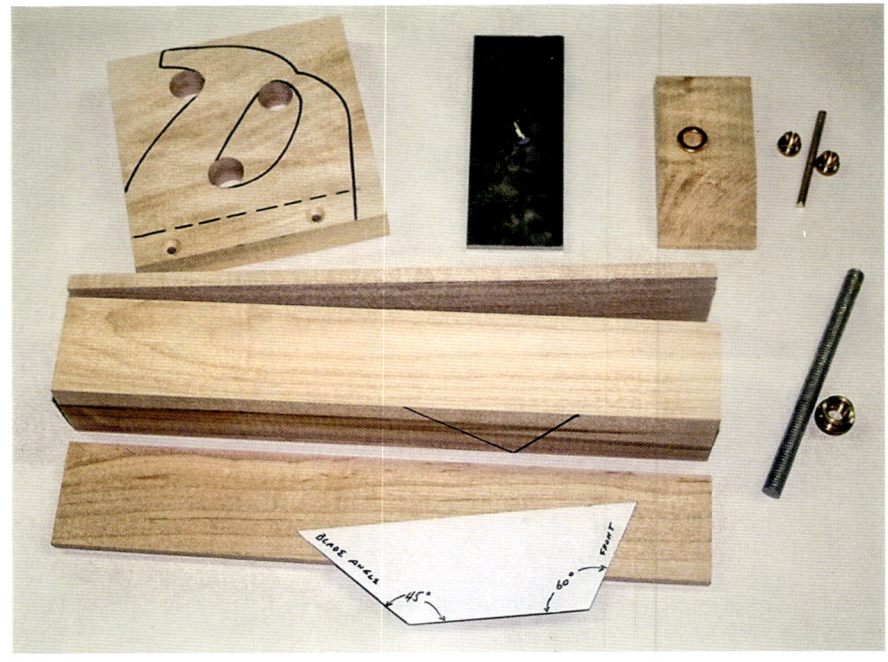

What follows is a description of the three parts of the plane: the blade, the body, and the adjustable pressure cap. See for yourself if a shop-made plane that looks good, adjusts easily, and cuts well is something you can make.

The Plane Iron

The plane iron ⅛" x 2" x 5½" is cut from O1 tool steel. It makes a fine blade that has parameters for hardening and tempering well suited to conditions in the wood shop. An 18" length will yield three blanks which might encourage you to plan on making several planes. Come to think of it, threaded rod comes in 36" lengths, and it's easier to buy the brass knurled nuts and studs in quantity at one time, which saves on shipping.

Tool steel comes in an annealed state softer than it will be later after heat treating. You can saw, drill, and file it as it has a Rockwell 45 hardness. Above Rockwell 55 such tools cannot cut steel. However, it is not as soft as mild steel, so get a new blade for your hack saw before attempting it.

MAKING THE BLADE BEGINS with a ⅜" slot and hole for rest button. The 25° angle is ground and the top rounded.

The main screw is a ⅜" threaded post with a brass knurled nut. You need to drill a slot in your blade by drilling two ²⁵⁄₆₄" holes, not quite touching, joined with files to complete the slot. Another tool for enlarging a hole is called a rotary file (Reid Supply #GAR-60020, $7.04) a ¼" bit with carbide burrs along its side to enlarge a hole. The hole for the stud, called a rest button, is drilled into the blade using a ³⁄₁₆" drill.

The tombstone style of the top end is filed after grinding to smooth and ease its edges. The cutting end is ground to 25°. Do not be alarmed by producing some blueing indicative of overheating the steel in ordinary sharpening activities, as the whole cutting end will be heat treated.

One of my favorite tools for sharpening blades is the woodworkers' 4" x 36" belt sander. This is a benchtop version of the 6" x 48" floor model which can work just as well. I save my belts after working wood to use for steel. A new belt works best, but you can get one blade sharpening from a used belt. Use the belt sander after using a grinding wheel as it will give a perfectly flat surface. The belt is much less likely to blue the blade than grinding. Safety point: clean out wood dust before doing this to avoid sparks setting fire.

Heat treating a tool steel blade is a mysterious venture for the uninitiated, so take this opportunity to lift the veil. First, it is helpful to know some hardness/brittleness characteristics of the O1 steel. Soft and workable is what the annealed state is at Rockwell 45. The crystalline structure of the steel is changed by heating above 1,450° F followed by an oil quench. The heating is done by either a welder's torch or a handy propane torch whose flame is large enough to heat a 2" wide blade. (BenzOmatic torches series JT, BT and TS all have a brass regulator valve with a side mounted burner tube that deliver enough flame to do the job. A "pencil point" torch does not deliver enough heat. MAPP gas delivers a hotter flame than propane.)

How do you know you have heated the steel to the right temperature? The end should glow with a medium red appearance when viewed in shaded light, not full sunlight. The quench is a full immersion, rapidly dipped to avoid warping the steel. The oil can be motor oil, new or used. However, soy oil is better, as it does not

HARDEN THE CUTTER using torch and furnace made of nested tin cans. Quench when red hot. The 2" x 2" sheet metal with hole slid over the end of the torch protects the plastic from reflected heat.

smoke. Outside this doesn't matter, but in the shop motor oil quench leaves a blue haze every time you use it.

The blade has a gray appearance where it is heated, and the steel is hard to Rockwell 75. If you have any concern about whether or not you have the heat and quench right, run a file lightly along the edge. Where it is still annealed, the file will bite into the steel. Where it is hard, it will glide over it.

Along with hardness goes brittleness. Rockwell 75 steel will actually shatter when struck by a hammer. Tempering a blade will reduce hardness and restore the necessary toughness. The hardness range for a plane iron is around 62. A second operation, called tempering, to moderately heat and slowly cool the steel will accomplish this.

When you purchase tool steel, the wrapper often gives you information on tempering temperature with resulting hardness. The Starrett brand O1 steel indicates that for their product heating to 350° F - 400° F for 30 minutes to an hour will result in 62–64 hardness; 400° F - 450° F results in 58–60 hardness. Anything over that will be too soft to hold an edge. (A kitchen toaster oven works, so does your stove oven.) If you have any doubt on the accuracy of the toaster or oven thermostat, purchase an oven thermometer (under $5) to be sure. Set the blade in the oven for one hour and allow to air cool.

Now that the blade is heat treated you can finish sharpening the bevel and lapping the back. The rest button is ground at a 15° angle to provide a landing for the adjustment rod. It is ground flush with the back of the blade. A drop of CA glue will set it permanently in place.

The Wood Plane Body

The wood for this plane can be selected from a range of hardwoods. Beech was traditionally used in Europe, but I suspect that hard maple would have been used as much as red beech if they had it. Hard maple is the same as sugar maple of maple syrup fame, and is an American tree. Other woods like white oak, walnut, and hickory would do, but hard maple is my first choice.

The challenge for any plane maker is accurately forming the throat or plane pocket. The two elements are the angle of the iron, and the opening of the sole which determines the gap ahead of the blade. Achieving compound angles within the pocket, and doing so without going beyond any of the respective surfaces is the challenge. Besides cutting into a single block of wood, two-piece and three-piece plane body methods are possible.

You can follow Cecil Pierce as he writes about cutting the throat in a single piece plane body. Accurate layout, drilling preliminary holes, chipping and paring with chisels, the use of rasps, and an ingenious range of scrapers, mostly homemade, are his arsenal in this task. Oh,

TEMPER IN TOASTER OVEN for 30 minutes at 350° - 400° F. This restores necessary toughness to the tool steel while resulting in 62 Rockwell hardness.

and patience. He takes two or three evenings absorbed in the task. As he begins cutting, listen to his words:

After a few days away from the project, I am back at work. Even though this will be my umpteenth plane, I have the enthusiasm of a boy for the job. The wood is so beautiful, the tools so adaptable, the knowledge of pitfalls by now so infinite, and the product so rare in this high-tech age, that there could be no more fertile seed for enthusiasm.

While my own plane body takes another path, I cannot but embrace the moment that goes on at his bench. Find your own voice, too. The three-piece plane body design has the advantage of speeding up the process and reducing the skill level necessary for a successful result. Both of these are important to my goal of teaching plane making in weekend workshops where time and experience are limited. One has to respect a man of Pierce's experience when he speaks of "the knowledge of pitfalls by now so infinite," so let me describe to you an alternative.

The two-piece or three-piece plane body eliminates the inside-square-hole challenge. Making a two-piece plane is described by Bud McIntosh (*WoodenBoat*, March 1986). The three-piece plane is described by James Krenov in *The Fine Art of Cabinet Making* (1979) pp. 80-100. In both cases, the plane pocket is exposed, rendered into its needed form, and reconstituted with glue.

The drawing on page 34 shows you the basics. The bedding angle is 45°, the forward face is 60°. The width of the pocket is the blade width plus small amount for lateral adjustment. Accurate dimensioning the core block provides the $1/32$" used by Pierce.

Assemble The Three-Piece Body

Starting with a core block $2^1/32$" x $2^1/32$" x $12^1/2$" draw a line $3^5/8$" from the end. Ahead of this line mark and cut a 60° angle, after it a 45° sloped

block. These surfaces must be square and flat. A small flat is made on the 60° block $3/16$" back from the sharp edge. The two side pieces are $5/16$" x $2^1/32$" x $12^1/2$".

An alignment board will aid in glue-up. A scrap of $1/4$" plywood $2^1/2$" x $12^1/2$" is waxed. Mark on this a line square across at $3^3/4$" from one end. A second line $5/16$" apart defines the opening of the throat. Prepare for glue-up by clamping the two core blocks to the alignment board. Spread glue on all surfaces avoiding the throat opening on each side board. The alignment board allows you to keep the right throat opening and the even alignment of core and sides.

Two $3/16$" x $1/2$"-long dowel pins are drilled in each side, and driven into the plane. Cut off flush. Squeeze the plane in a bench vise or use clamps. Check that all parts touch the alignment board, and all glue lines are tight.

When the glue is dry, sand the top and bottom of the plane box. Keep this sanding minimal to avoid getting the box thinner or out of square.

THREE-PIECE BODY: By dividing the plane box into three, the angles of the blade pocket can be easily and accurately made: 45° bedding angle, 60° fore angle, and one small 90° cut in the fore block.

Dowel pin both sides. Two $3/16"$ pins on both sides will prevent movement under pressure. While two clamps hold the core blocks to the alignment board, drill $1/2"$-deep holes for the pins which are cut off flush. (See page 11 for alternative of salting glue line instead of pins.) Clamping can be done in the bench vise like the one here which is 12" wide, or with clamps.

Remove any glue beads from the throat. File the 45° blade block slightly to remove the sharp edge. Check the fitting of the blade for throat opening and lying well supported and flat to the block surface. Correct any irregularities now.

Blade Adjustment Methods

You can choose one of two ways to hold the blade. The time honored wedge is still effective and the simplest to construct. A wedge $4\frac{1}{4}"$ long, cut on a 10° angle, engages a $3/8"$ dowel pin. This pin has a flat one-third of its thickness where it touches the wedge, and is free to rotate because no glue is used. The photo at right shows a strike button placed on the fore block. This is one inch of $3/4"$ hardwood dowel. Glue this piece in a hole to prevent marking the plane when tapping the blade free.

The alternative to a wedge for setting the blade is the double screw mechanism. The main screw is a $3/8"$ threaded post and brass knurled thumb nut. The second screw is set into the cap and bears on a rest button set in the blade. This secondary screw is both for adjustment and for

Jack plane with wedge and retainer dowel pin. This is a simple, yet effective, jack plane mechanism. Note also the wood strike button in the fore block.

holding the blade in use to prevent it slipping out of adjustment. Using flat milled blade stock has replaced the traditional forged blades of more than a century ago. Those old blades were wedge-shaped themselves, being thicker at the cutting end. The opposition of two wedges gives positive blade holding now missing from single piece blades. The rest button and screw rod provide this holding.

DRILL FOR ⅜" THREADED ROD. Use of jig helps hold plane body at 45°. A pre-drilled ³⁄₁₆" hole keeps the ²¹⁄₆₄" drill on line.

ADVANCE THE ⅜" THREADED ROD that taps itself into an undersized hole. Tape indicates how far to go.

Set up some way to hold your plane body at a 45° angle for drilling the screw post. Mark the location of the hole 1⅞" up from the sole in the center of the blade block. Pre-drill a pilot ³⁄₁₆" hole to guide the larger ²¹⁄₆₄" drill going ¾" deep. File the end of your rod slightly to help in entering the hole. Spot a mark ¾" from the end. The rod is held by vise grips while turning. You will feel the rod bottom the hole. Cut off leaving 1½" of threaded post or 1⅞" if using the 52° pitch adapter. If the post is not square to the block, make it so using a wood block and hammer. If you need to remove the post, use a hack saw to make a slot for a screw driver used to withdraw it.

There are two shapes in this plane different from a normal plane body. The coffin shape and the step, or razee section, where the handle is bedded defines the Pierce plane. Draw out the shapes, and cut on your band saw starting with the razee. The upswept end of this cut fits the radius of the 4" x 36" belt sander nicely. The coffin sides are also cut on the band saw followed by sanding a fair curve to the whole body. The edges are chamfered all around for hand comfort. The amount of chamfer along the bottom

SHAPES AND CURVES. The profiles are copied from the plans. The coffin shape and handle step define the Pierce plane.

SHAPE THE PLANE. Cut the razee step and coffin sides on the band saw.

SAND BOTH SIDES and chamfer edges.

CAP IS SAWN AND DRILLED for screw assembly.

edge is small, while the top edge has a $\frac{1}{8}$" flat to the chamfer increasing where it turns around the nose of the plane.

Blade Cap

Next make the adjustable pressure cap. A production company would have this made as a special bronze casting. What is made here is in keeping with a shop-resourceful project. A piece of hard maple $\frac{3}{4}$" x $2\frac{1}{32}$" x 4" is cut to the profile shown in the drawing: the long bottom bevel, the 15° top angle, and the side scallops giving it a touch of grace. This cap will be sanded for side-to-side clearance later, the side sanded determined by how it fits best on the threaded post.

The pressure screw lands on a copper washer set into the cap. This is a brake gasket available from an auto store (NAPA #26442). A $\frac{5}{8}$" recess holds it in place. Start your drilling with a Forstner bit of this size going only $\frac{1}{16}$" deep. Next drill the hole slightly oversize at $\frac{25}{64}$". In order to slip on or off the threaded post, this hole must be enlarged. Angle the first hole 30° for post clearance. Follow this with a hole straight into the cap. Finish filing out the hole before setting the copper washer as the last step in setting up your plane.

In the back of the cap, drill a recess for the stud on the blade using a $\frac{1}{2}$" Forstner bit going $\frac{5}{16}$" deep. Check the drawing for location.

The adjustment screw is made from 10–32 steel or brass threaded rod and two brass knurled nuts. One nut is glued to the end of the threaded rod with thread locker or CA glue. The other nut is set into the cap to act as threads in the hole. Hold the cap at a 15° angle to the drill in your press. Start with a $\frac{1}{2}$" Forstner bit and drill $\frac{5}{16}$" deep. Drill the remainder of the hole with a $\frac{15}{64}$" drill. Press a nut, knurled side first, into the hole. To ensure that you have things lined up properly, thread the rod into the nut before

TWO-SCREW MECHANISM: Drilling top screw at 15° will hold inverted thumb nut that threads the hole. Back of cap has space for rest button and $\frac{3}{8}$" lead screw hole. Front of cap has wear washer and adjustment rod.

gluing. Use a small amount of epoxy or thick CA glue to fill the recess around the nut.

The Handle

The shape of this plane has a long heritage among boatbuilders on the Maine coast. Cecil Pierce had a formative experience as a young man that set him on a vocation as a plane maker with a bent for this style of jack plane. Listen to him tell it:

It was about sixty-five years ago that I had a chance meeting with my uncle somewhere in town, probably at the general store. "Cecil," he said, "Let's you and me go to East Boothbay and visit the shipyards tomorrow." Uncle was not fooling me about his intentions; his motive was not to show me around but to get there himself. He had no auto and he knew that I had an old Model T that would take us the fifteen miles very well, even though it was spring and the roads were muddy and riddled with frost and ruts.

Like the ship that sailed with the tide in the morning, we set out and we arrived in due time without incident. Uncle Fred opened the little door in the big door and stepped inside with me close at his heels. There before our eyes was a schooner yacht newly planked up. High on a staging on her side were two men.

These were the days of the entrepreneurial outboard jointers. One was taking long sweeps with a wooden plane and was sending to the floor shavings as long and unbroken as his step-back and lunge-ahead allowed .... I cannot tell you of anything else that I saw that day, although we visited two other yards; nothing else mattered. Although the period of gestation was to be a long one, I was determined to master the plane. Thus, that chance meeting was to influence me for the rest of my life.

The handle completes the razeed and coffin shaped plane box. The shape of the handle is personal, and relates to your hand size and how you grip the plane. Comparison of the vintage jointer plane used by my grandfather made by the Auburn Tool Co. in the 1870s and a modern ACE jointer shows the handle holes have grown by one finger width. The same is true comparing hand saw handles. Is the enlargement of the handle hole due to the increase size of the average person's hand in 140 years, or to the change in custom in how to hold the tool? Handsaws for sure work best when the forefinger is not in the hole, but pointing forward. The photo of Cecil Pierce on the cover of his book shows him holding the jack plane the same way, three fingers

in the handle hole and the forefinger pointing forward.

The razee stepped down handle improves the feel and control of the plane over the style where the handle is mounted higher on the square plane box. The handle itself is cut from $7/8"$ or $15/16"$ maple. The latter dimension is what hardwood boards are dimensioned when milled "hit or miss" for furniture work. It is sold this way as a more uniform dimension than 4/4 rough stock. Whatever you have, cut the profile and hole as shown in the photo below. The top faces

HANDLE IS CUT OUT and routed for curves. The two screws holding the handle for this operation are in the bottom edge that will be cut off.

are left flat, while the hand grip surfaces need to be rounded over. Rasps and sandpaper can do it, or use a router with a ³⁄₄" half round bit with a ball bearing center, set shy of full depth. That way the pilot has a small flat when guiding the second pass, and the edges of your roundings have a slight defining edge.

The handle is bedded ³⁄₈" deep into a rectangular slot. Begin this with a series of holes made with a ⁷⁄₈" Forstner bit. Drill the hole at each end before removing the center material. The sides and end of the slot are cleaned up with chisel and scraper. When done the handle will be glued and any irregularities covered up. However, it gives you a taste for what the throat cutting operation entails, and may encourage you to try it, or confirm the wisdom of a three-piece plane body.

DRILL RECESS with Forstner bit for bedding the handle with Forstner bit.

ONE STEP TO GO in fitting the handle. The body is glued and shaped. The threaded post and finished blade and rest button are in place. The cap is made. The handle is formed with recess drilled and needing a chisel to clear the slot. Also, the bottom ³⁄₄" of the handle needs to be cut off.

Final Details

A cluster of chores remain to finish your plane. With the blade adjustment mechanism done, check the throat opening. The side of the cap is sanded to give needed clearance. The hole for the post likewise is filed to allow taking on or off. The copper washer is pressed into place. The blade itself is given a final edge. The back is lapped, if not done before. Seeing that everything works properly will take some fine tuning.

The makers mark goes on the top of the iron and the nose of the plane. I like to date it as well. The plane body is protected with a thin sealer of varnish. The brass adjustment screw may need to be slightly stiffened with a swipe of candle wax or beeswax to prevent it from inadvertently moving, and not doing its job as a stop for holding the blade.

It is possible to adjust the angle of the blade to the 52° pitch of a smoothing plane. Cut a wedge 2" wide and 3" long with the thickness ⅜" at the top to a sharp edge where it meets the throat opening. A ⅜" hole corresponding to the position of the ⅜" threaded post will allow the wedge to go between the blade and the block.

IT WORKS! But not without tuning up. Sharpen blade, make blade square to sole, and adjust the cap.

The length of the post needs to be longer by ⅜".
Also, the brass knurled nut meets the cap at a
new angle. A wedged brass washer is made from
the small side of a ⅜" knurled nut. First file out
the threads, then saw off the small milled section on an angle and file to proper size to make
a landing for the nut.

Remember those other lengths of material, the
O1 steel and threaded rod along with the extra
knurled nuts and studs ordered at the beginning?
Making planes could be catching.

SMOOTHING PLANE OPTION: Cap assembly with
added 52° wedge to allow standard 45° pitch to be
changed to smoothing plane.

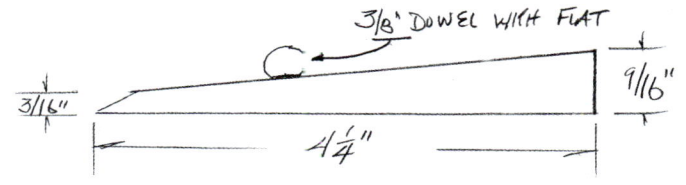

⅜" DOWEL WITH FLAT
3/16"
9/16"
4 ¼"

WEDGE USED FOR ALTERNATIVE
BLADE-HOLDING MECHANISM

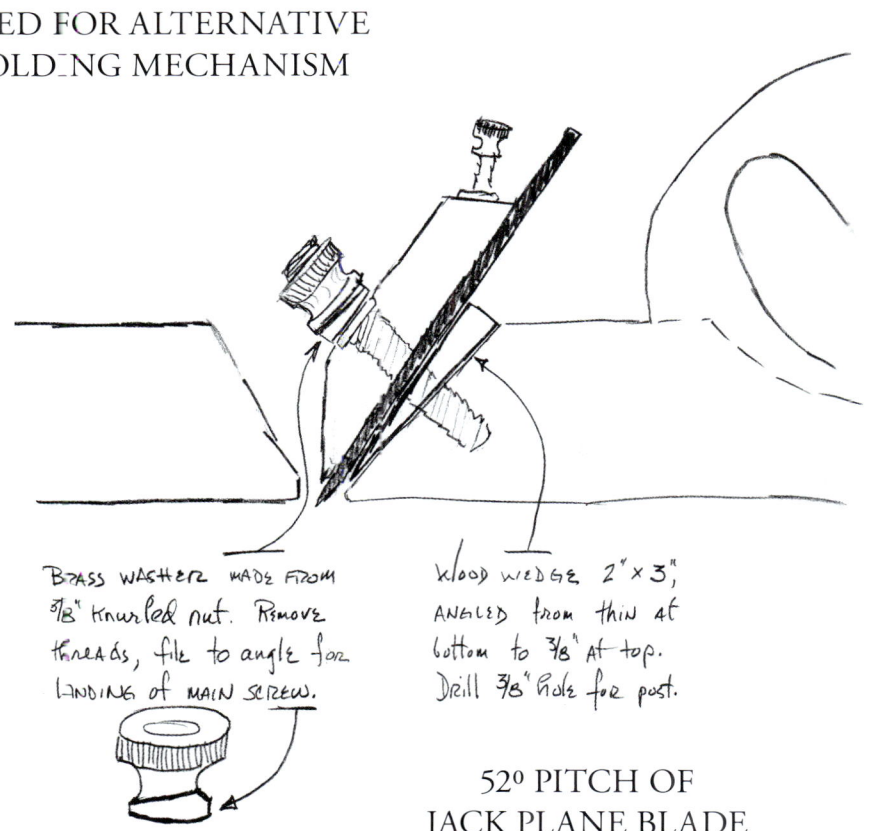

BRASS WASHER MADE FROM
⅜" KNURLED nut. REMOVE
THREADS, file to angle for
LANDING of MAIN SCREW.

WOOD WEDGE 2" × 3",
ANGLED from thin at
bottom to ⅜" AT top.
Drill ⅜" hole for post.

52° PITCH OF
JACK PLANE BLADE

Shoulder Plane

□

The three planes described here are based on similar assembly. The key element is using the top of the plane for alignment of the core blocks, and doing this glue-up in two stages. The plane body is kept open for fitting the wedge before the second side is attached.

A mortising plane for leveling hinge gains whose opening is without side flair is shown at the top of the photo at right. A simplified shoulder plane, 37° bedding angle and side shaving exit for planing edge joints is in the middle. And at the bottom, a full shoulder plane with skewed blade is shown with the 19th-century Ohio Tool Co. example behind it.

The shoulder plane is a good choice for beginning plane making — good-looking, functional, and hard to mess up. Give it a try.

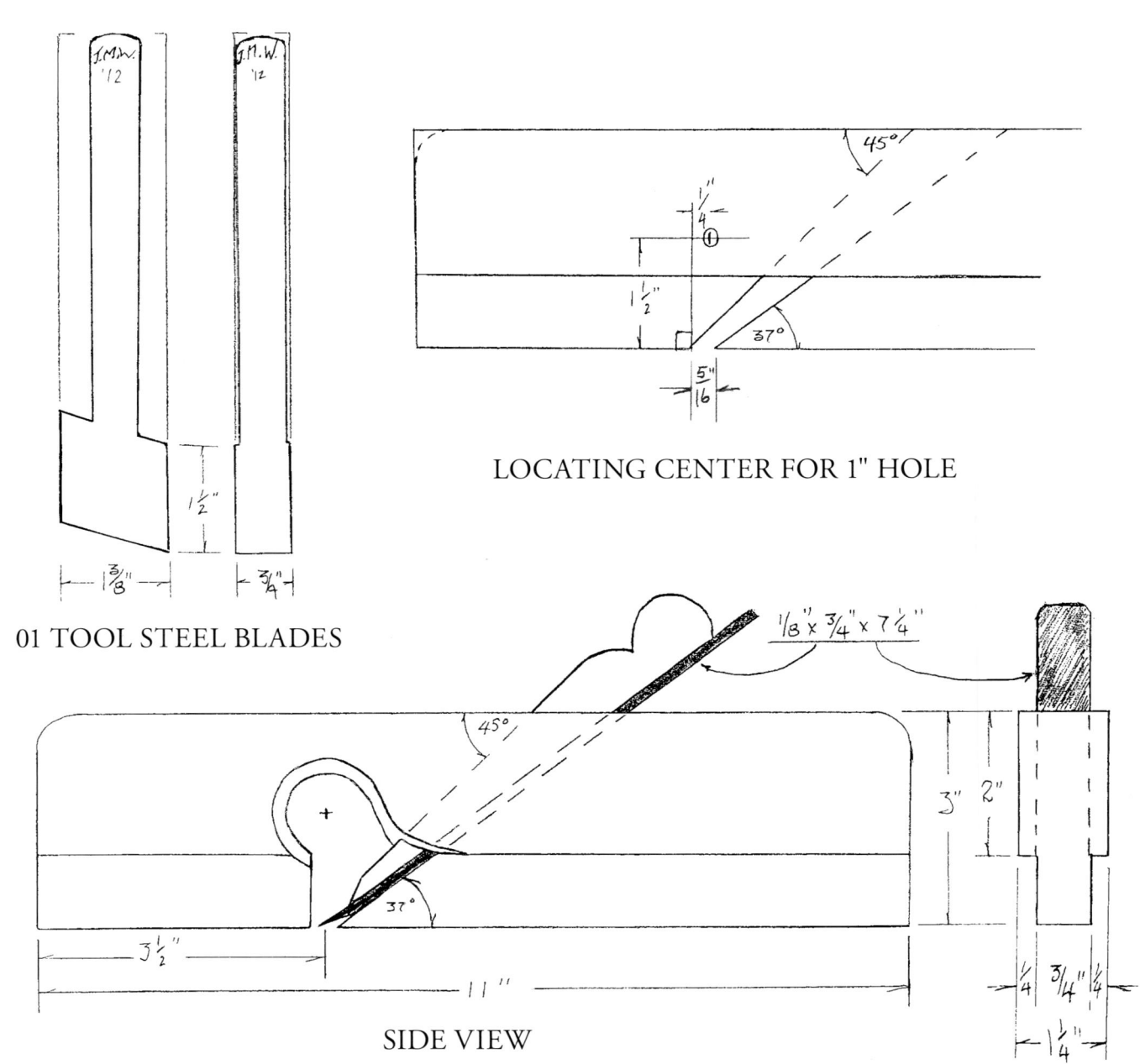

01 TOOL STEEL BLADES

LOCATING CENTER FOR 1" HOLE

SIDE VIEW

SHOULDER PLANE

END VIEW

MATERIALS

01 Tool blank	$^1/_8$" x $^3/_4$" x 7$^1/_4$"
Core block	$^3/_4$" x 3" x 11"
Sides (2)	$^1/_4$" x 2" x 11$^1/_4$"
Wedge	$^3/_4$" x $^7/_8$" x 6$^1/_4$" (as part of a longer stick)

Raboter, Rebate, Rabbet?

The name shoulder plane refers to the feature of the blade edge and the plane edge being the same. This enables the work of planing a rabbet in the edge of a board as shown in the drawing, as well as clearing out a groove to receive shelf boards.

The origin of the word is presumed to be from the French *raboter*, meaning "to plane" which was taken into English as *rebate* but pronounced *rabbet* until the beginning of the 1700's. It was brought to America in pronunciation and spelling as *rabbet*, while in England the old spelling of *rebate* was retained and the pronunciation changed to *ree-bate*, which it is to this day, both for the joint and the plane.

The purpose of the rabbet joint is to join boards so the gap between them is covered and the boards are free to move with humidity changes while still remaining weatherproof. It was a simple and effective joint before milling machines and the more familiar tongue and groove joint.

The use of the rabbet plane for shelf construction brings us to another piece of wood history. Uprights in shelf units need a series of grooves for boards to fit into. These shelf grooves need not be very deep, $1/8$" to $1/4$" is sufficient, but the width of the groove needs to match the milled board. Several old rabbet planes I examined were $7/8$" wide, which seemed unusual until remembering that our current milled lumber of $3/4$" thick came into standard practice in the early 1900s, and before that it was $7/8$" thick.

The use of a rabbet plane in making shelving can be used in this way. A series of marks for the shelf intervals are made in the uprights. A board is clamped across the upright at one of these intervals, and a knife scores the wood. A batten the width of the groove is laid down and a second score made to define the other side of the

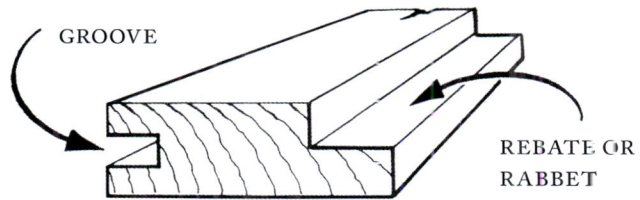

GROOVE

REBATE OR RABBET

groove. The plane is now used to swipe the end of the groove to prevent tear-out at the far end, and the main groove planed out. The depth of the groove will be determined by the thickness of the cross board and the step in the side of the simplified shoulder plane: A $3/4$" cross board will stop the groove at $1/4$" deep, a $7/8$" cross board will produce a groove $1/8$" deep, and so forth.

Why were historic rabbet planes made with blades skewed at a 20° angle? Obviously because they work better. But why do they work better? I can think of three ways. First, the shoulder plane itself cannot be cocked at an angle during the planing of the board as we often do with other surfacing tasks, so the skewed blade does it. (The simplified shoulder plane does not have a skewed blade, but the bedding angle is 37° instead of the

Shoulder plane whose cutter will plane into the recessed edge of a rabbet or can be used to recess hinge gains.

traditional 45° to make it a more effective cut.) Second, the shavings need a boost in sidewise exiting the throat. Third, and perhaps the most important reason why historic rabbet planes were made with skewed blades is that it keeps the cut tight to the shoulder of the joint.

Looking ahead to these plane projects, three variations on a theme shown in the photo on page 49, there is the mortising plane, the simplified shoulder plane, and the rabbet plane either with straight blade or skewed blade. The task of the mortising plane is to level the recess, or gain, for hinge leaves so they fit flush to the field. The blade can be of various dimension from $\frac{1}{4}$" x $\frac{1}{2}$" to $\frac{1}{8}$" x $\frac{3}{4}$" depending on what you have, and adjusting the core block thickness to match. The bedding is 45°. The circular throat opening is simply a 1" dia. hole. This is adequate for the small chip removal this plane is set to do. To make the plane efficient in exiting the shavings over the length of a board, the throat opening is enlarged with a sidewise flair, and the $\frac{1}{8}$" x $\frac{3}{4}$" blade is set at 37°. The third project is the traditional rabbet plane with its "T" shaped blade, sides extending to fully cover to the sole, and skewed blade, throat and wedge. This is more complicated throughout. However, all share the same assembly method as variations on a theme so that what I regard as the most useful of them all, the simplified shoulder plane, will be shown in detail, leaving you to modify it for the others.

Simplified Shoulder Plane

The blade used in this plane is $\frac{1}{8}$" x $\frac{3}{4}$" x $7\frac{1}{4}$" of O1 carbon tool steel. The width of the blade, and likewise the core block of the sole and the cutting region of the plane matches the standard milled one inch board. As mentioned above, the size of rabbet planes of a century ago were often $\frac{7}{8}$" to match milled boards of the earlier

standard. The blade's top end is rounded to relieve sharp edges, and the cutter ground to a 25° bevel. The blade needs clearance to slide easily. If it does not, then file or sand the stem to provide relief once the plane body is made. This will allow clearance along the wedged slot. Once shaped and stamped with your maker's mark, the blade's cutter is heated cherry red (1,500° F) and quenched in oil. This hard, but brittle steel is tempered in an oven at 350-400° F, held at that temperature to soak for 20 minutes and allowed to air cool. Sharpen and polish or leave heat treating colors as you prefer.

Plane Body Parts and Layout

Start by milling the core block the width of blade. In contrast to other plane core blocks, the width of both are the same which gives the shoulder plane the unique ability to cut up to the side of the joint.

Layout of the core block starts at a point $3\frac{1}{2}$" from the front with a bedding angle of 37° and the wedge angle of 45° (see drawing). Saw and sand these pieces. Keeping these surfaces straight and square is imperative. It starts with having the band saw table square. Any sanding should

CORE BLOCK FOR SHOULDER PLANE has bedding angle of 37° and fore angle 45°, giving an 8° wedge.

retain "witness marks" from saw kerf lines showing you sanded only the minimum and kept a square face.

Glue-Up Assembly

The layout of these parts and the sequence of gluing them results in a remarkably straightforward assembly. First, glue the two core blocks to one side of the plane. The top edge affords alignment of these two core parts, leaving you to ensure that the 5/16" throat opening exists when gluing the second block. Spread glue on both surfaces, do not overdo the amount, and avoid the throat opening. The shop tip of using a few grains of table salt on the glue line will prevent parts from slipping under pressure. Four clamps are needed for each, starting with one with light pressure. An L-shaped guide with 5/16" throat opening marks can be clamped to the sole to help accurate alignment. Cut this from a 3/8" x 1" x 10" stick with rabbetted recess to guide the sole (see page 59).

Here you will appreciate the two part sequence of glue-up. With the blade in place, the wedge is cut and fitted into the opening with perfect

ASSEMBLY BEGINS with gluing core block to one side panel which provides alignment along the top edge. The second side is glued after fitting the wedge.

accuracy as you can see all surfaces. When satisfied with the wedge, the second side is glued, again avoiding glue on the throat surface. Remove clamps, clear glue beads from the throat, sand top and trim ends. The body is rounded at the ends, and the top edges chamfered.

Cutting the Throat

Locating the center of the 1" hole is shown in the plan: A line at right angles up from the throat

OPENING THE THROAT BEGINS with drilling a 1" hole. A cut vertically from the fore block opening will complete the mortising plane shown top left. To allow for shaving removal proceed to flair the hole shown next.

TO ALLOW SHAVINGS TO EXIT rather than ball up inside is accomplished by removing 1/4" enlargement to flair the hole to the side. Finish the opening with a round wood rasp.

COMPARING THE TWO PLANES

Simplified Shoulder Plane	Skewed Rabbet Plane
Sides stepped	Full width sides
Plane length 11"	Plane length 10"
Blade/plane sole $3/4$" wide	Blade $1^3/8$" wide, plane width $1^1/4$"
Blade bedding angle 37°	Blade bedding angle 45°
Blade stem reduced $1/64$"	Blade stem "T" shaped
Blade straight across	Blade skewed 20°

opening, a line parallel to the sole and $1/2$" above the side piece edge, then $1/4$" back toward the blade for the hole center. Before drilling, draw a larger $1^1/2$" circle from this point to guide sawing the flair around the hole. Now drill the 1" hole.

The sexy throat opening makes this plane operational by providing side exit for shavings. First cut up from the sole following the vertical line drawn on the fore block. Then using a coping saw or scroll saw, make an angled cut following the $1^1/2$" circle penciled around the hole. The far edge of this cut should leave some of the hole untouched. A wood rasp will finish this off. The ending of the cutout takes an ogee turn to the throat.

Gracefully done, surprisingly simple.

Mortising Plane

The tool that caught my attention in the first place was a mortising plane by Keith Cole shown in the background of the photo on page 52. The job it does is level the gain for a hinge by removing the waste after defining the edge of the opening and striking a series of chisel cuts across the mortise.

You can use various blade sizes for this including the $1/4$" x $1/2$" in the original, or $1/8$" x $5/8$" which I had at hand from making spokeshaves. The opening does not need to pass out long shavings, as the mortising waste comes up in smaller chips, so the hole drilled at the throat does not have the side directing flair characteristic of the shoulder plane. Also the blade does not need to meet the edge of the core block. Hence, mill the core block $1/64$" wider than the blade width, and skip any side grinding chore.

For all these reasons, the mortising plane can use various materials at hand in the shop, and eliminate steps in construction. That said, the shoulder plane with its $3/4$" blade would serve in most instances the job of setting a hinge.

Skewed Rabbet Plane

We discussed at the beginning the purpose and advantage of the skewed rabbet plane. Briefly, rabbetting boards made a weather tight joint that was easier than tongue and grooved, or match board jointed as the English say. The skewed blade kept the planing tight to the shoulder of the joint. Both the simplified shoulder plane and an example of an old rabbet plane are shown in the middle of the photo on page 49. The differences between the two are shown in the chart above.

As you become conversant with the shoulder plane design you can incorporate whatever features you wish in your model. I might say that using the 37° blade angle follows the Ron Hock shoulder plane (Kit K5075, www.hocktools.com), and similar cutting ease comes from the skewed 45° blade.

Making the Traditional Skewed Rabbet Plane

What is nice about the design of the shoulder plane shown here is the open assembly feature which is even more important when attempting the skewed plane. No two ways about it, making compound angles in the throat and the wedge is a challenge, and having the throat open for all

THE SKEWED FULL SHOULDER PLANE has a blade angle of 45° at a 20° skew. The open assembly method used for these planes is essential for getting these compound shapes to fit.

A HOT DAY IN JUNE TO BE HACKSAWING for an hour to shape the blade shown here near the end of removing the reduced tang shape. Patience and several saw blades paid off to get the job done. A drop of oil or swipe of paraffin on the hacksaw blade helps.

the complicated fitting is a big help. The angle in most historic planes I saw is 20°, so set your band saw to that angle when cutting the core block. CAUTION: When sanding these surfaces leave "witness" marks from the band saw to ensure that you do not sand away your accurate cut. Fit your wedge with a piece of blade material in place as shown in the photo at left.

The outline of the blade is shown in the plan. Decide on the width for your plane, then cut the cutter to its angle, grind the one edge of the blade to its 20° angle, and finally hack saw or grind the stem to create the characteristic "T" shape of this blade.

The throat opening is flaired like the simplified shoulder plane, only the hole size is ½" dia. instead of 1" dia. Locate the hole 1" up from the sole in a place that makes the hole just touch the bedding block surface. See photo below for final flair and ending ogee. Overall this plane has a more traditional look and feel than the simplified shoulder plane, although I believe that both would find place in the tool box of a joiner, or as the English call them a fitter, of the past as well as the present.

Graceful in look, efficient in use, but definitely more complicated in making.

THE SKEWED RABBET PLANE THROAT OPENING starts with a ½" hole that just touches the bedding block surface, is flaired and ended in the ogee curve.

Molding Plane

□

"*There are three broad categories into which planes may be classified — smoothing, molding, and rabbetting. The second and most numerous group consists of molding planes which do not create a plane at all but carve, alone or in combination, beautiful moldings for decorative effect. It is the molding planes which provide the woodworker with the source for artistic achievement that sometimes approaches sculpture.*"

— Alex W. Bealer
"Old Ways of Working Wood" (adapted)

Molding planes are unique in the shapes they can furrow in wood. While other plane soles are flat, they are curved, and the blades follow this pattern at a 45° angle. Molding planes share with shoulder planes the ability to cut to the edge since the blade and the sole are the same width. The traditional molding plane is a thing of complicated angles, slots and curves, that rather intimidates the would be plane maker.

An elegant solution is one that simplifies, and this design qualifies for that definition of elegant. The blade is a single piece of O1 tool steel without elaborate shaping save for the cutting bevel. The body is a core the width of the blade with two ¼" sides. The wedge is fitted while the body is half made and its inner recesses observed.

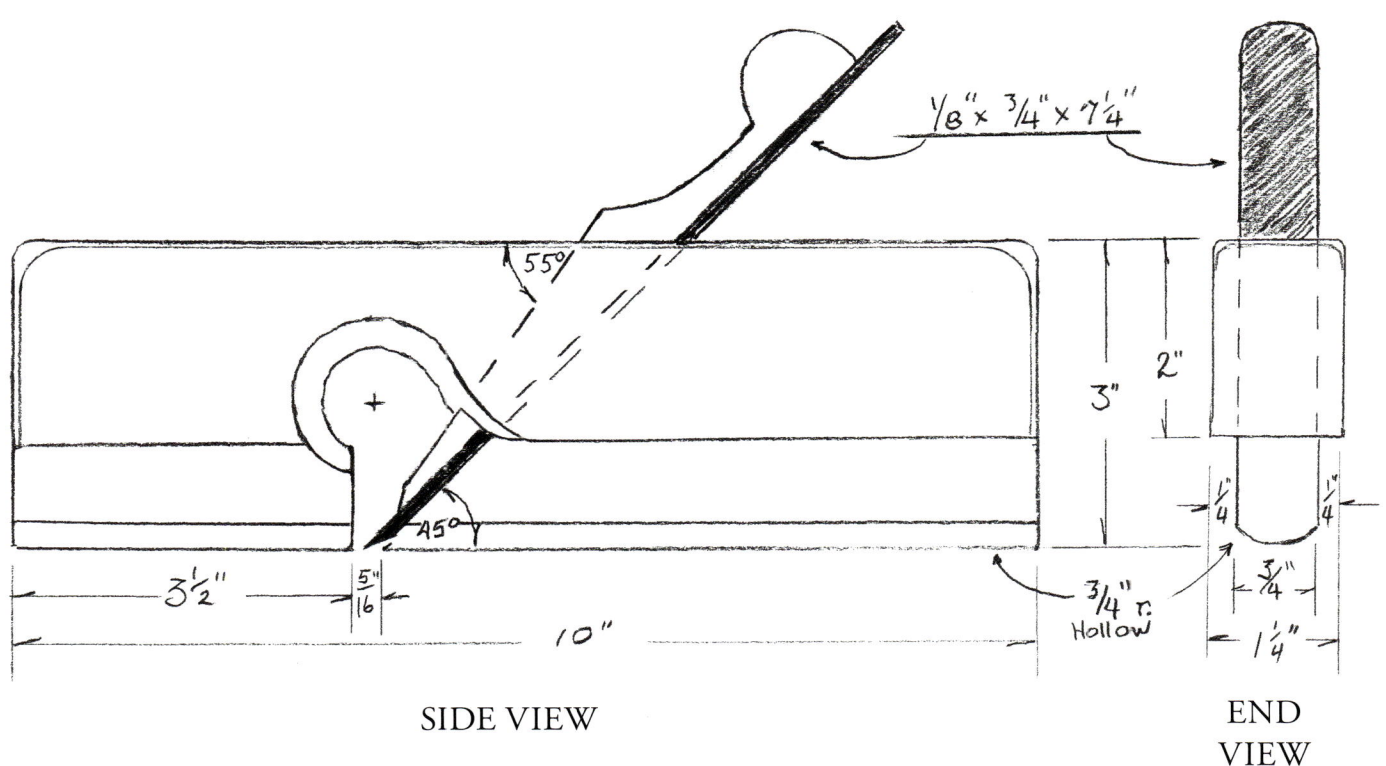

SIDE VIEW

END VIEW

NO. 12 HOLLOW MOLDING PLANE

MATERIALS

O1 Tool blank	⅛" x ¾" x 7¼"
Core block	¾" x 3" x 10"
Sides (2)	¼" x 2" x 10¼"
Wedge	¾" x ⅞" x 6¼" (as part of a longer stick)

In the rabbetting plane we have a plane that satisfies all the requirements of such a molding plane save for the sole shape. Building on this design platform we can accomplish the shapely furrow by contouring the sole and matching the required blade profile. The example is a No. 12 hollow which cuts a curved trough, or hollow, ³/₄" wide. The No. 12, like other numbers in the series, refers to the width of the plane in sixteenths. The planes were made in matched pairs of hollows and rounds. Making such a matched pair starts with the hollow which can then be used to form the round's sole.

The plan view of the No. 12 hollow shows a plane in most aspects the same as the ³/₄" rabbetting plane to which you can refer for instructions. However, molding planes are traditionally set at 45° or higher to achieve a smooth cut, so do not copy the 37° angle given in the rabbetting plane. The sequence of gluing the core block to one side only helps in fitting the parts of your molding plane. The plane body when its curved sole is done will be used to make the pattern used in shaping the curve of the blade.

ASSEMBLY JIG aligns core blocks to one side. Open assembly makes possible the fitting of wedge and blade. Bedding angle of 45° and fore block angle of 55° are clamped temporarily to the jig which has marks for the ⁵/₁₆" throat opening. Salt cellar provides a few grains to "sand" the glue line to avoid slippage under pressure.

Shaping Sole and Blade

The sole of the hollows and rounds are not a half circle, but a portion of a circle whose radius is the blade width, or for the No. 12 a ³/₄" radius. To make a pattern, draw a 1¹/₂" circle (³/₄" radius) and draw two lines ³/₄" apart through the middle of the circle using the tool steel blank as seen in the layout photo below. This defines the arc used in making the sole.

FITTING WEDGE, curving sole and finding blade profile proceed with this open assembly. The sole radius is a portion of a ³/₄" radius circle that is being cut on a pattern of stiff paper or thin aluminum. The blade profile will be traced from the curved sole once it is shaped.

THE SOLE SHAPE begins by sanding or planing a 60° flat along both edges. Do this by drawing a line 1/8" up the side and 1/4" over the sole as seen in the previous photo. A 60° gauge made from scrap wood is held in my left hand to aid in positioning the plane.

THE BLADE PROFILE is beveled at 25° and arced to match the sole shape, but at slightly different radius due to its bedding angle in the plane. Here a quarter, at 15/16" diameter, is used for the preliminary profile for a No. 12 molding hollow. An accurate pattern comes from tracing the sole at the bedding angle as seen in the center photo, next page.

To shape the sole note that the arc meets the two defining lines just drawn at a 60° angle. We can achieve the beginning of the curve on both sides of the sole by sanding a flat defined by a line 1/8" up and 1/4" over from the sole's edge as you see drawn on the core blocks in the layout photo. To help you in holding the plane for sanding, cut a 60° angle on a scrap of wood which you can hold preliminary to sanding this flat. Once both flats are sanded, proceed to blend the curve, always respecting the three reference points of the edge, the center, and the other edge. The curved sole can be seen in the photo on page 61 where the throat is being sawn on the band saw.

Now that the sole shape is defined, the blade profile pattern can be made. Take a stiff piece of white paper cut to 3/4" width. Lay it in the throat on the bedding block and trace the shape where it meets the sole. The resulting pattern will be similar to, but not the same as, the sole

pattern due to the angle of approach of the blade. Mathematically, the shape is an arc of an ellipse which is what happens when a circle is viewed at an angle, but at 45° the difference is not great. The method given here of defining the plane sole by circles and arcs, then shaping the sole and using the intersect of the bedding angle and the sole to make the blade cutter pattern will achieve results simpler than a mathematical formula.

You may wonder at the coin in my hand in the photo where the curved bevel is being ground on the tool steel blade. In making a prototype, there are times to "just do it," and worry over formulas and general guidelines later. So I used a quarter, which is a 15/16" circle to begin my blade, not knowing yet about using the bedding-angle-to-sole for a pattern. I lucked out in achieving an almost perfect fit for my No. 12 hollow. I recommend making a pattern, but, as my friend Keith Cole often

THE **O1 TOOL STEEL** is heated cherry red then quenched in oil to harden the cutting end. The next step will be to temper the steel to restore needed toughness by heating in an oven to 350°-400° F followed by air cooling.

ONCE THE blade, wedge, and sole arc are done, glue the second side. The throat begins with a 1" hole centered 1½" up from the throat opening and ¼" toward the blade, followed by cutting the opening on the band saw. The flaired hole is cut by tilting your band saw table at 15°, or using a coping saw to follow a 1½" circle line. Cut so the flair stops short of the far side piece.

reminds me, if you have to choose between being lucky or smart, pick lucky every time.

The blade with its 25° bevel and patterned profile is heated in the tin can furnace and quenched in oil to harden the carbon tool steel. Tempering is done in an oven at 350-400° F for

20 minutes and air cooled to achieve the right balance of hardness and toughness.

Cutting the throat starts with locating the center for the 1" hole. Square up from the fore edge of the opening to a point 1½" from the sole, then ¼" toward blade block. Before drilling, draw a 1½" circle to guide the flare to be added after the hole is drilled. The band saw cut follows this squared line into the hole, then completes the ogee curve up to the bedding block. Flare the hole by either setting your band saw at 15°, or using a coping saw, to remove the rim around the hole. This cut will exit ¼" short of the far side of the hole leaving the back side to be smoothed with a round file.

This method of achieving a molding plane will work for various shapes. The plane body has the simplicity of the three piece design. The core block can be made to match whatever blade width you choose. The shape of the sole of your plane will give you the compound profile needed for the blade. Hollows and rounds, flutes and reeds, hand rail and spar planes can all be achieved.

Scrub Plane

□

To scrub, or clean up. That is this plane's work. It is hard for us in the modern age of thickness planers to imagine having to dress a board to finished dimensions as a first step in building something in wood. I can remember when Ryobi manufactured the first portable thicknessing planer 30 years ago. It scaled down the big machine so that the small shops had a planer powered by 110 volt current. My father could recall electrification itself which brought electric everything into the local shop. Before that the invention of the original square head planer run off a stationary power source in the early 1800s made possible the planing mill at the Shaker Village at Mt. Lebanon, NY, in 1832.

Before that, it took two men in a pit sawing logs. Wood frame buildings in the 17th century had hand hewn beams with bays filled in with bricks or plastered over woven saplings which the English called coppice. Siding boards were too expensive.

Our memory is short, but history tells of a lot of hard labor for those who worked wood.

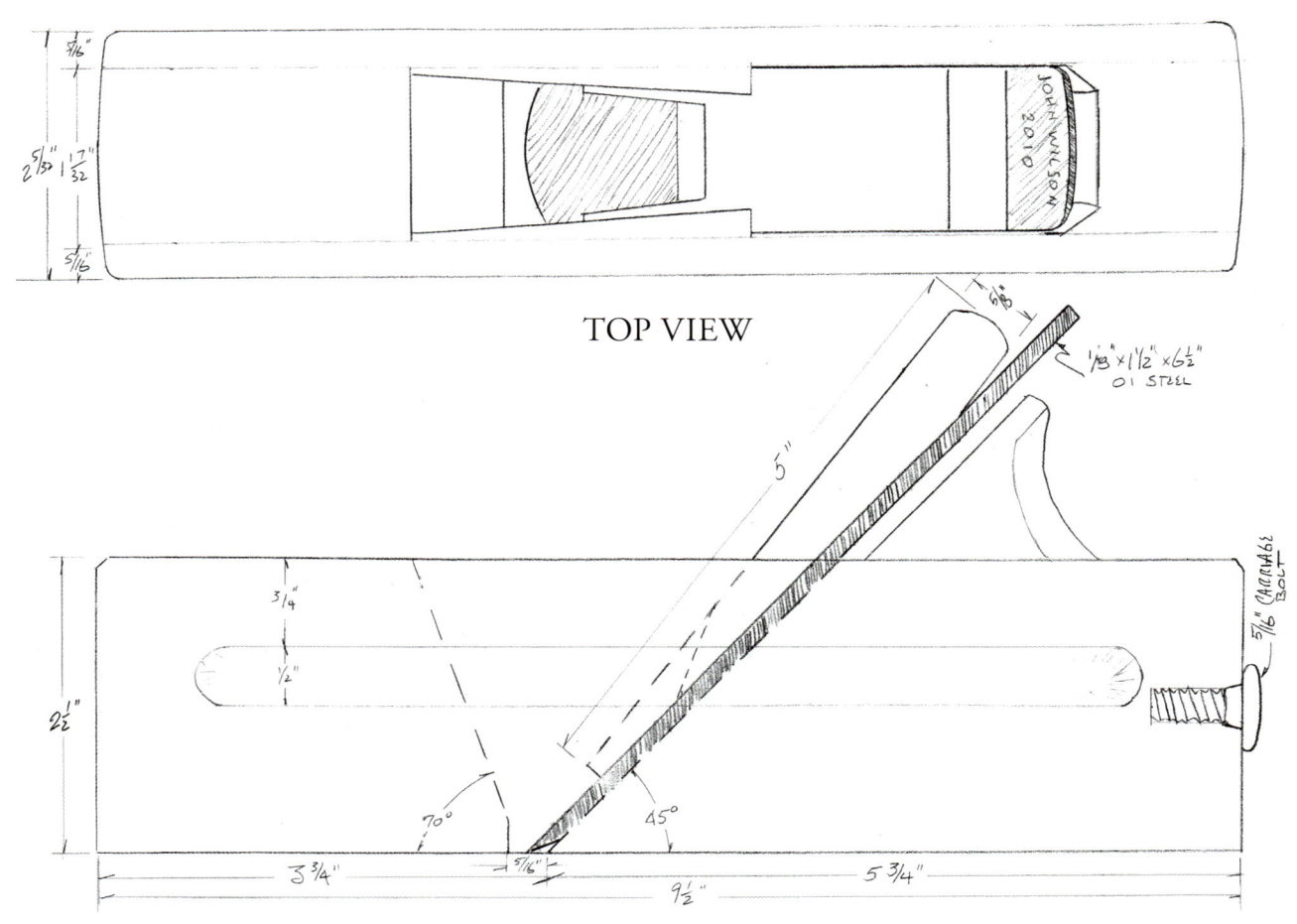

TOP VIEW

SIDE SECTION VIEW

SCRUB PLANE

MATERIALS

Core block	$1^{17}/_{32}$" x $2^{1}/_{2}$" x $9^{1}/_{2}$"
Sides (2)	$5/_{16}$" x $2^{1}/_{2}$" x $9^{1}/_{2}$"
Wedge	$5/_{8}$" x $1^{1}/_{2}$" x 5" (stick 8")
Abutments (2)	$5/_{16}$" taper to $1/_{8}$" x $2^{1}/_{4}$" x 10" stick
Dowel pins (4)	$3/_{16}$" dowel
Alignment board	$1/_{4}$" x $1^{7}/_{8}$" x $9^{1}/_{2}$"
Strike button	$5/_{16}$" carriage bolt, all threads $3/_{4}$" long
Blade	$1/_{8}$" x $1^{1}/_{2}$" x $6^{1}/_{2}$" O1 tool steel

Hand tools were adapted to meet these needs. The scrub plane is just such a tool. It is designed to "make the rough places plain." The cutter is narrower than the bench plane so that thick shavings from a flat surface do not overpower the power source, once referred to as "potato power" by John Gardner, the wooden boat revivalist. The shape of the cutter is interesting in its curved edge, again for preliminary facing of a rough board. The result is a series of furrows, or waves, across the board. This is what a Windsor chair seat feels like on its underside. It reminds the modern woodworker of an earlier day before mechanical power whenever he pulls his chair up to the table.

Blade

A narrow blade, as mentioned before, will serve best for facing a rough board. I use the $1/8$" x $1\frac{1}{2}$" O1 tool steel as in the block, chisel and compass planes. The model for this particular scrub plane is made in Germany by the E. C. Emmerich Co. Their blade is a metric equivalent of $1\frac{5}{16}$" wide. Using the $1\frac{1}{2}$" steel is handy, but you may wish to purchase the narrower size and adjust the width of the plane body accordingly.

PARTS OF A SCRUB PLANE, with ECE Primus plane used as model in background.

The shape of the blade is ground first in the tombstone shape top end, then the curved cutter end using a $2\frac{1}{2}$" radius compass arc. Profile the arc, then grind the 25° bevel. When shaping is done, use the belt sander to finish both ends, and to ease the sharp sides to be more user friendly.

GRINDING THE TOMBSTONE top to the blade, and the curve to the cutter end. The 25° bevel to the cutter comes last.

THE BELT SANDER PROVIDES CONTROL and cool finishing to bevel surfaces plus smoothing sharp edges in sides and top.

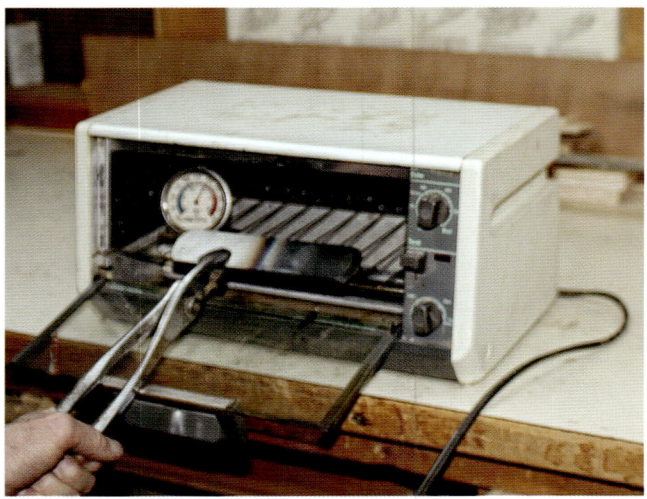

AFTER SHAPING THE BLADE, the tool steel is heated using a MAPP gas torch (right) and nesting tin can furnace to conserve heat. In the background is the pot of oil for quenching the hot metal to make it hard.

HARD BUT BRITTLE is tempered in an oven at 400° F to restore toughness yet keep a 60-62 Rockwell hardness cutting edge. The rainbow of colors is the border of heat from the torch.

SCRUB PLANE PARTS with core block divided into fore (70°) and bedding (45°) blocks. The scrap piece will be used later for the hand block. Note the lines ⁵⁄₁₆" apart on the alignment board to ensure the proper throat opening.

Harden the cutter by heating to cherry red (1,500° F) with a propane or MAPP gas torch (large volume flame, not pencil point type) in a tin can furnace as shown in the photos. Quench immediately by full immersion in oil. When cleaning the surface, leave the side that rests on the wood plane body unpolished to enhance friction by the wedge. Temper the hard and brittle steel in an oven to 400° F and heat soaking it 20 minutes, then allow to slowly air cool. Sharpen the cutter, and stamp your name and date.

Plane Body

The plane body consists of a core block cut into three pieces to give the 70° fore block, the throat scrap used later for the hand hold, and the 45° bedding block. The two sides are glued once these angles are cut and dressed for accuracy. The glue-up involves a waxed alignment board to which the face and blade blocks are clamped ensuring that the sole is straight. Draw two lines ⁵⁄₁₆" apart to achieve an accurate throat opening. The sides are positioned with the use of ³⁄₁₆" x ½" dowel pins to prevent movement when clamped. All these steps are illustrated in the accompanying photos.

The sequence for shaping the plane starts with smoothing all sides and rounding the corners with an arched sanding of the ends. The finger hold in both sides is cut ½" wide, ⅛" deep, down 1" (centered) from the top edge. How you do it is a matter of preference and available equipment. Chiseling with a gouge is one way. A router or shaper using a ½" core bit is another. The photo shows using the core bit in the drill press with a guide clamped to the table to achieve a straight slot that stops 1" from each end.

USE OF ALIGNMENT BOARD AND DOWEL PINS will ensure that everything in the glue up is correct.

GLUING ALL SURFACES. Note the pencil line on the side showing where to avoid glue in throat area. When glue is spread, sides are pinned with dowel pegs. Alternatively, salt the glue line.

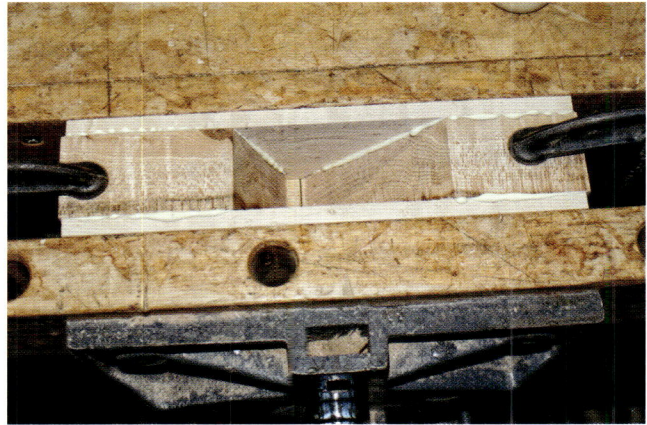

SQUEEZE in bench vise, or use C-clamps. Check that all joint lines are tight.

AFTER THE GLUE DRIES, beads are removed from throat and all sides sanded flat and square. Here the end is given a slight radius.

Wedge and Abutments

The wedge is cut from wood ⅝" x 1½". Draw a line up ¼" from the end edge, and back 4¼" to cut the angle which is about 5°. Sand this surface flat. The end is cut away as shown in the photo. Define the opening on the band saw, then cut the ramp edges with a saw, and chisel the slope. Note the use of the scrap wedge under the clamped wood when secured to the bench. When done, cut the wedge 5" long and sand a rounded end as well as easing all edges.

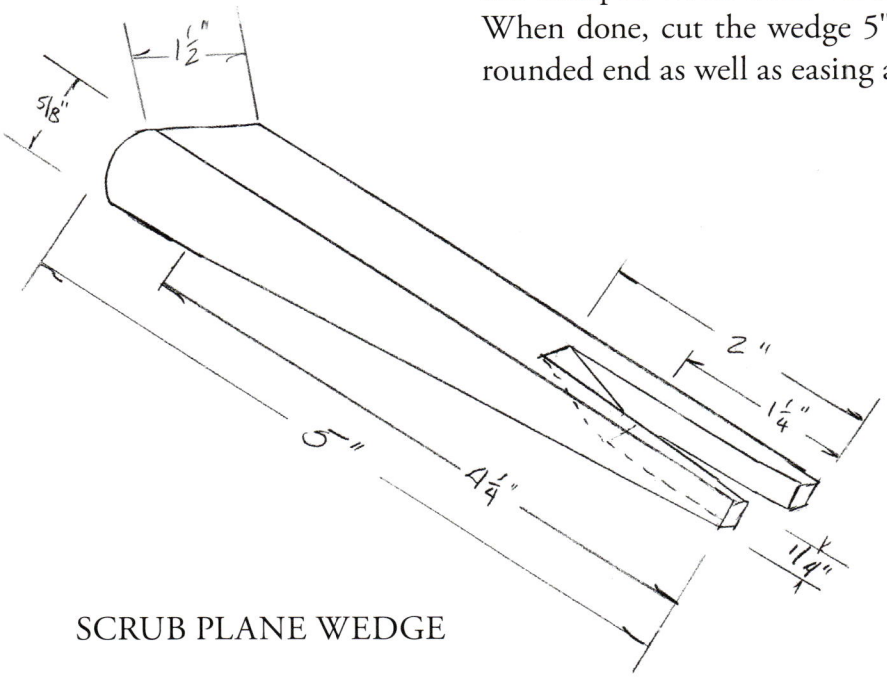

SCRUB PLANE WEDGE

WITH PLANE BODY AND BLADE DONE, the wedge is next. The angle is sawn and sanded on the reverse side, and now the cut out for chip clearance is made.

DEFINING THE SLOPE OPENING in the wedge.

FINISHING THE CHIP CLEARANCE OPENING. The wedge is clamped to the bench using the scrap cut from the wedge and plywood under it to protect the bench. Save the scrap for gluing the abutments later.

A CORE BIT IS USED to plough the finger hold in both sides. Here the drill press and edge guide are used. A router or shaper is also an option.

The wedge is held by abutments. (See drawing of this sequence below.) These are cut from a piece 2¼" wide and cut on a bevel so that one edge is 5/16", the other ⅛". Cut a 70° angle in each end. Note that this will give two mirror image pieces needed for both sides of the throat. (See also page 246.) Next sand the ends so that they taper from full thickness where they will hold the wedge down to ⅛" at the fore block. Now determine the length of the abutments by putting blade and wedge in place and marking the opening. Add ⅛" to this measurement and lay a line 50°, the 45° blade angle plus the 5° wedge. Cut the abutments and sand the edges straight. The bottom point is tapered on the sander. Fit in the throat opening, sanding any adjustments. When ready, glue in place holding with wedge and fingers. Additional holding comes from wedging small cross pieces.

SEQUENCE FOR ABUTMENTS

1. Stock 5/16" to ⅛" taper, 2¼" wide.
2. Cut 70° end.
3. Sand taper on end of stock from 5/16" to ⅛".
4. Cut 50° angle.
5. Sand bottom point.

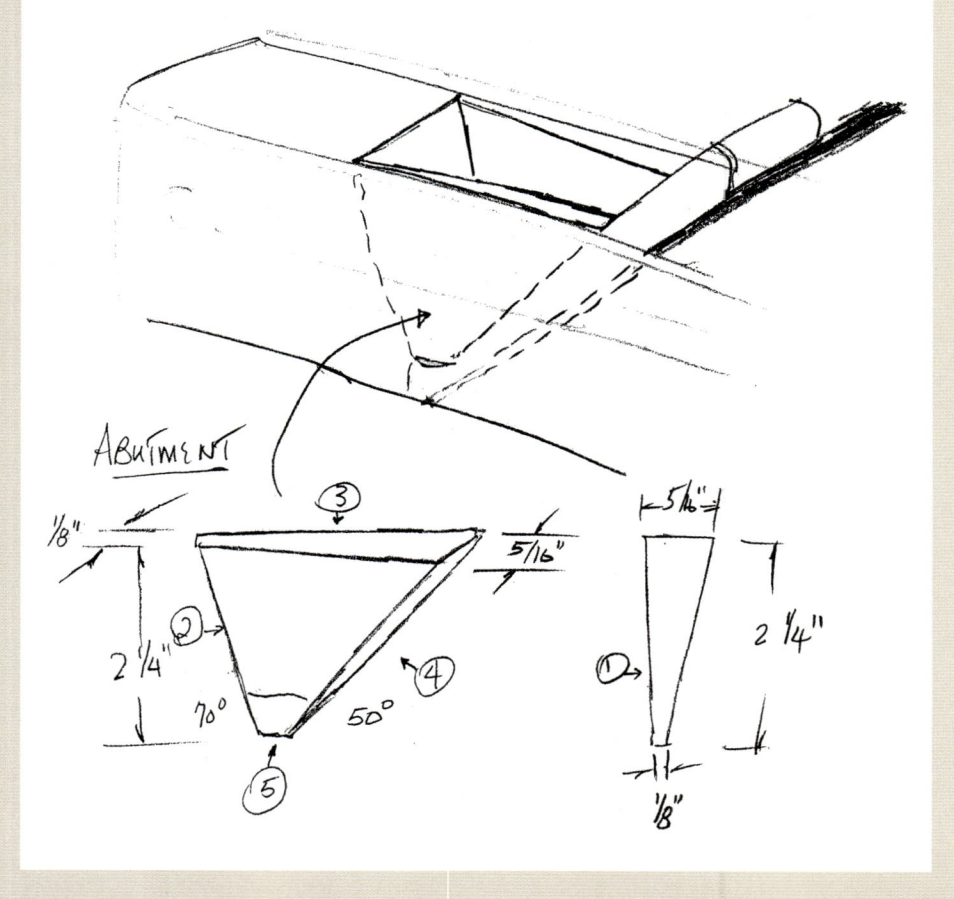

ABUTMENTS ARE CUT from tapered 2¼" wide stock. Here the end angle of 70° is cut and the taper to the end is sanded while still attached to the stick.

ABUTMENTS ARE GLUED using pressure from the wedge and sidewise finger holding.

Final Arrangements

When this assembly dries, sand the top of the plane body flat. Now is the time to sand the top corners and edges for comfortable holding. The chamfer is ⅛" to ³⁄₁₆" wide, increasing as the ends are rounded.

Next shape and glue the small holding block behind the blade. It is made from the throat cut out. This is where your hand will rest in planing, so check out what is comfortable. When gluing this block leave a ⅛" space behind the blade.

REMOVE THE WEDGE before glue sets. Final holding is made by several thin scraps of wood wedged into place.

THE SURFACES ARE SANDED flat and edges chamfered with special emphasis on corners.

Finally, a strike button is inserted into the end of the plane. This is cut from a 5/16" carriage bolt that has threads all the way to the square under the head. Cut it 3/4" long and file the rough burr. Drill a 19/64" hole in the center of the end, slightly

deeper than 3/4". Square the hole opening with a chisel. Drive the bolt into the plane end.

When everything is done, give it a test to confirm that your plane is in working order. The finish is one coat of varnish except the two surfaces facing the blade. Rub out on brown paper sack for a smooth finish.

The following project, a large compass plane, is made on the scrub plane platform. Wait until later to drill and insert the carriage bolt strike button. Everything else is added to what has gone before.

THE HAND BLOCK IS CUT from throat scrap. Here the initial cut is made showing its position.

SANDING THE HAND BLOCK can be round or facetted as shown here. When glued, an 1/8" space is left behind the blade.

A STRIKE BUTTON is made from a 5/16" carriage bolt. The slightly undersized hole (19/64") makes for a permanent fit.

Large Compass Plane

◻

This compass plane is resting on a Windsor chair seat whose grooves show where the tool made its mark. Comparing this to the photo of the scrub plane on pages 63 and 71 shows where its design began and where this adaptation took it.

Tool marks can be a design feature in the finished piece. The Arts and Crafts movement was a reaction to the Victorian ideal of a polished and elaborate surface decor. There is a place for artfully embossed surfaces that are an honest expression of tools in the hands of a competent craftsman.

Explore your own tool surfacing techniques and get beyond uniform, smooth and plain surfaces as the only standard.

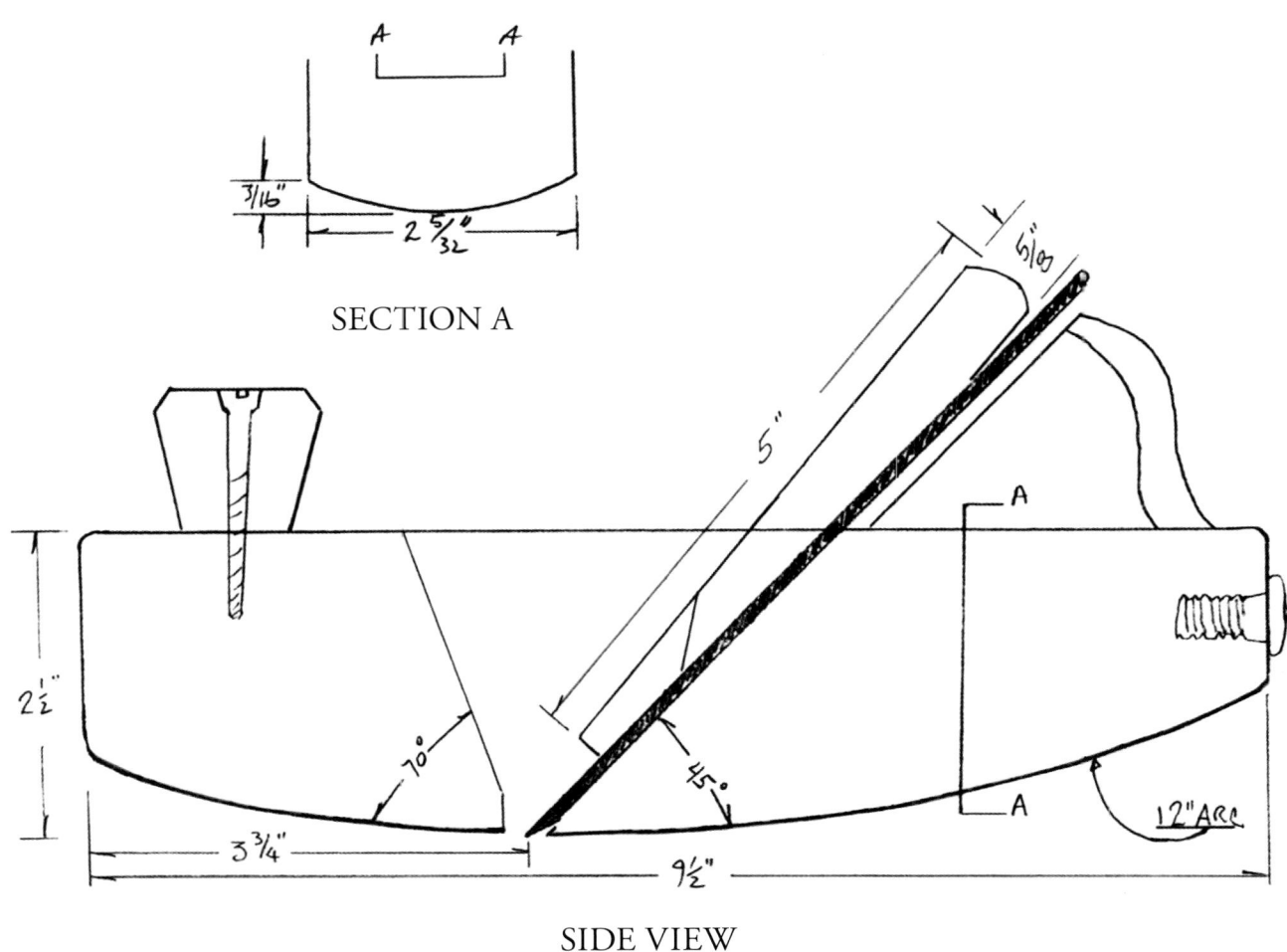

SECTION A

SIDE VIEW

LARGE COMPASS PLANE

MATERIALS

Core block	$1^{17}/_{32}$" x $2^{1}/_{2}$" x $9^{1}/_{2}$"
Sides (2)	$^{5}/_{16}$" x $2^{1}/_{2}$" x $9^{1}/_{2}$"
Wedge	$^{5}/_{8}$" x $1^{1}/_{2}$" x 5" (stick 8")
Abutments (2)	$^{5}/_{16}$" taper to $^{1}/_{8}$" x $2^{1}/_{4}$" x 10" stick
Knob	$1^{3}/_{8}$" x $1^{3}/_{8}$" x $1^{1}/_{4}$"
Alignment board	$^{1}/_{4}$" x $1^{7}/_{8}$" x $9^{1}/_{2}$"
Strike button	$^{5}/_{16}$" carriage bolt, all threads $^{3}/_{4}$" long
Blade	$^{1}/_{8}$" x $1^{1}/_{2}$" x $6^{1}/_{2}$" 01 tool steel

Curved excavated surfaces require a plane with curved sole and blade. The small compass plane shown on pages 20-31 is a diminutive tool that fits the palm of your hand much like a block plane, and like that straight run tool, the small compass plane is surprisingly effective at hollowing inside curves. The plane shown here extends the size and range for this kind of work. Refer to pages 62-73 for construction of the plane body up to the final shaping of the plane's sole. The last step is the addition of a knob.

Start by drawing a 12" arc centered on the throat opening. Cut a pattern for this by scribing a line using trammel point and pencil (a stick with a small nail pivot at one end and a notch for your pencil 12" away) to draw a template. The strike button shown in the scrub plane needs to be left out until later as it may interfere with sawing this curve.

After the fore and aft curve is band sawn and smoothed, the sidewise radius is made in the following way. Scribe a line ³/₁₆" up from the sole from end to end on both sides. Next sand a 45° chamfered edge up to this scribed line. Finally sand across the sole to blend a fair curve from side to side. The 2½" radius arc curve of the blade in the scrub plane is fine for the work of this compass plane. The final step is to make and attach a knob at the front end of the plane with a 2½" wood screw as shown in the photo on page 75.

SOLE ARC OF 12" is drawn on a pattern and marked and sawn on the plane body. The center of the 12" radius is at the throat 3¾" from the toe rather than the middle of the plane.

MAKING THE SIDE-TO-SIDE ARC starts with drawing lines ³/₁₆" from both edges of the sole. Sand up to the lines as shown on the top right where the chamfer has just begun. It will be sanded the full length on both sides of the sole. Finish by sanding the arc across to blend a fair curve.

Smoothing Plane

□

The angle of approach in a plane changes the effort needed to cut and the likelihood of tear-out from the surface. These are cross purpose factors, meaning that reduced effort and increased tear-out results from lowering the angle of approach and increased effort and smoother cut from a steeper blade angle. Like other twin factors, and tool steel hardness and toughness comes to mind, the trade off between them results in a compromise of acceptable levels in each. Tool steel accomplishes this by tempering the excessive brittleness by reducing hardness a bit. Planes change the angle of approach.

When maximum shaving to quickly reduce stock size is desired, a plane with lower angle of approach and a somewhat larger throat opening to prevent clogging is employed as in the scrub plane. The smoothing plane has a steeper blade angle and tighter throat.

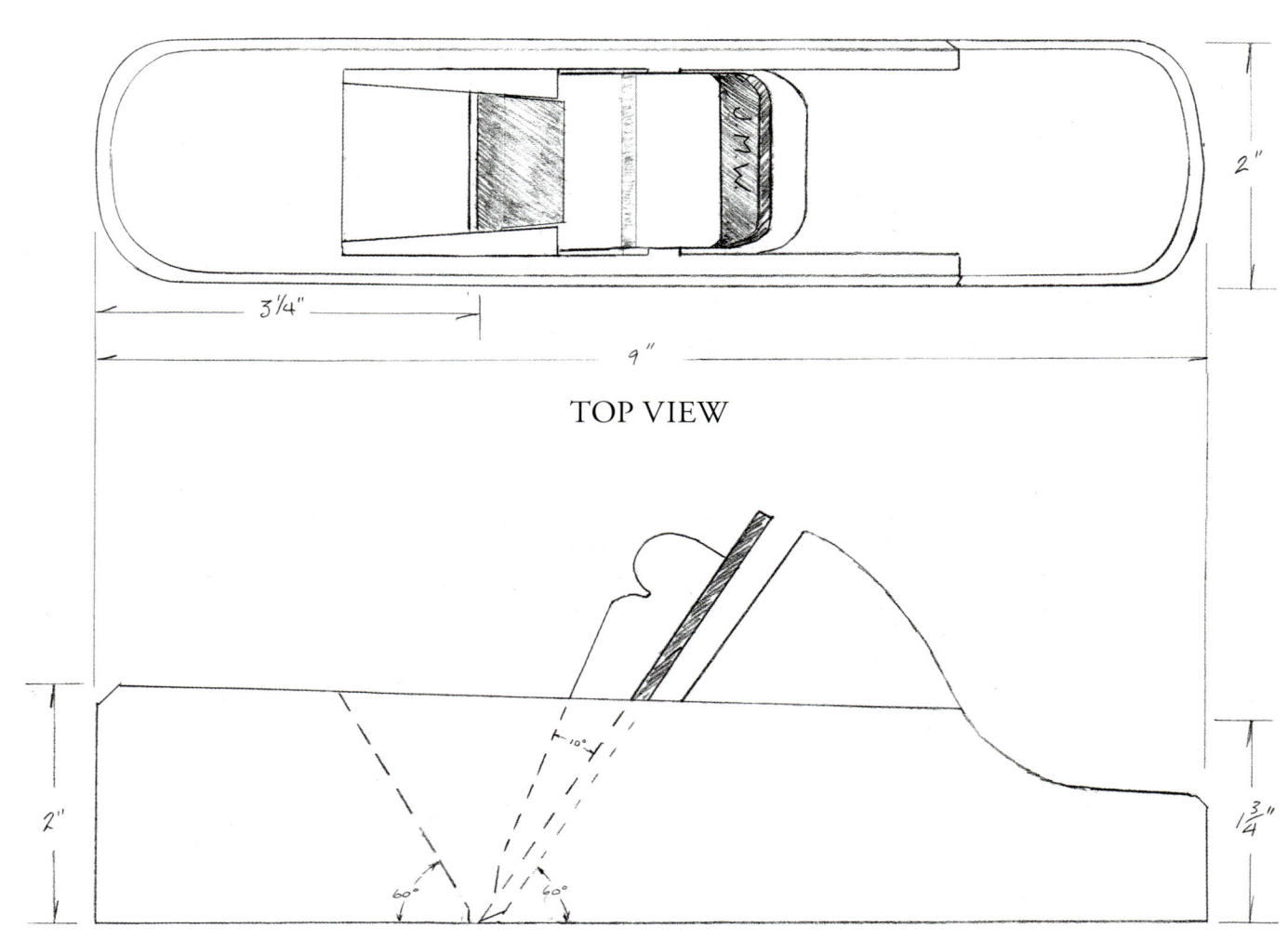

TOP VIEW

SIDE VIEW

SMOOTHING PLANE

MATERIALS

Core block	1¹⁷/₃₂" x 2" x 9" hard maple
Sides (2)	¼" x 2" x 9" hard maple
Wedge	⅝" x 1½" x 3¼" hard maple
Abutments (2)	¼" to ⅛" taper x 1½" x 10" hard maple
Blade	⅛" x 1½" x 4" 01 steel
Alignment board	¼" x 1⅞" x 9"
Dowel pins (4)	³/₁₆" x ½"

The trade-off in ease of cut and surface finish has resulted in the general approach angle of 45°. When greater control over surface finish and avoiding tear-out are primary, a smoothing plane with the blade at a steeper angle is employed. Some have 52°, some 55°, some 60°. This little plane employs the possibility of a 60° approach for fine work, and a 90° option when even that would tear the surface in some wild grain wood. How could that be? The change is effected by turning the blade around so the bezel, or ground surface, faces forward. The 60° bed plus a 30° bezel gives a 90° approach. It is now a scraper plane.

Materials for making your smoothing plane include (from bottom to top) two sides, a core block, strips for abutments and wedge, plus tool steel blank.

First make 60° angles 3¼" from front. Save cutout for palm rest later.

Scrapers are considered elsewhere (see page 130), but they are an option that has been eclipsed by the range of mechanical sanders in today's shop. Just as I would be reluctant to give up my thickness planer, so I feel the same attachment to my 3" x 21" belt sander. However, you can have the best of both modern and traditional. This little plane can introduce you to tradition. One added suggestion, scrapers work best when held on an angle in moving forward. This adds a slicing action to cutting while still at 90° to the work. Try about a 30° diagonal forward motion and vary it until you find the sweet spot that works.

The following description builds upon the basic shape of the block plane. It has grace and function in being held by both hands even though small. The angle of 60° is cut in both fore and bed blocks. The opening lines drawn on the glue-up boards used for the block plane are reduced from $5/16$" to $1/4$", because the steeper bed angle results in the blade being not so far forward. Abutments for holding the wedge replace the dowel pin in the block plane.

Design

This plane is similar to other planes, yet with significant differences. In size it is halfway between the block plane at 6" length, and the jack at 12". In blade angle it is an extreme 60° for minimum tear-out, though it could be made at 55° which is more common for smoothing planes.

In shape, the plane has the palm block made from the throat cut out like the block plane, and a razee step aft like the jack. The width is the same as the block plane using $1\frac{1}{2}$" blade steel, and 2" high like the jack plane body. To relieve this height a bit, and add a slightly jaunty look, a $1/4$" wedge is cut away along the top surface. It reminds me of a rum runner speed boat. The razee cut away gives a lower hand hold.

SAND ANGLE FACES flat and square.

One interesting feature is the use of abutments, or slivers of wood for holding the blade wedge. Examination of old planes shows the ways for wedge retention carved into the body. A nice piece of work appreciated by anyone who has tried it. This plane adds thin pieces of wood to the sides which simulate the traditional carved ways. These pieces can be made from the wood used for the sides and are added after the body, blade and wedge are available to test their size and angles. The pieces are $1/4$" thick at their top and feathered at the lower end for maximum chip clearance.

There you have it, a plane incorporating features of both block and jack, while introducing a further option for holding the wedge. If you were to turn the blade around, the angle of approach is 90° making this into a scraper plane.

Construction

Starting at a point $3\frac{1}{4}$" from the front, cut the core block ($1^{17}/_{32}$" x 2" x 9") into fore block with

A SMALL FLAT is sanded in the fore block.

HERE WE SEE THE CORE BLOCKS clamped to the alignment board which has a ¼" throat opening drawn for reference. Pencil mark throat area so glue can be avoided.

ONE SMALL CLAMP holds sides in place while drilling for ³⁄₁₆" x ½" dowel pins. An alternative of salting the glue line is described on page 11.

CLAMP IN THE BENCH VISE when dry, remove glue beads from throat.

a 60° face, and blade block at 60°, or 55° if you wish. Sand these faces flat and square. Make a small flat ⅛" wide at the sole opening end of the fore block. Glue up with the sides (¼" x 2" x 9") uses an alignment board (¼" x 1⅞" x 9") on which the ¼" opening is drawn for the throat.

Wax this board to prevent glue sticking. Gluing core blocks and sides makes use of ³⁄₁₆" dowel pins to insure the side boards do not slip under clamping pressure. First clamp the core blocks into position on the alignment board.

Put the sides in place and use one clamp to hold them while drilling for two dowel pins per side. Mark a light pencil line in the throat to show where not to spread glue. Take sides off and glue all surfaces and reassemble. Dowel pins ½" long are driven into place with glue already in the holes from spreading the sides.

Clamping goes well in the bench vise, or you can use four clamps. In either case check that all glue lines are tight. When dry, clear glue beads from the throat.

DRAW A LINE from the front top to a point ¼" below the rear corner. Bandsaw and sand flat and square both top and sole.

ENDS ARE FINISHED with rounded corners and slightly curved face.

EDGES ARE CHAMFERED holding plane body at 45° and rolling the edge around the end.

THE CUTAWAY END, called a razee, is drawn following the plan. Also the palm block drawn as part of the ogee design characteristic of this plane.

Cut the body by removing a ¼" wedge of material from the top so that the front is 2" and the back 1¾" tall. Sand top and sole flat, being careful to keep these faces square to the sides. Round the ends slightly.

Shape the scrap of wood from the throat into the palm block as shown in the drawing. This block is located ¼" behind the blade. Holding it in place, draw the curve for the razee in the back end. Cut the razee and sand on the roller end of the belt sander. Before gluing the palm block, chamfer the edges of the plane, and add the flats to both edges of the palm block as seen in the photos. The palm block is glued later after the abutments are in place and sanded.

THE PALM BLOCK given a 45° bevel followed by a slight rounding of its top edge. It will be glued after abutments are installed.

HERE WE SEE ALL THE PARTS cut away to form the body. The cutaway at the top of the photo came from the first cut on the plane box. The palm block is the waste from cutting the throat opening. The razee is what we call the cutaway at the back.

The wedge of 10° is made from a piece ⅝" x 1½" x 10". Draw a line from the corner back 3¼", cut and sand flat. Cut out the middle area as shown on the drawing. Clamp the wedge to your bench using the salvage from the first cut to support the work. Protect your bench with a ¼" ply buffer board. Chisel the center opening. The top of the wedge is cut and sanded.

The blade is made following instructions for the block plane. The abutments are cut from stock 1½" wide whose thickness tapers from ¼"

to ⅛". (See pages 70 and 246.) Draw a 60° angle on both ends, cut and sand straight. Taper these on a sander so that the 60° edge is ⅛" thick and the taper is 1½" back from the end.

The wedge angle is 70° (the sum of the blade angle of 60° plus the 10° wedge) which is drawn so that the abutments are 1⅞" long. This should be a bit long to allow for sanding to fit. When abutments are cut and sanded straight, the lower point is feathered back ¼" on the sander so no flat exists to catch shavings. When final fit is

THE WEDGE 3¼" long is cut giving it a 10° angle. Pencil lines show where the top will be cut after shaping the throat end.

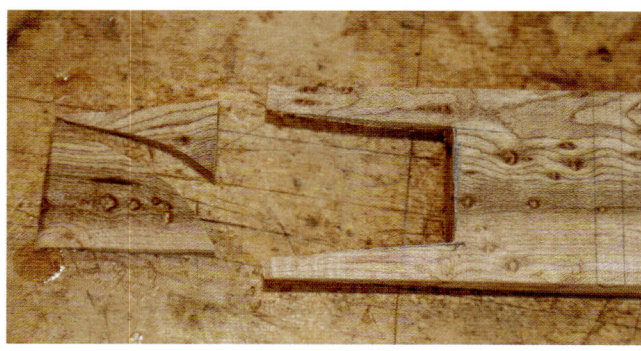

CUT THE WEDGE OPENING starting with saw cuts to define the opening and remove the waste.

CLAMP TO THE BENCH using wedge cut off for support. Chisel the bevel approach to the opening.

WITH WEDGE AND BLADE IN PLACE, mark the point where the abutment will end. This point to the front of the throat (plus ⅛") is the length of the abutments in the next step.

finished, glue in place holding them with wedge pressure and two fingers. Sand the top surface flush when dry.

The palm block is now glued. The final shape of the ogee is shaped over the roller end of the belt sander.

Once all final sanding is done finish with a thin wipe on coat of varnish. When dry rub on brown paper sack for a perfect smooth surface.

USING AN ANGLE FINDER, first draw a 60° line at both ends and cut off. Sand the end bevels so that each abutment tapers from ¼" to ⅛". Then cut off on the 70° line. Sand edges to fit wedge and body. Give bottom point a feathered end.

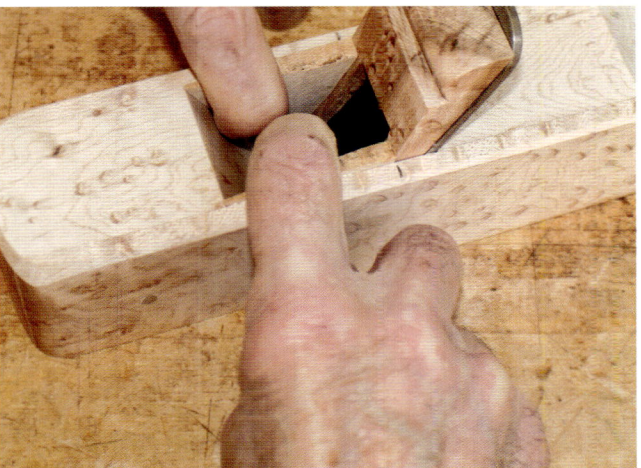

GLUE THE ABUTMENTS IN PLACE held by the wedge and two fingers. (See the top photo on page 72 for using thin scraps of wood for holding.) The palm block is the final glue step, followed by sanding the ogee shape.

MAKING SHAVINGS. With the jaunty good looks of a rum runner launch, this plane invites you to find it a place among your bench tools.

Spokeshave

□

The shop-made spokeshave is a fine addition to your tool kit. The wood bodied 'shave has the blade positioned flat to the sole, rather than angled as in its steel-bodied counterpart. Sometimes referred to as razor type spokeshave, these are the ultimate of a low angle blade.

Gil Chesbro developed the spokeshave as a class project. He and I have teamed up for classes at the Home Shop since 2001. Every student has to demonstrate that his newfound tool can work before he leaves class. Having students make the blade as well as the wood body has been added to the original class. Compared to the block plane blade, it is complicated with the addition of threaded rod posts that serve to hold the blade. Leveling screws give precise adjustment that makes this tool a joy to use.

This project first appeared in Popular Woodworking *#164, October 2007.*

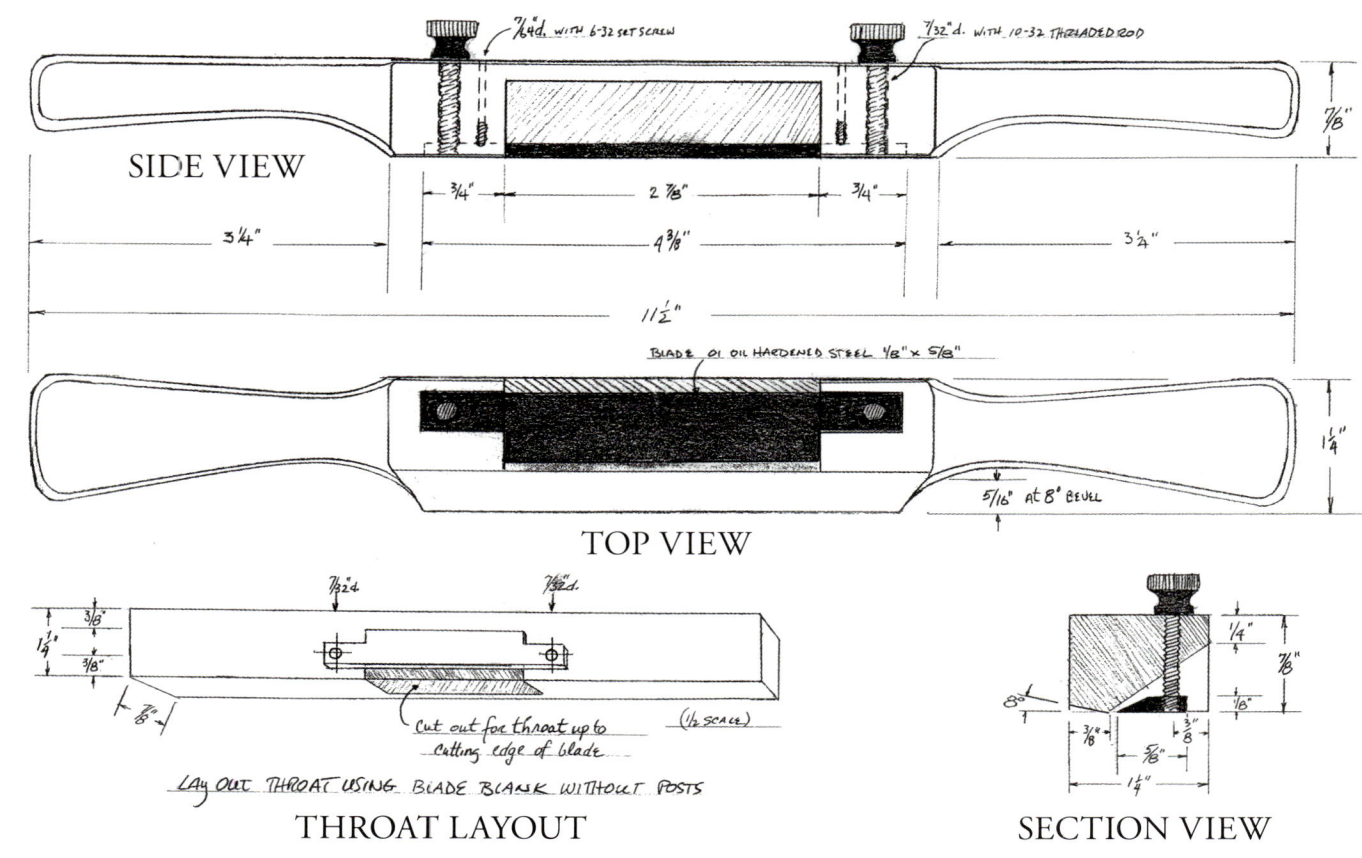

SIDE VIEW

TOP VIEW

THROAT LAYOUT

SECTION VIEW

SPOKESHAVE

MATERIALS

The blade and parts can be purchased locally at a mill supply, or by mail. The following items are available from Reid Supply Co., 800-253-0421 or reidtool.com. The minimum length of tool steel flat stock is 18", or enough for four blades. Therefore, you may wish to order enough parts to do four shaves.

Flat stock 01 steel	1/8" x 5/8" x 18"	#SFS-5400, $6.01
Brass knurled 10-32 nuts (2)		#AJ-718, $1.68 each
Threaded rod 10-32 x 36"		#TR-57, $8.83
Flat head wood screws[1] (2)	#6 x 1/2"	
Or		
Set screws (2)	6-32 x 3/8"	$.08 each
1/16" Hex key		#10903, $.99
You will need both a 6-32 tap and a 10-32 tap for the blade		$3.54, $3.58

[1] *Order from general hardware, not mill supply.*

History of the Spokeshave

The traditional wood-bodied spokeshave has a blade that lays flat to the work surface, or sole, of the plane. It cuts in fine, smooth strokes that rival or surpass its cousin, the angled blade of the metal-bodied shave.

The spokeshave receives its name from wood wheel making where it is indispensable to the wheelright in planing the transition from the square hub end of a spoke to the round. And you can fit the wood sole to plane in tight recesses if needed. Just increase the angle of wood in front of the blade. I suggest ordering parts for several shaves while you are at it.

How Tool Steel Works

The project starts with making your blade which will become the template for carving the wood body. Tool steel for the blade is an alloy that changes properties when subjected to heat. The 01 (oil-hardened) stock is a good steel for general applications, and has rather forgiving parameters when heat treating.

There are three stages through which you take the steel. It is manufactured in lengths $\frac{1}{8}$" x $\frac{5}{8}$" x 18", enough for four blades. The cost is less than $10. Tool steel is annealed when manufactured, meaning that it is soft enough at Rockwell 45 that it can be cut with a hacksaw and drilled.

The second stage is where the steel is hardened. Here you play blacksmith and heat the blade red hot in your shop-made furnace. The temperature of steel when it glows red is between 1,450° F and 1,700° F. The duller color of cherry red is the desired temperature range of 1,450° to 1,500° F for 01 tool steel. It is now subject to abrupt cooling by quenching in oil. The 01 steel gets its name from being formulated to require the shock that happens when it is immersed in oil that boils at 325° F. Some other steels are designed for a water quench that is a more severe

temperature drop to 212° F. The blade is now super hard at Rockwell 75, but it is also very brittle, and will shatter if struck with a hammer.

To restore the desired toughness, or ductility, the blade is tempered in an oven that heats to 400° F, and then slowly cooled. This will be done in your own heat treat oven, aka toaster oven. The shiny surface of the steel at this temperature has a light straw color which is the first of a rainbow of surface patina from yellow to bronze to blue as the steel is heated to 625°F. The final hardness is determined by the amount of heating. Light straw heating will result in a blade of Rockwell 60 hardness that possesses adequate toughness for durability.

Making the Blade

The steps for blade making are:

1. Lay out the shape and holes on the 01 steel.

2. Hacksaw the blade to length and notch the ends.

BLANKS. Cut individual blanks to length, and notch the ends. (Save the scrap piece for later.)

3. Center punch the location for holes and drill with a #21 or ⁵⁄₃₂" drill, and tap the 10-32 threads.

4. Cut two pieces of 10-32 threaded rod 1¼" long which serve as handles while grinding. Grind the bevel, leaving small flat on the leading edge.

5. Harden the blade by heating the sharpened edge to cherry red (1,450° - 1,500° F) and quench in oil.

6. Temper to light straw (400° F) in toaster oven.

7. Sharpen edge and flatten the back of the blade on the belt sander.

8. Use the new blade as the template for making the wood body.

9. Super glue the threaded rod permanently to the blade.

You can follow these steps as illustrated in drawings and photos. While 01 annealed steel is soft, that is relative to its hardened state. You will find that starting with a new 24-tooth blade in your hacksaw is helpful. If you have not used a tap before, they are brittle and easily broken. As you start cutting threads, retract a quarter turn for every half turn advance. That technique plus a drop of oil will prevent breaking flutes on scrap buildup.

When grinding the bevel, use two 1¼" pieces of threaded rod as handles. You will find it fairly easy going and there is no need to keep from bluing the annealed blade with heat. However, it is good practice to leave a ¹⁄₆₄" blunt edge to protect from carbon loss in the heat treatment.

Heating Furnace

To harden the tool steel, it needs to be heated until it glows cherry red. That puts it in the temperature range of 1,450° F to 1,500° F. If you have access to an acetylene torch this is easily

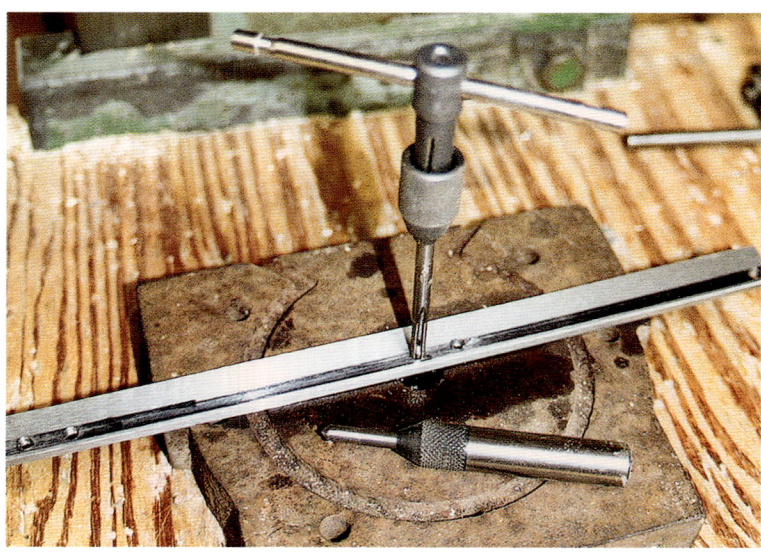

Tap first. An 18" length of 01 tool steel ⅛" x ⅝" will make four spokeshave blades. Black magic marker is used to highlight layout lines to locate holes for 10-32 threaded rod posts. Here a tap and tap wrench are used in a setup on the drill press using a spring-loaded center (taken out of the drill chuck for viewing purposes) to keep the tap straight while threading.

Grind the blade edge using the threaded rod posts to aid holding. Note that the posts are attached opposite of the finished blade for this purpose. After the edge is ground to rough shape, the belt sander is my favorite means of achieving a perfectly shaped edge.

done. What is helpful for those who don't is to be able to heat treat using an ordinary soldering torch and MAPP gas which is 200° F hotter than LP. Used alone there is not sufficient heat to fully turn the blade cherry red. What is needed is your own furnace.

Refractory brick can be stacked as seen in the photo below to shield the blade to conserve heat. Fire brick at $2 apiece can be purchased where pottery kiln supplies are sold, or a potter may have pieces you can have. (Do not use common brick as heat can cause them to explode.) My favorite furnace is made from two tin cans pop riveted together as in the photo at right. Here the insulating layer of air between the two cans will preserve the heat. The heavier steel used in diet drink cans such as Slim Fast® served as the inside, and an evaporated milk can for the outside. One pop rivet in the bottom held the two together.

The trick is to get the entire length of the blade heated to cherry red ready for the oil quench. That is the reason for the furnace. Your existing torch and gas may work fine. If not, try switching to hotter MAPP gas and another torch that delivers a larger flame. Wear protective gloves and safety glasses while holding the blade in the furnace with pliers. Fire is always dangerous in a wood shop, so do this somewhere where you are safe.

Have a metal container with sufficient oil in it to plunge the blade completely beneath the surface in one quick motion. Doing so will evenly quench the steel and prevent warpage. You can use motor oil, either new or used, or household vegetable oil. A red hot blade will burn the oil if held at the surface where there is oxygen.

Once the blade is hardened be careful not to drop it as it can chip in this brittle hard state. Use a belt sander to true up all surfaces. Use the threaded rod pieces to hold on to it. The final

BLADES CAN BE HEATED in several ways. Making a simple furnace will conserve heat and allow a small torch to do the job. The two tin cans are held with a pop rivet through the bottom providing a ¼" space all around the sides. The "pencil point" torch shown here just barely delivers enough flame for heating the blade, and not enough for larger plane irons.

THE INEXPENSIVE FURNACE HERE is made of stacked-up insulating refractory brick available as pottery kiln bricks. (Do not use common brick for heating.) The plastic igniter on this torch can melt from heat reflected back from the furnace. Buy a different model, or shield it with a 2" square of sheet metal with a ½" hole in the center through which to pass the flame tube.

feathering of the cutting edge is done now. The belt sander will give flat surfaces with good control and low heat. Keep a water quench handy to dip into. Any belt will be used up on steel, so I use partially worn 80-grit belts no longer useable for wood.

Tempering the Blade

The 01 tool steel is formulated to reduce the super hardness in it to a moderate Rockwell 60 with toughness restored for durability when it is heated to 400° F. You have your own heat treatment oven in the form of a toaster oven. Set the dial at 400° F and heat your blade for 20 minutes. The shiny surface will provide the heat gauge for tempering. Check for light straw color. This will be just a hint of a surface blush of color. The patina is delayed in appearance, so do not overdo it.

The blade can now be sharpened to a fine finish. Avoid any bluing of the edge, as that will mean the steel was heated to 600° F and made softer than desired at the point it is needed most — on the cutting edge.

HEAT TREATING consists of hardening by heating tool steel to about 1,450° F - 1,500° F (cherry red) and quenching it in oil. The unwanted brittleness from this step is removed, or tempered, by reheating to 400° F in a toaster oven. The blade is polished after the oil quench, and heated until the surface color is light straw. Allow it to cool slowly.

FINAL SHARPENING is done now before securing the threaded posts. Lap the back as well.

Making the Wood Body

Using a piece of hardwood, like hard maple, cut a blank ⁷⁄₈" x 1¼" x 11½". Study the plan to identify which sides of the body the blade is to be recessed and where the throat is cut out. The photo below illustrates the layout of the blade for locating the holes for the threaded posts. Using the drill press make the ⁷⁄₃₂" holes.

Thread the posts into the correct side of the blade (opposite what is used when grinding and sharpening the blade) and insert it into your wood blank. Mark the location of the ends of the cutter which can now be extended using a square to define the throat. Cutting this with a fine saw is made easier by a wedge and V-block made from scrap wood and shown below. Remove the waste with a chisel.

The tangs of the blade are recessed using a ¼" chisel. Use a scrap of tool steel to check for depth while chiseling. Be careful not to split out the

LAYING OUT THE WOOD BODY. The position of the throat and rod holes are marked, with the blade used to center the hole. Use a ⁷⁄₃₂" bit in drill press for accuracy. (Follow plans for all layout dimensions.)

CUTTING THE THROAT IS MADE EASIER with a holding block and wedge, as shown. The wedge goes under the body, and a block with 90° cut out serves as a holder. First cut the ends of the throat with a fine handsaw, then chop the waste with a chisel.

NOW CLAMP THE BODY FLAT on your bench to chop recesses for the tang end of the blade. Here, a piece of scrap steel bit is used as a gauge for how deep to chisel.

narrow edge of the recess while using a chisel to define the tang slot. My suggestion is to use a knife for this cut line instead.

Micro Adjustment

Adjustment for blade exposure is accomplished by leveling screws under the blade. Two methods are possible. One uses #6 x ½" flat head wood screws as shown in the photo below. Adjustment is made by removing the blade and changing the screw depth with a Philips screwdriver (see photo on page 89 and the drawing below). The

other uses a 6-32 set screw adjusted with a small hex key as shown in the drawing on page 90. Drill a 7/64" hole through the body of the shave and thread the hole with a 6-32 tap. The advantage of this arrangement is that adjustment can be made without removing the blade, only a loosening turn of the knurled nut. The disadvantage is that a small hex key may not always be at hand when needed. A Philips screwdriver is more likely. You can store the 1/16" Allen wrench in a .070" hole drilled into the handle end, and kept from falling out by adding beeswax to the hole.

Plane the approach to the throat to an angle of 8° for a good general angle for the sole. For use in tighter inshaves, the back of the blade will need to be rounded as well as the sole planed to a greater angle.

The final step in the cutting section of your shave is to install the blade and file the posts to length. They should be flush with the top of the

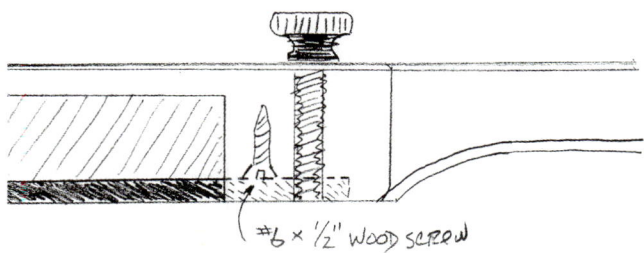

#6 x ½" WOOD SCREW

ALTERNATE LEVELING METHOD

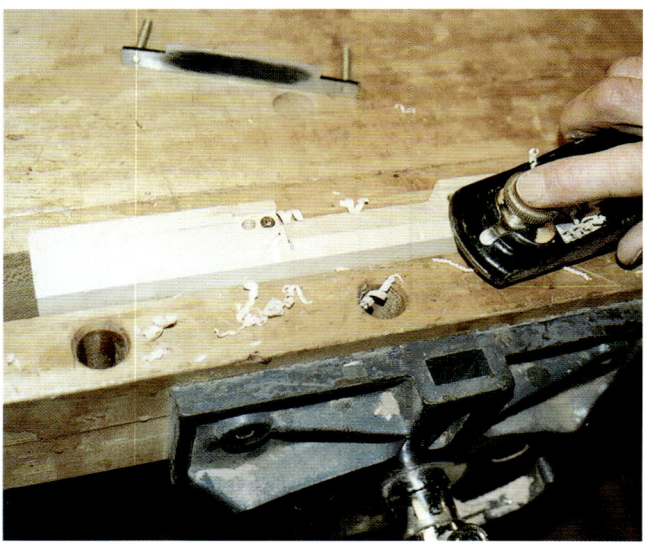

Leveling screws are put into the tang recess to control blade exposure. The flathead #6 x ½" screws need the holes beveled for the flat head. A 3/8" drill bit, hand twisted into the shank hole already drilled, will achieve the necessary bevel.

The approach to the blade is beveled to allow for the curvature of the wood to be shaved. A general angle of 8° is planed here using a block plane. With that, the cutting part of the spokeshave is done.

THE HANDLES ARE ROUGHED OUT on the band saw or with a coping saw. The shape is individual. I use the roller end of a belt sander for smoothing and chamfering the edges, preferring handles that have some "edge" rather than smoothly rounded ones.

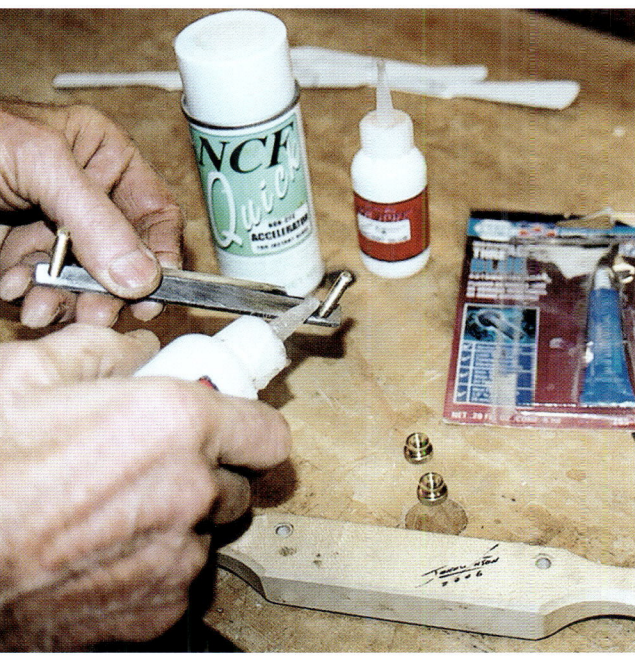

WITH THE WOOD BODY FINISHED, and the blade ground to final sharpness, the threaded posts are set using CA glue or thread locker (in the package).

knurled nuts. Allow the extra length to protrude through the bottom of the blade, and grind off on the belt sander. This will give you the desired flush surface to the blade and sole. A drop of CA glue will anchor the threaded rod in the blade.

Handles & Finish

The patterns for the handles provide the shape of the shave in my project. However, handles appear in many shapes according to personal preference. Band saw the rough outlines, and use rasps and sandpaper to smooth. You will notice that my templates provide for curves that sand conveniently over the roller end of a 4" x 36" belt sander making for a quick job. This slightly formal production look may not appeal as your personal expression. So make it your own way.

The final step is to apply two coats of varnish, which here is a wipe-on urethane thinned with naptha. Sign and date your new spokeshave. Use it with pride.

A WORN SPOKESHAVE, or one made new, can have a sole plate attached and let into the narrow approach to the throat opening. Thin brass strip 5/16" or 3/8' wide and brass screws are a hardware or hobby store item.

Router Plane

☐

This was originally published as the "$5 Router Plane," but don' let that catchy title imply that it is inferior, because reasonable price and useful can go hand in hand. The photo at right shows what this plane can do, and that is cut a slot across the grain of a board. The slot is first defined by a knife, chisel, or back saw, then ploughed out with a router plane taking off successive deeper layers if the depth is more than an $^1/_8$" deep.

The prototype is a plane sold by E.C. Emmerich Co. of Germany. Their body is a full 2" thick and the custom cutter and holder are specially made for the plane. Looking at this useful tool, I was struck by the possibility of doing this as a shop-made project. The wood body was no problem, but what to do with the blade and holder was. The chapter to follow shows what I found.

This project first appeared in Popular Woodworking *#149, August 2005.*

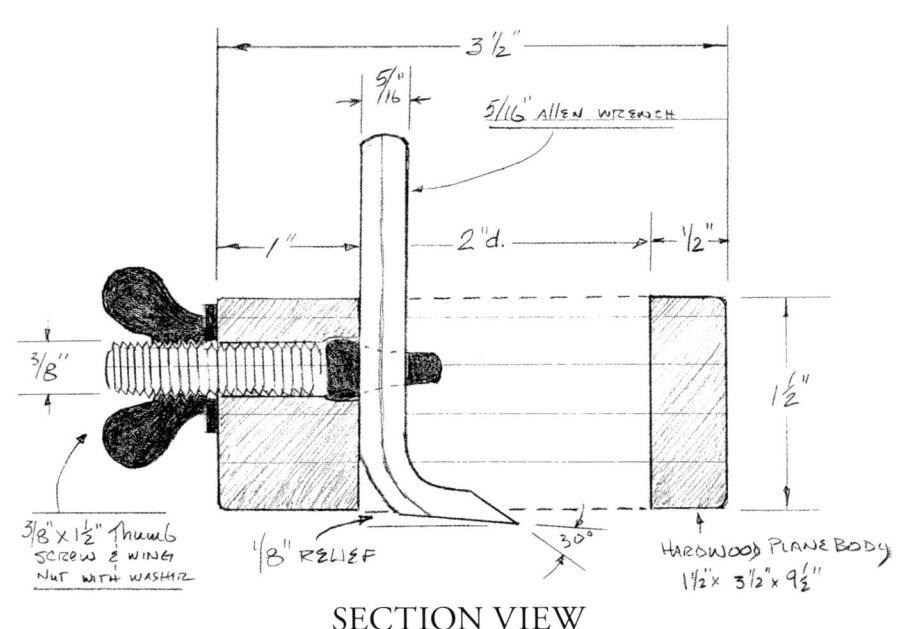

SECTION VIEW

Labels on section view:

3 ½"

5/16"

5/16" ALLEN WRENCH

1"

2" d.

½"

3/8"

1 ½"

3/8" x 1½" Thumb screw & wing nut with washer

1/8" RELIEF

30°

HARDWOOD PLANE BODY
1½" x 3½" x 9½"

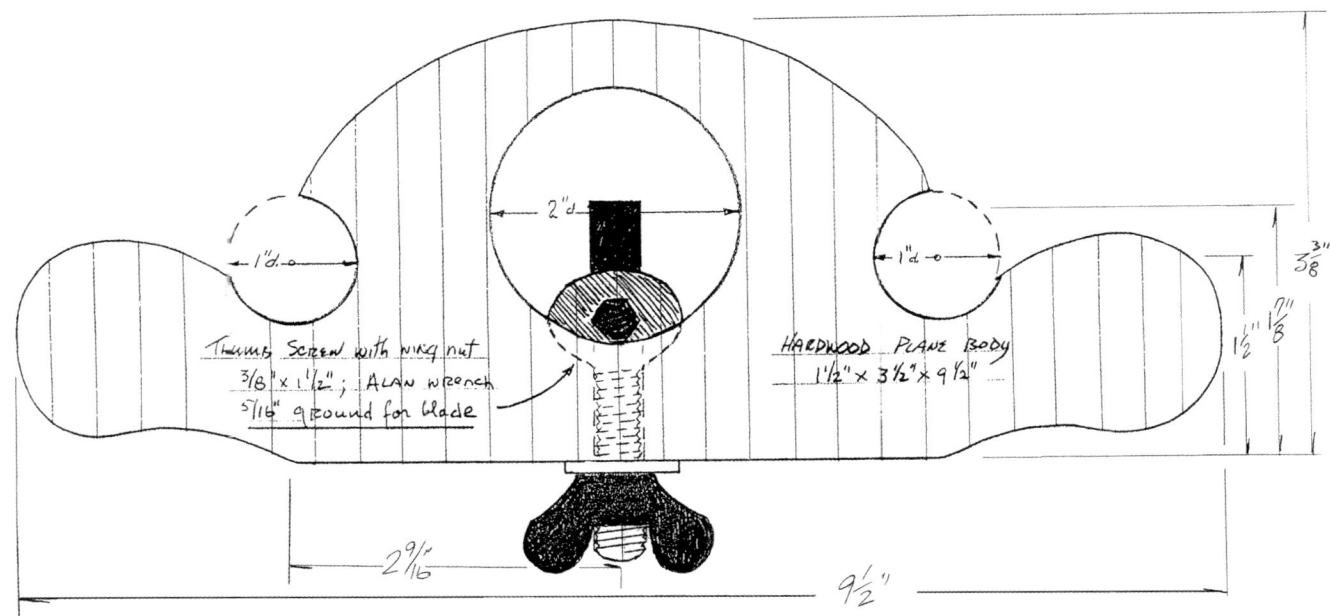

Labels on router plane view:

2" d.

1" d.

1" d.

3/8"

1 ½"

7/8"

Thumb screw with wing nut
3/8" x 1½"; ALAN wrench
5/16" ground for blade

HARDWOOD PLANE BODY
1½" x 3½" x 9½"

2 9/16"

9 ½"

ROUTER PLANE

MATERIALS

5/16" hex key (Allen wrench)	#AHK-28, $0.90
3/8" malleable iron thumbscrew, 1½" long	#MIT-23, $2.76
3/8" malleable iron thumb (wing) nut	#MIN-4, $1.50
5/16" flat washer	$0.07
4" square file, 5/32"	#GRO-32-414, $3.32

These may be purchased at the Reid Tool Supply Co., reidtool.com or 800-253-0421.

Here is a real life shop problem: The project calls for a shallow slot, or dado, in the middle of a board. Defining the edges using a wide chisel is a first step. But how best to remove the waste is a challenge. The chisel could do it, although gauging the depth accurately would take patience. Using my electric router would solve that problem, yet experience tells me that free hand use of this power tool can lead to stray excursions into surrounding margins. So fence guides would need to be set.

This situation calls for a router plane. An uncommon plane that looks different, it most often elicits the question "What does it do?" Now you know — it levels dados and hinge gains. Its right angle blade will allow you to make a flat cut of accurate depth

Shown here are three router planes: my shop-made version (left), an E. C. Emmerich plane (top right) and a Record No. 71, each with their cutter.

Router Plane History & Use

Router planes have been made with metal bodies by Stanley and other manufacturers for more than 100 years. You can find examples in tool catalogs today. Like other planes, earlier router planes were made with a wood body to hold the right angle cutter. I happened to use a modern example of a wood router plane made by the ECE Company of Germany, the same firm who makes the line of Primus planes. (See photo above right showing all these planes.) It is this plane that inspired my shop-built model.

The colloquial name for this tool is "Granny Tooth" plane. It is not at all hard to use. Adjust it to depth and use it in a series of short, choppy push strokes. Just as with power routers, your application may call for more than one setting to achieve the desired depth. In any event, define the edges of the dado with a wide chisel. I find it helps to use the chisel to remove a little waste at the end of the slot so that my final strokes with the router do not split out wood beyond the desired end. Use it once and you will be

convinced of the utility of this odd looking plane. Make your own and you have the added satisfaction of tool making as well as tool use, something that was very much of becoming a woodworker in times past.

Collecting Your Materials

When I set out to make my version of the ECE plane, the challenge was to make the right angle cutter and the specialty holder to attach it to the wood body. Both these parts were special forgings and castings, something not familiar to me. The solution to the right angle cutter is adapting a $5/16$" Allen wrench. The holder is made from a $3/8$" malleable iron thumbscrew with washer and wing nut. The beauty of this is that they are available from Reid Tool Supply by mail and the parts cost less than five dollars.

Start by ordering the hardware. I suggest buying two sets to make the most of shipping cost, plus giving you a backup in case making a mistake, or a second plane if you don't. Also, order a slim file for the hexagonal hole.

The wood for the plane body is made from any of a variety of hardwood. You need a piece 1½" x 3½" x 9½". The toolmakers at ECE use red beech, hornbeam, pear or lignum vitae. In Japan toolmakers often use a dense oak. My preference for wood available locally is white oak or hard maple. You may find something already on hand in your shop.

The wood body is dimensioned and the pattern drawn on the surface. Three hole sizes are required: ⅜" diameter, 1" diameter and 2" diameter. If you do not have a 2" drill, this can be cut using a scroll saw or a hand coping saw. The two 1" holes are merely to give a smooth curved hand hold, and can easily be sawn instead. The ⅜" hole for the thumbscrew is drilled ½" from the

DRILL THE ⅜" HOLE for the thumbscrew. The larger 1"-diameter and 2"-diameter holes can be either drilled or sawn depending on your woodshop's drilling capabilities.

THE PLANE BODY is sawn on the band saw.

SAND the plane body.

top surface, centering on the 2" hole opening.

Now cut the profile of the plane. Once the edges are sanded, round over all edges using a wood rasp, or a $\frac{1}{8}$" rounding over bit in a router as shown in the photo below. Enlarging the $\frac{3}{8}$" hole to receive the thumbscrew is best done after making the hexagonal hole for the Allen wrench. At this time the thumbscrew will not quite fit into the middle hole, but will later.

The thumbscrew now is drilled and filed to make a hexagonal hole for the Allen wrench. Start by drilling a $\frac{5}{16}$" hole in the malleable iron thumbscrew head. This hole wants to be $\frac{1}{8}$" closer to the threaded stem than the actual center. Do your drilling with the thumbscrew firmly clamped to avoid accident. I find that

ROUND THE EDGES with a trim router. The template for the layout of the body is on the bench.

DRILL THE THUMBSCREW with a $\frac{5}{16}$" drill, as shown here. Note that the position is $\frac{1}{8}$" closer to the thread side of the head.

starting the 5/16" hole by slightly angling the drill can achieve the desired location. However, once started drill straight across so the Allen wrench will be held at right angles to the holder.

The hexagonal shape is achieved using a slim file similar to a small triangular file for sharpening hand saws. Orient the hex shape so that the cutter will face forward. The malleable iron files relatively easily. You want a tight fit, so keep testing for size as you file.

Now the holder and cutter (aka thumbscrew and Allen wrench) are ready to be fitted to the plane body. A 1/4" chisel will serve to enlarge the place where the 3/8" hole comes into the center opening. You want the holder to recess sufficiently so the center is held firmly against the wall of the center opening.

You are now ready to grind the cutter. The Allen wrench is already hardened suitable for the plane blade. By having a small container of water handy to the grinding wheel you can keep the temperature from spoiling the tip of the blade. Both legs of the wrench need to be shortened somewhat. Because this is hard steel, a hack saw

USE A SLIM TRIANGULAR FILE to make the hexagonal hole for the Allen wrench.

HERE THE BLADE AND HOLDER are ready to be fitted into the plane body.

CARVE THE RECESS for the head of the thumbscrew as shown here.

will not work. Grind a V-groove from all sides until the end drops off.

Before grinding the cutter itself, study the drawing on page 100 showing the angles needed for an effective blade. Specifically, note the need for relief. In the words of the ad for stomach acid medicine, "How do you spell relief?" In cutting tools relief is spelled out as: "Nothing touches the work surface behind the leading edge." To achieve this, the Allen wrench is ground flat on the bottom, with the angle rising steadily from the cutting edge to the back with about 1/8" of rise. This will ensure that it will avoid skating off without being able to cut.

The top surface is ground last to give an approach angle of 30°. Both top and bottom grinding need to result in a cutting edge that lays flat to the work surface. This is a trial and error process that will take some fussing to get right. My grinding tool of preference is a belt sander. It is an opportunity to use up a partially worn belt. The advantage of the belt sander for finish grinding is achieving a flat surface, good control, and a cool working surface while using water to dip the blade.

A tool is a problem solving device. The most important part of any tool is your eye for knowing when and where to use it, and your hands to guide it to the solution. So put your new router plane to use right now. Clamp a scrap of 2 x 4 a foot long in your bench vise. Draw a slot an inch wide and six inches long. Now use a chisel to define the edges, and chip out a little waste at the stop end of the slot. Set your plane for 1/8" deep, and go for it.

A wood plane with its special cutter and holder is in your hands to make it work. A valuable new tool for less than five dollars.

GRIND THE CUTTER to a 30° angle. Grinding wheel manufacturers do not recommend side grinding. Use the front for rough-in, and the side only for light finishing.

BE SURE TO GIVE YOUR ROUTER PLANE a trial run as soon as you're done sharpening the iron.

Travisher Plane

□

Perhaps best known to chairmakers for hollowing seat bottoms, the travisher plane is one of those specialty tools that will get in where other tools fail to go. The concave blade and rounded body allows for scooping out recesses. The appearance and the handling of the travisher is similar to the spokeshave. Where the spokeshave allows for hollowing a dip in one direction, as in the transition from a square to a round on wood wheel spokes, the travisher will hollow where the recess sets into surrounding surface as in a chair seat.

This project owes much to Gil Chesbro's creative work, as does the spokeshave and cabinetmaker's bow saw.

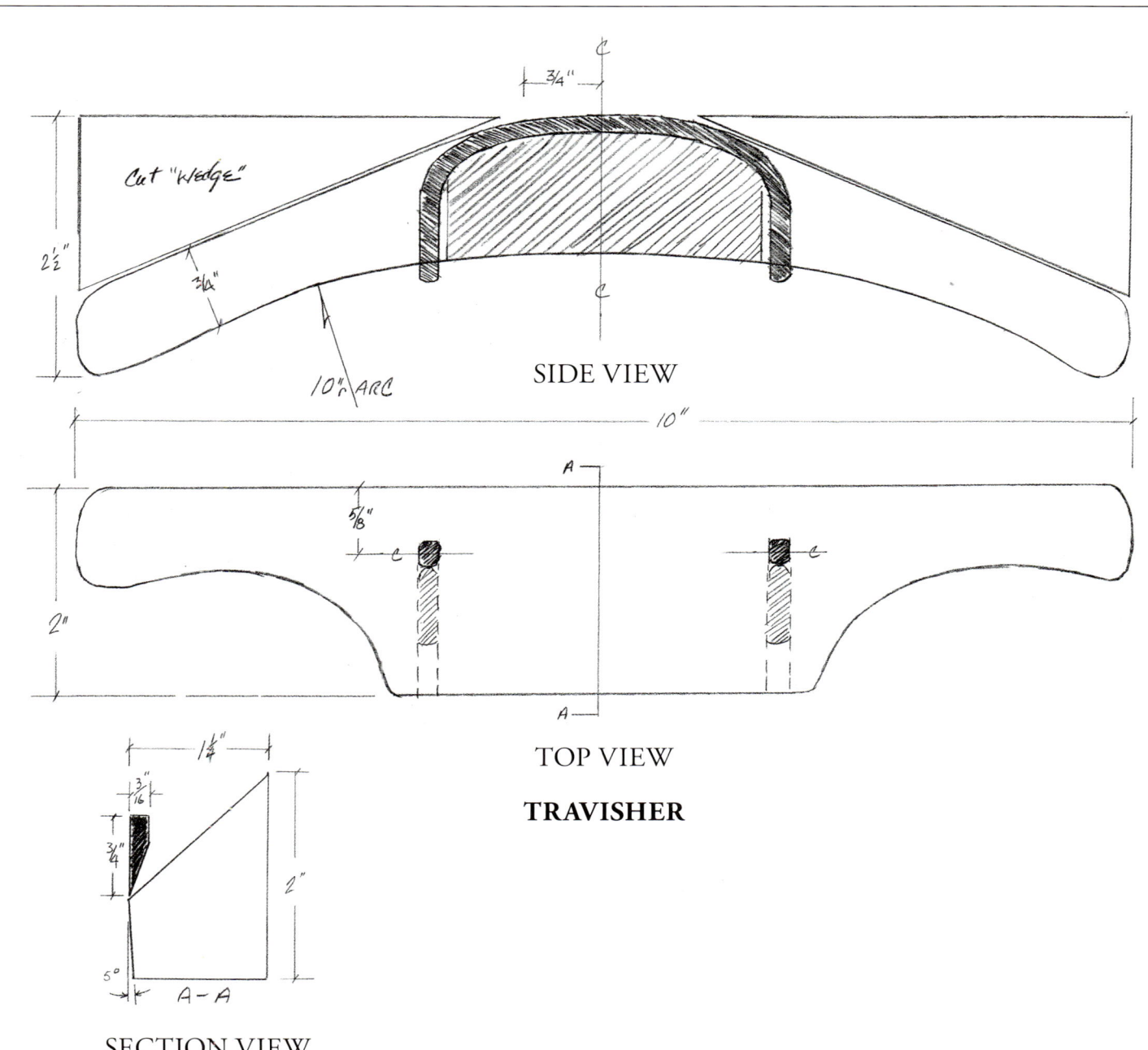

Cut "wedge"

$2\frac{1}{2}$"

$\frac{3}{4}$"

10" ARC

SIDE VIEW

$\frac{3}{4}$"

10"

$\frac{5}{8}$"

2"

TOP VIEW

TRAVISHER

$1\frac{1}{4}$"

$\frac{3}{16}$"

$\frac{3}{4}$"

2"

5°

A–A

SECTION VIEW

MATERIALS

Hardwood block	2" x 2½" x 10"
01 Tool blank	³⁄₁₆" x ¾" x 6"
Set screws (2)	¼" x 28" x 1"
Hex key	⅛"

Every trade has its quirky tools, and this one comes from chairmaking. Sit in a sculpted chair seat and you benefit from the ability of this plane to hollow out the shape to fit your bottom. Before Gil Chesbro and I teamed up to teach specialty planes, I had never seen a travisher or even heard the name. So this project owes much to Gil's creative work, as does the spokeshave and cabinetmaker's bow saw.

The travisher plane is one of those specialty tools that will get in where other tools fail to go. The concave blade and rounded body allows for scooping out recesses. The handling of the travisher is similar to the spokeshave. Where the spokeshave allows for hollowing a dip in one direction, the travisher will hollow where the recess sets into the surrounding surface as in a chair seat. As is fitting of a curved chair seat, this plane has no straight lines in either wood body or the blade. Both represent a conceptual challenge that if taken one step at a time will yield a working tool. When viewing the hard maple blank next to the finished plane body, I am reminded of the comment attributed to Michelangelo that the block of marble contains the classic statue waiting for the removal of unwanted chips. But before sculpting your classic, you must make the blade which is your pattern for locating the tang holes as well as particulars of the throat opening.

To make the travisher (on right) you need a block of hardwood 2" x 2½" x 10" (above), a tool steel blade 3/16" x 3/4" x 6" (below shown with ends cut out and beveled), and two set screws. The die for cold bending the curved shape is shown on left, and is used after the blade is cut and beveled.

Making the Blade

Like the blades used for other planes, the travisher blade is made from 01 tool steel. A blank 6" long is cut from stock ³/16" x ³/4". Next the tangs are cut in each end by hack sawing a notch leaving a ¼" tang 1½" long. The 25° cutting angle is ground, and the angle is achieved by making the width of the bezel surface ½" wide. The belt sander is used to complete the grinding of the cutter, resulting in an accurate flat face in a safe and reliable manner.

The curved blade is made cold. A 3" radius is drawn on a hardwood block which will squeeze the blade into shape. In making this wood die,

note that the two surfaces facing the ³/16" steel blade are not quite the same curve. Draw a 3"radius line, then draw a second line parallel to that ³/16" away, and cut both lines. A friend who is a tool and die maker once had the job of making a die for a Volkswagen fender. Only the plans mistakenly did not allow for the thickness of the sheet metal so another two months work went into a new die. Fortunately, the consequences of not allowing for our blade are not so dire.

The blade is squeezed in this die using a mechanic's vise. We tried bending the tangs cold as well, hammering them around while being held in the die. This is at the threshold of ³/16"

THE CURVED BLADE IS SHAPED COLD in this hardwood die. The first squeeze is followed by several lesser ones shifting the blade from left to right to even the curve.

THE SHARPER BEND OF THE TANGS need heat. Here a ³/8" i.d. length of pipe is used to bend the tang. Do not quench. Final adjustments are made to have tangs parallel and even. The hardening and tempering of the steel follows instruction given for other planes.

01 steel's ability to take a bend, and some blades broke. The solution is to remove the blade from the die, and heat the tang before bending. Do not quench this bend but allow it to cool slowly to prevent a brittle outcome that will snap the tang when making the final alignment adjustments to make the two tangs parallel and equal in angle.

Heat treating proceeds in the same fashion as other 01 steel blades. Heat to 1,450° F to 1,600° F range as seen in a cherry red glow with a torch. Refractory brick or tin can furnace will conserve heat to allow for even heating. Quench in oil. Temper the steel in an oven at 400° F for 20 minutes and allow to cool slowly. Curved blades are harder to grind and polish than straight ones. A small drum sander chucked into the drill press works. Curve a baton of wood to hold successively fine sandpaper to give a final edge.

Sculpting the Travisher Body

The wood for your plane body needs to be a smooth dense hardwood such as hard maple. The blank is 2" x 2½" x 10". Start by drawing the location for the tangs. Draw a line ⅝" from the edge on the 2" face. Lay your blade on this line to locate where to drill ⁹⁄₃₂" holes. Use a small chisel to make the holes square to fit the

THE FIRST SERIES OF CUTS to sculpt the body start with drawing the curve of the blade and extending these lines to the edge. A second cut on a 10" radius arc cuts away the other side.

HOLES ARE DRILLED for the tangs which are squared with a chisel. The blade used to locate the holes and the cut away pieces are shown on the bench.

tangs. Refer to layout and cutting diagrams for this work.

The first cut is to shape the sole. Draw an arc where the cutting edge will go. Extend these lines straight to the ends of the block. After band sawing the wedge from each end, smooth this surface on the belt or disc sander. The other side is cut on a 10" radius arc.

Next lay out the lines for the throat. This is a curved recess removing wood from where the cutter will be making shavings. Draw two lines 3" apart back from the ends of the cutter where it meets the wood body and extend them 1" down the back face. These are cut with a trim saw, and the throat opening chiseled. The throat mimics the curve of the blade as you can see in the photos. Holding the wood on an angle for sawing and chiseling will go easier with a notched block and clamp as shown in the photo below.

The throat is defined by saw cuts. The curved shape is held by a block made for holding it while sawing and chiseling the opening.

Chiseling the curved throat opening uses both the angle block and a bench stop.

LAYOUT & CUTTING

A. Draw line ⅝" from edge of 2" face of block. Lay blade on this face, and drill ⁹⁄₃₂" holes where tangs intersect the ⅝" line.

B. On the 2½" face, draw the arc of the blade, and extend the lines to each end 1¾" from the edge of block. Cut the wedges, and sand the arc to a fair curve. Cut the 10" radius arc from the other side. Square the tang holes.

C. Start the layout of the throat from the point where the blade meets the block. Extend the two lines to the edges of the block. Extend these 1" on the other face. Use a notched block and clamp to hold back on a 45° angle while sawing and chiseling throat.

D. Drill and tap for set screws to hold blade tangs.

E. Tape the 10" arc cut away back in place. Draw hand holds on 2" face and saw. Smooth and chamfer on sander.

F. Sole is extended to an 5° bevel as an approach to the cutter.

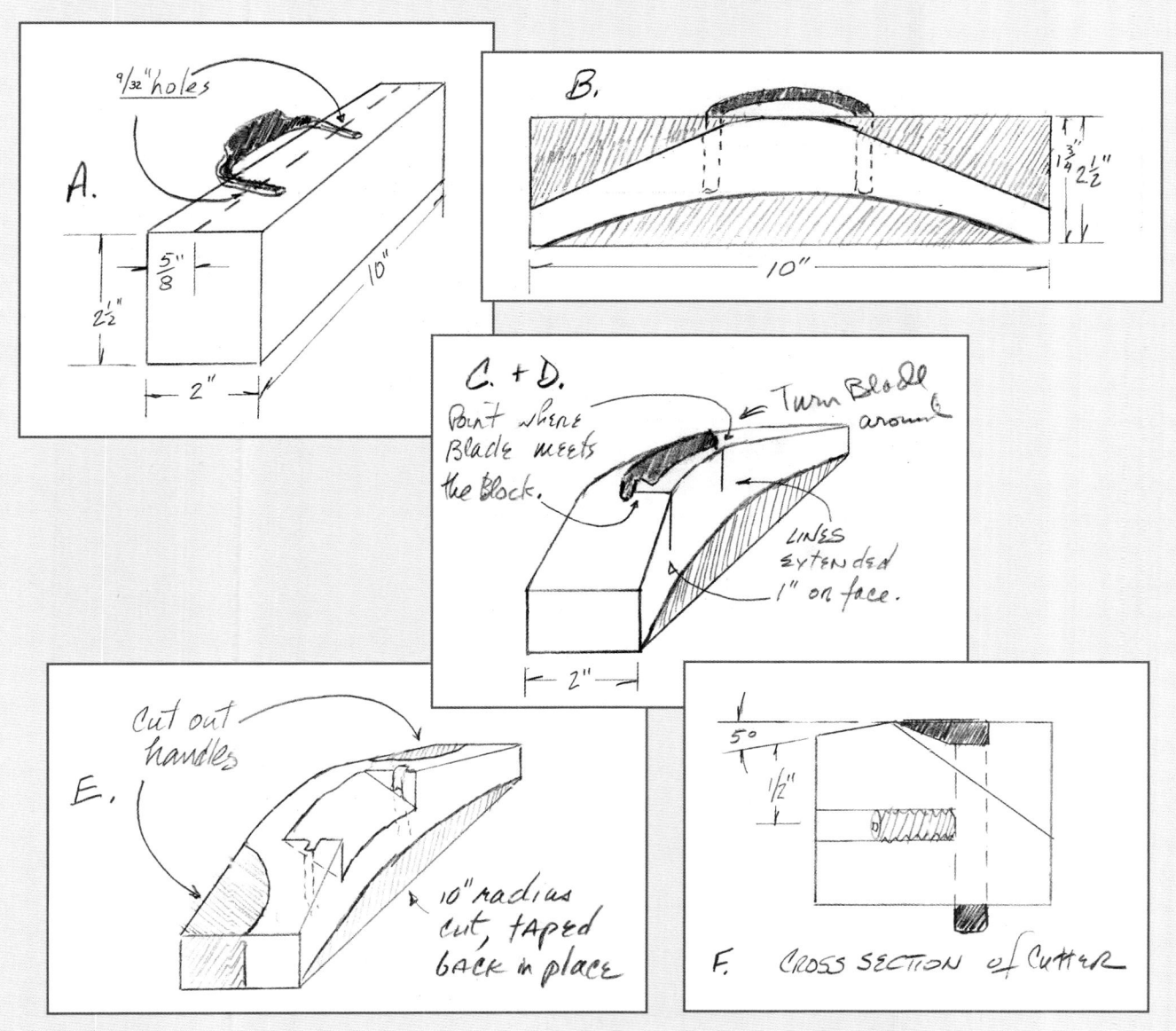

Insert the blade to make final adjustments. The sole ahead of the cutter has an 8° bevel which is sanded on the disc. The blade is held in place with set screws. The location of these holes will intersect the tang holes using a $^7/_{32}$" drill. The hole is tapped with $^1/_4$" x 28 threads to receive a set screw. The cutaway from the arc cut into the side opposite the sole is then taped back in place while the handles are cut to the profile shown on the drawing. The edges are chamfered to give a comfortable hold.

THE FINAL CUT creates the handles. The scrap block is taped to the underside to give a level base to the work.

THE $^7/_{32}$" TANG HOLES are threaded to receive the $^1/_4$" x 28 set screws. Again the back is supported with the cutaway block.

THE FINAL SHAPINg is the 5° approach to the blade sanded on the sole.

SANDING ALL AROUND seems to fit well with the 4" x 36" belt sander. When surfaces are smooth and fair, chamfer all edges to make for comfortable holding.

HARD TO BELIEVE all these pieces come from one 2" x 2½" block. Like sculpture, there resides a travisher waiting to be released from the block of wood.

Hand Adze

 ☐

I first saw a hand adze used by craftsmen at the Kamba Carvers' Union in Mombasa, Kenya in 1969. They were sitting on the ground with a couple of dozen billets of wood in a basket on one hand, and a saw and hand adze with which they applied one cutting and chiseling operation to each billet as it was transferred to a basket on their other side. In short order operations were made in each as the work lot was passed back and forth until final sanding was done by an apprentice nearby. Kamba figures of African animals were sold by street vendors and stores throughout the region, what we referred to as "Airport Art" made for tourists. Items were cheap. What I did not appreciate until my visit to the Kamba carvers' association was how efficient and elemental were the tools of the trade in skilled hands. The combination of tool and skill earned them a living on a par with school teachers in Kenya.

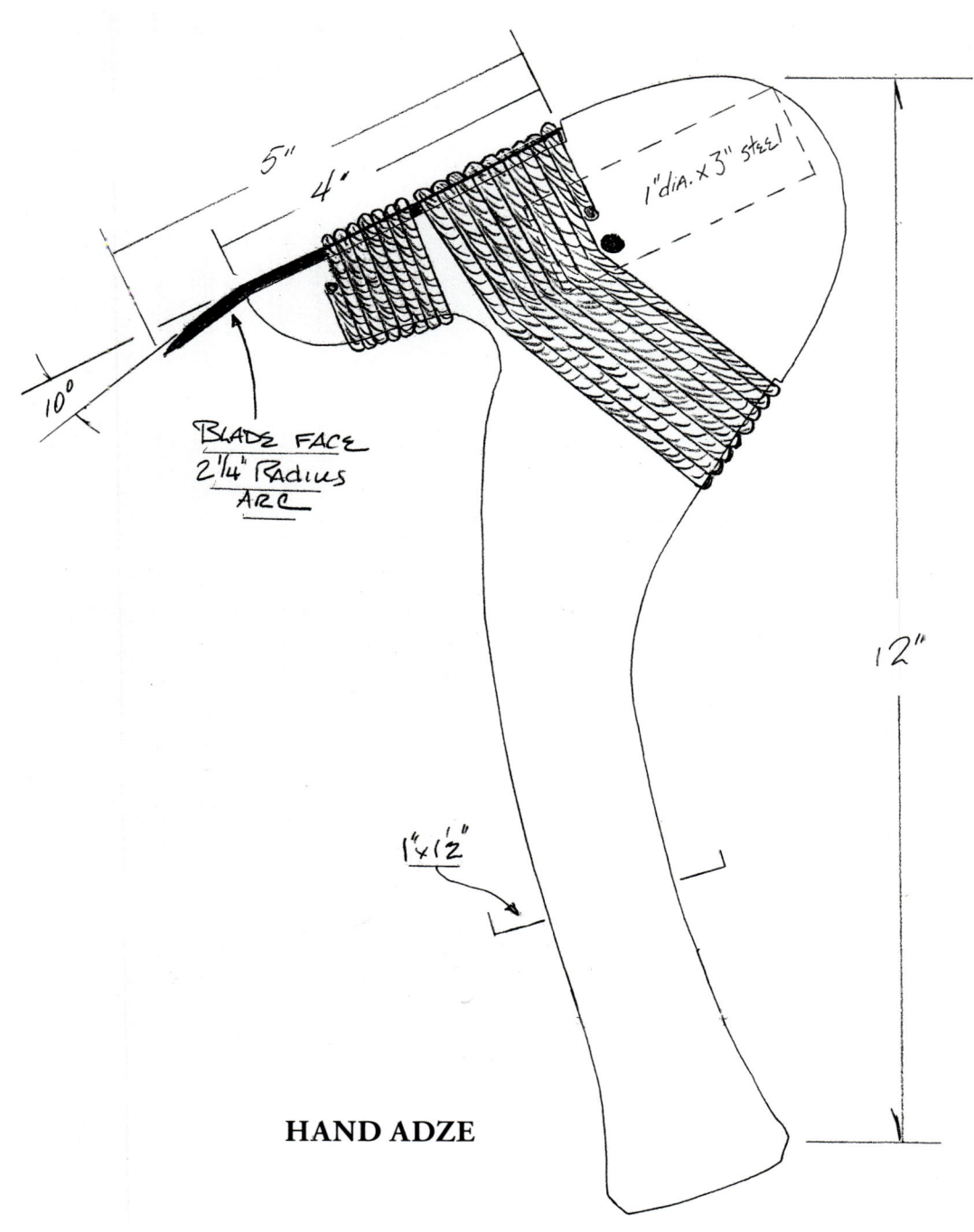

5"

4"

1" dia. x 3" steel

10°

BLADE FACE
2¼" RADIUS
ARC

1" x 1½"

12"

HAND ADZE

MATERIALS

Hardwood	1¾"- 2" x 6½" x 12"
Wood pins (2)	³⁄₁₆"
Nylon cord	⅛" x 15'
Epoxy	
01 Tool steel	⅛" x 1½" x 5"
Steel rod	1" dia. x 3"

Three different folk traditions have their influence in my hand adze. Besides the Kamba carvers are the Indians of the northwest coast and the Portuguese boatbuilders. Both these later examples are shown alongside this adze. It would be interesting to go back in time and acquire a Kamba adze. If memory serves me right, they were a medium sized chisel with a narrow tang that pierced the knot end of a small wooden club used as a handle. What I don't remember is the angle of the blade to the handle, and my adze required some experimenting to make it have an effective bite in hollowing chair seats.

The means of attachment follows the Northwest Indian tool.

Handle

The thickness of the blade steel defines the thickness of the handle, which is 1½". Ideally, a natural fork is used to ensure strength. The one shown below came from a locust crotch that was destined for the fireplace before rescuing for a higher use. The adze as drawn would be amply strong using white oak, hard maple, or hickory from a 8/4 flat sawn plank readily available from a furniture wood supply. The head of the handle

A HAND ADZE in the Northwest American Indian tradition (left) and a Portuguese boatbuilder's adze (right) give influence to the project shown here. The former shows how to attach the blade. Following the Portuguese adze angle was not suitable for chair seats, and my final version abandoned this acute angle.

is bulky for more than strength, as it gives heft to the tool which otherwise has a blade that is lightweight by adze standards. See page 123 for the addition of a 3" slug of 1"-dia. steel for better head weight.

The angle of the blade to the handle is of some importance, and is determined by personal preference and the intended use. My adze is needed to hollow chair seats. The angle of the northwest Indian adze would suit carving a totem pole or hollowing a log canoe. As the blade becomes more parallel to the handle, the action of the adze changes from chopping to a draw knife stroke. The ability to select for yourself the proper angle is what tool making is all about.

One thing I like about the Portuguese adze is the rough texture of the wood handle. The ability to get a good grip and maintain it for long use depends on handle shape and surface friction. Tool marks from chisel and spokeshave are left

THE ADZE BLANK leaves ample wood in the head to give heft to the tool which will finish out at 24 oz. The blade fits the small notch seen on the left face. The 1¾" to 2" thick maple is having the grip thinned to 1".

SHAPING THE HANDLE with a spokeshave will leave tool marks that improves the grip. The roller end of a belt sander is another method. Again leaving some hard edges rather than smooth rounds will make the adze easier to use. The pommel or flair at the handle end also improves the grip.

to texture the surface, and unvarnished wood is the best finish. For size, the 1½" square blank is pared down a bit, leaving a slight enlargement at the end to give a good hold.

The blade holding face is cut down so the blade has a stop to hold its end. The ⅛" nylon cord will need two things to hold it in place. Two small wood studs, either cut from ³⁄₁₆" dowel or whittled from a splinter off the handle, are set in holes ¼" deep close to the blade and just before its end stop. The other side is notched and both hold the cord from slipping.

Blade

The blade is a 6" length of ⅛" x 1½" O1 tool steel. This versatile steel is adaptable to forming cold the curve of the cutter and the angle of the blade. A blank ³⁄₁₆" thick would serve, too, but

HAMMER A **10°** BEND in the blade 1" back from the end, then form the 2¼" arc by peening the cold steel. Gauges of 10° and the arc made from scrap wood will measure your progress.

GRINDING THE OUTSIDE of the blade. The final edge is a combination of major bevel outside, and smaller bevel inside to give a resulting 25°. Inside shaping is done with a small drum sander in a drill press.

requires heat to form the curves. The blade face is a 2¼" radius arc and the angle is 10°. Secure 1¼" of the end in a vise and hammer the blade until it matches the 10° angle scribed on a scrap of wood.

The inside curve of a railroad iron served as the recess in which to peen the curve of the blade. Heating the steel and forming it over an outside curve, such as an anvil or closed jaws of a metal vise, may be your solution. Make a gauge from a scrap of wood with the 2¼" arc to test the shape.

Once the shape is made, grind the cutter. Final sharpening is done on a belt sander and sharpening stones. The inside of the curve is lapped using a curved wood paddle and fine wet or dry sandpaper.

The blade is hardened and tempered in the same fashion as other planes: torch heat in a tin can furnace to cherry red, then quenched

HONING THE INSIDE CURVE is done using a curved wood paddle wrapped with fine wet-or-dry sandpaper.

HARDENING THE BLADE heats the end to cherry red, then it's quenched in oil. Follow this with tempering in a toaster oven or kitchen oven at 400° for 20 minutes. Let cool slowly.

in oil. The tempering is oven heating to 400° F for 20 minutes, then slowly air cooled.

Attachment of the Blade

The handle is already prepared to receive the blade. The face is recessed ⅛" to provide a stop 2" from the head of the handle. The wrapping could be various strong cord. What I used comes from boatbuilding where oar looms are wrapped with ⅛" nylon cord impregnated with epoxy. Lighter line would work as well. It's the epoxy that impregnates everything together. If the head loosens in later use, another dose of epoxy will make it tight. The wrap of line starts and ends in a ¼"-deep hole into the handle. This can be sealed with CA glue as you start the wrap, and tucked into another hole and sealed when finished.

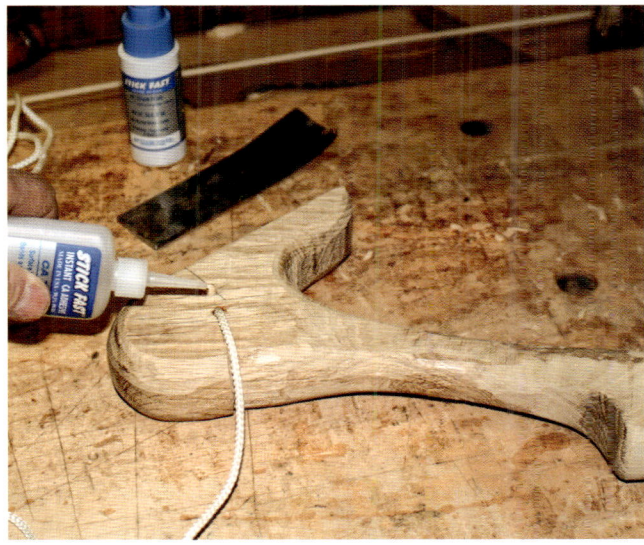

BLADE AND HANDLE ARE JOINED with nylon cord. Here the end is placed in a hole, and sealed with CA glue. A similar glued hole finishes the wrap. A ³⁄₁₆" pin is inserted in both sides to guide the cord wrap. The handle can be notched to receive the cord, in this photo just beneath the cord.

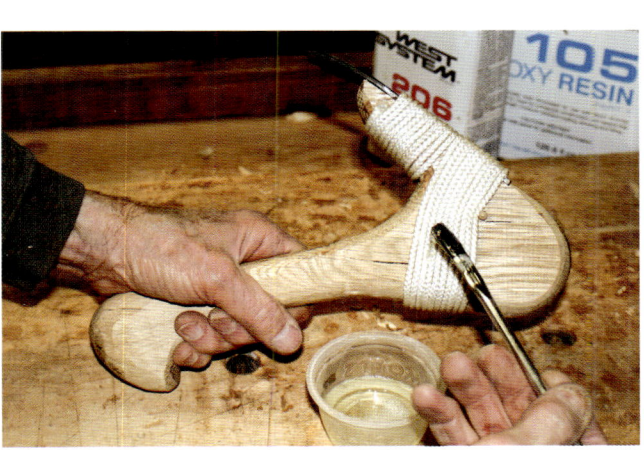

CLEAR EPOXY BONDS cord, handle and blade. Any future tightening is accomplished with another dose of epoxy.

THE HAND ADZE is improved with the added weight of a 3" long slug of 1"-diameter steel epoxied into the large wood head. This will add 10 ounces of momentum to each stroke. Drill a 1" dia. x 3" hole into the wood head, and a ⅛" dia. hole into the bottom of this hole for glue escape. (See also page 258.) You may also extend the handle to 34" and make a full adze.

Shop Drawknife

☐

A tool by definition solves a problem. It gets something done in the hands of one who knows how to use it. Make it a part of your tool kit, and you reach for it automatically when something needs doing. That is ownership. The drawknife is often seen as an interesting artifact in the flea market or museum more than being a useful part of your tool kit. That was my experience throughout my school and teaching career. It hung in the tool cabinet, never taken down, nor do I recall ever seeing others use it.

Find out how this handy-size drawknife with side-mounted handles can earn a place in your shop.

This project owes much to David Abeel's creative work
in chair making at the Home Shop.

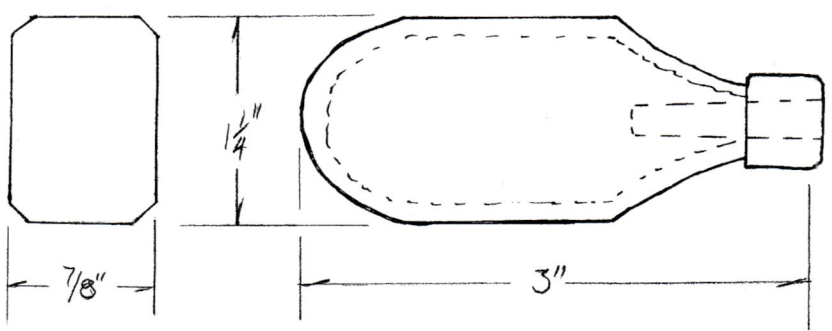

HANDLE WITH BRASS FERRULE

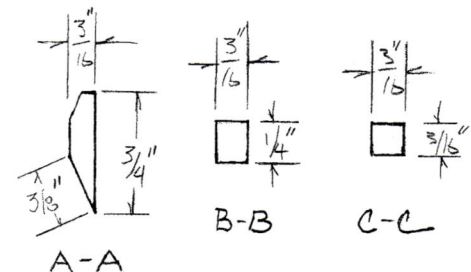

A-A B-B C-C

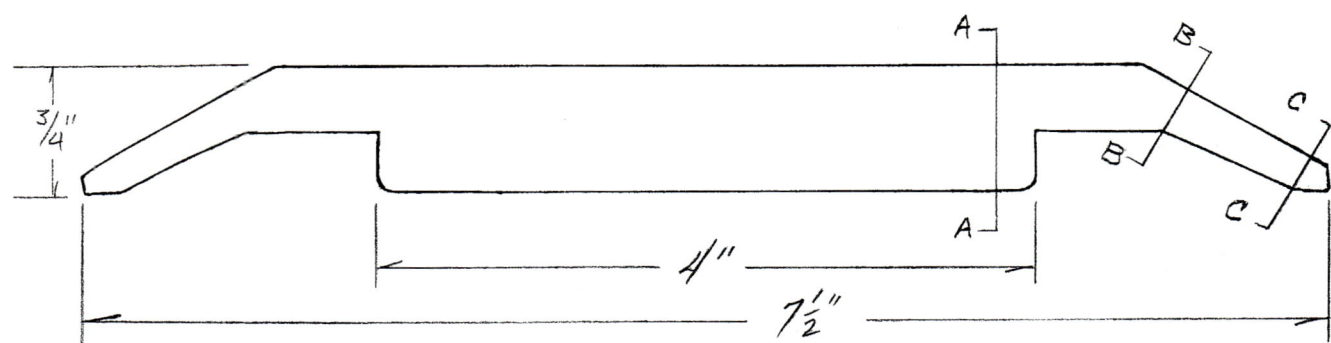

3/16" X 3/4" 01 TOOL STEEL BLADE

SHOP DRAWKNIFE

MATERIALS

01 Tool blank	3/16" x 3/4" x 7½"
Ferrules (2)	¼" compression nuts
Handles (2)	7/8" x 1¼" x 10" hardwood

Three situations recently have made me come to appreciate this tool. One was watching a canoe paddle being made where the blade was taken down from 1½"-thick pine blank to the finished ⅜" thickness and then shaping the handle grip with a drawknife. ("Canoe Paddle", *Popular Woodworking* #142, August 2004.) The second is timber framers who peg their frames, and the pegs are made by whacking off splits of wood and using a drawknife at the shaving horse to make strong, coarse pegs to pin mortise and tenon joints in beams. Finally, chairmakers make use of many spindles and rungs and posts. The most familiar way is to use a lathe to turn the square to a round and add embellishments for style or strength. Less familiar is to use a drawknife to rough out the shape and finish with a spokeshave.

In each case the drawknife in the hands of the craftsman is an efficient way to rough out a shape for use as is or to trim using a finer tool. As such the drawknife is in a class by itself. You have to watch someone skilled in its use to appreciate its ease and efficiency. It gives you a new approach to working wood.

Drawknives come in a variety of sizes. The one made here with a 4" blade is smaller than most, and is the favorite of David Abeel, who comes to the Home Shop to teach Windsor tall stools and side chairs. David likes it because your arms are close to your body when using it. Control and ease of use results from that. Take a billet of wood for a chair leg or stretcher, clamp it in your bench vise, and render it from square to tapered round in a matter of a few strokes. Amazing. A tool as a problem solver.

Making the Drawknife

The blade is a blank of O1 tool steel ³⁄₁₆" x ¾" x 7½" notched at both ends to define the tangs for the handles. The 4" blade is ground to a 25°

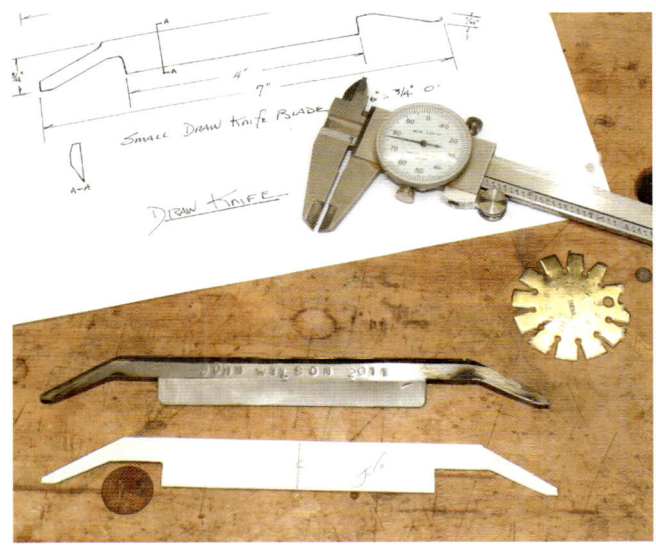

CUT THE BLADE and grind and file to final shape. Here a brass bevel gauge helps achieve a 25° bezel. The dial indicator is useful in getting accurate tang size. The aluminum pattern was used in drawing the layout.

bevel, the trailing edge relieved an ⅛" to allow for a tighter curve. See the drawing for details and the blade profile. The use of ³⁄₁₆"-thick steel follows the original knife. An option is to use ⅛" steel which is used by Veritas Tools in their 4" drawknife. When using the thinner steel, the cutting and grinding is less tedious and the back edge of relief can be skipped. However, the feel of the heavier tool is more to my liking.

The size of the tang determines good retention without splitting the wood handle. A ³⁄₁₆" x ³⁄₁₆" size tang has a diagonal dimension slightly more than the ¼" hole size. In this situation add a slight taper so that the end is ³⁄₁₆" and the hilt ¼". The strong brass ferrule used here reinforces the wood handle to ensure a secure fit.

Heat the blade to cherry red (1,450° F - 1,600° F) as shown in the photo on page 128 using a simple tin can furnace to focus the heat from a propane or MAPP gas torch, or use an acetylene torch if available. Quench in oil to harden. The tempering is 350° F - 400° F for 20 minutes in an oven followed by allowing the steel to slowly air cool.

The handles are cut from ⅞" x 1¼" hardwood. Hard maple is traditional, but in this instance rosewood handles give a nice contrast to the brass ferrules. You can cut ferrules from copper tubing, but I found a brass part in the plumbing section that adapted well to the knife. They are screw caps for ¼" soft copper flair fittings. The caps were sold separately for 50 cents each, but the entire fitting is reasonable enough to buy one and remove the caps. The ¼" hole in the cap needs to be filed square with a slim triangular saw file to fit the square tang.

The handles are 3" long with the ferrule end shaped before cutting to length. This end needs to fit snugly into the ferrule so use a rasp to finish the fit. Cut to length, round the end, and chamfer the edges. The feel of a cut and shaped handle like this is different than a turned knob. It is your preference whether you turn a traditional knob or cut one like this.

The ferrule is tapped securely on to the handle. Then a ¼" hole is drilled through the ferrule into the handle. Driving the handles is shown at the bench vise with the lower end resting on the vise ways and the upper end held at the proper angle with an auxiliary board clamped to the vise.

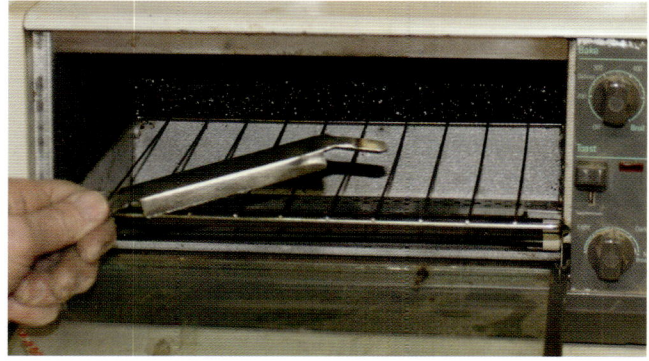

TEMPERING THE BLADE to restore necessary toughness following the cherry red heating and oil quench. It is done by heating to 350° F - 400° F in an oven and allowing to cool slowly.

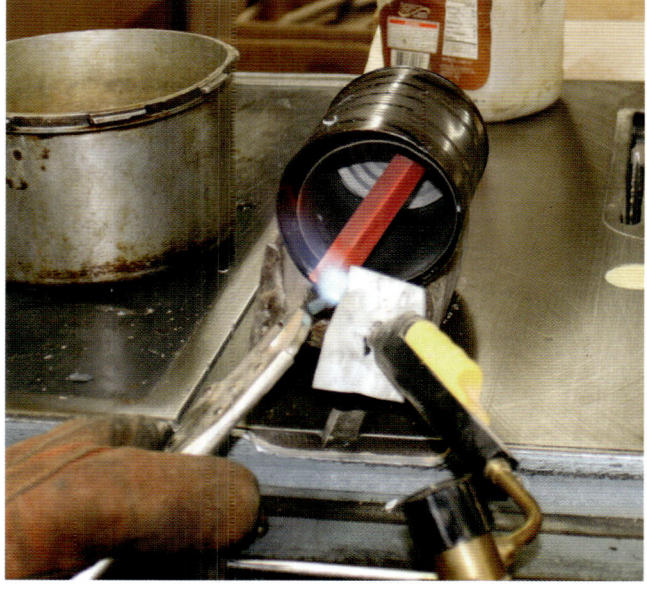

HARDENING THE BLADE is done using a torch that delivers sufficient volume of flame. Such torches have a valve screwed on the end and delivery tube side mounted. The heat is focused in a furnace made of nesting tin cans. The pot holds soy oil for a quench. Keep all surfaces clear of wood and sawdust to avoid fire.

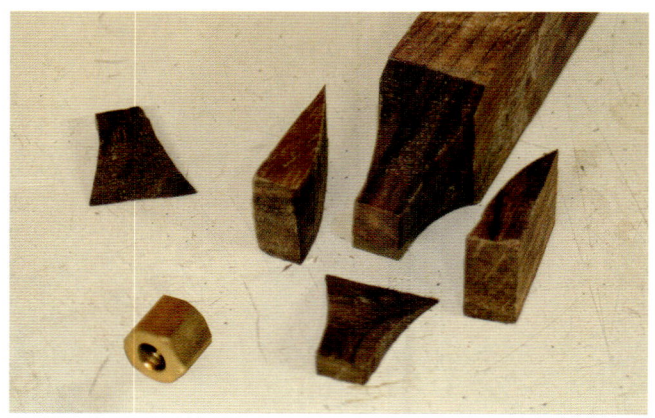

THE FIRST CUTS to make the ferrule end of the handle. A piece of hard maple or rosewood ⅞" x 1¼" is used. The brass ferrule is a compression fitting for ¼" soft copper plumbing.

While smaller than its cousins used in timber framing or paddle making, this knife deserves a place at your bench to effectively cut down a spindle or rough out a board. It will shave in the manner of a chisel or plane in skilled hands that appreciate a sharp tool of the right size.

THE BELT SANDER shapes and chamfers the handle. To achieve a tight fit on the ferrule, use a rasp for the final sizing. The pencil line for the 3" handle will be cut on the band saw and finished on the sander.

NOTES ON DRAWKNIFE USE

Bevel Up or Bevel Down? The rule is simple: Whichever works in a given situation, do it. That said, bevel down affords more control to avoid going too deep. The next steps add to this debate.

Dub the Blade. This means giving a 5° sharpening angle to the flat side of the blade, something generally avoided in sharpening chisels. Dubbing makes it possible to lift the direction of the cut slightly when it wants to go too deep when using the knife with flat side down.

Ride the Bevel. As wood turners know in holding a chisel on a lathe, steady depth of cut comes from getting the feel for the bevel angle of the tool to control how deep to cut when using the knife with the bevel side down.

THE HANDLE IS DRILLED to receive the blade tang.

HELD IN THE VISE with the lower end resting on the bed ways, the handle is tapped in place.

Scrapers

□

It seems that the 2½" Red Devil Scraper will forever be associated with painting chores about the house. That is unfortunate because it prevents woodworkers from using a most useful tool. What exists is a dull, gooped up, throwaway object that would insult a neat and orderly wood craftsman's bench. The solution is to see it in the hands of one familiar with its potential. Curled shavings of wood spiral off to the side in stroke after stroke on the surface of the wood as blemishes are removed and the surface left smooth.

I have several of these scrapers around the shop along with an 8" smooth file. Hardly a day goes by without taking them in hand to remove a rough place or erase a pencil line.

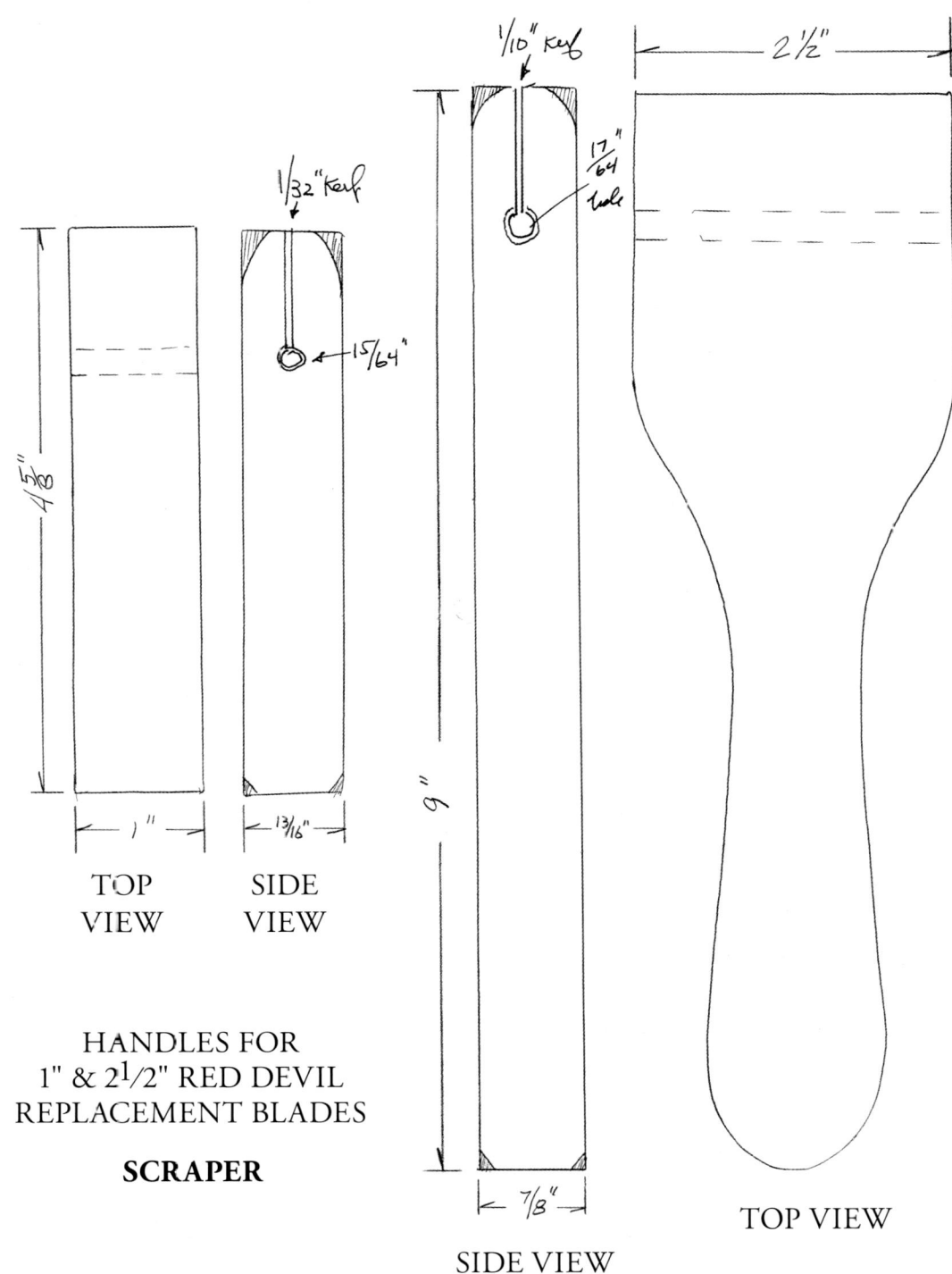

TOP
VIEW

SIDE
VIEW

1/32" Kerf

1/10" Key

17/64"
hole

15/64"

2 1/2"

HANDLES FOR
1" & 2 1/2" RED DEVIL
REPLACEMENT BLADES

SCRAPER

SIDE VIEW

TOP VIEW

MATERIALS		
Hardwood	7/8" x 2 1/2" x 9"	
	13/16" x 1" x 4 5/8"	
Replacement blade	1"	Red Devil, #3061
Replacement blade	2 1/2"	Red Devil, #3063

Scrapers come in a number of styles. The traditional card scraper is about the size of a 3 x 5 card of steel $\frac{1}{16}$" thick that can be filed. You need to be initiated into how to sharpen the card scraper. The cutting edge is a hook applied to the filed edge with a burnishing tool in such a way that the edges are pushed down and out so as to turn a hook along the edge. This does the cutting.

Perhaps because of the mystique of card scrapers, it seems almost common to use the $2\frac{1}{2}$" Red Devil. Don't be fooled. The hook is already incorporated in the turned ends of the scraper blades. They are mounted in a handle 9" long. Red Devil sells both the complete scraper (product #3050) and replacement blades (product #3063). The replacement blades are used to make up your own scraper. It is an exercise I have my

A FAVORITE PAINTING that I have had pinned above my bench shows how it was to scrape a ballroom floor before the advent of the electric floor sander. The workman to the left is reaching for his file to sharpen the blade. The man to the right uses a plane. The bottle of wine is not misplaced for this task either. Note the shavings accomplished with scrapers used by skilled hands. The year is 1875.

Credit: Raboteurs de Parquet, *1875 (oil on canvas) by Gustave Caillebotte (1848-94); Musee d'Orsay, Paris, France/The Bridgeman Art Library; Nationality/copyright status: French/out of copyright*

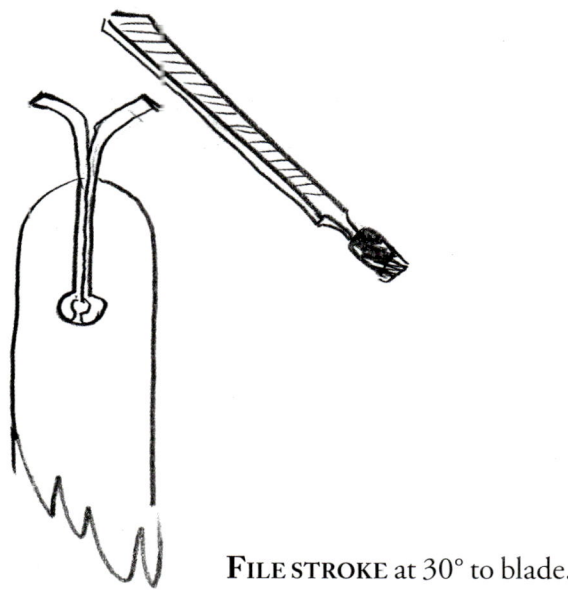

FILE STROKE at 30° to blade.

sharpening class do because a sense of ownership of the tool is enhanced. The hardwood blank is cut out and the end is drilled and a slot cut to receive the replacement blades.

The gap between the turned end of the blade and the end of the handle is not quite large enough, so it has a tendency to jamb up shavings. The solution to this comes in two ways. The first is to cut off ¼" of the handle to provide a larger gap. The second is to develop a stroke that holds the tool at a 30° angle to the direction of scraping. This makes for efficient cutting and achieves the curling out of wood shavings that won your

SHARP AND DRAWN WITH ANGLED STROKE produces curled shavings thought only possible with a plane. The blade slices when 30° to the line of pull. Less angle and the shavings pile up jamming the opening behind the blade. Counter to what you might think, scrapers work best on hardwood like cherry and maple and less on softer woods like pine and basswood.

heart over when first demonstrated. It takes a little practice to develop this angled stroke, but the effectiveness of the scraper depends on it.

New blades need filing. As they come from the factory the edge is not only dull, it is at too steep an angle. It looks to be more than 45° to the blade which will cut fast, but not hold an edge as well as a bezel at 30°. The smooth 8" flat file is used to sharpen the edge. As mentioned in the section on sharpening, filing is done so that the dull edge which reflects a glint of light can be watched as each stroke of the file lessens it until you can stop as a fresh edge is made right across the bezel.

Besides changing the bezel from over 45° to about 30°, the edge is given a slight curve to prevent the ends from leaving a cut mark sometimes referred to as a gutter on your work. This is achieved by bearing down a bit with the file at the beginning and end of its stroke until the slight crown is established. You can also grind and file a profile in the scraper for special needs.

There are situations that call for a narrower scraper, and Red Devil makes smaller scrapers and narrower blades. The 1" scraper is product #3010, and the replacement blade package #3061.

The most important advantage of this style of scraper is its ease of use. Because of the handle arrangement, you have a strong grip on it to enable you to effectively remove surface wood without undue straining of your hands. Master the angled stroke of a sharp scraper, and you will be amazed at the efficiency with which it can be used.

One footnote on the effectiveness of a scraper on different species of wood. Contrary to what you might think, the harder the wood the better they work. It seems soft wood fibers crush ahead of scrapers rather than holding their shape and allowing the scraper to slice. Pick a cherry or maple board for testing your new found tool in order to give it a proper workout.

Cabinetmaker's Bow Saw

□

This is a story of two tools, a block plane and a coping saw. It is a story of ownership and appreciation. In June after my freshman year at college I was walking a subdivision looking for a building job. The first builder was a subcontractor siding with wood shingles. Since he was working alone he needed a helper. He directed me to buy a few basic tools for shingling — hammer and apron, ruler, square, saw and block plane — and come back tomorrow morning. The next morning was spent waiting for him, looking at the job in progress. My man "no-showed," so after eating my lunch I went on to where a crew was working. That house, too, was being shingled. The foreman said they needed a carpenter, but no laborer, only carpenters on their crew. "Can you shingle?" Saying yes was a stretch based only on studying the first job in progress. "Do you have your tools?" "Yes," again, only this time I did indeed have tools, new and limited, but enough to get me a trial. That was the first of many days I was sure would be my last throughout that summer as I learned how to use and took ownership of the tools of the trade.

MATERIALS

Frames (2)	¾" x 1¼" x 12"
Stretcher	¾" x 1" x 13¾"
Knob	1¼" x 1¼" x 4"
Knob	2½"
Toggle	⁵⁄₁₆" x 1" x 5½"
Brass rod latch pins	¼" d. x 3"
Jute string	8'
Blades, 12" (3)	10, 16 and 24 tpi

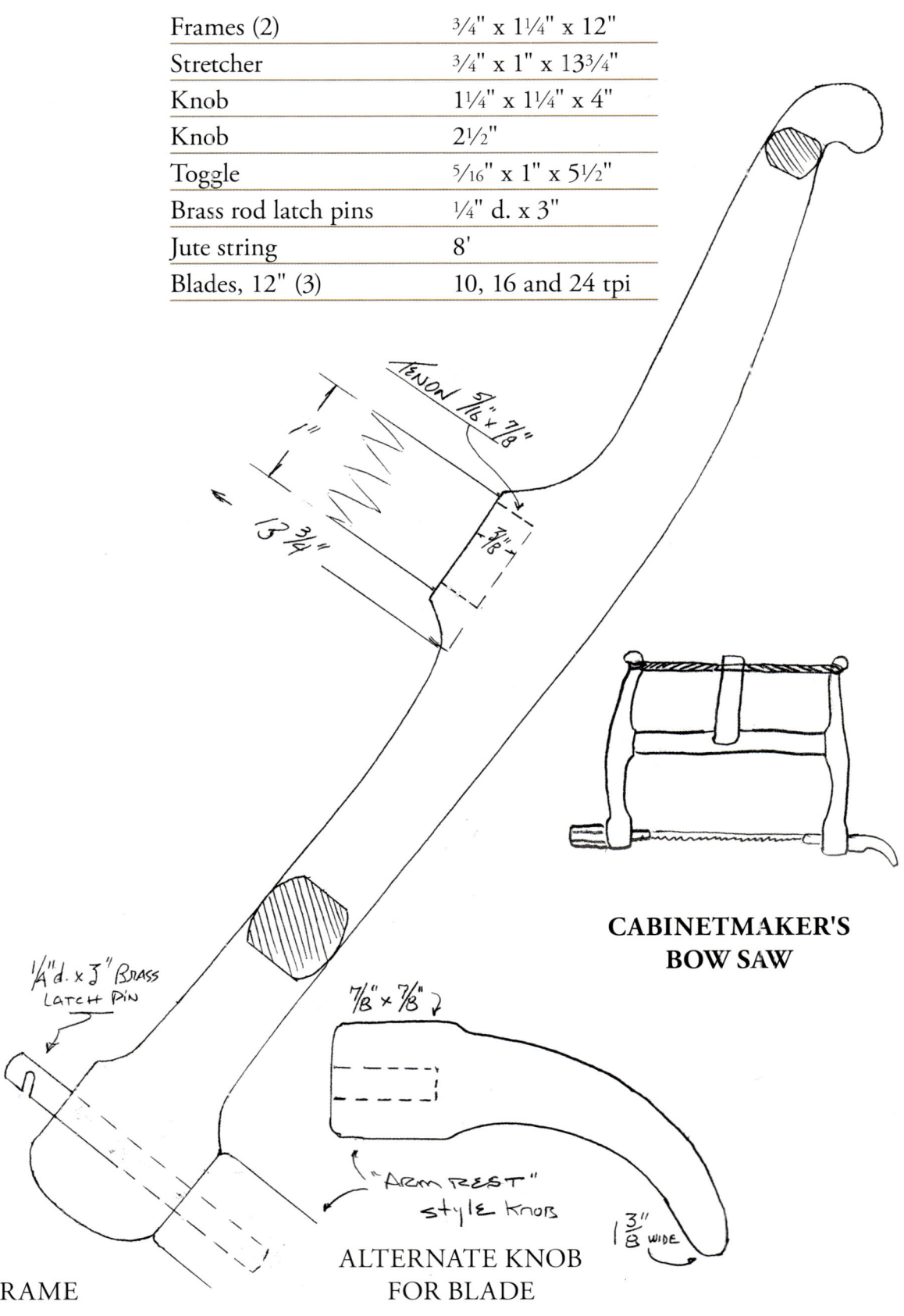

TENON ⁷⁄₁₆" x ⁷⁄₈"

1"

13¾"

³⁄₈"

¼" d. x 3" BRASS LATCH PIN

⁷⁄₈" x ⁷⁄₈"

"ARM REST" STYLE KNOB

1³⁄₈" WIDE

CABINETMAKER'S BOW SAW

FRAME

ALTERNATE KNOB FOR BLADE

Fitting wood shingles I used the block plane a lot. It became a permanent part of my nail apron. The saws were not used so much, probably because the other men soon realized my limited experience and took the fitting work themselves. The panel saw and coping saw were tools I came to appreciate when running base trim. It is not generally known outside the trade that two kinds of corners require different joints. Outside corners are mitered and will tighten when nailed. Inside corners if mitered will gap. I didn't know, and my first one was torn out. Inside corners may look mitered, but one piece is run square to the corner. The other is cut to the profile of the baseboard and will stay tight when nailed. The straight part of the cut is made with a panel saw, but the fancy milled part uses a turning saw with a thin blade called a coping saw. Ownership again.

The coping saw looks like a bow. The U-shaped frame of steel rod has a latch pin at both ends for holding a thin blade with cross pins. Spring the bow slightly to engage the blade and it has tension. Orthodoxy says to install the blade reversed to cut on the pull stroke. Being untutored I installed mine like other saws and found it worked. In fact, the possibility of springing the bow and slacking the blade made me learn to "let the saw do the work." Good advice for any saw. Moral: Use the bow saw however it works best for you.

The big brother to the coping saw is the cabinetmaker's bow saw. The blade is longer and tensioning is the result of twisted cord in the levered

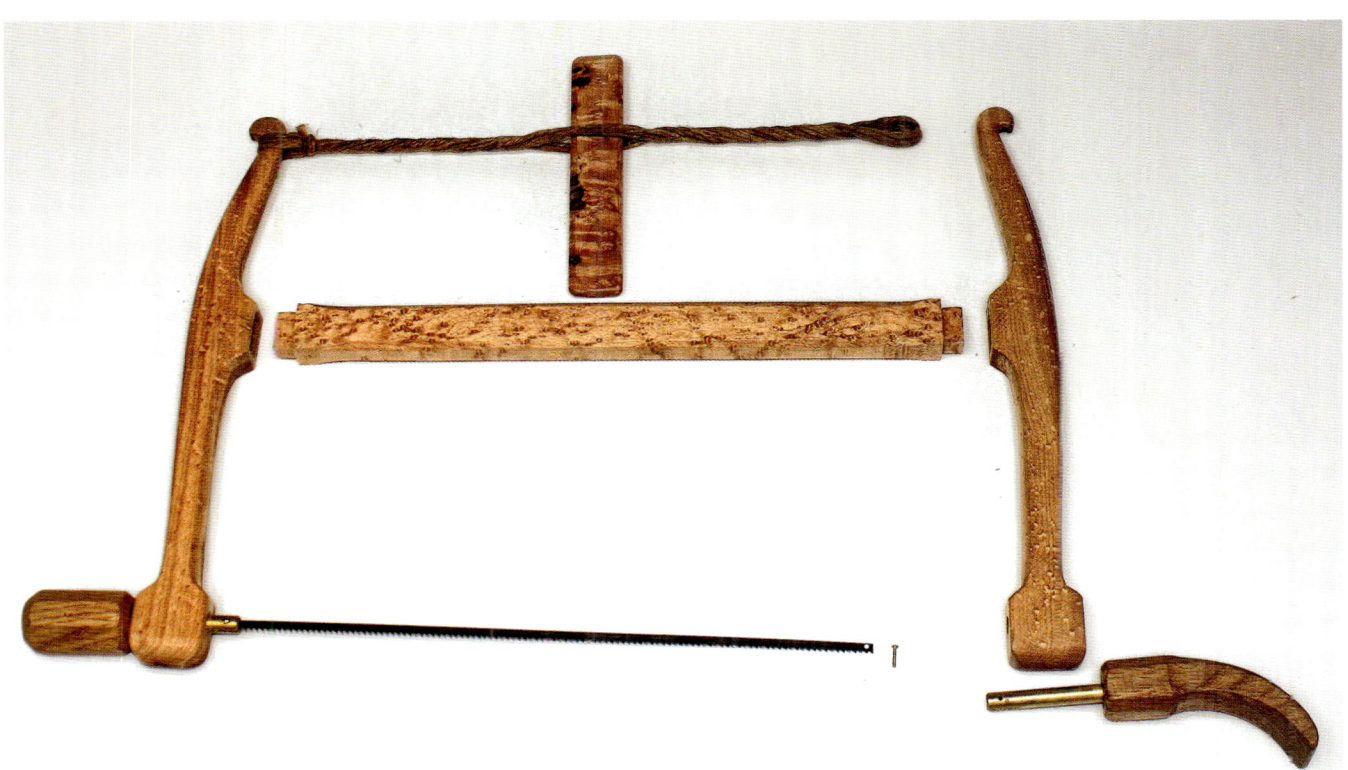

THE PARTS OF THE BOW SAW include the three frame pieces, the toggle and jute string, two handles and blade, brass latch pins and escutcheon cross pins.

frame. It does not look like a bow at all, more of a frame saw. But tradition prevails in naming it. What they do have in common is the ability to make curves. They both have latch pins that swivel, and thin blades that cut a tight radius.

The frame makes a nice shop project. The shape allows for giving expression to the curves and fitting the tenoned center bar. The key to an effective saw is the blade. In my early attempts at making bow saws, the blade was a length of band saw blade. They worked, but not well enough to give that sense of ownership deserving of a new found traditional tool.

The solution to this was found in a kit made by Gramercy Tools. It was reviewed in the December 2006 issue of *Popular Woodworking* magazine by Christopher Schwarz, editor. Let him tell his experience:

> *My problem with the modern manufactured bow saws was they were difficult to steer, they cut slowly and were unbalanced. The new 12" bow saw from Gramercy Tools, however, is another animal entirely. The first time I used it was like the first time I used a premium hand plane — it was almost a religious experience. Thanks to the saw's sharp and narrow blade, its featherweight frame and its remarkable balance, the saw absolutely flies through your work, tracks a line and is so balanced that you use it one-handed.*

The price tag on the saw is $140, but Gramercy sells blades separately. This solves the problem of sourcing the non-wood parts, and gives you proper blades to be effective. (Call 800-426-4613 or go to toolsforworkingwood.com. Product #GT-BOWS. Also see woodjoytools.com.)

Their web site, gramercytools.com/bowsaw, gives measured drawings of the saw. They say "our saw looks conspicuously like a 200-year-old saw, confirming that 18th-century craftsmen

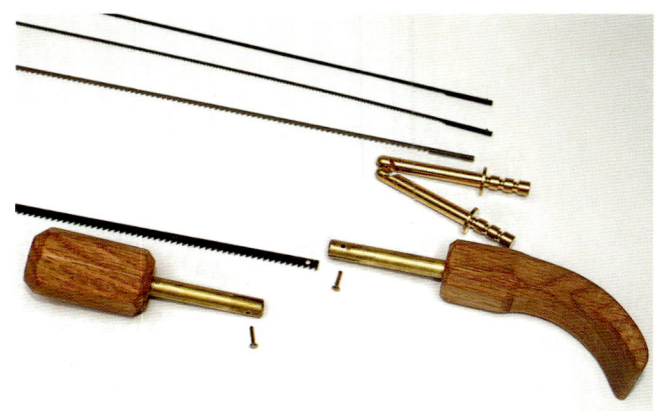

At the top of the photo are purchased latch pins and blades (10, 18, 24 tpi) with cross pins set into the blade. Below them are shop made parts. The octagon knob is at the far side of the saw while the curved handle fits one's arm.

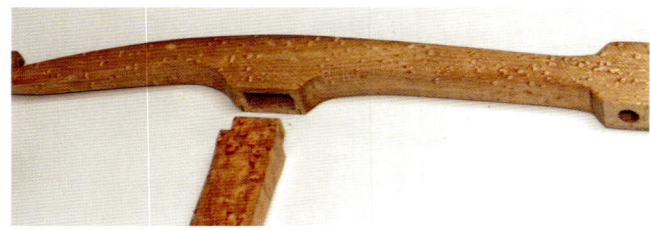

A mortise-and-tenon joint fits stretcher to frame. It is fitted without glue to allow for flexing when tightened and for storage.

knew what they were doing." The blades are a 12" version of the 6" coping saw blades and work as well. The $\frac{1}{8}$" blade width, number of teeth 10, 18 and 24 tpi, and the small amount of set all add to making this a fine turning saw. The latch pins can be made from $\frac{1}{4}$" brass rod in shop, or purchased in the 3 blade and brass pin kit for $26. The Gramercy saw uses fish line for tensioning whereas the saw shown here has jute string waxed with canning paraffin.

Returning to my shop-made version, the $\frac{1}{4}$" brass rod is sourced locally or online along with brass coated steel escutcheon pins cut to $\frac{5}{16}$". Hack saw a slot and drill $\frac{5}{64}$" for the pin. The

USE OF READILY AVAILABLE band saw blades requires that the strong set of the teeth be flattened in the jaws of a vise with aluminum or brass plates. Behind is an oil stone for finishing the set reduction.

blade end is likewise drilled for the pin. They make a punch like an old-fashioned conductor's punch, but simply using a ⁵/₆₄" drill worked even if it was hard on the drill. Changing blades means slipping two pins. If you use blades with cross pins press fit into the ends, then saw a diagonal slot to catch the pin.

Sourcing your own blade stock has two challenges — where to get it and making the blade work. The simplest source for a 12" length of blade is to buy a made up band saw blade and cut it up giving you a half dozen blades for the price of one band saw blade. For this small bow saw a 10, 16 or 24 tpi blade ³/₁₆" or ¼" wide is used. The finer toothed blades work easiest.

However, frustration comes from poor blade performance. They do not saw easily. They stick in the kerf. Solution: Remove excess saw set. These blades are made for power saws not hand saws. By pinching the blade between two aluminum or brass plates you can squeeze half the set out. A few swipes on a fine oil sharpening stone will also help tame the overly aggressive saw blade.

I found a comparison between the Gramercy Tools blade and an Olson band saw blade to be different in just this way. (See chart below.) Also when teaching dovetailing, some student shows up with a new saw. But it does not work like they saw mine do in demonstration. It jambs in midstroke. While it seems like sacrilege to take a stone to the new blade, that is just the solution.

The knobs at both ends can be turned or champhered, the handle being 1¼" x 1¼" x 4" and the shorter end knob 2". Our historic example had an arm rest style handle, a nice touch giving added control. The brass rods cement into ¼" holes in the handles using thick CA glue, which in this situation goes off without accelerator.

The saw frame is made of hard maple, beech, or hickory. The stretcher is mortised into the frame and left without glue allowing the saw flex in tightening, and to be taken apart into a neat package. The toggle is made from ⁵/₁₆" x 1" stock. With the proper blades you will find the bow saw, like the coping saw from my carpentry days, works in many places where band saws fail to go.

COMPARISON OF TEETH SET: REDUCING SET FOR EFFECTIVE BOW SAW BLADES

MFR	WIDTH	TPI	BLADE THICKNESS	THICKNESS WITH SET	AMOUNT OF SET	SET AFTER SQUEEZING	AFTER SQUEEZING AND HONING
Olson	³/₁₆"	10	.025"	.048"	.023"	.012"	.010"
Gramercy	¹/₈"	10	.019"	.026"	.007"	n/a	n/a

Carving & Layout Knife

☐

This is what I consider a "starter" project in tool making. Starter can refer both to a first tool project and to a tool suitable for a beginner. Here is a knife for carving as well as a layout knife useful in the shop. It will introduce you to using dimensional O1 tool steel, and require no more equipment than available in the most modest workshop.

Recently I gave a talk to my son Will's boy scout troop on whittling a neckerchief slide. The boys had observed me carving a ball-in-cage slide at a campout. It is a project I first made as a scout sixty years ago, and with the right sharp knife and soft pine blank can be made between camp chores. It always engages their interest to see how the ball gets inside the cage, which of course was in there all the time.

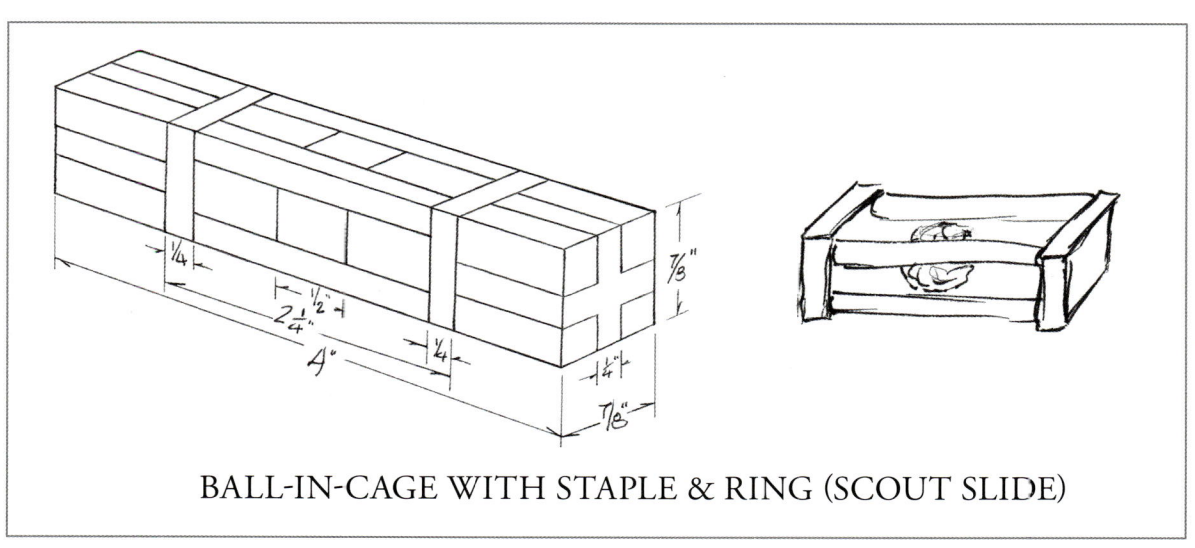

BALL-IN-CAGE WITH STAPLE & RING (SCOUT SLIDE)

O1 tool steel

SIDE VIEW

Leave 1/64" flat
on bevel edge to
protect carbon
in heat treating.

END VIEW

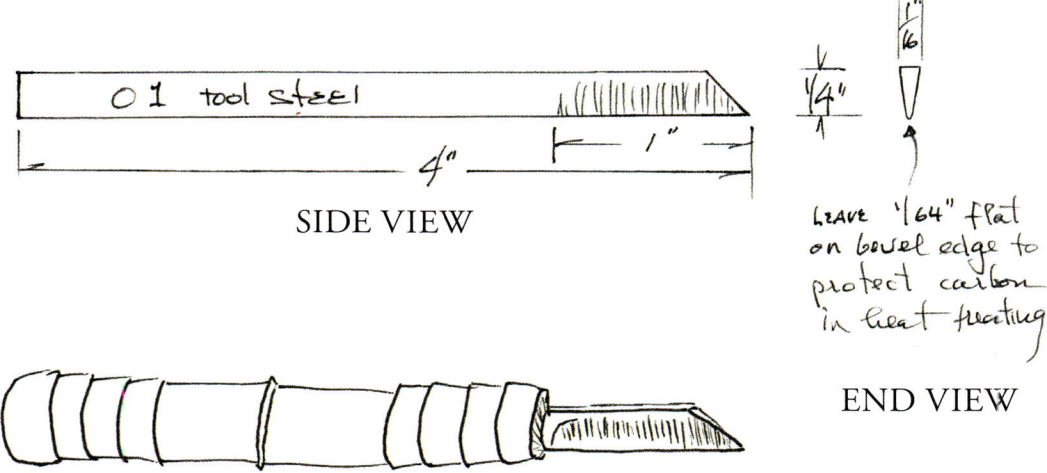

CARVING & LAYOUT KNIFE

MATERIALS

O1 Tool steel	$\frac{1}{16}$" x $\frac{1}{4}$" x 4"	Amtek Tool & Supply $15.75 for a 36" length 800-334-1660 or amtektool.com
Clear tube	$\frac{1}{4}$" x $\frac{3}{8}$" x 3"	Available locally
Clear tube	$\frac{5}{8}$" i.d. x 2"	Available locally
Tube coupler	$\frac{1}{2}$"	Available locally
Cement or adhesive		Available locally

During the scout demonstration, I showed them samples of different carving wood and gave each a pine blank to carve their own slide. It became apparent that their pocket knives, besides being unusably dull had no proper whittling blade. Next time I will include a sharpening demonstration with my talk, but what to do about getting the right sharp blade was more of a challenge. This project is the answer both for scout whittling and for a host of shop uses as well.

The blade shape is copied from my pocket knife, and is called a coping blade, or more prosaically a sheep foot blade. It is $\frac{1}{4}$" wide and 1" long, straight edged with a 45° slope behind the point. This is made from O1 tool steel $\frac{1}{16}$" x $\frac{1}{4}$" x 4" cut from 18" or 36" lengths sold by mill supply companies. That will allow you to make several knives to have around the shop or give as gifts. The knife itself rests easily in the palm of your hand and its handle is stationary rather than hinged. It is a combination of $\frac{1}{4}$" clear plastic tube and a $\frac{1}{2}$' insert coupling.

Start by hacksawing a 4" length of tool steel, and file the angled back point and straight beveled edge. File on both sides so the bevel face extends almost to the back edge and leaves a very slight flat on the cutting edge. This slight flat will help protect the carbon content in heat treating, and will be the micro bevel sharpened after hardening.

A regular propane or MAPP gas torch will do the heat treating if you make a heat shield from two nesting tin cans fastened with a sheet metal screw or pop rivet in the bottom. Heat the blade plus one inch of the stem to cherry red (1,500° F). Quench in oil to harden. Any oil will do, although I prefer cooking over motor oil which smokes. The next step is to temper in an oven at 375° F for 20 minutes allowing it to slowly cool. This tempering results in the proper balance of

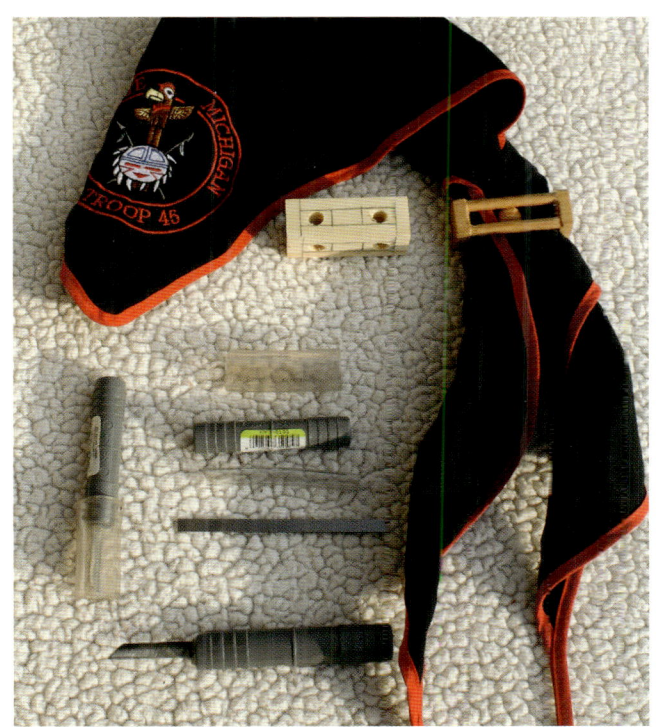

CARVING AND LAYOUT KNIFE. A 4" length of carbon tool steel, a 3" length of $\frac{1}{4}$" clear tube, a 2" section of $\frac{5}{8}$" tube for guard, and a $\frac{1}{2}$" tube coupler for the handle all combine for a knife of many talents.

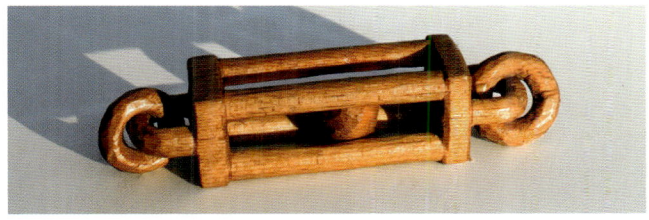

THE ORIGINAL SCOUT SLIDE had a staple and ring carved into the ends of the ball in cage. More time consuming than the center piece, I left them off after doing it once.

hardness at 60 RC and toughness to overcome the brittle hard first stage. Polish the blade with fine sandpaper or steel wool.

You may wish to customize your knife with a wood handle. However, a few items from the plumbing section of the hardware store shown here are quick and effective. A 3" length of $\frac{1}{4}$"

O1 TOOL STEEL IS SOLD in 18" and 36" lengths at mill supply companies. The size for this knife is ¼₆" x ¼" x 4", leaving you ample to make several knives.

THE SMALL DIMENSION OF THE BLADE makes shaping the 45° end return and the straight cutting edge bevel easy with a hand file.

HEAT TREATING BEGINS with a torch and tin can heat shield to turn it cherry red 1,500° F. The can in the background contains cooking oil for quenching the hot steel. This makes it extra hard and brittle. Temper in an oven at 375° F for 20 minutes and air cool to restore toughness.

clear tube receives the blade stem, and both sleeve inside a ½" plastic tube coupling.

Three types of cement were tested: tube products (clear silicone caulk and construction adhesive), epoxy glues, and water mixed cement, like Durham's Water Putty and Durabond Drywall Compound. Each worked, but with some reservations. Tube products air dry so the center of the handle takes days or even weeks to set. Boatbuilders are familiar with epoxy stiffened with fillers which work well, but may be less accessible for others and do not clean up with water. While all these products do not bond well to the poly-based ½" tube coupler, they all are adequate to fill and hold the inner tube and blade inside the handle.

Have fun shaping and hardening the tool steel and joining parts to complete your knife. And while at the hardware store, get 2" of ⅝" clear tube for a blade guard which is slightly heated for a tight fit.

PUTTING IT ALL TOGETHER with cement to bond the blade, inner tube, and handle. Shown on bench (left) are several options including tube caulk, epoxy, and water-mixed cement. Will Wilson is using Durham's Water Putty to complete the carving knife.

2

Blade Making Methods & Materials

☐ Tool Steel & Blade Making

☐ Making Band Saw Blades

☐ Sharpening Tools

Tool Steel & Blade Making

□

The tool projects in this book make use of tool steel readily available at a reasonable price in dimensions and composition suitable for blade making. It is one way among many to make blades. The ancient art of blacksmithing is a fascinating craft in itself. Anyone wishing an introduction to it would do no better than to pick up any of Alexander Weyger's books, *The Making of Tools*, *The Modern Blacksmith*, and *The Recycling, Use and Repair of Tools* (Van Nostrand Reinhold Co., New York).

What is presented here is more modest. The O1 tool steel in prepared dimension is ready for a specific blade project. It is rather like buying a milled 1 x 12 board that can enable you to begin a woodworking project. Logging, sawing green lumber, the art of drying boards, and milling smooth dimensioned stock have all gone before. It helps to know a little of that world to appreciate the finished board. Likewise, tool steel characteristics give understanding to blade making.

Three Stages of Tool Steel

Steel that has carbon in it can be shaped and hardened. The carbon is only around one percent, but its effects are many. Steel without carbon is soft and is called mild steel, and can not be hardened and tempered for blades. High carbon steel goes through three stages in blade making. Initially, it needs to be soft enough that hacksaws, drills and files can shape it. This is called annealed steel. It is still hard compared to mild steel, and a new hacksaw blade will help avoid a prolonged job of cutting the blank. To be annealed, the steel is heated 50° F to 75° F above its transformational point of 1,350° F to 1,400° F and cooled slowly. The blacksmith at his forge heats the steel and buries it in hot ash to cool. The O1 steel as it comes to you is in this annealed state.

The standard measure of hardness that describes tool steel is the Rockwell "C" scale. It is measured by imprinting a hard stylus in the surface of the steel and measuring the indent. Annealed tool steel has a Rockwell number around 45, mild steel around 25. The steel of files and hacksaw blades is around 55. Hardened blades will be 58 to 62, or too hard for shaping with anything besides abrasive stones and grinding.

The three stages are annealed, hardened and tempered. Hardness and ductility are two properties that go hand-in-hand with changes from one stage to another. Hardness can be appreciated as the ability to hold an edge and is measured by the Rockwell scale. Being ductile means that it is tough, that it can take shock, and can be bent to a degree without breaking. We want a blade to hold an edge, but tough enough to take the shocks of usage without chipping or breaking. As in many twin qualities, these properties are in opposition, as hardness increases ductility decreases until we have steel that can shatter.

You can demonstrate this by taking a small scrap of high carbon steel and putting it through the heating and quenching of hardening. Strike it a hammer blow on an anvil and it will shatter. The Rockwell hardness of such steel is 70 to 75 or more. To modify this hardness, the third stage of blade making will temper the steel to restore the needed toughness without softening it back to the annealed stage, which is too soft to hold an edge. This will be in the Rockwell range of 58 to 62.

The way tool steel grain structure is changed is by heating it to specific temperatures followed by either quick or slow cooling. Annealing is heating to the transformational point and slowly cooling it. Hardening is heating to the transformational point and quenching it. There are different quenches with different boiling points determining the dropping point, including tallow (425° F), oil (375° F), and water (212° F). Tempering is accomplished by heating to between 350° and 500° F, and slowly cooling in air, with the heat level determining the hardness. Starrett brand O1 tool steel that I have used prints this information on their packaging: 350° F to 400° F gives 60 to 62 Rockwell, 400° F to 450° F Rockwell 58 to 60, and 450° F to 500° F Rockwell 56 to 58.

Measuring Heat

How do you know how hot the steel is in heating? The blacksmith watches the color. Steel begins to glow dark red at 1,125° F, and the color and brightness changes until it is white hot at 2,250° F. These are viewed in the semi-darkness of the old forge and not in broad sunlight. It is well to learn the range so you can match it with the desired temperature in hardening. The second color change is on the surface of polished steel as it goes through the tempering heat range. These are surface patina colors rather than incandescence. There is a rainbow of colors from light straw at 400° F through orange, bronze, peacock, purple to blue and pale blue at 600° F and finally gray when color disappears. Each of these heat points produces a successively softer but more ductile blade.

File Check for Hardness

Judging the hardness of your blade once treated can be confirmed by testing with a file. As you run the file along the edge of the blade, you will feel it first bite the softer upper end, then skate over the harder cutter end, which is now harder than file metal.

In a recent class, one batch of 01 did not harden unless we held it cherry red for a full 30 seconds.

A student detected the problem by using the file test after going through hardening and tempering. Reheating with extended cherry exposure solved it. The supply company metallurgist was unable to solve the mystery, but the moral is the usefulness of file checking for hardness in the shop.

The steel itself is referred to as O1 tool steel, which is a formulation of high carbon steel whose grain structure is properly hardened by quenching in oil. It is a good, general-purpose tool steel with critical heat points tolerant of the imprecise methods of the shop. There are other steels available. In conversation, one of the leading blade manufacturers allowed that for plane

---

THE TWO COLOR SPECTRUMS OF TOOL STEEL

Tempering colors are a patina on polished steel that give an oxidation spectrum indicating a temperature range from 400° F to 625° F.

Hardening colors are heat-glow colors of steel as seen in a semi-dark shop. The smith can judge malleability during forging, and hardness at moment of quenching. Range from 1,125° F dark red to 2,250° F white hot.

Tempering Temperatures

- light blue
- full blue
- purple
- peacock
- bronze
- dark straw
- straw
- light straw
- faint straw

TEMP.	OXIDE COLOR ON POLISHED SURFACE
625° F	grey
600° F	pale blue
575° F	medium blue
550° F	full blue
525° F	purple
500° F	bronze
475° F	light orange
450° F	straw
425° F	light straw
400° F	faint straw

Hardening Temperatures (in semi-darkness)

light yellow

medium yellow

dark yellow

light cherry red

medium cherry red

cherry red

dark cherry red (visible heat glow)

black

TEMP.	COLORS
2,250° F	white
2,100° F	yellow
1,750° F	orange
1,550° F	bright red
1,550° F	full red
1,500° F	bright cherry red
1,450° F	cherry red
1,400° F	medium cherry red
1,350° F	low cherry red
1,300° F	blood red
1,125° F	dark red

Adapted from Alexander G. Weygers' The Modern Blacksmith, *Van Nostrand Reinhold.*

irons, O1 is as good as any including the steel which his company uses. Fancier is not necessarily better.

The other choice to make is thickness. A thicker blade is regarded as better. But how thick is enough? Various dimensions of O1 are available from mill supply, so this is something you can play with. The issue is chatter, and thickness is related to stiffness to resist chatter. Look at blades in Stanley planes and you will see a blade 1/16" thick. However, this blade does not stand alone, but is coupled with a cap iron that both stiffens the blade and is incorporated in the adjustment mechanism. At the other extreme are some Japanese planes, which have a unitary blade such as used here and are about 3/16" thick.

The 1/8" thickness used in my planes works well. Here is a historical footnote to the thickness of blades made for planes years ago with wedged holders: Close examination shows these blades are forged to be heavier at the cutter end. What is going on here is the creation of a wedged blade in opposition to a holder wedge making a more effective lock.

Heat Source

Once you have your O1 tool steel, the first step will be cutting, drilling and filing that can be done in annealed steel. When grinding the bezel, or cutting angle, you will notice that it works easily and the sparks are yellow. Sparks from hardened steel are white. It is not so critical

SETUP FOR HARDENING TOOL STEEL: MAPP gas torch (there are various models all with side tube delivery to provide ample flame), double tin can furnace to focus heat, metal pot with soy oil for quench. **SAFETY FIRST:** Refractory brick to hold furnace, metal surfaces and pot, and use of welder's glove all to protect from fire damage.

that "bluing" the edges of the blade be avoided as it would be in sharpening a finished blade. However, having a can of water handy when shaping your blade will keep it from becoming too hot to handle, and introduce you to using a water dip. The boiling point of water being 212° F will help you learn when temperatures are nearing the critical tempering range above 300° F. To be blue means it reached 550° F, and while it may only be a small portion of the blade that is blue it is the critical thin blade edge that is compromised by careless grinding. The hardening and tempering procedures used for any of the blades in these plane projects will also restore a blade once made soft.

It is only the ½" to 1" end of the blade that needs hardening. This is accomplished in the shop by heating the steel with a torch. Several torches are available, with larger blades requiring a hotter flame. If you have an acetylene/oxygen torch used in welding available, this can deliver a hot flame with ample spread for any blade. Other torches, however, can work. The most common torch used in plumbing and other chores is the cheap and handy propane torch. This will work for some tasks such as silver brazing band saw blades discussed in the next section, but is insufficient for all but the smallest blades. Larger blades are too great a heat sink and you will find yourself moving a cherry red spot back and forth across the blade.

There are three things you can do. First, the hotter alternative to propane is MAPP gas. It comes in the same handy cylinders as propane and uses the same torch heads. The second is to conserve heat by using a furnace thereby overcoming the heat sink of the blade and air dissipation effects of heating in open space. My favorite furnace is made by taking two tin cans that nest inside each other, and combining them with a pop rivet in the center of the

bottom. This furnace is supported on metal or stone as it will get red hot in use. Using fire in the shop takes common sense at all times to prevent accidents. The third alternative is a different torch head. The common torch delivers a pencil point of flame. However, there are those with larger capacity that are recognizable by having the delivery tube attached to the side rather than the end of the brass valve chamber (see photo on page 154).

Oil Quench

Once the tool steel is heated cherry red across the entire end, it is quenched in oil. The container of oil needs to be large enough to completely submerge the blade in one quick stroke. A partial submersion will possibly warp the blade, and will ignite the oil at the surface. Also, having a small volume of oil may cause the heat in the blade to raise the oil's temperature above the flash point. Motor oil, either new or used, is a readily available and cheap source. However, when used inside the shop, a blue haze will fill

HEAT TREATING makes tool steel brittle hard. Tempering reduces some hardness in order to restore necessary toughness. Here a toaster oven is used to heat the brittle hard blade to 400° F for 20 minutes followed by slow air cooling. In contrast to kitchen ovens, toaster ovens can have faulty settings, so checking with an oven thermometer is useful.

SHAPING THE O1 TOOL STEEL
BLANK starts at the grinding
wheel rounding the top and bev-
eling 25° for the cutter. The belt
sander will give good results for a
flat surface and it runs cool. Here
the wood shop sander is used.
CAUTION: Clean out sanding dust
before generating metal sparks.
Worn 80-grit belts will get
one final use surfacing a blade.
Throughout the book I will use
tools common to the wood shop,
understanding that a metal shop
and elsewhere will have other
tools for you to use if available.

the room. Vegetable oil avoids this nuisance. At the food store a gallon of soybean oil has good manners and a higher flash point (550° F), and is cheaper than peanut or safflower oil. Be sure to use a metal container for the oil.

Tempering the hardness to restore necessary toughness is done in an oven. Take care not to drop the blade at this point or a chip like glass can break off. The tempering temperature is within the range of a toaster oven or the kitchen oven. Once cleaned of the quenching oil the blade will not impart any objectionable odors that would make it unwelcome in the house. Follow instructions for the steel you have pur-chased and the hardness you desire, but 350° F to 400° F for 20 minutes should result in a blade of 60-62 Rockwell.

Shaping and Sharpening

When annealed, all work goes faster. A bench grinder with water quench handy is the first step. The bezel, or cutter bevel, is ground at a 25° angle. Rough this on the grinder. However, a flat and accurate angle is easier to finish on a belt

sander. A new belt is best, but being frugal I save my old 80-grit belts and get another use doing blades. The advantage of a belt sander is that the surface is flat, works with less heat, and is easier to control than a grinding wheel. Some tout the advantages of a hollow ground bezel possible on a wheel, but the results are debatable. Certainly the control, cool working surface, and availabil-ity of the belt sander are undeniable.

When finishing the bezel before hardening, it is suggested, with some merit, that the very edge be left flat (1/64" is sufficient) to avoid becoming carbon starved in the heat process. I can attest to the advantage of such a practice for assuring that the blade remain square to the end. Once grinding or belt sanding removes the square cut end of the blade, it is a fussy business to restore the square end.

Because we are not depending on the surface patina to judge the tempering temperature in the oven, the final polishing and sharpening of the bezel need not be done until after all heat treat-ment. The blade needs not only the 25° angle sharpened, but also the back surface lapped to

remove any warp in the steel and polish the surface which intersects the bezel. Polishing the entire surface is personal preference whether uniformly bright, or leaving the rainbow colors of heat treatment, and providing some roughness to enhance holding by the wedge

Bevel Gauge for Blades

Take the guesswork out of what angle to grind your blade by making your own 25° slot gauge. The material can be any thin wood or sheet metal. Shown here is white aluminum trim stock .019" thick. Ask at any place that sells siding for them to cut off a foot of "white aluminum coil stock." It is great for all sorts of patterns.

Make a 25° slot about $^3/_8$" deep in the end of a piece of 1" x 4" coil stock. The $^3/_{32}$" hole at the point is optional. Use a magic marker to label.

Coil stock is not the same as aluminum flashing. Besides being painted white, it is stiffer than flashing making cutting it different: Score the surface with a sharp knife, flex it up and down once, and snap! You have a clean, fast edge.

A FINISHED JACK PLANE BLADE shows the rainbow of hardening heat colors and the straw patina of tempering to 400° F.

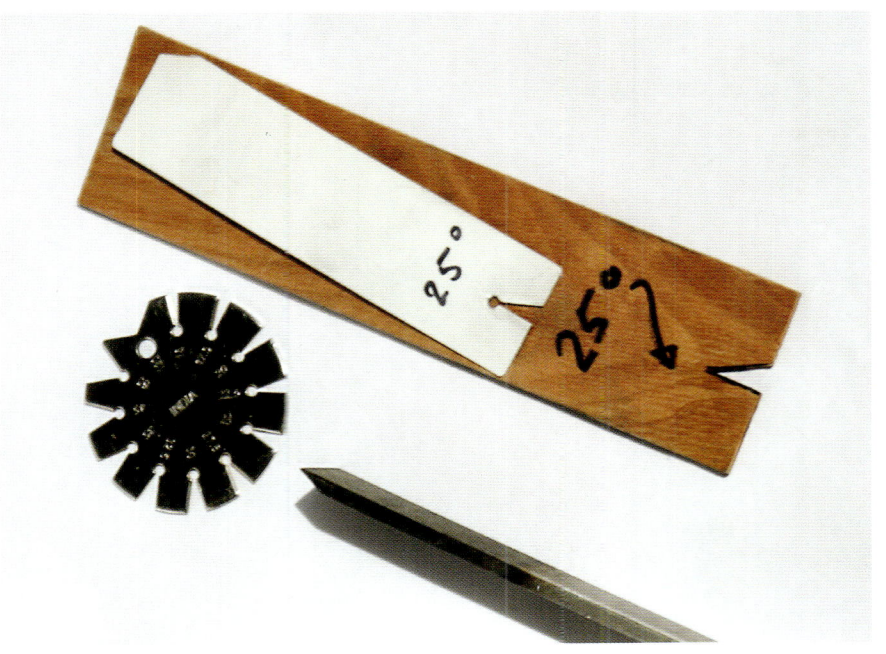

BEVEL GAUGES FOR BLADES come in various shapes and materials. Commercial circular brass gauges allow for checking various angles. However, the most common angle for tool making is 25°. The circular gauge requires checking for the right slot every time you pick it up. The shop-made gauge is right there every time.

Making Band Saw Blades

□

Band saw blades are replaced rather than sharpened. There is a tendency to incorporate this in all sorts of situations, which has led to the label "throwaway society." This is not a compliment in my estimation. It is too often a commercial contrivance appealing to ease. Planer blades have gone this way in the benchtop 12" models, which is too bad. But band saw blades seem to be an exception. Sharpening them would be impractical. But more importantly, the matter of metal fatigue from the flexing on each revolution limits the life of the blade itself.

What is possible is to break the dependence on made-up blades, and become independent with a simple method for silver brazing band saw stock in your shop.

This project first appeared in Popular Woodworking, *#169, June 2008.*

I was on the road teaching a woodworking course recently when my band saw blade broke. Not carrying a spare meant buying a replacement locally.

It had been 20 years since I began silver brazing my own band saw blades, and I had forgotten what a broken band saw blade means for woodworkers who don't. First, there is the inconvenience of stopping operations while shopping for the blade. Second is the cost. Third is the disappointment in the poor quality of the weld on the band.

My store-bought blade got me through my immediate need, but it soon broke. All these factors are improved by making your own band saw blades.

What must be the best-kept secret in the band saw market is worth your time to learn. Dependence on pre-dimensioned blades can be a thing of the past. What you need to know and the tools you use and the materials to make your own are all readily available. No special machinery, no elaborate instruction, no obscure source of supply.

You can make up your own band saw blades in 10 minutes using nothing more than a propane torch and a holding jig. Buy the same band blade material you are currently using from the same supplier and you'll save 50 to 70 percent. And you'll get back to work doing what you came to do in the first place — working wood in your shop.

Silver Brazing vs. Resistance Welding

There are two methods for splicing band saw blades: resistance welding and silver brazing. In welded blades, the ends to be joined are cut square and electric current supplies the heat to arc weld the butt joint. Silver brazing joins using a fill material of silver alloy. The surface area of the joint is increased by scarfing the ends back about $3/16$". The heat for joining the ends is from a common propane torch.

Silver brazing is not the same as soft soldering used in copper plumbing fittings. While both processes use solder, flux and torch heat, brazing is done at a higher temperature, and there is more strength in the band when the filler material is silver alloy. It is, in fact, as strong as the metal itself.

Silver alloys such as N50 or Easy-Flo 3 are examples available today that contain cadmium. Used for decades, we now know that the cadmium in them creates a health risk. Cadmium-free alloy such as BRAZE 505 (visit LucasMilhaupt.com for a brazing book you can download) contains 50 percent silver, 20 percent copper, 28 percent zinc and 2 percent nickel.

Just as with soft soldering, a suitable paste flux is needed to ensure joint surfaces that are free from oxidation. Both silver alloy and flux are available in convenient quantities from catalog stores. While the conventional propane torch is used for both soldering and brazing, the temperature range for silver brazing is much higher: 1,200° F to 1,600° F.

Band Saw Blade Stock in the Coil

If the ingredients for brazing are simple and easily obtained, what about the band saw blade material itself?

Olson Saw Co., a major supplier of band saw blades, will sell blade stock in the coil directly to you. Most common types of blades are available, and at significant savings. You also can find other sources for band saw blades in coil form on the Internet (even at the auction site eBay.com) or through other suppliers. Other major blade manufacturers, such as Starrett, Lenox and Sandvik, provide blades in coil form. Recently Timberwolf brand by Suffolk Machinery Corp discontinued direct sales of coil band stock as part of their distributor agreement with companies who sell pre-sized bands. However, a large and user-friendly source is MSC Industrial Supply Co. (mscdirect.com), which carries Starrett and Morse brands. (Keyword search on the site for a list and price of different types.)

For example, Olson sells .014" x ¼" x 6-tooth blades for fine work in a 100' coil for about 50 cents a foot. Coils of .025" x ¼" x 6-tooth blade is about 70 cents a foot. Olson doesn't mention the availability or price of the coils on its web site or in its catalogs; you need to call them.

In researching the article I asked folks in the band saw blade industry about this. Their answer was that their customers had been dissatisfied with the results of their shop-made blades. The solution, I suggest, is better information.

Steps in Making Up Blades

Here is how you go about saving money and gaining independence by making your own band saw blades.

1. Buy a coil of your favorite band saw blade from a supplier.

2. Obtain a "refill kit" for splicing your blade that contains silver alloy and flux from a catalog store.

3. Make a jig for holding the ends of the blade as shown below, or buy one.

4. Cut your band to length (add ¼" for the scarf joint).

5. Scarf both ends of the band on a belt sander to prepare them for joining.

6. Align the blade in the jig, add flux and a premeasured wafer of silver alloy into the scarf joint.

7. Heat the joint cherry red with a propane torch.

8. Anneal the blade with several passes of the torch to remove brittleness on either side of the joint.

9. File the joint smooth.

Let's take these steps one at a time. The sources of supply at the end of this article will help you locate the blades and materials you need. Silver alloy sells for $25 to $40 per ounce, and flux is $6 in a 4-ounce jar. Both quantities are more than you will need, so it makes sense to buy a "refill kit" from a catalog store. What is significant to getting good results is knowing about

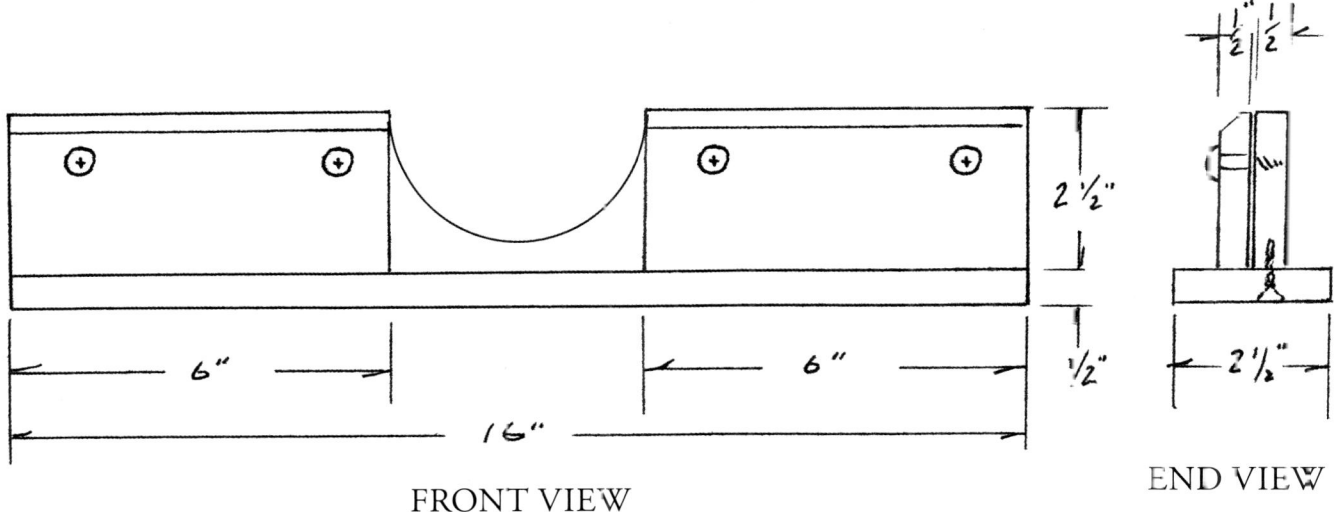

FRONT VIEW

END VIEW

HOLDING JIG

what is called "ribbon solder." This is .003" thick by 1/4" or 1/2" wide. A page of this book is .003" thick to give you an idea of how thin this is. Cut it with paper scissors and make confetti-sized squares as a pre-measured unit for use. For a 1/4" blade a piece that is 1/4" x 3/16" is plenty. Cut a dozen such pieces and place them in the flux jar where they are ready for use along with the flux. NOTE: Flux contains zinc chloride and needs to be used with caution.

Use a scrap of wood to pick out the pre-measured silver alloy square along with a dab of flux. This is a more convenient and accurate way than using wire solder common in plumbing work. The refill kits differ in this regard. Woodcraft sell its joint kit for $34.99 with a 10" length of wire silver solder and the refill kit for $9.99 with the same length of wire. Lee Valley Tool's splice kit sells for $33.50 and has a 7 1/2" length of 1/4" ribbon solder, while the refill kit at $22.50 gives you a larger jar of flux and 38" of ribbon silver solder. This will do 150 splices. I rate this a good buy.

The holder for the band joint is easily made from 1/2"-thick hardwood. It will hold the two ends for brazing and gives you the opportunity to accurately align the blade by sighting along the top. This wood jig is intended for small blades and torches as shown here. A metal holder is used with larger torches and heavier blades requiring more heat.

Jointing the Blade; Playing with Fire

After cutting the band stock to length (plus 1/4" for the scarf lap), the ends need to be ground to a bevel angle back about 3/16" to 1/4". Rather than do this at a grinder, I touch them on the belt sander. Visual inspection will guide you to making them even on both ends. Hold the blade so that the bevels are on opposite sides and mate when aligned in the jig.

The beauty of the ribbon solder will be appreciated as soon as you line up the band joint and have the ends touching each other. The wafer of solder and the small dab of flux are held in place by the blade ends.

It is now time to turn on your torch. Silver alloy flows at about 1,200° F, and the joint will be heated cherry red in the 1,600° F range.

When it is fully hot the joint appears to have a molten shimmer to it. It takes less than a minute to heat. The joint is now brazed, but an important step remains: annealing. Heat makes the blade brittle. If you skip the annealing step, your blade will soon break near the joint where the brittle joint area meets the non-heated steel.

In annealing, the torch is used to accomplish a series of heatings to restore the needed toughness to the blade. Back the torch away from the blade an inch and apply a few seconds of heat across the joint area. Allow it to cool for about 10 seconds, and repeat four or five times more, backing away a bit more each time you swipe the joint. You

CUT BAND SAW BLADE 1/4" longer to allow for overlap of the joint, here using sander to grind bevel.

want to heat the blade into the 400° F to 450° F range to temper out the hard brittle steel.

How do you know you have it right? Look carefully at the blade the next time it breaks. If the joint fails, then you have missed with the flux or given insufficient heat to the joint. If it breaks just beyond the joint, you have not properly annealed the blade. If it breaks elsewhere, then you have a stress fracture from the blade repeatedly flexing over the wheels of the saw.

Annealing in the Literature

If the instructions with the two splice kits are what people follow, it is not surprising that the technical support people at band saw blade companies report poor results from woodworkers

ALIGN SAW BLADE. Sighting allows accurate alignment using screwdriver to tap ends into position.

RIBBON SILVER SOLDER with nickel alloy is cut into small pieces (see container top). Silver solder flux and one measured piece of solder is put into the joint.

PROPANE TORCH heats joint to cherry red.

TAKING THE BRITTLE HARDNESS (introduced by red hot heating) out of the band is accomplished by successive passes of the torch using less and less heat by backing up the torch further each pass.

making their own blades. Nowhere is there any mention of annealing the joint in either kit.

So I turned to the standard reference, Mark Duginske's *Band Saw Handbook* (Sterling). Both methods of making up a band are discussed. Here is what he says about resistance welding: "Before it can be used, you must anneal it to restore the weld joint to the same metallurgical hardness and strength as the rest of the band. This is done by reheating it to an annealing temperature and then cooling it slowly." When discussing silver brazing, however, there is no mention of annealing after heating the joint with the torch to flow the solder.

One band saw blade manufacturer spent $60,000 on the annealing machine for its blades. They guarantee the results. What you can do is the finesse of the blacksmith. It starts with knowing what needs to be done and how to do it. Then look at your failures and try it again.

FINAL STEP is to file burrs and remove the glass-like residue of the flux.

The final step is to file the joint smooth. Surplus flux forms a glass-like bead on the metal that scratches off with the end of your file. You will appreciate the premeasured flake of ribbon silver solder at this step, because there will be very little surplus metal to be filed away as a result.

You can achieve consistently good results doing your own silver brazing. Moreover, you can make up a new band the moment you have a need for it in a matter of 10 minutes. In my book, quality and convenience rank every bit as high as the savings in cost.

Finally, you will come to appreciate that silver brazing is not just for repairing a broken blade. Don't believe the catalog descriptions. In fact, you may find that by the time your blades break there is little or no useful life left in them, which is testimony to your newfound skill.

AUTHOR'S NOTE: Thanks to Dave Hout for showing me this practical method for making up band saw blades. As shown, it works best on $1/2"$ and smaller blades rather than larger resaw and band mill blades.

SUPPLIES

For silver brazing kit and refill:

Lee Valley Tools
leevalley.com or 800-871-8158

Woodcraft Supply Corp.
woodcraft.com or 800-225-1153

For band saw blade stock by the coil:

Olson Saw Co.
olsonsaw.com or 203-792-8622
■ blade stock in 100' coils

MSC Industial Supply Co.
mscdirect.com or 800-645-7270
■ Starrett and Morse blades in 100' coils

Sharpening Tools

☐

Aside from finishing, no area of woodworking these days abounds with variety as does sharpening. The notion of sharp is the common denominator. In that there is agreement: Know what sharp is, and do it.

Perhaps the advent of fractional horsepower electric motors have been responsible for the loss of the notion of sharp more than anything since the demise of the apprentice system. Think about it. If working with dull tools entails little more than pushing into an electric saw or planer, the incentive for understanding sharp and doing something about it loses its imperative. John Gardner, father of the revival in teaching how to build small wooden boats, said "when potato power gets things done, your hand tools need to work." The imperative is fatigue and pride is the guide.

Mentors in Being Sharp

Two incidents stick in my mind from watching my father work: filing a scraper and using it effectively scraping porches when refinishing, and using an oil stone followed by a spit stone to sharpen a tool. Nothing is particularly grand about either, but I appreciate today the importance of files and stones to make tools effective and getting the job done.

Seeing someone work with hand tools is an important ingredient in the awakening of craftsmanship. The close connection to wood is inescapable with a hand tool. Let's not go romantic about this. There is nothing desirable about dimensioning boards from a log using a hand saw by two men, one above, the other in a pit below. Twenty boards a day was a good rate. I suspect the day was long and the men tired. I for one would not volunteer for this service. Planing boards for use is the same. So the Shakers embraced power and were inventive of new ways expressly to spare the drudgery of such tasks. How could you be sensitive to life's spiritual journey if you were worn out?

However, what happened in the embrace of power in the mid-twentieth century was the eclipse of an entire hand tool tradition that had emerged in the previous three centuries. It went far beyond alleviation of drudgery. The speed and precision of the millwork factory was appropriated as a model for the wood shop as soon as the small electric motor made it possible. In the 19th century, power was delivered by a line shaft from water or steam power. Then electric motors and the power grid freed wood machines from such stationary locations. The pendulum swung. The ideal was finding ways to do all the tasks of the shop using power tools. Hand tools were often regarded as relics. Recovering the lost tradition of hand tool use entails understanding what tools can do and making them work, specifically the notion of sharp.

There are many good systems for sharpening hand tools. Whatever works for you, use it. Proponents will teach you and manufacturers will sell you the wares, but you need to appropriate it at a handy location so it is practical to turn to when needed. Learn the feel of a sharp hand tool so you can accomplish the potential that resides in it.

Which Steel is Harder: File Steel or Blade Steel?

Some tools are sharpened by file. Some are sharpened by grinding and polishing. All the tools which are sharpened by a file have steel, which is softer than file steel (about Rockwell 55). Trying to sharpen harder steel will ruin your file. It's a rock-paper-scissors game. The tools that use a file for sharpening are scrapers, hand saws and chain saws.

Glint or Burr?

Is it a glint or a burr you use to indicate when sharpening is done? It is a challenge not only to know how to begin to sharpen a cutting surface, but also to know when to end. In filing you see the surface being sharpened (the bezel), while in grinding or polishing it is away from you on the underside of the tool. A dull edge will reflect light, a sharp one won't. If you get your tool positioned to a light source to reflect off the dull edge you see a thin band of light showing where it is dull. You can watch with each stroke of the file as that dull edge gets smaller until you can stop as it disappears. Any more strokes will be a waste of effort, time and tool steel. The telltale sign of enough use of a sharpening stone is the feel of a burr along the surface away from the stone.

Files come in as many shapes as there are tools to be sharpened. Round files of various diameters sharpen chain saws of various tooth size. Large and small triangular files sharpen coarse and fine hand saws. Flat files sharpen scrapers and just about anything else where the blade steel is not harder than the file. The three degrees of fineness in file surface are designated mill bastard, second and smooth, with each being a successively finer cut. The 8" second or smooth flat file is the most useful for scrapers. Buying a quality file by a name brand such as Nicholson rather than a generic is worth the few dollars more as there can be a considerable difference in the quality of the cut. Files can be dulled, too, when carelessly dropped into a drawer with other files.

Hand Saw Jointing, Filing, and Setting

Jointing a hand saw is using a file down the length of the teeth to create a flat at the tip of the point of the teeth. Jointing accomplishes two things: the teeth are now all the same height, and the glint off the flat tip will guide you in how many strokes to take to make it sharp. You use an appropriate size of triangular file in the gullet of alternative teeth to file one side, then turn the saw around and file the other teeth, the difference being the direction the teeth are set. You want to file with the set away from you rather than file into the set. A light positioned so you can see the reflection off the flat tip is essential to knowing how many file strokes it takes to make it sharp and get all the teeth the same length.

The last step is to set the teeth. This is bending the teeth to opposite sides so the saw will cut a kerf that is wide enough to allow the blade to cut without binding up. This is done with a setting tool. It looks like a muscle building device for hand strength, only the resistance is where a point pushes on the tooth to give the needed deflection called set. The amount of set is different for hardwood and softwood, with softwood saw set being greater in order to achieve a non-binding kerf. This is due to the tendency of softwood fibers to crush and close up the kerf while hardwood fibers cut cleaner and less allowance need be made for close up. Saws come from manufacturers with more set than is needed for most cutting you do in the shop. The first few filings without setting will reduce this and you will find an improvement if you refrain from resetting the saw until you use it a few strokes to see if it is needed.

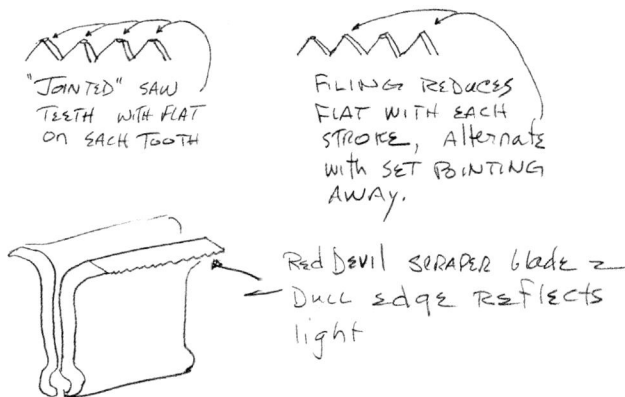

SHARPENING BY FILE

Watch for glint on dull edge. With each stroke, this thin band of light narrows until gone = sharp.

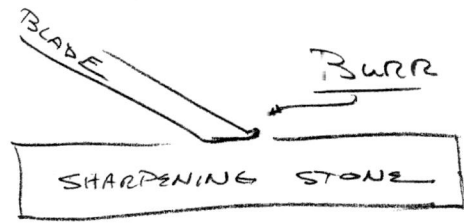

SHARPENING WITH OIL OR WATER STONE

As the blade face is made flat right through the dull edge, a fine burr is raised on the back side.

New dovetail saws seem to suffer the same over-setting. This is a fine tooth saw of 14 or 16 teeth per inch. When there is a too severe bend in the teeth, the saw will hang up in the cut and not have the smooth action you expect. I have seen students in the dovetail class despair over this when the brand new saw they bought would not work. Their assumption is improper technique, and it is relief to know that improvement is immediate when the saw is tamed. The solution appears as sacrilege, but do not be faint hearted. Take a fine sharpening stone and run a swipe or two down both sides of the saw. This will accomplish the reduction in aggressive set so it will perform well.

Hand saw sharpening by hand is superior to commercial sharpening services. Their machine files all teeth from one side. Filing into the tooth set leaves a different edge than filing away from the set. When hand filing, every other tooth with set pointing away is filed; then the saw is turned around for the rest. This results in an even saw.

Oil Stones, Water Stones

My father used an oil stone and a spit stone. A drop of oil on one and a drop of spittle on the other. Not hygienic, I suppose, and certainly not genteel, but effective and pretty much always available in the correct amount when needed. I didn't know it then, but these two stones represented two types: oil and water. It was a practical and effective demonstration to watch him, and perhaps receive an admonition to take care in using the whetstone so as not to furrow it with a careless jab of the blade because the surface was soft and could be damaged. The sequence was always oil stone first, finished on the fine whetstone.

Today there are a variety of Japanese water stones, large bricks of porous stone that soak up water in a bucket between usage. There are

TESTING SHARPNESS by pushing plane blade into end grain of a block of wood. The first time I was shown this was by Adolph Peschke in St. Louis when he wanted me to find out how using a leather strop with honing compound would add to any sharpening method. It made me a believer by comparing how far it would push after honing.

natural oil stones quarried from the only noviculite source in the world along the Arkansas River in the state of Missouri. The industrial diamond technology of recent years has produced diamond faced surfaces. Each type of sharpening stone has its proponents and the fact that they still compete for attention attests to the fact that they all work. In each case, set the stone so that it doesn't slide so you can use both hands to hold the blade to get effective pressure and angle when sharpening.

My own preference is for an 8" combination stone made by Norton (product #85565-8) with carborundum on one side (coarse) and India stone on the other (medium/fine). For the final polish, I use a hard Arkansas oil stone. The cutting oil should be thin so it cleans the surface without causing the blade to glide off the grit. A quart of 30W oil and two quarts of K1 kerosene mixed in a gallon jug will last a lifetime and is easy and cheap. A two-ounce squeeze bottle holds oil at the sharpening station along with paper towels. Fill the squeeze bottle only half full. That way when it tips over as they do the oil won't run out. Label the jug and the squeeze bottles with black magic marker "cutting oil."

A Strop to Polish the Edge

I was teaching in St. Louis 20 years ago and met Adolph Peschke at the family store run by *Woodsmith* magazine. His son Don is editor of the magazine. Adolph taught a class in plane making, so I bought one of his kits, which became the prototype of the one I teach in my plane making class. Another project he had students make was a strop. It was a wood paddle on which was glued leather (rough side out) on one side and emery cloth on the other. The emery is to touch off a rough edge and the leather is charged with honing compound for polishing the edge. (Lee Valley product #05M08.01, Chromium Oxide, 6-ounce stick, $11.95.)

Adolph made me a believer by this demonstration. He said for me to sharpen my plane iron and then try pushing it by hand into the end grain of a block of wood. Next he gave me the strop on which to take a half dozen strokes. "Now," he said, "see how far you can push that blade." Wow! He made me a believer.

The beauty of the strop is that it makes no mess and rests right along with your chisels where you need it. The strop always enhances tool ownership. When charging the leather, use cutting oil to wet the leather and then rub with the rouge stick to work up a slurry to fill the rough porous surface of the leather and need not be replenished for months and years. The use of a strop is similar to using a buffing wheel to polish the edge. However, it is not so aggressive, so you can strop many times before needing to resharpen.

STROP FOR POLISHING YOUR SHARP TOOLS

1. Cut the wood paddle.
2. Sand edges for comfortable holding.
3. Glue leather to paddle rough side out.
4. Charge with oil and jeweler's rouge.

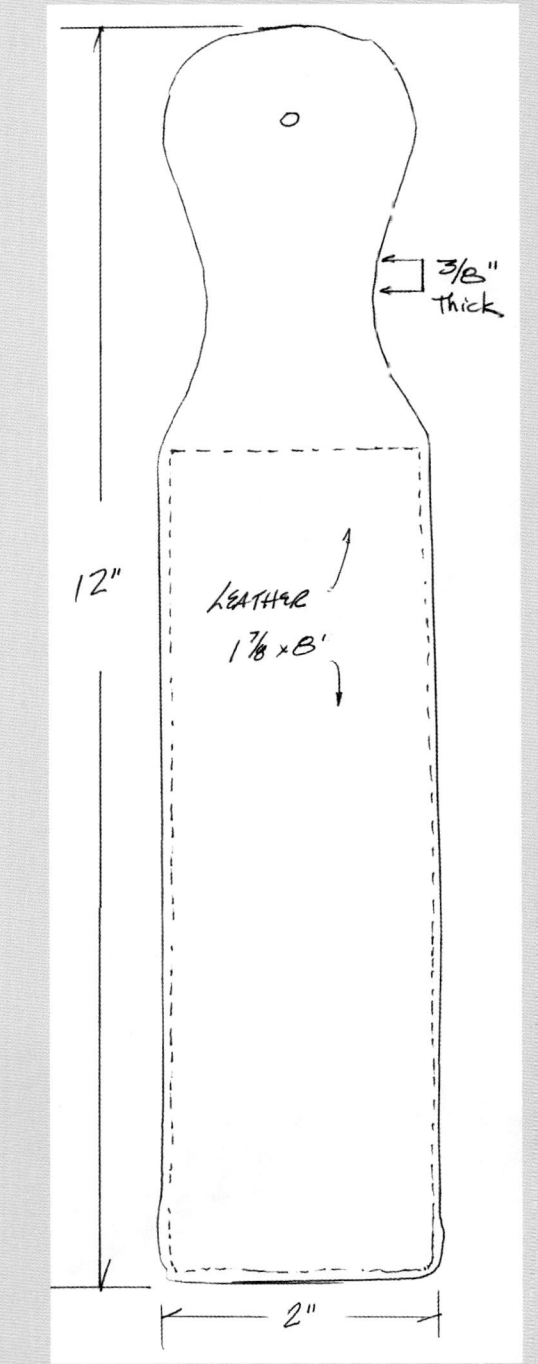

Sandpaper Sharpening

For years I have known about a sure-fire, cheap, no mess, and readily available system for sharpening that uses sandpaper. Sand is passé these days, with aluminum oxide the material of choice. Perhaps it all looked too simple, or maybe my oil stones were too ingrained, but it took my colleague Keith Cole several years to win me over. He would bring a collection of grits in a baggie and set up a sharpening station on the outfeed table of my saw. Simple and effective, the grits start with #80 for really dull stuff and end at #1,000 wet or dry (used dry) paper. He has #1,500, but I suspect that is showing off.

Another friend of mine in the teaching game is Mike Dunbar, the Windsor chair expert who started the Windsor Institute in Hampton, NH. He shows you his sandpaper system in "Sharpening for the Sensible," *Popular Woodworking*, April 2007. At home or on the road, he needed a portable, easily set up, and cheap system. He writes:

My classrooms were full of unusable tools [brought by students] and I could not spend a lot of time on each one. A lot of chair making tools have curved blades, and also use both chisel- and knife-edge profiles. So, my eventual solution would have to be versatile. Finally, I would need supplies that were easy to find and provide. Hosts were not going to buy expensive equipment just for me. The answer: sandpaper.

Below you see Mike demonstrate his system. The sandpaper is glued with spray contact adhesive. The surface is a ½" aluminum plate. You might use ¾" MDF board, or scrap sink cutouts faced with Formica were you not able to find metal plate.

YOU DON'T NEED EXPENSIVE EQUIPMENT to get a sharp edge. Here you can see Mike Dunbar's aluminum plates, sandpaper and small scraps of wood that allow him to sharpen all of his tools. The razor blades, utility knife and brush round out the equipment needs.

Begin with a Bench Sander, End with a Strop

To whatever sharpening system you use, I would add a preliminary sander and an ending strop. For shaping the blade when new or abused, a bench top sander with 80-grit sanding belt does a great job. It is in place of a grinding wheel, which can easily damage a tool edge with heat (the blue mark). The sander does a good job establishing flat surfaces on both sides of your blade. Use belts that may be too worn for effective use on wood, and sharpen a tool or two before throwing them away. A water quench will keep the tool in the comfort range for holding on to it. It is really user friendly in the regard to preventing heat damage. We use this sander for getting the 25° bevel needed for plane blades after initial grinding the tool steel blank.

At the end of the sharpening process make use of the strop. Use it several times before any need for resharpening. To make your own, follow the pattern on page 171. Attach the leather, rough side out with yellow carpenter glue. Charge the leather with oil and honing compound. Keep one at your sharpening station, another with your chisels.

THE LEATHER STROP with abrasive compound will provide the final sharp edge after any system you use. It is also handy to use several times between sharpenings.

3

Keeping Tools, Holding Work

The Home Shop Workbench

□

Building your workbench is a practical exercise as well as a personal expression of your craft. It is the outcome of what work you want to hold, what space your shop affords, what budget constraints and resources are at your disposal, coupled with your time, energy and skills.

The coming of John Brown to teach his Welsh stick chairs in 1997 necessitated making six workbenches in short order. This design is hand tool friendly, which means it is taller, longer and narrower than the work tables with a vise attached that many of us work at. Time and cash limits led to a design that could be made from green wood as well as the more costly kiln-dried lumber. Mill your lumber this week; make your bench the next.

Success is measured by the 15 years of faithful service these benches have given, plus the 25 more built by craftsmen who came to the Home Shop to make their own.

Four Different Benches

My experience over a lifetime of working wood can be divided into four periods. First, as a boy in my father's basement shop, I used a bench belonging to my grandfather with an old-fashioned leg vise, long, narrow and at a proper height, and a chest of drawers built in for tools. Second, my junior and senior high school shop experience in the 1950s, and later the Lansing Community College (LCC) shop, where I taught for 27 years, both had work areas best described as assembly tables with small wood vises attached.

Third, with the revival of traditional woodworking skills marked by the advent of *Fine Woodworking* magazine in 1975, a window on a lost world was opened, and I read of Tage Frid and the workbench he used and taught. I conducted a class at LCC myself where students made their own Frid bench. Finally, the need for outfitting a teaching shop of my own resulted in a design where green wood could be used not unlike the design and construction of woodworkers 200 years ago. Each of these experiences combine to give the basis for evaluating workbenches both from the standpoint of function, and from cost and practicality of construction.

A story about the college shop where I taught for 27 years is instructive of what not to do. The large shop was ringed with tables whose base was a double tier of gym lockers topped with a 2" slab of hard maple about 30" table height. In each corner was attached a small wood vise. However, the shop supervisor couldn't bear to see the new maple tops scarred in any way, so sheets of masonite were glued to the maple. Over time the glue came loose. So any semblance of a firm, or "dead" work surface was lost. All in all, they were adequate assembly tables only.

Such tables were standard for shop classes in public school as well as college. They went along with the woodworking culture of the time which represented the love affair with the electric fractional horsepower tools that swept the hand tool traditions of earlier times into little used and poorly maintained storage.

Advent of the European Tradition of Workbenches

The year I started teaching woodworking in such a shop, 1977, was at the beginning of a revival of the old tool tradition, largely lost for 50 years in America but alive and well in Europe. A young Dane by the name of Tage Frid came to teach at Rochester Polytechnic Institute (RPI) in New York State in 1948. He relates his consternation upon viewing the state of affairs in the school's shop, and set about making benches that would serve the way he felt school shop should be taught. Frid influenced a new generation of woodworkers both at RPI and at the Rhode Island School of Design (RISD) that led to the watershed entry of *Fine Woodworking* magazine. It opened a new world to me just as I was entering upon a vocation as a woodworker/teacher after years as a carpenter in home construction.

I found Frid's article in a 1977 issue of *Fine Woodworking* (see chapter 4 in Scott Landis' *The Workbench Book*, Taunton Press) inspiring. I wanted to learn more, so I held a class at LCC one summer for seven students to each make the Frid bench, a first for me as well as the students. We all learned a lot, not the least of which was the complexity of the project. It is rightly a statement of competence for the woodworking student which, in fact, is how Frid used the exercise for his graduate students.

I would like to say that the Frid bench became the center focus of a new era of hand tool adventure in my own shop, but no. Time ran out and while students finished their benches, I did not. Mine remained a pile of milled parts on a shelf until 25 years later I gave it to an aspiring young cabinetmaker to encourage his dreams. What I used was a makeshift bench incorporating my grandfather's leg vise, the only piece of my boyhood shop to make it from New York to Michigan.

The Home Shop Bench

Started in 1985, the Home Shop in Charlotte, Michigan, is a place where Shaker oval box supplies are produced and sold, and instructional events conducted. I invited John Brown to come teach his distinctive design of Welsh stick chairs in 1997. He wrote to say that each student must work at his own bench for him to come. The letter arrived four months before the event. Time, cost, and construction concerns all converged to result in a workbench design. The success of this design was born out both in its use at the Home Shop, and in the classes offered for many years for students to make their own bench. The 27-page construction manual is still in print and available from myself for $14 postpaid (406 E. Broadway Hwy., Charlotte, MI 48813).

I was fortunate to have as a resource, Scott Landis' *The Workbench Book*. Landis gives an overview of benches, including how he was involved in producing designs by Michael Fortune. Chapter 5 discusses the design process, which is most helpful in understanding what goes into bench design. Fortune points to the need for a bench to be taller, narrower and longer than the assembly tables of public school shop. Bench vises need to be placed at the end as well as front. And the structure needs to provide a firm surface so important for effective chiseling, as well as rack free for sawing and planing.

Building Green

In my case, constraints of time and cost and construction resulted in a bench made from green, or high moisture content wood. It may

THE BOLTED TENON JOINTS OF THE BASE provide not only the assembly today, but the means for tightening the joint when wood dries and shrinks, as well as portability next time you move your shop.

seem counterproductive to do this when all of cabinetry preaches the need for wood dry to interior home conditions. In fact, I find the belief in the necessity for only using dry wood so ingrained that woodworkers completely shut down at the suggestion of using green wood, like the devil running from holy water. Yet there are many examples of green wood construction, though most are peripheral to the cabinet shop. Such examples as boat building, coopering, timber frame construction and chair making to say nothing of bent wood boxes. All incorporate high moisture content wood either as an essential component of the construction process, or at least tolerant of the usage of wood not yet dry.

Workbenches use a lot of heavy dimension stock which is expensive in cabinet-grade lumber dried to furniture standards. However, there is an abundance of trees in much of the United States outside the high plains capable of providing bench making lumber. Rendering logs into boards is now something of a cult revival with the advent of the band mill as represented by the Wood Miser Company's line of saws. Such backyard enthusiasts are eager to meet the needs of a workbench project.

But how do you get the wood dry? Not easily, because it takes a long time to do so in air drying — about one year per inch thick is the norm. And commercial kiln operators are few and far between who will custom dry small lots of lumber. One solution is to design a bench where shrinkage occurs within the bench itself following construction. That way a woodworker can decide on the design for his bench, cut the stock at a band mill, build the bench in a few weekends, and get right to work, or in my case be ready for John Brown's class. In the months to come as the bench dries and shrinks any slack in joints is taken up with a turn of a bolt. An added advantage of such construction is the portability of the bench by unbolting joints, so it no longer gets left behind as my grandfather's bench did in New York.

So the bench I designed combined an available resource in hardwood logs, with the custom milling work of small band mill operators, and side-stepped the hurdle of drying thick dimension lumber by building green. The design works just as well if dry lumber is available. Some species of hardwood are better suited to the project than others. Avoid a wood such as elm that is prone to warping. Smooth grained wood is most desirable in the finished bench, making hard maple a perennial choice. One unexpected complication arose from using red oak. The tannic acid corroded the cadmium coating on the bolts used to join the frame so they froze in place and could not be tightened when later shrinkage occurred.

How Wood Shrinks

Understanding how wood shrinks will avoid some complications in building with green lumber. Wood cells shrink most along the annual growth ring, less across the annual growth ring, and least in length. Oak, for example, shrinks 10 percent along the growth ring, 5 percent across the growth ring, and 0.1 percent in length. The goal is to avoid distorting the shape of the workbench pieces when they dry. Bench legs will serve to illustrate what we want to avoid, shrinkage that can cause a green square to become diamond shape when dry.

Both Figures A-1 and B-1 (at right) are actually 4" square as cut green. A-2 dries out of square as a diamond shape, while B-2 remains square to its surfaces as it shrinks with one face losing $\frac{1}{4}$" and the other $\frac{1}{8}$". In the bench plans, the bolted mortise-and-tenon joints allow for keeping joints tight while they shrink.

A second difference between them is the avoidance of the heart of the tree. Whenever the heart is part of the board, you can expect trouble with drying. The second log cutting plan allows for scrapping an inch or two of the heart without having bark, or wane, showing up on the corners of the 4 x 4.

The most difficult part of the bench to go through the drying period without warping is the top. Here close attention to grain direction is essential if you are to have a successful project six months later. One consequence of the principle of major shrinkage occurring along the annual ring is that flat sawn boards will cup when they dry, and in the following manner. This is the opposite direction from what a casual observation would lead us to believe.

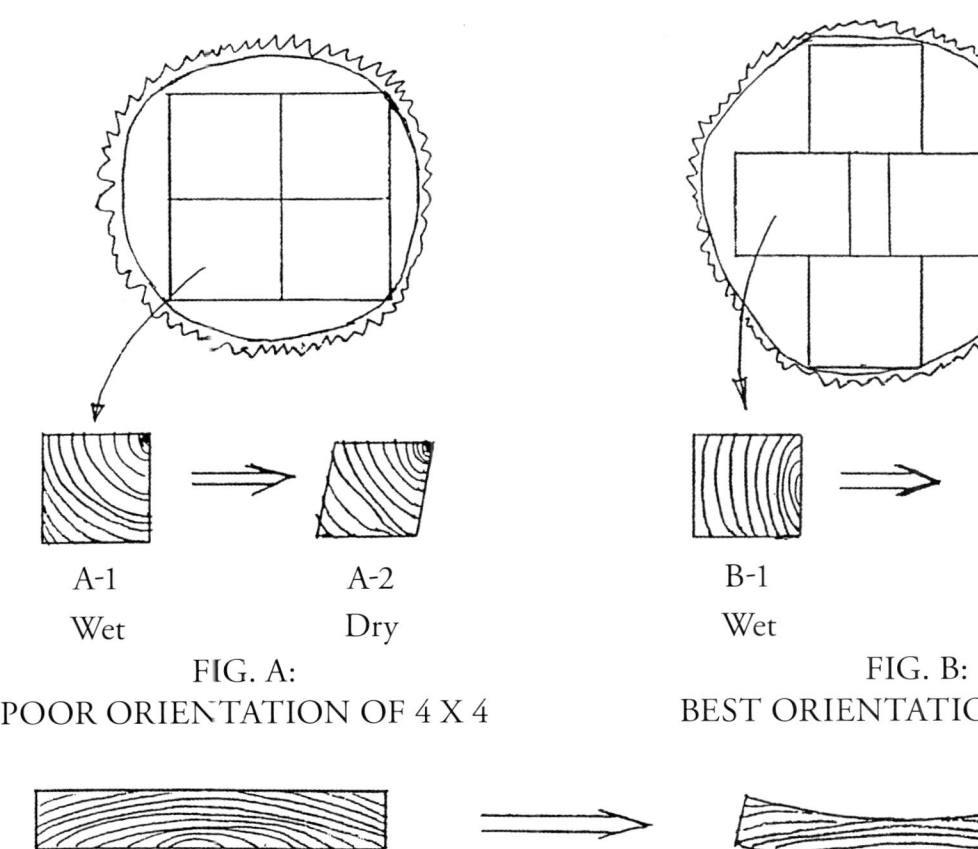

A-1
Wet

A-2
Dry

FIG. A:
POOR ORIENTATION OF 4 X 4

B-1
Wet

B-2
Dry

FIG. B:
BEST ORIENTATION OF 4 X 4

Wet

FIG. C:
SHRINKAGE

Dry

The direction of grain is more important in some pieces than others. Posts and bench tops need close attention, while rails and shelf less so. Top boards are best quarter sawn, meaning the annual rings are perpendicular to the board surface, to minimize shrinkage and avoid cupping. The place of the top boards in the log cutting diagram (Fig. D, at right) achieves this.

The log of 20" diameter or greater by 8½' long will yield the best results. This pattern will provide needed grain direction within each piece that will ensure warp-free drying during the dry-out phase of the bench.

To summarize, the wood for a workbench can be made from a variety of wood species to take advantage of what you can find. The diameter of the log is important to get the fairly robust

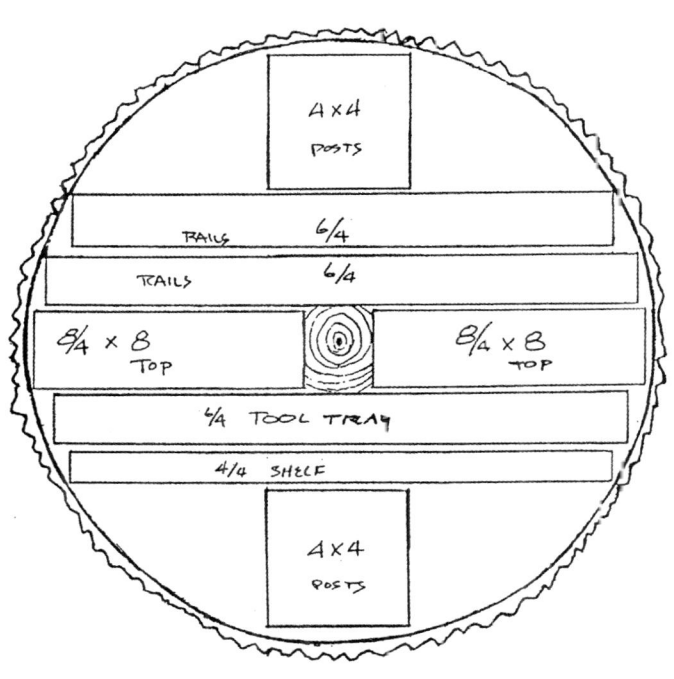

FIG. D:
LOG CUTTING DIAGRAM

dimensions of bench stock with the correct grain orientation. The importance of grain direction and absence of heart wood will ensure warp-free drying during the next six months.

The Design

Overall the bench follows the proportions of being taller, narrower, and longer than an assembly table. The bolt-up leg and rail frame allows for tightening when wood shrinks as well as portability. The two part bench top incorporates a 14" work surface with holes for bench dogs and holdfasts with a 5"-6" tool tray allowing for any shrinkage in the top coupled with open ends on the tray for easy clean up. The tail and front vises are Record quick release type with extended cheek boards. Holes in these cheeks afford additional dogs to hold work, the dogs being shop turned hardwood. Built-in storage is a productive use of the middle space in the bench.

After making 10 benches myself, and conducting classes where many other craftsmen made their own bench in three days, I can attest to the straightforward milling and assembly of the design. The opportunity, unique in this design, of utilizing green lumber is an option lost since the Roubo bench in the eighteenth century. Savings in cost and drying time are significant, as well as appealing to resourcefulness. Green wood construction is a solution to time and cost factors. It also gives useful skills and a sense of connectedness to the larger world of trees.

In reading about Tage Frid and the workbenches his students made I am struck by several things. First, what an extraordinarily fine experience his students had!

We have been making these workbenches every two years so the students each have their own. This gives them the proper tool for holding their work. In addition, the process of building the benches is a good exercise in learning how to set up machines for mass production and how to work together as a production team. The last time, we made a run of 15 benches and it took us three days from rough lumber to having all the parts ready to fit or assemble, with the bench tops glued together.

Tage Frid Teaches Woodworking, Book 3
p. 25, Taunton Press 1985

Second, one sees how widely the trestle style frame and sliding vise with bench dogs top design is followed among the present generation of woodworkers. It attests to the influence of this tradition. It is a bench that makes a statement of accomplishment as well as provision for holding wood.

Third, while an effective bench and a handsome accomplishment, the project is complicated. This in itself is no reason for not copying it for yourself, unless in so doing no bench gets finished. Frid states that in three days the milling and top glue-up was accomplished by his students. I had experience in conducting a class making the Frid design as mentioned above, and know that, like framing a house, the project is less than half done at this point. My own bench design was the basis for three day courses where from four to eight students made their bench complete. Finishing the project is important.

To suggest that one bench design is the standard for fine work is nonsense and elitist. Woodworkers should follow their passion for wood to make a workbench for themselves. Research could start at no better place than reading Scott Landis' *The Workbench Book* (Taunton 1987) and Chris Schwarz' *Workbenches: Design, Construction and Use* and *The Workbench Design Book* (Popular Woodworking Books 2010). They afford an eclectic mix of shop solutions. Your bench will be the outcome of what work you want

TALL, LONG AND NAR-
ROW are the propor-
tions of a traditional
workbench. The variety
of ways to hold wood
make it much more
than a solid platform.

THE WORKBENCH TOP
comes apart in two sec-
tions, which shows that
they are independent
to allow wood move-
ment without damag-
ing the structure. Close
inspection of the end of
the tool tray shows duct
tape over the end grain.
This is a green wood
project and end grain
checking is avoided by
covering both ends of
the top boards.

to hold, what space your shop affords, what budget constraints and resources are at your disposal,
and your time, energy and skill. My design is the
outcome of just such considerations. I offer it to
expand the options. Look at the Roubo Bench
detailed by Landis and Schwarz. It has a frame
similar to mine. Understand the larger world of
building green, which it represents. Add to that
the use of bolted tenon joints for portability and
tightening up future shrinkage. Go to a friendly
band mill operator and pick a log for cutting.
Then get it done.

Bench Construction

The photographs show steps in construction from cutting mortises and tenons through anchoring the top. See the bench plan on pages 266–267. The following notes give information on joint design and construction.

When drilling the posts for the joint bolts, make use of a drill press to ensure drilling is square. This is done after cutting the mortises. Drilling for the $\frac{3}{8}$" machine bolts with a $\frac{25}{64}$" drill makes for easier assembly and disassembly later. Mark and center punch the outside of the leg. Drill a recess for the bolt and washer with a 1" Forstner bit. This operation is made accurate with a simple centering jig: Use $\frac{1}{4}$" hardwood about 2" x 6" with a 1" hole in the center. Positioning over the $\frac{25}{64}$" hole will allow visual centering, and prevent the drill from wandering. The jig is also the only way I know of drilling when using a hand-held power drill so the bit will not walk away. The jig is clamped down.

Rails are drilled for the nut and washer recess 2" back from the shoulder. Use a $1\frac{1}{2}$" Forstner, and drill from the inside surface to within $\frac{1}{4}$" of the outside surface. These holes are given a flat landing for the nut and washer with a 1" chisel (see photo on the facing page).

JOINT WORK ON THE BASE begins with mortising the legs, shown here being drilled out with a Forstner bit at the drill press. With multiple benches to build, and 16 mortises per bench, we used a plunge router and template guide to clean up.

Cut the cross supports so that the top and tool tray will be $\frac{3}{16}$" above the top of the posts. This allows for shrinkage so the top will come down onto the posts as it dries. (If building with dry

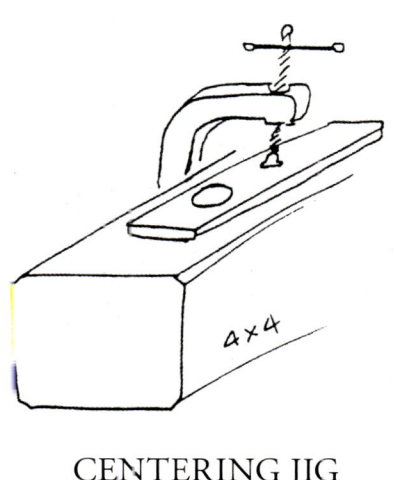

CENTERING JIG

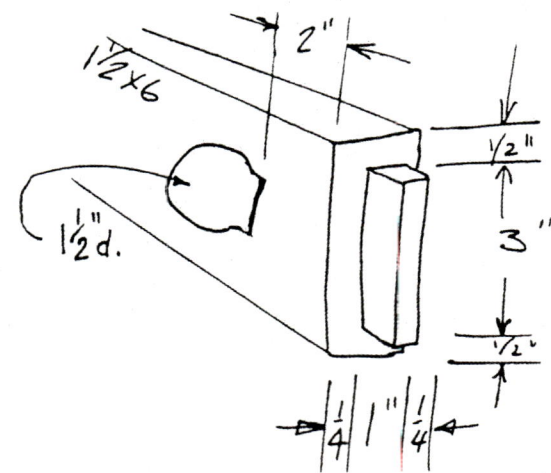

TENON & NUT
WASHER RECESS IN RAILS

THE MORTISE AND TENON is shown here where the bolt goes through a hole drilled in the leg. The rail (cut in two for demonstration) is drilled to receive the nut and washer. See the photo on page 186 for the final drilling which will complete the joint.

wood, this and other allowances for shrinkage can be ignored.) The supports will overhang the rails by ½" both front and back. The step in the middle allows for the difference in height of the top slab and the tool tray. However, the step should be ¹⁄₁₆" less than the tool tray bottom to allow for shrinkage. Drill ⁷⁄₁₆" holes to coincide with similar holes in the top rails front and back. Next drill the slot for the center lag bolt that is two holes ⁷⁄₁₆" drilled barely touching each other, and chiseled clean. This is going to allow for the major movement of the top slab.

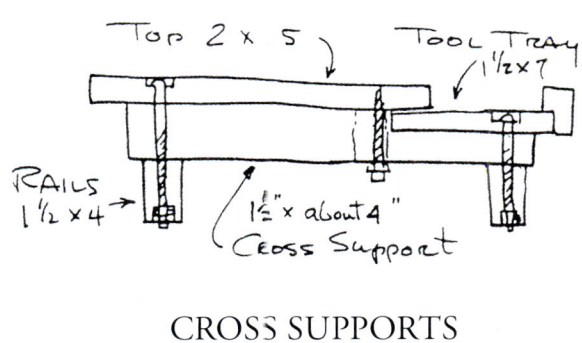

CROSS SUPPORTS

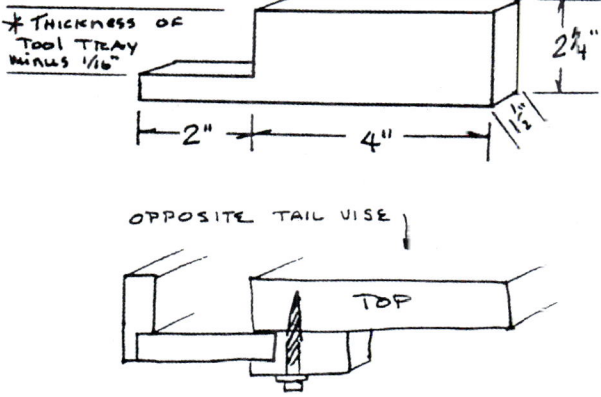

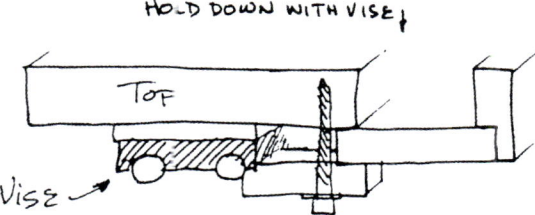

END CLAMPS

ASSEMBLY BEGINS with end sections bolted together. Here they are connected to the four long rails.

LONG CLAMPS hold the bench together, with one laid diagonally to adjust as needed to square the base. Once in place, the long ⅜" drill completes the hole for the 6" bolts. My oldest son David is doing the work.

The photo below shows the top being attached. The carriage bolts are recessed to allow for a 1" dowel plug (not glued, pressure fit only) so no metal is exposed on the bench top. The three cross bars anchor the top to the base, and the tool tray to the top. Note again that this is a moveable joint allowing for shrinkage as wood dries. The ends of the bench top and tool tray are held together with end clamps that help squeeze this joint together.

The bench top grid of ¾" holes for bench dogs and holdfasts is an important feature of any bench. Here are several suggestions:

■ Green wood will shrink, closing the holes slightly. They can be redrilled later, or simply wait to drill when dry.

WITH THE BASE COMPLETE and the bottom shelf in place, the top holding cross pieces are predrilled for attaching to the rails. The rails are also drilled for the long bolts.

THE LOCATION OF THE HOLE through the top is found using a pointed bolt being hammered here. Drill through the top, then countersink for the head of the 8" carriage bolts. A dowel plug is used to cover the bolt head.

■ Look carefully underneath so all holes have clear space avoiding cross rails and bench vise ways.

■ Unless you already have a bench with dog holes and know what positions work best for you, wait until you find a need for a hole in a place before drilling it, or at least start with fewer holes than you will eventually drill.

■ Holdfasts are great but their shanks vary from under ¾" to exactly ¾". Because the holes for them need to be oversized by ¹⁄₁₆", check them first before drilling.

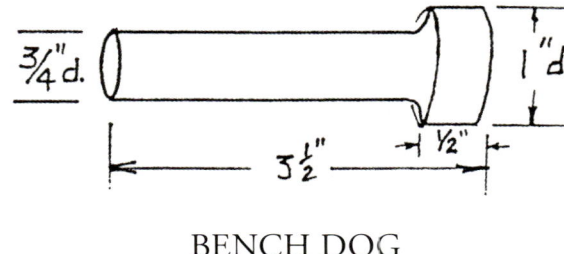

BENCH DOG

■ You can turn your own bench dogs from 1" hardwood dowel. See the illustration above.

Now you can enjoy the most important tool in your shop.

ONCE THE TOP, TOOL TRAY, AND BACK RAIL are done, the bench vises are bolted on. They require leveling blocks as shown in photos of the complete bench on pages 189 and 264.

THE VISES HAVE BEEN FITTED with extender boards. These and the top are drilled for bench dogs and hold-fasts. Before drilling, be sure the underneath area is free of cross bars and vise ways where you plan to drill.

TWO VIEWS OF THE COMPLETED BENCH show the detail of parts. The design allows for using green wood which will dry and shrink in place. Bolted mortise and tenon joints will tighten up as needed. The top and tool tray are lapped to allow for as much as one inch of shrinkage. Dry wood or green, seasonal changes, and portability are all part of this versatile design.

FOUR BENCHES WERE MADE in this batch. After construction, the ability to take it apart for transporting is shown as the tool tray with cross supports is being held by the proud maker in the photo at right.

STORAGE DRAWERS FOR CABINETMAKER'S BENCH

THE SPACE UNDER THE BENCH is a logical place for tool storage.

SHOWN IS A STANDARD DRAWER hung from guides, roughly 6" x 14" x 18". A shallow tool tray rests on a ledge inside the drawer, 2" x 12¾" square. Drawers below the standard drawers rest on guides on the lower rail, 8" x 14" x 18". Center guides are attached with one 3" screw at each end. Space under the bench top receives a ¼" plywood shelf for use as storage for square and level and patterns.

Saw Bench & Shop Stool

□

Holding wood for working is as important as the tool for cutting it. This project predates all others in this book as it was originally used when I started as a carpenter in residential construction. The stool was standard issue for carpenters working for Means and Nix in Cazsnovia, NY, where I became a journeyman carpenter during four summers, 1959 to 1962, of my college years. As the article from *Popular Woodworking* relates, it was at the beginning of my second year that Will Means invited me to his shop to make my first stool. As something of a badge of acceptance as a workman worthy of his own stool, this project is associated with my graduation into the trade.

As testimony of a long and useful life, the photograph on page 268 shows that stool 50 years later.

This project first appeared in Popular Woodworking, *#148, June 2005.*

I have used this stool at various times since, both professionally and in all the multitude of homeowner chores. For 10 years I held a contractors license and had my own remodeling business in Charlotte, MI, where the original stool pretty well got worn out.

Just before its end, I took measurements for a new generation of stool. It is made from a half sheet of 3/4" plywood. Pick a sheet carefully. The yellow pine sub-flooring used here will stand up well. Make two of them while you are at it. The second stool which came from the sheet of plywood I bought was sent to the magazine along with instructions on how to make it. Editor Christopher Schwarz took it with him on woodworking show demonstrations. He found considerable interest when he used it while showing hand saw use. In fact, there were more questions on where he got the stool than on hand saws. So he realized reader interest warranted publishing the article which he titled "Saw Bench," which it certainly is. More than that, it is saw horse and work stool, tool organizer and lunch seat.

Rescuing the Spirit of the Old Work Stool

My simple plywood two-step in the old tool shed had reached the end of the road. Looking at it you could see a pile of old wood ready for the burn pile. I saw in it a project that recalled 50 years of working life. It was more than just memories that came to mind. If it was time to recycle the old stool then it was important to document what had been a most useful object, and perhaps make a successor to it before its last rites.

My time in home building and remodeling went back to four summers during college. I learned the trade of carpentering before the modern era of specialization, the days when a small carpenter crew did everything from the first framing to a completed house ready for painters. It was a good education. The shop stool

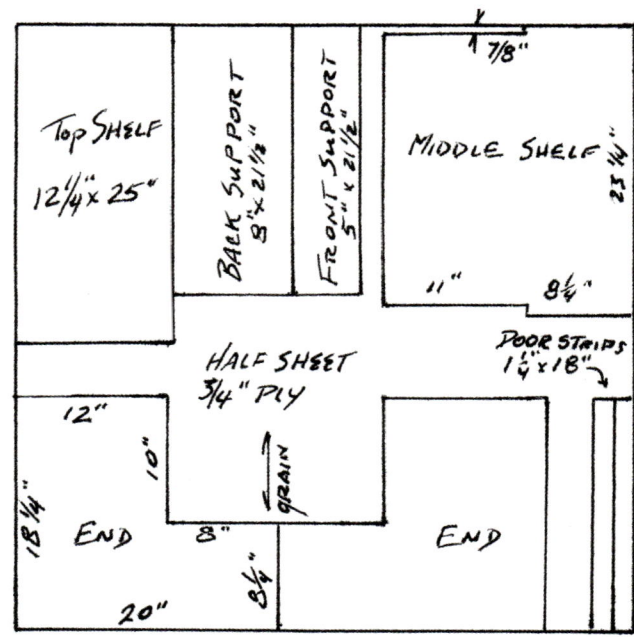

CUTTING PLAN
HALF-SHEET 3/4" BC YELLOW PINE PLYWOOD

represented a sort of rite of passage into the world of construction.

That first summer I was too busy learning the ropes as the new kid to understand the significance of a shop stool. I borrowed someone else's when a task was at ceiling height. The second summer I was more confident of what was required on the job. After all, they had hired me back.

One day the boss suggested I stop by his shop to make a shop stool. It sounded helpful to me, but looking back on it from the perspective of years later I can see its significance. It marked my acceptance as a man who could use an on-site bench to do his work. From now on along with my growing box of tools, the back of my car held my very own work stool, something some newer member of the crew would ask to borrow. That pile of old plywood ready for the burn pile was to me a badge of rank, hard won during months of work on the job.

So what was so special about the shop stool on the job? The place at which you work is an important extension of the tools you use. This is as true of home building and remodeling as it is in the workshop. In fact this shop stool is an asset in either your shop or on the building site.

- It serves as a stable two-step work platform.
- It's a mobile work surface for cutting and assembly.
- It holds doors on edge for planing tasks.
- Two stools will replace the need for sawhorses.
- It keeps tools in one place where they are easier to find and transport to a new work site.

All of this is from a half sheet of ¾" plywood and some deck screws. Recalling all the ways the shop stool gives good service made me realize how important it was to record its dimensions. I inherited mine from men of experience on the job. There is no better school of design than experience. So here it is for you, too.

Construction Tips

While plywood is a stock construction item, I found that its quality varied considerably and that taking time to shop for a sheet with reasonable finish, free from major voids, and not warped, paid off. Some of the best plywood these days comes from yellow pine and is the BC grade with one good face. Pick the best you can.

The illustrations and cutting plan give you direction. Start by screwing the 8" back support to the middle shelf, and then screw the 5" front support under the middle shelf leaving it centered with ⅞" exposed at each end. With these in place, the sides will screw to the middle shelf more easily. The top step goes on and you are done. It's that simple.

The door holder slot, if desired, is added to one side. And there is one more addition that will add years of life to your shop stool. I found that the plywood feet abraded away with use. As that happens, the stool loses stability as well. So I made some simple hardwood blocks. The blocks are made from a piece of 1½" x 2" with a groove ¾" wide by ½" deep routed into the wider face. Cut these into four pieces 4" long and glue them onto the sides.

One further use of the stool comes at noon – all the guys sitting around the work site with their lunch pails open!

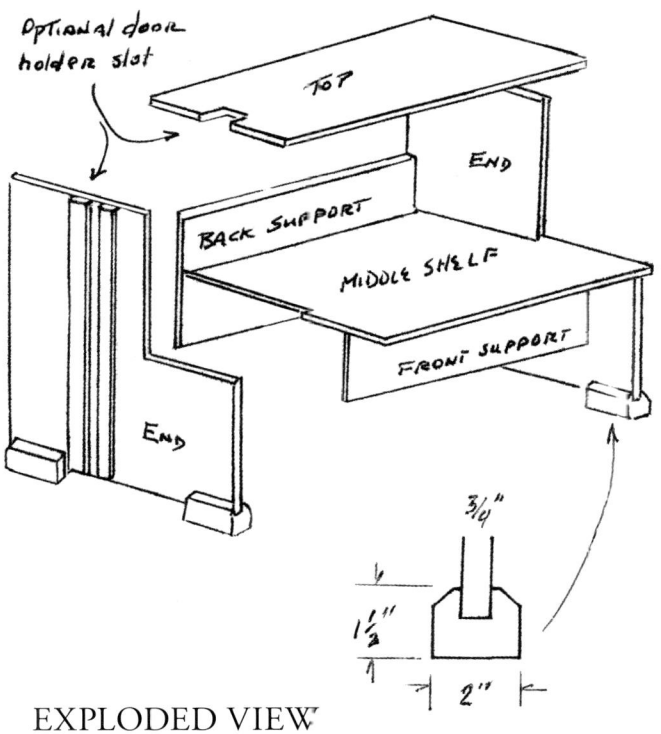

EXPLODED VIEW
WITH FOOT DETAIL

Work Horse for Dovetailing

□

When I took my teaching on the road, the need for student work places presented a problem. At the college wood shop, there were student benches with woodworker's vises for everyone. The first thought was to go to wood shops to teach. However, two things made this impractical. School wood shops were often not located where sponsors wanted me to come teach, and school shops did not welcome outsiders. If my freelance workshop plans were to happen, I had to make student work stations portable.

This project first appeared in Highland Hardware's Wood News, *#23, Spring-Summer 1989. Highland Hardware is a woodworkers' supply in Atlanta that has had many famous presenters and attendees. An example of each are Sam Maloof, chairmaker to presidents, and Jimmy Carter, a woodworker who was president. After bringing my road show to Highland Hardware, they included this work horse in their publication.*

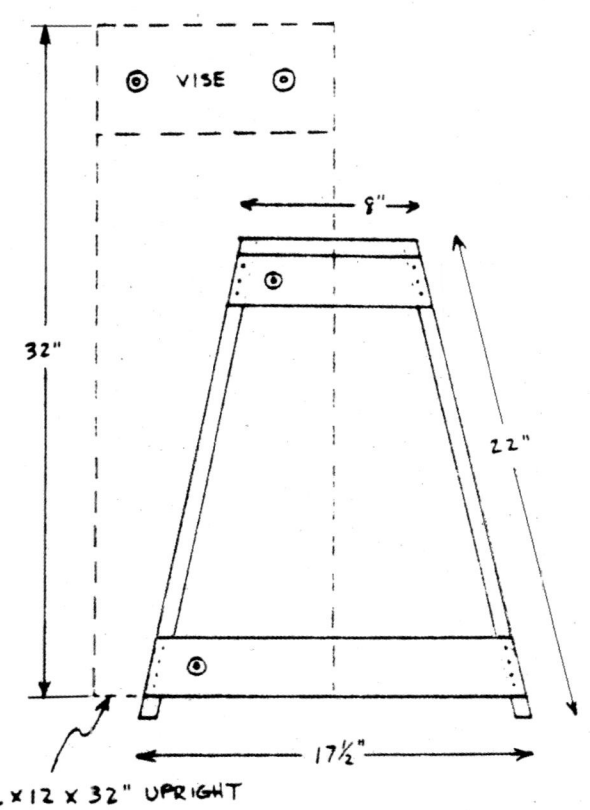

END VIEW

WORK HORSE

MATERIALS

Legs (4)	1" x 5" x 22" hardwood or 1½" x 5½" Douglas fir
Top	1" x 8" x 36"
End braces (2)	1" x 3½" x about 10½"
End brace	1" x 5" x about 17"
Face board	1½" x 11¼" x 32"
Vise board	1½" x 5½" x 11¼"
Drywall screws (30)	2" or 2½" long
Carriage bolts (2)	5/16" x 3", with washers & nuts
Carriage bolts (2)	½" x 5", with washers & wing nuts

Teaching oval box making is easier than many wood projects to equip. You do not need a separate work station for each student, because students rotate among several locations. I bring two work tables on which to set benchtop sanders and drilling jigs. All that is needed beyond that are standard folding tables. However, a project such as the Shaker dovetailed dining tray is different. Here students will work on their own for hours at their bench to accomplish the cutting and chiseling required of dovetail joints. The solution was to elaborate on the common saw horse and add a vise. The need for portability was accomplished by detaching the vise panel and stacking the horses so that a dozen would fit into the back of my pickup for the next road trip. Attachment of the vise panel was offset left or right to accommodate the handedness of students.

By making the back of the horse 8" wide from either 4/4 maple or 2 x 8 construction grade fir or yellow pine, there was a platform to straddle that when 22" high served both a seat and a work space to chop tails and pins. A panel 32" high attaches with two wing nuts and carriage bolts to the end of the horse. At the top was a vise made of hardwood with two large wing nuts on ½" bolts, which held a board in a vertical position. The beauty of this will not be lost on anyone who has tried dovetailing at a standard woodworker's vise. Holding wood securely for sawing requires being a few inches away from the jaws of the vise, otherwise wood vibrates and sawing is difficult. Standard wood vises have bed rods and acme threads preventing holding a board this way without side extensions. In this work horse, the boards are held right when you want them.

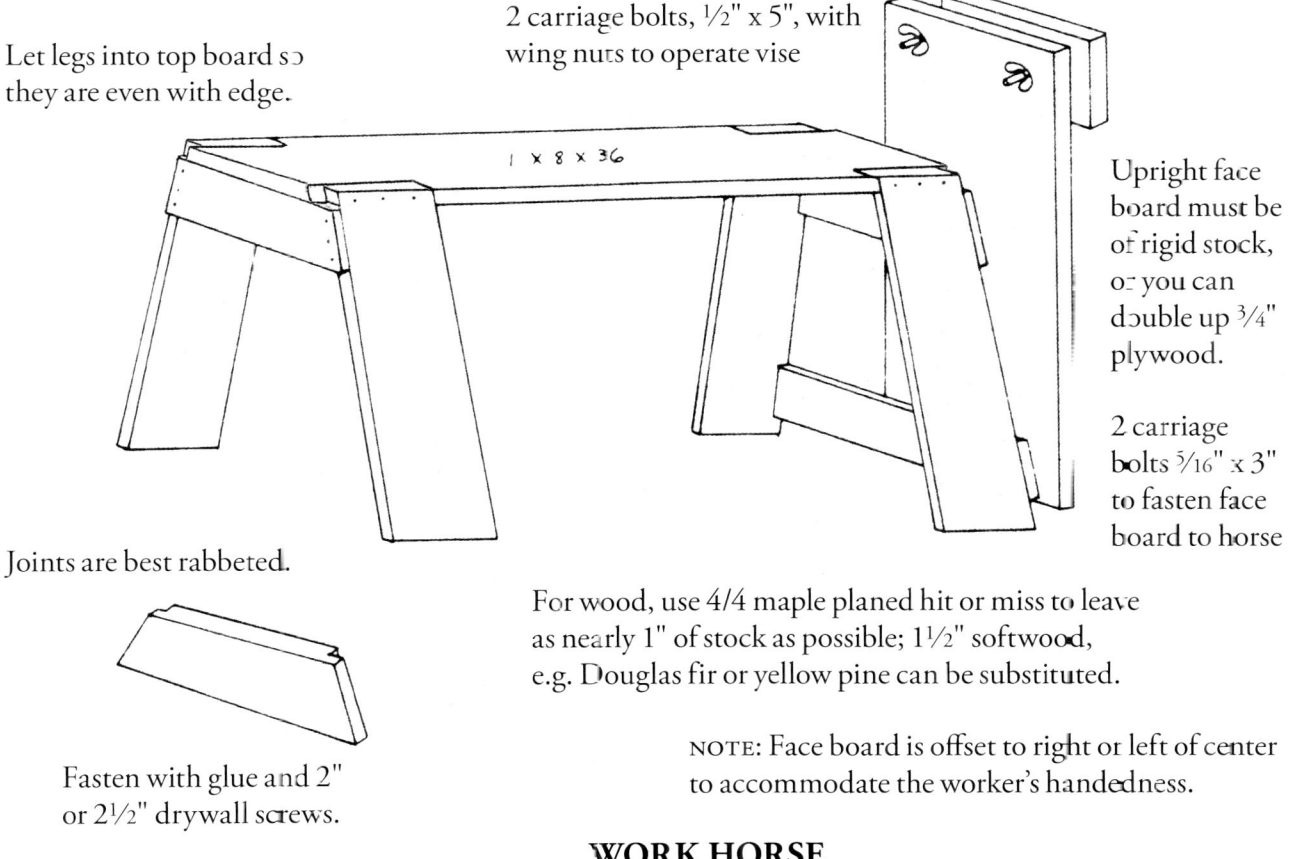

Let legs into top board so they are even with edge.

2 carriage bolts, ½" x 5", with wing nuts to operate vise

1 x 8 x 36

Upright face board must be of rigid stock, or you can double up ¾" plywood.

2 carriage bolts ⁵⁄₁₆" x 3" to fasten face board to horse

Joints are best rabbeted.

Fasten with glue and 2" or 2½" drywall screws.

For wood, use 4/4 maple planed hit or miss to leave as nearly 1" of stock as possible; 1½" softwood, e.g. Douglas fir or yellow pine can be substituted.

NOTE: Face board is offset to right or left of center to accommodate the worker's handedness.

WORK HORSE

I prefer to use 1"-thick hard maple. You can buy 5/4 stock, but that may be more expensive than necessary. 4/4 No. 1 common hard maple is readily available at a reasonable cost. If you just skim the rough milling off (called planing hit or miss) to leave the maximum stock, you can arrive at the size which gives the thickest board. Actually, most any hardwood will do. Even 1½" framing lumber can work, in which case use 3" drywall screws. There is a big difference in the

THE VISE UPRIGHT should be more rigid than shown here. Although these worked they allowed vibration when sawing. Glue together two pieces of ¾" plywood as uprights. The cross piece is reinforced with steel to which bolt heads are brazed. Three inches of ¼"-steel rod is brazed to the nut for a handle.

density of framing lumber. Try to pick a piece of slow growth wood with tight annual rings.

The legs are let into the top board to give a smooth edge to the top. Unlike many saw horse plans, the legs are not splayed front to back so that the front vise can be vertical. Joints are glued and screwed using 2" or 2½" drywall screws. The cross pieces on the legs are rabbeted for added strength.

Making the legs all even to the floor can be done after assembly. With the horse set on a level surface, scribe a line around the long leg using a scribe setting equal to the amount of gap between the short leg and the floor.

The front upright needs to be especially rigid. I first used ¾" yellow pine plywood but it vibrated too much when sawing. Your choice depends on what's on hand. Doubled up ¾" plywood glued together, hardwood more than an inch thick, or a good dense 2 x 12 of Douglas fir or yellow pine all would work. The upright is offset to the right of center for right handed riders. Mine are drilled to be reversible for either right or left handers. Attach the vise to the head board with two ½" x 5" carriage bolts with washers and wing nuts. For improved leverage in working the vise, braze a 3" piece of steel rod on the nut for a handle.

Now you are ready to mount up for work. The capacity of the vise is limited to the distance between the carriage bolts. This is 8" on mine. The work is held vertically with the kind of support needed for cutting dovetails. To chop the waste, slide back to the end and work on the middle surface of the horse.

"Happy trails" to you, or maybe it should be "Happy 'tails" to you.

THE WORK HORSE was made as a station for sawing dovetails. I needed portable work stations for students in a hands-on class where ten or more would attend. Here you see 12 work horses: 11 stacked, one assembled using two carriage bolts. The vise holds boards for sawing, while the 8" seat is long enough for one to slide back providing space to chisel waste.

Portable Dovetail Vise

□

Holding boards for hand-cut dovetails is a problem. It is one of the few times where one is sawing various angled cuts on the end of a board. Boards saw best when securely held. The usual wood vises of the cast iron sort that most of us use these days have two bed ways and an acme threaded rod to operate the jaw. This arrangement interferes with holding a piece of work vertically. If you do stand up the board in such a vise, the vibration occurring from not clamping close to the end makes sawing ineffectual. It is interesting to note that bench vises used before our modern cast iron type allowed for vertical board holding, in concert with the practice of hand-cut dovetail construction.

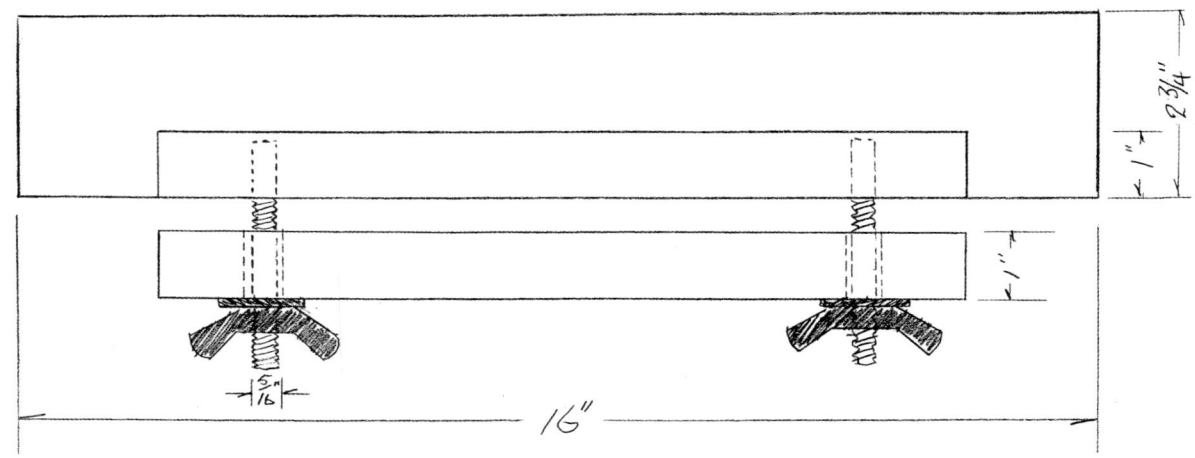

TOP VIEW

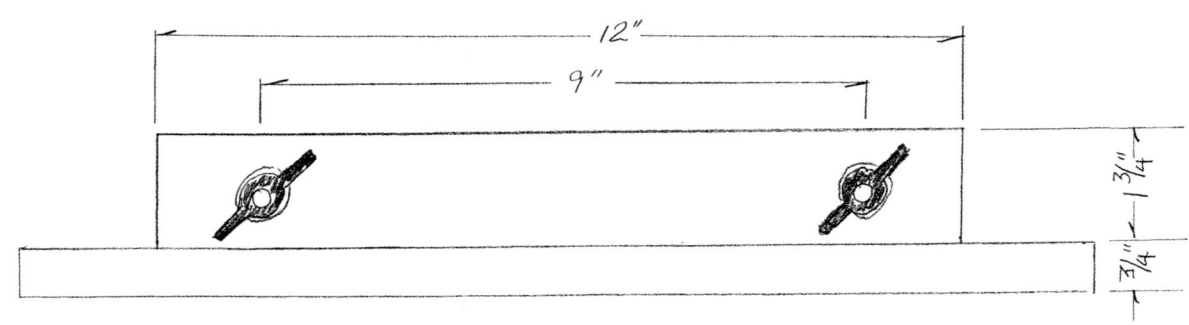

FRONT VIEW

PORTABLE DOVETAIL VISE

MATERIALS

Base	¾" x 2¾" x 16" hard maple
Anchor block	1" x 1¾" x 12" hard maple
Jaw	1" x 1¾" x 12" hard maple
Threaded rod	⁵⁄₁₆", cut for two posts with wing nuts and washers, total 10"

Dealing with the College Wood Shop

The following project for vertically holding boards came from my experience teaching woodworking at Lansing Community College. The shop tables had plenty of cast-iron vises, but nothing to serve student needs when making hand-cut dovetails. I was not in a position to remake the wood jaw piece that is bolted to the iron plate which, if sufficiently extended beyond the vise itself, can afford the means of clamping vertically. Equipping the shop was done long before my tenure with wood jaw plates the same size as the metal vise.

The solution for drawer construction, or similar dovetailing projects, was to use a router and jig. I have no quarrel with what has become standard in the cabinet trade since the advent of the portable electric router. I own one and use it myself. For strength, utility, and speed it deserves a place in the wood shop. This is not the place to debate hand-cut vs. power-cut dovetails, except to help understand why those who made the community college shop did not provide a means for holding boards vertically at the shop tables. They did not know.

The Solution

A simple device of three maple boards and 5/16" threaded rod using nuts and washers provides the solution. It clamps to the edge of any table or bench. If there is one element of mystery about its construction, it is that maple can anchor threaded rod by simply drilling a hole of the minor thread dimension and turning the threaded rod with vise grip pliers until it bottoms the hole, then cutting the rod to required length. This project taught me how to do this, and both the chisel plane and the jack plane projects incorporate this method in their construction.

The free movement of the front board depends on accurate placement of the holes, which are slightly oversized to ensure smooth operation. The capacity of this holder is a board 1" thick by 8½" wide, but it can be made to fit your needs. In fact, it is simple enough to make that were you to have a project such as a blanket chest, you could in an hour make a holder of sufficient width to accommodate the widest boards.

ANY BENCH OR TABLE can serve as a dovetail station with this portable vise. It holds boards vertically so the angled cuts in the end can be made with minimum vibration.

THE THREADED 5/16" ROD with wing nuts is anchored into the hard maple block. This vise can hold up to 1"-thick boards, but you can make the threaded rod as long or short as you wish.

Chisel Holder

□

Being able to store a set of chisels, and then have the holder be the bench organizer while using them is helpful. Not only does this mean that the chisel is right at hand when you reach for it, but no more having the chisel roll onto the floor in the shuffle for other tools.

One of the benefits of teaching is learning from students. Fairly early in my years of teaching college wood shop, a student, Thad Vance by name, came up with this idea for holding chisels. Thad made one for both of us, and I've been using mine ever since.

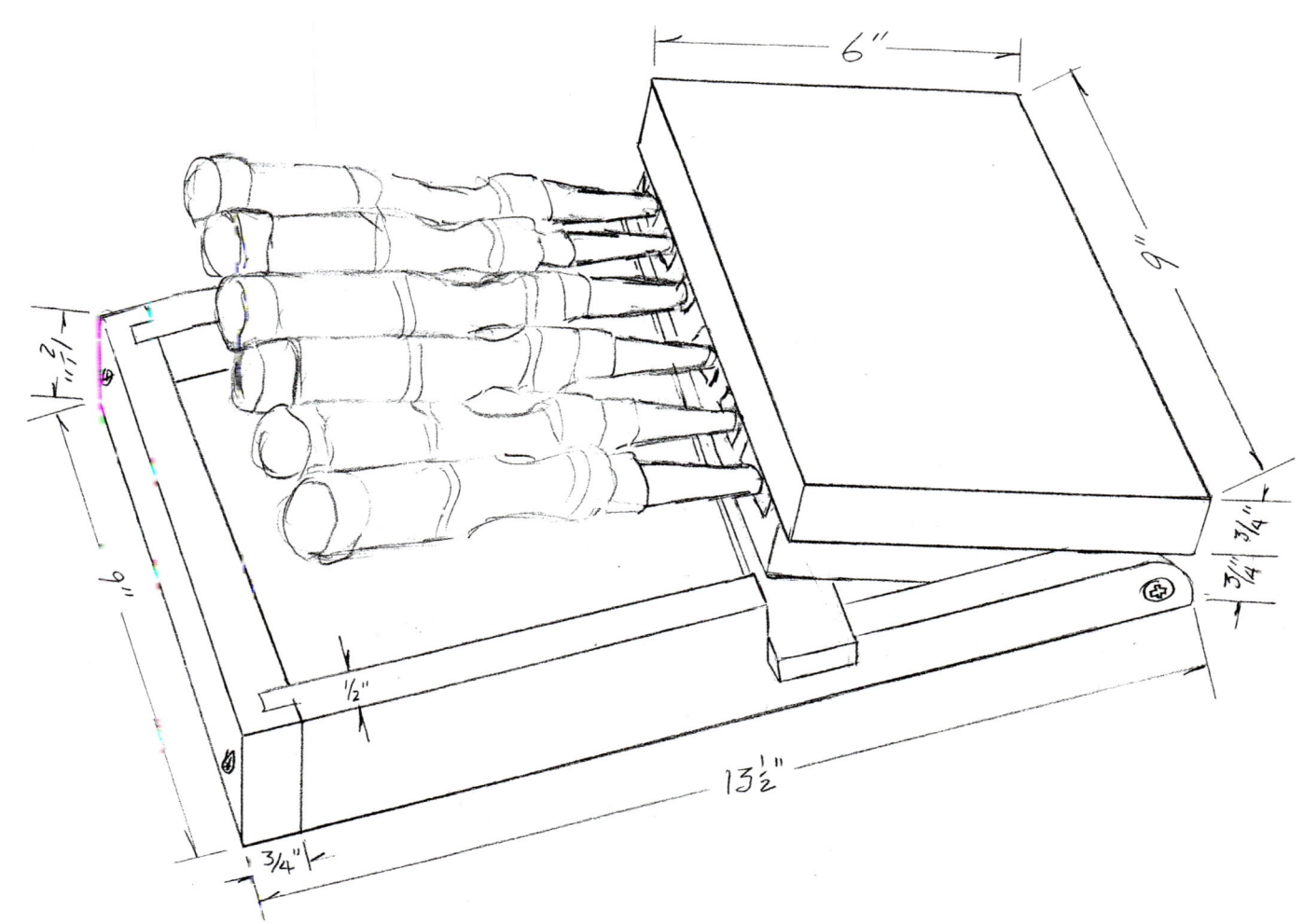

CHISEL HOLDER

MATERIALS

Slotted chisel holder	¾" x 6" x 8"
Board to box the slots	¾" x 6" x 9"
Handle	¾" x 1½" x 9"
Handle sides (2)	½" x 1½" x 13½" hardwood
Wood screws (4)	1½"

Authors and Publishers

I approached *Woodworkers Journal* about publishing this project. Publishers and authors do not always see eye to eye when it comes to contracts. The few dollars involved never match the satisfaction in finding your idea worthy of print, which is huge. However, the language of that contract somehow took the edge off the exchange. The project was to be their right to use in any way they wished, and I was never to use it in print again myself.

Any project idea large or small is a creative endeavor. It is what I do for fun, and as it has turned out it is what I do professionally. To lock up a project idea seemed excessive, and I told them so. Thirty years has blurred the details of how it was resolved. I think they decided to drop their request for exclusive rights, and accepted the project on my terms. What I do know is that it never got in print, so they had the last word on our exchange back then. It is the privilege of independently publishing a book that this postscript is printed.

Now for the chisel holder project.

The Project

The project is cut from 3 feet of 1 x 6 board. The one element requiring strength is the handle, which has holes at the end allowing for the hinge screw. For this reason pick a wood of strength such as maple or oak for the sides of the handle. The chisels rest in slots 9/32" deep and various widths corresponding to your chisel sizes. These are routed into one 3/4" board, while a second 3/4" board is glued on to it. These two boards differ in length allowing the hinged handle holder to articulate.

Up to this point there is little difference between this holder and the usual hinged box with slotted tray positions. What makes this more than a holder is the prop stick that holds the chisels at a handy "at ready" position for use. The holder has become a stand. Not only is this accessibility to your chisels handy on the top of your bench, but I keep it that way in the drawer under my bench so that this convenience is part of opening the drawer whenever a chisel is needed.

THIS HOLDER SERVES to present you with just the right chisel when you need it. The prop stick is used to hold the chisels at ready position; removed, it lays flat for storage.

GLUING UP THE HOLDER with 1/2" overlap fits the notch in the hinged handle. The top of the handle is jointed with a rabbet/dado combination visible in this photo.

Japanese Tool Box

□

The 6" Makita Power Planer is one of these specialized tools that is a step larger than you think is good for you to handle. It is the scale of tool that fits timber framing, which is itself woodworking on a scale larger than life. In the tradition of the Japanese, mine came in an attractive wood box, one that can be used for many tools. The photo on page 213 shows you both the original with rope handles at both ends, and mine with wood cleats for lifting the box. The key to both is the sliding lid in all its ingenious simplicity.

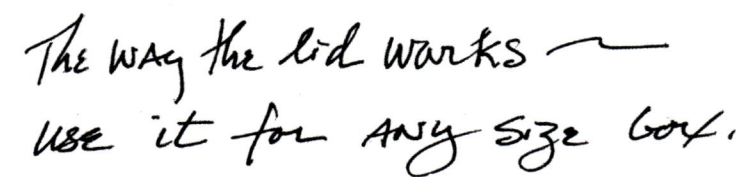

The WAy the lid works ⁓
use it for ANy size box.

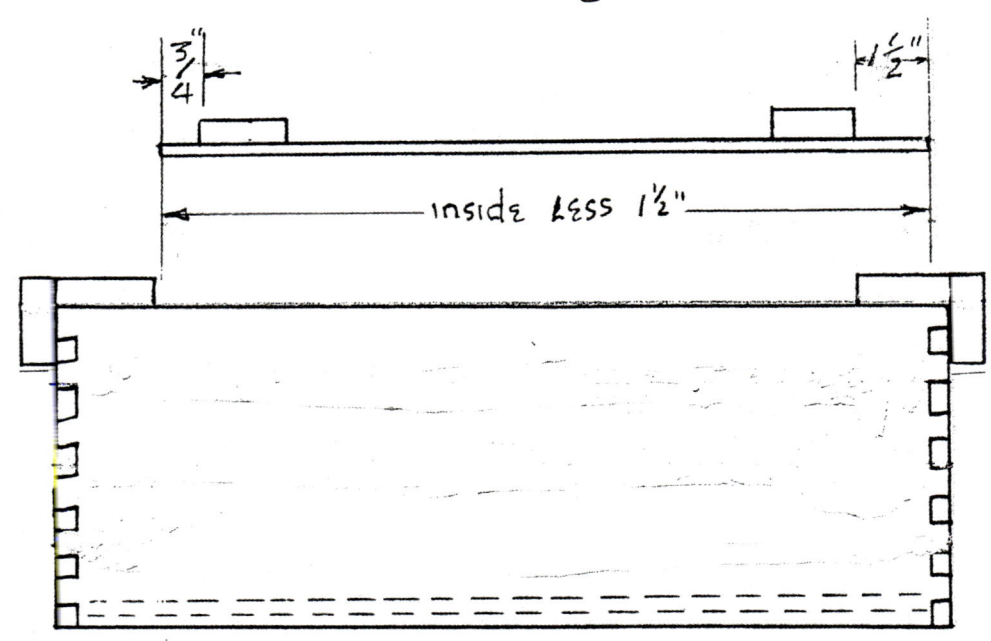

FRONT VIEW

JAPANESE TOOL BOX

MATERIALS

Sides (2)	½" x 7½" x 25"
Ends (2)	½" x 7½" x 12"
Cleats	½" x 2" x 12"
Bottom	6 mm x 11⅝" x 24⅝"
Lid	6 mm x 11" x 22½"
Clinch nails (28)	1½" copper #NCRS13
	Jamestown Distributors (800-497-0010)

Design

The lid is simplicity itself. The top is made of 5-ply, 6 mm birch plywood with cross cleats at each end that enable it to engage corresponding cleats in the box. Enter the lid into one end and slide back an inch and it's done. No need for hinges or other hardware. The original box came fitted with rope loops in each end for handles. This version has a double cleat at each end to provide the hand holds for lifting.

The cleats on the original box were glued and fastened with clinch nails. Decorative copper clinch nails are used here. The forged heads give an attractive touch. They are available from Jamestown Distributors (800-497-0010).

The finger-jointed corners are readily recognized and were known to an earlier generation as a cigar box joint. Together with the dovetail joint, it is the way to build strong boxes. The machine-like precision of the pins makes this joint reserved for machine cutting, whereas the dovetail makes an attractive and doable hand cut joint. The corners can be butt jointed and still make a box utilizing the sliding lid feature unique to this tool box. The sides are made of ½" stock with box joint pins on ½" intervals and 5-ply, 6 mm birch plywood top and bottom.

THIS TOOL BOX IS MODELED on the Makita Power Planer case shown in the background. Key to its operation is the sliding lid. Handles can be rope or end cleats. Joints are either box or dovetails. Bottom can be set in a groove or attached directly.

THE KEY TO THE JAPANESE TOOL BOX is the sliding lid. Once you grasp the design and its proportions, it can be used on any size box. Cross cleats are all ½" x 2" x (width of box). Lid cleats are clinch nailed to the birch plywood top board.

Construction

The sides of the tool box are cut from $\frac{1}{2}$" stock. The dado for the bottom ply is ploughed $\frac{3}{16}$" deep and 6 mm wide for the Baltic birch 5 ply. The cleats for both ends and the lid are $\frac{1}{2}$" x 2". The box shown is 8" deep, 12" wide, and 26" long overall. You decide what will fit your tool storage needs.

A sliding sled arrangement makes cutting the box joint on the table saw possible. Lon Schleining describes this in "Box Joints on the Table Saw" (*Fine Woodworking*, March/April 2001, pages 60-63) and Bill Hylton in "Box Joints" (*Popular Woodworking*, June 2005), two recent examples of articles giving you guidance. While the use of the table saw or router table may appear to make this box joint a snap, beware. Sequencing opposing sides and accurate replication of pins are both a challenge. Which is to say it takes care to set up a full sequence of cuts to get good results, and confusion in matching sides is an easy mistake. The other concern is tear out as the dado passes out of the cut. Pay attention to suggestions that help minimize this unattractive defect. The clamping up of two joints for cutting at one pass avoided most tear-out and mis-alignment mistakes. In rereading my shop notes for sequencing the stock of boards for cutting seems very complicated, but it actually went easier than that in shop (see construction steps on pages 271-272).

The cleats are glued and nailed. The lid cleats are clinch nailed. A No. 4 box nail will clinch nicely (box nails have a common nail head with a finish nail wire shank). Drill a pilot hole the size of the shank and clip off excess length before bucking the point with an iron while hammering the head. The forged-style head gives a finished touch. Alternatively, use copper rose headed nails from Jamestown Distributors.

If you wish to avoid the box joint set up, the tool box can be made with simple nailed corners. Again, box nails are used, this time No. 6. The ends would best be made $\frac{5}{8}$" or $\frac{3}{4}$" thick. The cleats as shown will add reinforcement to the corners so that a serviceable box will result and should give a good long life. Looking at the traditional carpenter's tool tote (page 227) shows that utility can last.

Tool Tote

□

Tote: (U.S. colloquial)—v.t. To carry or bear, as on your person, to tote a gun—n. that which is toted.

There you have it. Tote. Something to have along with you when needed. Origin uncertain, but the use is clear. In the arsenal of the woodworker, it's to have your tools when and where you need them. The tool tote is not a storage box. It is not a tool box or a cabinet. It is smaller, lighter and handy to the job. It helps both to carry tools to the job and to give a place where they won't be lost.

This tote also serves as a sampler of quality workmanship. With its hand-cut dovetailed corners it gives you satisfaction every time you carry it. It makes a statement of proficiency even before you tackle the job.

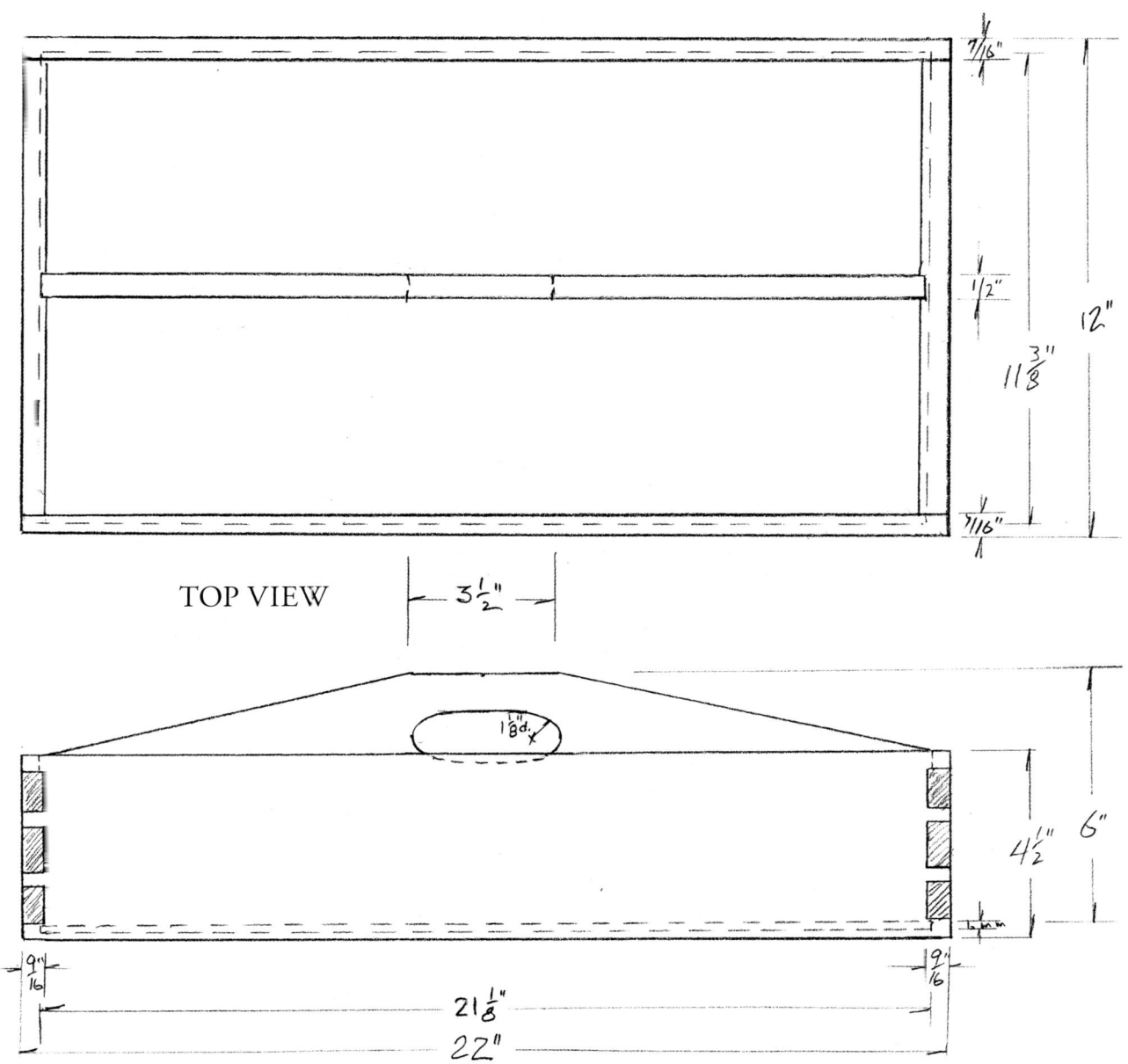

TOP VIEW

FRONT VIEW

TOOL TOTE

MATERIALS

Sides (2)	$7/16$" x $4\frac{1}{2}$" x 22"
Ends (2)	$9/16$" x $4\frac{1}{2}$" x 12"
Center	$\frac{1}{2}$" x 6" x $21\frac{1}{8}$"
Bottom	$\frac{1}{4}$" (or 6 mm ply) x $11\frac{3}{8}$" x $21\frac{1}{8}$"

Size and Materials

By choosing a softwood such as pine or yellow poplar (I know this is a deciduous tree and, therefore, technically a hardwood, but it is soft compared to oak or maple) your tote will be lightweight. If you haven't already had experience in hand-cut dovetails, softwood is easier to work and more forgiving in fitting tails and pins. The bottom is plywood for dimensional stability. This means that it won't expand and break your tote when humid or moist conditions are encountered. Five-ply 6 mm birch plywood, sometimes called Baltic birch ply, looks good, has the right thickness, and is very good quality.

Don't make your tote too large. You could lengthen it to hold a full size hand saw and framing square, but in so doing defeat its handiness. I recall a carpenter building himself a new tool box large enough to hold every tool he needed for framing and trim. It held them all right,

but he didn't reckon on how much they would weigh. Pride prevented him from admitting his mistake, so every day he staggered under the load. Morning wasn't so bad as toting it at day's end. Lesson: Keep your tote handy by restraining its size.

Start by dimensioning the sides and center board. The project could be made with $\frac{1}{2}$" lumber all around. But looking at the drawing shows long sides $\frac{7}{16}$", the ends $\frac{9}{16}$" and the center board $\frac{1}{2}$". It is a matter of proportion. Grace comes from attention to detail in proportions.

The first job is to plough the slot 6 mm x $\frac{1}{8}$" for the ply. 6 mm is slightly less than $\frac{1}{4}$" at .230", but use the edge of the ply itself to get it right. The dado for receiving the center board is $\frac{1}{2}$" x $\frac{1}{8}$" in the center of both ends. If possible end the dado without cutting the narrow bottom edge below the slot. The router plane in the tool projects is the right tool for this job.

PINE IS A GOOD CHOICE both for a lightweight tote and ease of dovetailing. Here the sides, ends and center are cut to size, grooved for the bottom, and the birch ply bottom under them.

MARKING GAUGE

Experience can replace the need for marking gauges for dovetail layout, but we need help getting to that point. The gauges shown here come in two sizes: one with a 1:5 angle for use in softwood, and 1:7 for hardwood.

Why this difference? The short answer is tradition. Tradition embodies what works, even if the explanation as to why it is so is not known. The longer answer is that retention comes from the slope of the tails, and that's good. Splitting of the sloped wood is possible, and that's not good. Like so many things that come in pairs, the solution is a balance between the two. But why the difference? Well, softwood fibers crush more easily than hardwood, hence they get a bit more slope for retention.

The combination of a beveled end and a square end to the gauge acknowledges that every pin and tail has one angled and one square line. The bevel itself comes from run and rise layout familiar to carpentry. Draw a line 5" long or 7" long square to the edge of your bench and measure over 1" over from the end. The connection of the end points is a slope of 1:5 or 1:7.

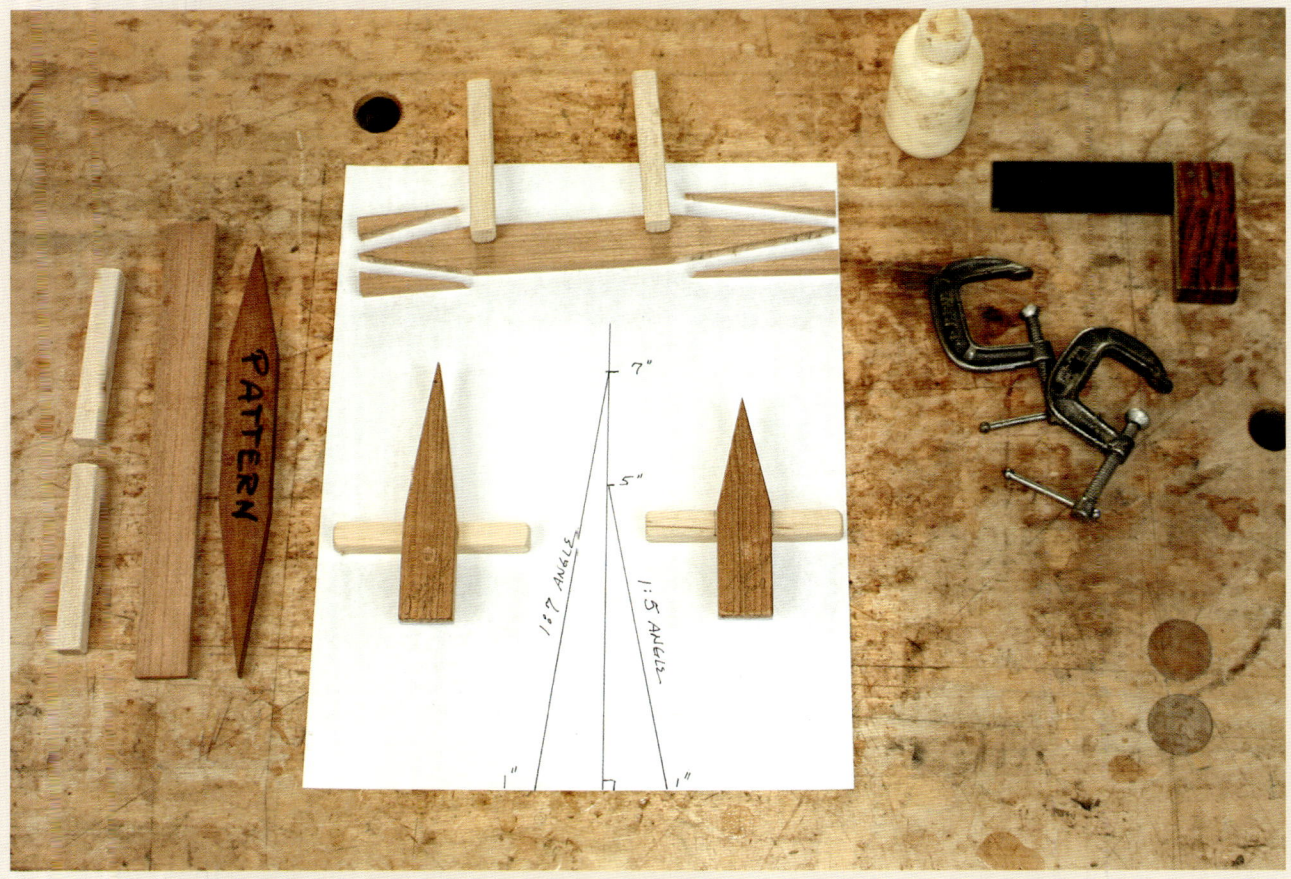

MARKING GAUGES FOR DOVETAILS in two pitch: 1:5 for softwood, and 1:7 for hardwood. Making a pair is a good start in hand cutting your dovetails. On the left are blade (¼" x ⅞" x 8") and cross bars (⁷⁄₁₆" x ⁷⁄₁₆' x 3") and template. Both the angle side and the square are used in dovetail layout.

Dovetail Rules, Scribing and Layout

Next comes the fun stuff — hand-cut dovetails in all four corners. Do not be deterred if this is your first go at this classic joint. What follows is my summary of what to keep in mind as you go through layout and cutting dovetails.

1. Scribe gauge lines the thickness of adjoining pieces.

2. Start and stop with a half pin.

3. Tails are twice the width of pins.

4. Pitch or bevel of tails is 1:5 for softwood, 1:7 for hardwood.

5. Label all parts to keep from mixing up which ones go together.

6. Use pin section as template for tail layout.

7. Cut on salvage side of the line when cutting tails.

The scribe line is part of the joint in layout, sawing, chiseling, and final appearance. It is not a pencil line. It is still there when the project is finished. It is scored with a knife or scribed with a scratch cutter. As rule No. 1 reminds you, set your scribe to the thickness of the adjoining board. The pins are on the 22" long sides that will fit into tails in boards 9/16" thick. So set your scribe to 9/16" and score both sides of the board at both ends. The end boards will get scored with the scribe set to 7/16" and you need to score all around the four surfaces of the tails, edges as well as main surface.

Layout of dovetails is done by eye. If you don't have experience to guide you, refer to rules No. 2, 3, and 4 for guidance. Start with a half pin. A half pin is actually the width of any other pin, only it is beveled on one side only, the other side is square to the edge of the project. There are exceptions to rule No. 2, but generally start and stop with a half pin rather than a half tail.

Working from the inside surface, mark with a pencil a line 1/4" from both sides. Then mark two more 1/4" wide sets of lines that are equally spaced between the half pins. Extend the lines across the end of the boards on an angle that is a 1:5 pitch. Use an adjustable T-bevel or make a layout gauge as shown in the side bar. There is both a bevel angle and a square needed to complete each layout. CAUTION: Each pin must get thinner on the outside surface of the board! Saw the lines drawn for your pins. The waste is chiseled out.

SCRIBE LINE the width (9/16") of the other boards' thickness. Layout of pins uses both the 1:5 pitch and the square. Half pins (only one side beveled) start and end the pattern.

Cut down to the scribe line with a fine tooth (14 or 16 tpi) saw. Keep work well supported near jaws of vice which has wood jaw extenders to hold vertical work like this.

Cutting Dovetails

Next come the tails. To avoid confusion over which are pins and which are tails, look at both from the board's face. The pins have straight lines, the tails are beveled like you expect dovetails to be. You use the pin section as a template for layout of tails, rule No. 6. Because slight variation will occur, you must label all joints to keep layout and assembly in correct order, rule No. 5.

Use a sharp pencil to transfer the lines from the ends of your pin section to the tails. What you have here is what you use. Do not be tempted to "improve" your bevel lines with the layout gauge. The goal here is a perfect match to whatever you cut in the pins. Use the square end of your gauge to extend the lines across the ends of the board.

A tight fit depends on following rule No. 7. Saw on the salvage side of the line. What is the salvage side? It is the waste side that will be chiseled out. You should still see the very edge of the pencil lines from the layout when you are done cutting the tails.

Chopping waste from pins. Note scribble marks on area to be removed. This reminds you what to cut and what to remove. The letter "A" corresponds to the joint. Each one identified A-A, B-B, etc. to remind you which goes to which. Sounds simple, but believe me, screw-ups happen.

The first material to be cut away is the space for the half pins at both sides of the board. Use the dovetail saw and follow the scribed lines in the edge. Then chisel the waste for the two full pins. A knife is used for final cleanup.

Experience give awareness of three pitfalls to avoid when cutting dovetails. So remember pins are smaller on the outside surface; cut on the salvage side of the line for tails; and keep all joint pairs together in layout and assembly. There's good fun in mastering this classic joint. Become proficient so you can use it often.

Putting it All Together

Assembly of the box includes fitting the bottom in its slot. Well-cut dovetails go together without any clamping, merely by tapping with mullet and block of wood with the pin-tail fit giving all the retention needed. For those of us not so accomplished some clamp help is needed.

The center board hand hold is made by drilling holes in both ends. The waste between is removed with a jig saw and smoothed with rasp and sandpaper. Next shape the top edge even with the sides when fit into the dado.

ONCE THE PIN SECTION is cut use it as the template for the tails. This ensures a perfect match. When you saw the tails, cut on the salvage side of the line. In other words, leave the pencil line on the tail to ensure a tight fit, and use a sharp pencil.

BEFORE ASSEMBLING THE TOTE, cut the dado for the handle in both ends. Here the router plane was used to cut the groove after defining the slot with a straight edge and knife.

Before gluing the center board, ease the edges of the box and the top edge of the center board as well as hand hold. The tool options are several, including rounding over bit in a trim router, block plane, and sandpaper over a wood block. The amount of rounding over should be a matter of both appearance and function: the hand hold and top of center board receiving more than the edges of the box. The center board is glued both with a bead of glue along the bottom as well as the dado.

THE CENTER BOARD is glued and nailed. Set the board in place, draw a faint pencil line, and use that line to guide the pilot holes for three nails through the bottom plus two nails in both ends.

THE TOTE IS ASSEMBLED dry fit to be sure all parts are accurate. The bottom slides into the groove with no glue needed.

THIS TOOL TOTE has dovetailed corners, a ply bottom set into a rabbeted groove, and a center handle board. The pine is lightweight, strong and works well for joints. The result is an attractive and useful carrier and organizer of tools for any job.

POSTSCRIPT: SIMPLIFYING THE TOOL TOTE

The tool tote is a handy project, and not just for tools. The following steps eliminate parts of the project as drawn to make it easier — an "I can do it" project for those exploring what woodworking is, as well as folks focused on getting it done. Without changing the final dimensions of the tote, here are my suggestions ranked in order from fewest compromises in strength and beauty to most plain and simple.

First, make the sides and ends both 1/2"-thick stock, thereby eliminating separate steps in preparation. This makes hand-cut dovetails with same size boards a simpler step also. So, cut a piece of pine 4 1/2" wide about 60" long, plane to 1/2", and groove for the bottom board before cutting out sides and ends.

Second, the hard-cut dovetails stop more people from going beyond reading and viewing pictures than anything else. They are strong, good looking and fun, but leave your epiphany for hand-cut dovetails for another day and choose one of the following joints:

- Router cut dovetails, either full or half-blind depending on how elaborate your dovetail jig is. Half-blind dovetails require the ends to be 1/8" shorter.

- Rabbeted joints cut on table or radial arm saw, or hand cut with panel saw and rabbetting plane. The rabbet is a 1/4" step in the ends of the side boards. Glue and nail using 4d finish or box nails. Ends are cut 1/2' shorter.

- Butt joints are the obvious simple construction choice, and one used by a woodworker a century ago for the carpenter's tote featured next. This joint is also glued and nailed, with the ends 1" shorter than drawn.

Looking at the center divider and the bottom, I was going to suggest butt joints here as well. However there is little or no time savings or avoidance of higher skill level in doing so, and much to be gained by cutting the groove for both like good looks, strength, and an automatic squaring up of the project when assembled. These joints stand as drawn, already simple and effective.

A tool tote, simple or fancy, is useful. Make two.

Traditional Carpenter's Tote

□

Here is an historical example of a tote. I acquired this at an auction where the object of my bidding was a tool amidst the odds and ends it contained, and as auctions go the tote and all its contents were on the block for one money. I never owned it in the sense of making use of it myself. That was around 1960 when I carpentered in home construction during the summers between my college years. My father gave it to the rector of our family's church. There it was used to hold books and magazines beside his easy chair. Not a bad adaptation, and one that gave it a meaningful existence for many years. Fifty years later when preparing material for this book, I wrote the family of the now deceased minister, and to my delight the tote showed up in a shipping box on the door step. It seems to want to reinvent itself again as a project from the past.

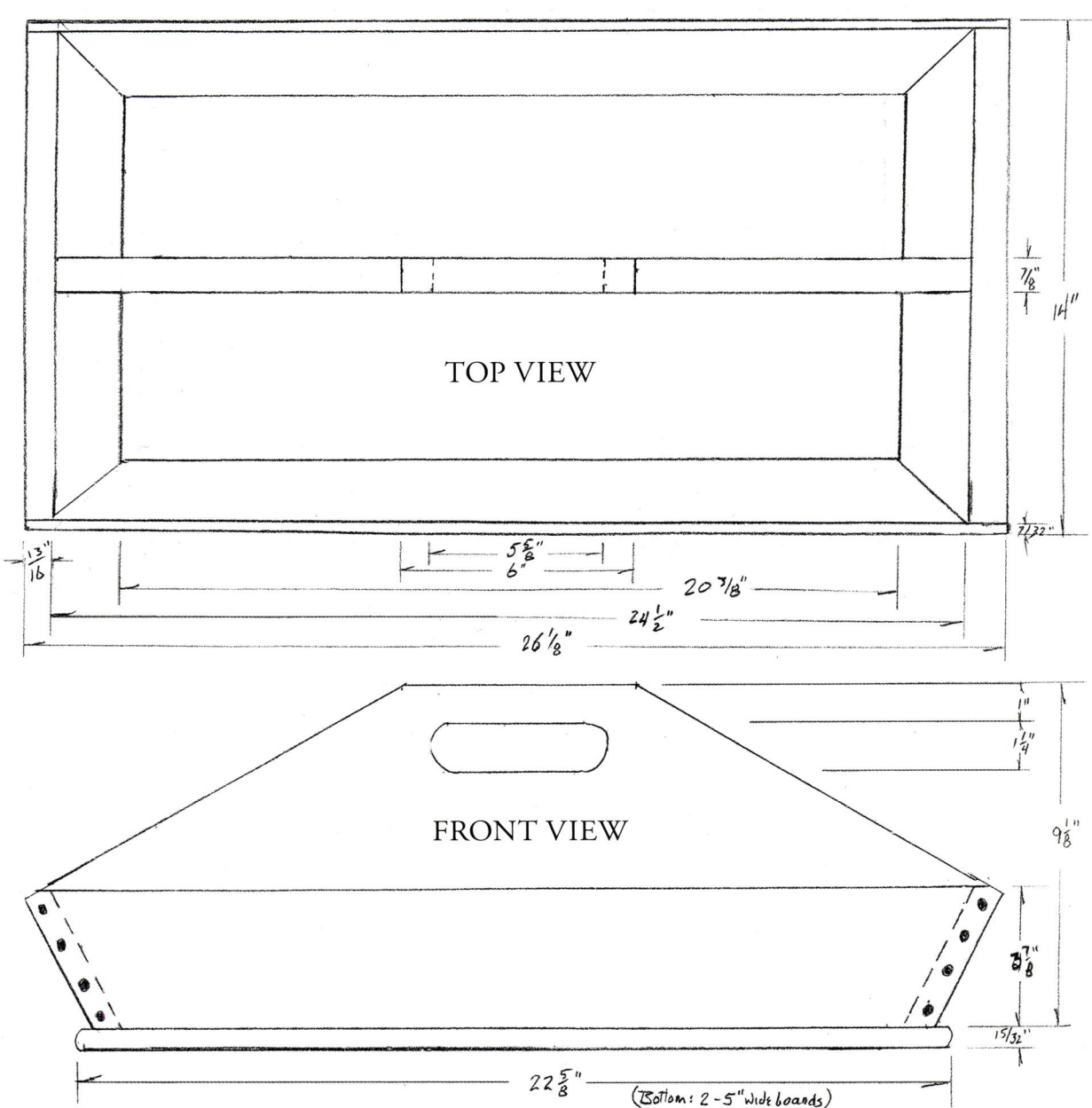

TOP VIEW

FRONT VIEW

TRADITIONAL CARPENTER'S TOTE

MATERIALS

Center	$7/8$" x $91/8$" x $241/2$"
Top edge	6" centered with $91/4$" to each end; long point is $37/8$" up from bottom
Sides (2)	$7/32$" x $41/2$" x $261/8$" (overall); $221/4$" (at bottom)
Ends (2)	$13/16$" x $41/2$" x $131/16$" (overall); $91/8$" (at bottom)
Bottom	$15/32$" x 10" x $225/8$" (made of two boards)

Time has a way of sifting the better from the not so good, with the less worthwhile culled out. I have seen this type of tote used by masons, but this one was clearly used by a carpenter. The saw blade holder at the end indicates a place for several trim saws, which was added after the tote was first made. The diminutive thickness of the side wood is another indication that it was not intended for the rougher conditions of the stone mason. At first glance the wood would seem too light, but the years would argue otherwise. I appreciate the ability of a past craftsman to get it right when dimensioning parts of such a project, and pay attention to his guidance. The sides are $7/32$" and bottom $15/32$", one oak the other chestnut, while the ends are $13/16$" and center $7/8$", both of softer wood, perhaps sweet gum. The result is strong enough, yet not unnecessarily heavy. While 6 mm Baltic birch ply would do for sides and 12 mm bottom, the sides predating plywood, are quartersawn oak, which enhances its appeal.

How do you date such a project? Both fasteners and dimension of wood can help place it in time. The sides and bottom are nailed using modern wire nails. This means that it was made sometime after 1885 when wire nail technology changed nails from square cut to round. The center board is $7/8$" thick. While it is evident from the different thicknesses of sides and bottom that the maker had use of a thickness planer, the $7/8$" dimension is suggestive of commercially milled board size prior to 1904. That date marks the change from $7/8$" to $3/4$" in milling smooth boards for sale in lumber yards. We speak of a 1 x 12 board, but that is the rough size which when milled smooth becomes $3/4$" x $11\frac{1}{4}$" today, but $7/8$" x $11\frac{1}{2}$" back then. So it is possible that $7/8$"-thick milled boards were commonly available when this was made indicating a date of manufacture between 1885 and 1904. If my guess as to chestnut and sweet gum are right, that would place it in that time,

ATTENTION TO THE VARYING THICKNESS of parts is what makes this project work. Center $7/8$", ends $3/4$", bottom $1/2$", and sides $1/4$" will add interest, strength, and light weight.

as both have long since disappeared as commercially available species.

The construction, as I said, seems light for durability, but time shows it works. Also, the fasteners are common nails and I doubt if glue was used. The sides and ends are nailed with $6d$ or $8d$ box nails, while the bottom is fastened to the ends and middle board with $3d$ or $4d$ size. Note that no fastening is used on the long side joint. This is surprising until close inspection shows the manner in which the sides are held in place by the bevel angle joint. This again is a lightweight, quick solution to putting sides together. However, time shows that it is under-engineered for durability, as both sides have bowed slightly allowing a gap along the joint. The only compound cuts are the 30° for the bottom edge of sides and end, and the 15° cut where ends join the sides.

I remember a book I read to my children about a boy who built a toy boat and lost it In a touching finale, he finds his treasure in a store and buys it back. The title of the book is "The Little Boat Twice Owned." I will title this tool carrier "The Twice Owned Tote." Through the generosity of my friends it came home.

Boat Tote

☐

The trilogy of totes is concluded with the boat builder's tool holder. No question what trade is represented. Seeing how this is designed may give you an idea for representing other trade interests. I remember when I first saw Steve Stier's boat tote. Steve is a timber framer, preservation consultant, and fellow teacher in a class on half-hull models. It was at such a team teaching event that Steve showed up with his tools in a pram. (See the photo of my version on page 233.) It was head turning as well as a conversation starter. 'Seems Steve worked in boat yards down east in Maine.

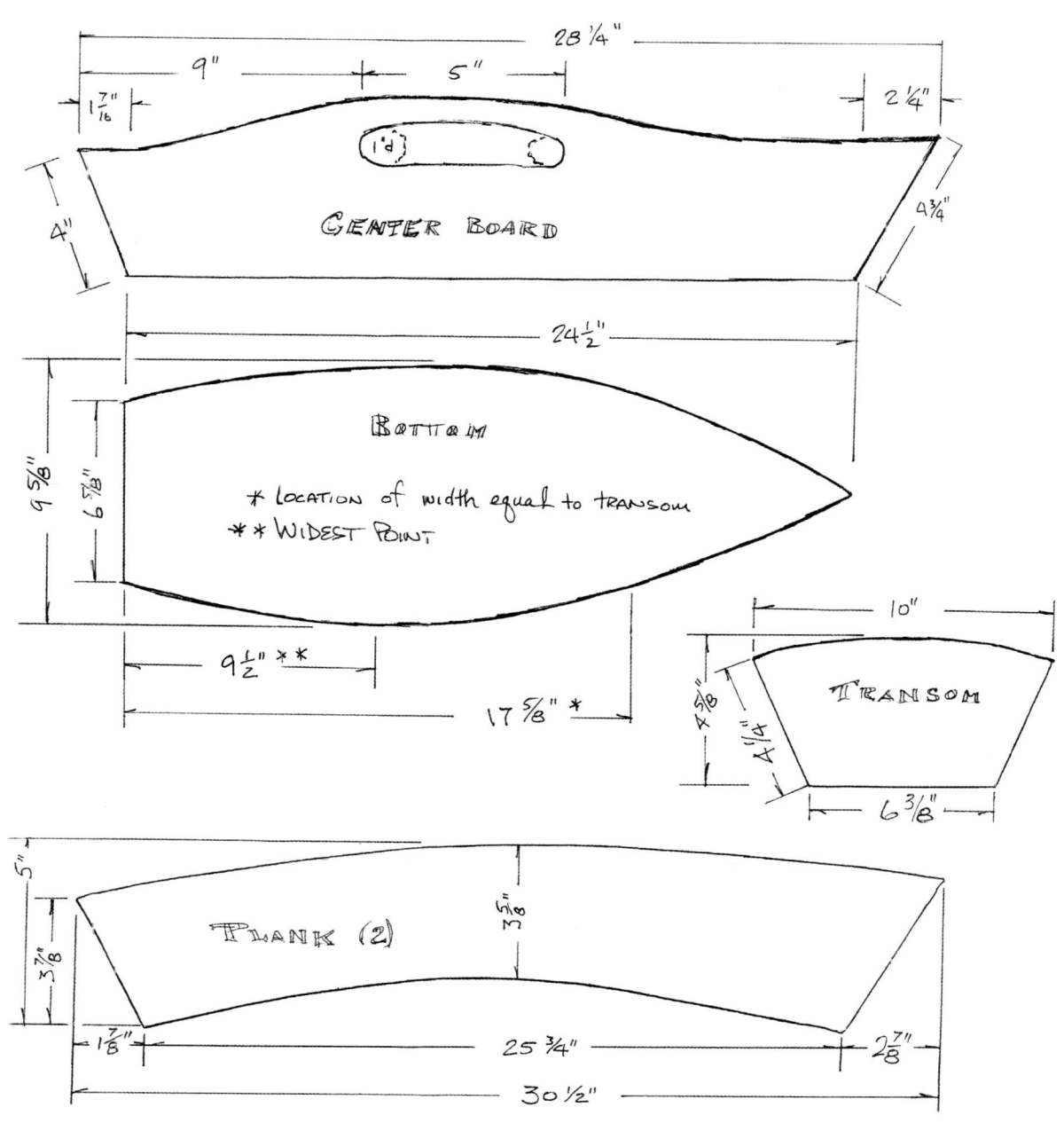

BOAT TOTE

MATERIALS

Center board	$1/2$" x $5\frac{1}{2}$" x $28\frac{1}{4}$"
Bottom	$1/2$" x $9\frac{5}{8}$" x $24\frac{1}{2}$"
Transom	$1/2$" x $4\frac{5}{8}$" x 10"
Side planks (2)	$1/8$" x 5" x $30\frac{1}{2}$"
Gunwales (2)	$1/4$" x $3/8$" x 30"
Rub rails (2)	$1/8$" x $1/4$" x 30"

PRAM OR SHARPIE? Two boat designs rigged out as tool totes. I like the pram with its squared-off bow giving more tool room. However, its three-board sides are much more difficult to make.

UNLIKE MOST BOATS with some curve, or rocker, to their bottoms, totes have flat bottoms. Ends, bottom and center board are made of ½" pine. Sides need to be flexible enough to bend, yet strong. Edges are reinforced by ¼" x ⅜" gunwales glued to the shear (top edge).

There is nothing so effective as doing one for yourself to appreciate the skill of someone else. The pram tote is not easily planked. The compound curves of multiple planks are a challenge. And getting them to stay together while the glue dries is something else. The simpler version shown here is of a flat bottomed, slab sided boat. It follows the lines of a 12' sharpie sailboat I designed and taught for many years called Sailor Girl (*Popular Woodworking* "Build a Sailor Girl On Your Own," February 2005; *WoodenBoat* "Design Contest Winners — Boats for Family Boat Building," May/June 2007; and *Sailor Girl Manual* by John Wilson ($30, plus postage). While it may not have the elaborate lines of Steve's pram, it is a clear statement of boat work in a more easily worked version. It may open a conversation or two while serving to organize your tools for the next project event.

Boat builders are familiar with epoxy and its gap filling version mixed with thickeners. That makes an excellent glue for such a project as this.

Holding the planks while glue sets up is a challenge. The solution used here was to use instant CA glue at the stem and transom. This "goes off" in less than a minute while the glue line of epoxy takes hours. My one reservation about CA glue is its brittle nature. I would reinforce the important joints with standard glue. One way is to use a spot or two of CA with regular glue between spots. The best of both worlds. Unlike the real boat, your tote need not hold out water, so carpenter glue can substitute for boat builders' epoxy glue.

Design,
Layout &
Construction

Design Elements & Construction Steps

□

When I teach, summary sheets are given to students to direct their work. It serves as a checklist progressing through construction. Experience has shown where hidden traps await, and these are noted. The checklists are intended as a reminder rather than instruction, so read not only about the project but also the section on "Tool Steel & Blade Making" on pages 150-157. Planes share techniques, and reading up on other tools besides the one you plan to make can alert you to shop tips that are not repeated.

First, a summary of the important design features used on shop-made tools. These 14 elements emphasize how the various planes are similar and how they differ. It will provide a checklist about basic design, and suggest possible alternative construction. For example, a plane may use one of several wedge-holding methods, or a screw post.

Look again at the class picture on page 234 for inspiration.

DESIGN ELEMENTS OF WOOD PLANES

Three-piece Plane Body

A simple throat opening is the hole in the router plane. However, most planes have inside square holes with complicated angles. Divide the body to open surfaces for accurate shaping. By this method, the blade bedding angle is accurate and the surface made flat. The throat opening is defined by the layout lines on the alignment board shown here with fore and aft blocks clamped to it prior to gluing. The final plane body can be a display of contrasting woods, or cut from one block so the assembled parts look all of one piece.

Use of Dimensional O1 Tool Steel

Reasonable in cost, available in small quantities and dimensioned for specific use are all features of this product available from mill supply sources. The 01 tool steel is a traditional standard of annealed, or soft state, steel that is workable with a hacksaw, files, drill and grinder. When heated, oil quenched, and tempered, it gives a blade with properties needed for cutting wood. By understanding how to make blades, you have the ability to make it fit your plane design rather than having to adapt to a purchased blade.

The Wedge

This time-honored method is simple and direct. It was what apprentices learned to use in their basic tools of the trade. They learned how to make them, too. What they did not do was make their own blades, which was the guarded province of the metal trades. The wedge itself can be simple, as shown here in the block plane, or cut in a way to leave open the pathway for shavings as in the compass and scrub planes.

Wedge and Dowel

If the wedge holds the blade, what is to hold the wedge? The dowel used in the block plane is the simplest way. The rod is shown here after the holes have been drilled in the sides. The wedge is in place ready for the surplus end to be cut off and the sides sanded smooth. The rod itself has a flat in the middle to increase surface contact with the wedge. It is not glued, but allowed to rotate to the pressure of the wedge.

Wedge and Abutments

Abutments are thin wood wedges glued to both sides of the throat to create ways that hold the wedge. This is a further application of the principle of dividing a complicated throat opening into its constituent parts. This is not to say that abutments are simple. They have multifacets that are sanded and cut in steps at each end of a piece of stock specially made for this. Making an abutment at each end of the stick will ensure that you have two mirror images to glue to the two sides of the throat. The result ensures more free passage for shavings.

Threaded Post

The next attachment methods all make use of a threaded rod and knurled brass thumb nuts. In the chisel plane, this is the only way to hold the blade as there is no forward block. Hard maple is capable of holding threaded rod without brass inserts. Drill a hole the minor dimension of the thread, and turn it into place using vise grip pliers as a handle. The rod can be removed if necessary by sawing a slot on the end for a straight screwdriver. The wood cap will provide holding pressure along the blade.

Adjustable Screw Cap

As versatile and simple as wedges are, woodworkers today are not familiar with their use. I developed the screw cap in the jack plane as a means for a shop-made alternative. To the screw post is added an adjustable screw cap. It makes use of a rest button embedded in the blade. It also serves as a positive stop holding the blade in use.

Screw Posts Attached to the Blade

The spokeshave uses two threaded rods tapped into the blade itself. These hold the blade with knurled nuts. Adjustment is provided by leveling screws, or set screws tapped into the wood frame. The former requires taking the blade out for adjustment, which is no difficulty really as spokeshaves seldom need adjustment. Plus you can set them for a heavier cut at one end if you wish. The set screws need a small Allen wrench.

Tangs with Set Screws

The travisher seems different in most all ways from other planes. The holding method incorporates a blade with tangs bent at the ends reminiscent of blades in old spokeshaves. Here the tangs go into squared holes with set screws. These are tapped into the wood frame using a standard thread tap.

Strike Buttons – Wood

The wedge is freed by hitting the plane body to jar loose the blade. How not to mar your wood plane takes thought. Learning not to over-tighten the wedge is a start. Making a strike button provides a buffer from the blow. The jack plane in its wedged version has a 3/4" dowel set into the fore part.

Strike Buttons – Metal

The German wood body planes often have a metal strike button. Like so many parts of commercially made tools, it is a challenge to find a locally available piece to replace them. In this case, a $^5/_{16}$" carriage bolt is a perfect fit. Drill a hole slightly undersized to the threads, and use a chisel to enlarge the hole for the square portion of the shank under the head.

Epoxied Cord Wrap

Some blades do not require adjustment, only holding. The hand adze illustrates a time-honored American Indian way to integrate the blade into the handle in our case using nylon cord saturated with clear epoxy.

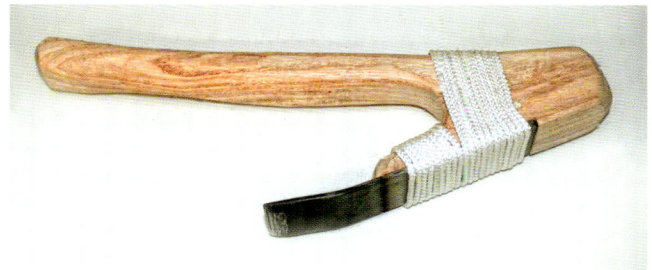

Adapting Hardware

The router plane shows the adaptation of a commonly available part, in this case a thumb screw, drilled and filed to receive the Allen key blade in place of a custom part. I mulled this problem over for more than a year before a simple solution was found. Talking it over with colleagues was an important avenue to success.

Specialty Hardware

With the growing market for traditional tools, you may find parts available for your project. The bow saw was made in the shop using brass rod and escutcheon pins. The blades were adapted from band saw blades. However, the rods as well as proper hand saw blades are available from Gramercy Tools.

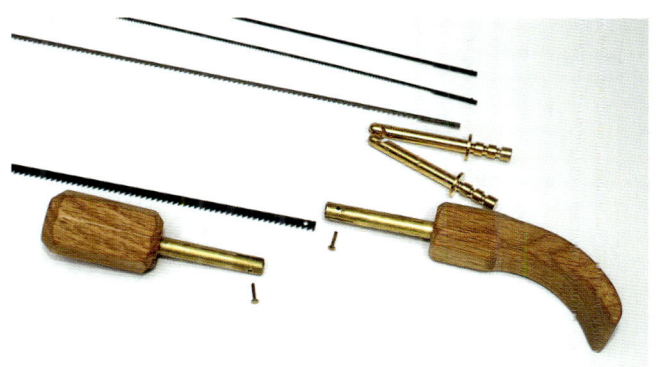

CONSTRUCTION STEPS FOR BLOCK PLANE

Select Materials

1. Plane body of smooth grained hardwood. Core block $1^9/_{16}$" or $1^{17}/_{32}$" x $1^9/_{16}$" or $1^{17}/_{32}$" x 6", 2 sides $^1/_4$" x $1^9/_{16}$" x 6".

2. Wedge $^7/_{16}$" x $1^1/_2$" x $2^5/_8$", but leave part of longer stick to give safe holding when cutting and sanding.

3. Retainer bar of $^3/_8$" hardwood dowel.

4. Blade $^1/_8$" x $1^1/_2$" x $3^1/_2$" O1 tool steel.

5. Four $^3/_{16}$" x $^1/_2$" dowel pins.

6. Alignment board $^1/_4$" x $1^7/_8$" x 6".

Plane Body

A three-piece wood plane body will enable you, as a beginner, to easily create the throat angles. The key to accurate assembly is having a board on the bottom to ensure the correct throat opening, and that all the parts are aligned.

1. Cut the throat angles of the core blank ($1^{17}/_{32}$" x $1^{17}/_{32}$" x 6"). Draw lines 65° and 45° from a point $2^1/_4$" from the front end.

2. Band saw, cutting on the salvage side of the line, leaving the pencil line for reference when sanding. Save the salvage block for later as a palm rest.

3. Sand surfaces smooth and true. Sand to layout lines, and check for square.

4. Sand front block secondary angle. This is $^1/_4$" wide, and at right angle to the base.

5. On a board $^1/_4$" x $1^7/_8$" x 6", draw two lines across at 2" and $2^5/_{16}$" to show where the throat opening comes. Wax the board. Clamp both core blocks in place using the two lines to make the $^5/_{16}$" opening at the throat.

6. Lay the sides in place and drill $^3/_{16}$" holes $^1/_2$" deep through the sides into the middle of both core blocks. Glue $^1/_4$" side pieces to core blocks. Use yellow carpenter glue, avoid spreading in throat areas of the sides. Drive $^3/_{16}$" dowels into holes to prevent movement when squeezing. Alternatively, use a few grains of table salt to prevent glue line slippage.

7. Clamp the sides to the core blocks using bench vise or four clamps. Check that all joints are tight and the sides are resting on the bottom alignment board.

8. When glue skins over, use a chisel to remove the glue beads in the throat. Sand all outside surfaces flat and square.

Blade

A piece of O1 oil hardened tool steel ⅛" x 1½" x 3½" is used for a blade. In its annealed (soft) condition, it can be cut with a hack saw, and ground to shape. Hardening and tempering are both accomplished by heating the steel and watching for color change. Hardening is 1,450° to 1,600° F at which point steel is cherry red. This is a glow. Tempering is at 400° F which is light straw yellow. Set oven temperature between 350° F - 400° F.

1. Grind the top end rounded over like a tombstone. File to remove sharp edges. Grind the bezel, or cutting angle, at 25°. Use a bench sander to finish the accurate bevel. Leave a ¹⁄₆₄" flat on blade edge.

2. Stamp your name and date.

3. Harden the cutting edge cherry red with a torch or charcoal fire (1,450° F - 1,600° F).

4. Quench the red hot blade immediately in oil. Plunge the whole blade below the surface of the oil in one motion. Test for hardness by passing a file from top to bottom along an edge. Hardened steel will feel like passing the file on glass.

5. Temper the hard edge to restore toughness. Place in toaster oven at 400° F. It takes 20 minutes to soak the steel. Look for a light straw color on the surface of the polished steel. Cool slowly.

6. Sharpen the edge. Lap the back to ensure it is straight and smooth at the cutting edge. The back of the blade is left with heat treating colors and slight roughness to help secure blade when wedged.

Assembly of the Plane

The shape of the wood body is a matter of individual expression. The goal is to have the plane comfortable in hand and pleasing to the eye.

1. Once the wood body is sanded smooth and square, ease the edges to be comfortable.

2. Glue the block cut from the throat for a palm rest. There needs to be a ¼" space between the blade and this block to allow for the hammer tapping the blade.

3. Drill a finger hold by using a core bit in the drill press to make a dimple in the center of the front block.

4. Cut the wedge. Its angle is 3° to 10° (steeper and it pops out under pressure). Micro bevel the lead edge back ¼".

5. Pin the throat with a ³⁄₈" hardwood dowel by drilling a ³⁄₈" hole down ⁷⁄₁₆" from the edge of the body and ⅛" forward of the wedge in position.

6. File the pin flat where it touches the wedge. Remove one-third of the pin thickness. The pin is free to rotate in the hole.

CONSTRUCTION STEPS FOR CHISEL PLANE

Blade

1. Follow the steps in blade making for block planes.

2. Drill two ³/₈" holes in the center of the blade before heat treating. These holes should just miss overlapping and the bridge filed away to make a hole ³/₈" x ³/₄".

Plane Body

1. Cut the profile of the body from hardwood blank 1¹/₂" x 2" x 5¹/₂".

2. The 20° bedding angle is sanded flat and square.

3. Round the palm rest for comfort.

4. Drill ²¹/₆₄" hole for ³/₈" threaded rod. Use vise grips to turn the rod which self-taps into plane. Cut the rod off at 1" and file the end.

Cap and Assembly

1. Cut cap from blank ¹/₂" x 1¹/₂" x 3¹/₂". To ensure good blade holding pressure, relieve center to ensure pressure at ends of cap.

2. Drill first with ⁵/₈" Forstner bit going only ¹/₁₆" deep to create recess for copper wear washer. Then finish drilling ³/₈" hole for threaded post.

3. If additional holding grip on blade is needed, glue emery paper to bedding angle.

CONSTRUCTION STEPS FOR COMPASS PLANE

Select Materials

1. Plane body from hard maple or similar wood. Core block 1¹⁷/₃₂" x 1¹⁷/₃₂" x 4", two sides ¹/₄" x 1¹⁷/₃₂' x 4"

2. Wedge ¹/₂" x 1¹/₂" from stick about 10"

3. Abutments ¹/₄" taper to ¹/₈" x 1¹/₄" from stick about 10"

4. Four dowel pins ³/₁₆" hardwood, ¹/₂" long

5. Alignment board ¹/₄" x 1⁷/₈" x 4"

6. Blade ¹/₈" x 1¹/₂" x 3¹/₄" O1 tool steel

Blade

Follow instructions for block plane blade. Curve cutter to a 2½" radius arc.

Plane Body

1. Lay out 50° and 70° angles for throat opening. This is 1⅜" from front end. Cut to create fore and bedding blocks. Save salvage for later. Sand surfaces square and flat, especially bedding block. Sand ¼" vertical face on fore block.

2. Clamp core blocks to alignment board matching ¼" opening lines for throat. Wax board.

3. Position sides and drill ³⁄₁₆" holes for four dowel pins. Be sure holes are slightly deeper than ½".

4. Spread glue on all faces avoiding throat area of sides. Set pins. Squeeze in bench vise or use C-clamps. Clear glue beads from throat. Sand all surfaces flat and square.

5. Draw 7½" radius arc on side, centering arc on throat opening giving more up sweep to back end. Cut and sand the curved sole.

6. Profile the body using 7½" arc on both sides. Cut and sand. Complete shape by sanding corners and ends.

7. Cut wedge by removing ⅛" x 2" taper from stick end. Sand square and flat. Layout middle opening and saw two cuts defining edges of opening. Clamp to bench using end taper scrap, C-clamp, and protective board. Chisel opening. Now cut wedge (2½") from stick. Saw corners and sand edges of top end. (See pages 26-28.)

8. Abutments are cut from tapered stick ¼" to ⅛" x 1¼". Fore angle is 70°. Taper the end of the stick back 1⅛" leaving the end ⅛". Mark length and add ⅛". Cut on 60° angle. Sand angle edges

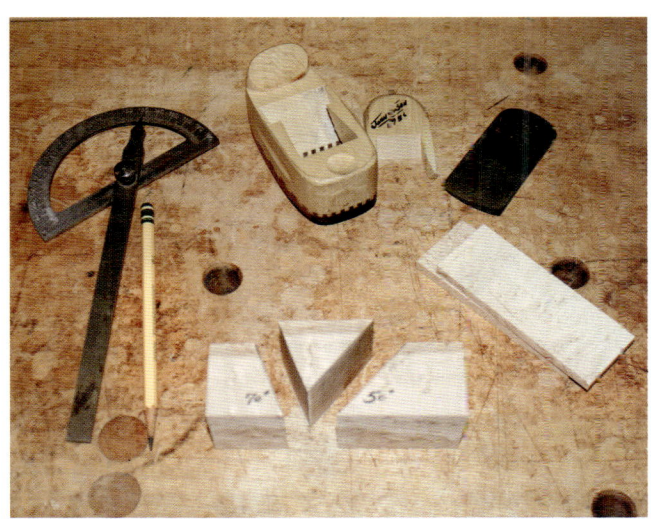

to achieve tight fit. Give pointed end a finishing taper. Glue and hand hold. Sand top surface flush.

9. Cut heel block from throat salvage. Glue in place, and sand to final shape.

10. Side-to-side radius of 5" arc is started by a chamfer ¼" wide along both sides. Round across the sole and cheek with template. Ease all edges for comfortable handling.

Template Arcs

Draw arc on card stock, cut out, and use to shape sole front-to-back (7½" radius), profile (7½" radius), sole side-to-side (5" radius), and blade (2½" radius).

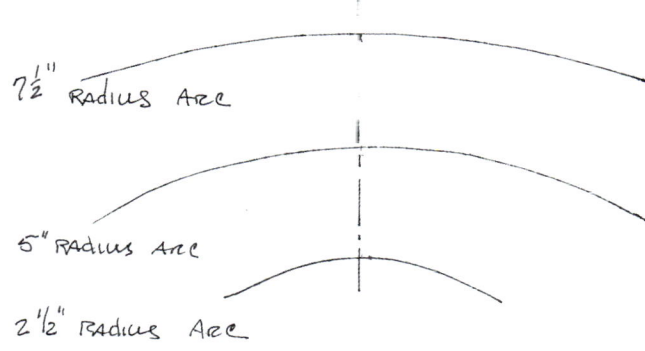

7½" Radius Arc

5" Radius Arc

2½" Radius Arc

Using 5" and 7½" radius arc as templates for shaping compass plane. Start with the rocker to the sole, then the sides. The final side-to-side curve is sanded using the 5" arc as a guide.

ABUTMENTS FOR COMPASS PLANE

1. Cut tapered strip on 5° table saw angle.

2. Cut 70° angle at each end for two mirror image abutments.

3. Sand both ends to leave ⅛" thickness along 70° end.

4. Cut off both ends at 60° and feather lower point.

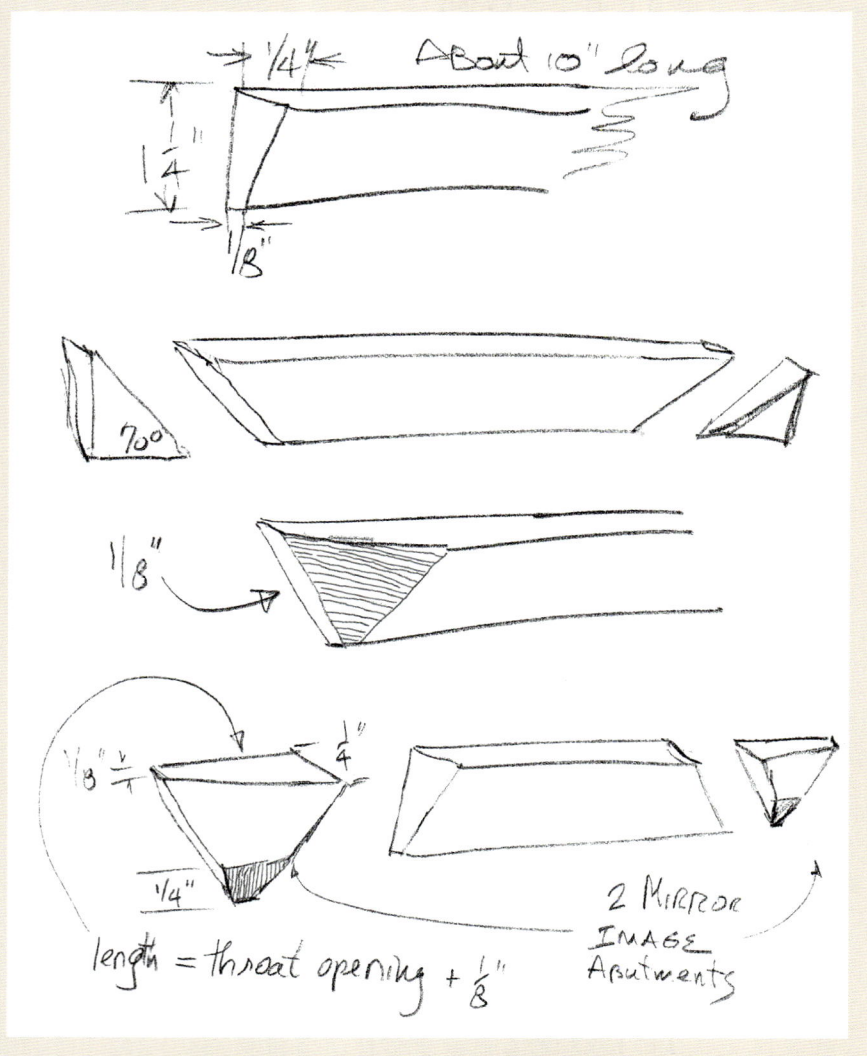

CONSTRUCTION STEPS FOR JACK PLANE

Select Materials

1. Plane body of smooth grained hardwood. Core block $2^1/_{32}$" x $2^1/_{32}$" x $12^1/_2$", 2 sides $^5/_{16}$" x $^1/_{32}$" x $12^1/_2$".

2. Cap, hardwood $^3/_4$" x $2^1/_{32}$" x 4", but leave part of longer stick for safe holding while cutting bevel. Copper wear washer $^5/_8$" o.d., $^3/_3$" i.d.

3. Handle, hardwood $^{15}/_{16}$" x 5" x 5", lower edge will be cut off, but left for holding while shaping.

4. Blade of O1 tool steel $^1/_8$" x 2" x $5^1/_2$". Rest button $^1/_2$" x $^3/_8$".

5. Screw mechanism: $^3/_8$" x 16 steel threaded rod, 10 – 32 brass or steel threaded rod, brass thumb nut $^3/_8$" and 2 brass thumb nuts 10 – 32.

Plane Box

1. Core $2^1/_{32}$" x $2^1/_{32}$" x $12^1/_2$"; sides $^5/_{16}$" x $2^1/_{32}$" x $12^1/_2$".

2. Locate throat $3^5/_8$' from front of core block: blade angle 45°, fore block 60°.

3. Saw blocks, sand: must be square and flat. Cut and sand fore block edge back $^3/_{16}$" at 90°.

4. Alignment board $^1/_4$" x $2^1/_2$" x $12^1/_2$" with 2 lines $^5/_{16}$" apart for opening and wax.
- Mark throat position on sides to avoid gluing
- Spread glue on all surfaces
- Clamp core blocks to alignment board

5. With sides glued and in place, drill $^3/_{16}$" holes $^1/_2$" deep through the sides into the center of both core blocks. Drive glued dowel pins.

6. Apply pressure in bench vise, or 4-6 clamps.

Check to see that all parts touch alignment board, and glue lines are tight.

7. Remove clamps and clear any glue squeeze-out from throat.

Shape Plane

1. Sand plane box top and bottom (do not over sand, keep square).

2. File edge of blade block slightly.

3. Lay out and cut razee shape, sand smooth; lay out and cut profile, sand smooth.

4. Chamfer around upper edges.

5. Drill post hole $1^7/_8$" up from sole using $^{21}/_{64}$" bit, $^3/_4$" deep.

6. Insert $^3/_8$" threaded rod:
- File lead end of rod
- Mark $^3/_4$" with black marker on rod
- Vise grips to turn into hole
- Cut off $1^1/_2$" long, or $1^7/_8$" long for 52° smooth plane option, and file smooth.

Handle

1. Lay out handle shape on $^{15}/_{16}$" x 5" x 5" blank. Drill two 1" holes in grip opening to aid in cutting out. Cut outside profile.

2. Round over grip using router $^3/_4$" bit, or rasps and sandpaper.

3. Mark center line on razee, starting $^5/_{16}$" from back end, drill $^7/_8$" holes, $^3/_8$" deep, the length of handle.

4. Chisel slot, square front end, and before gluing, check blade clearance.

Blade

1. Drill two $^{25}/_{64}$" holes, filed apart makes $^{25}/_{64}$" x $^3/_4$" slot as shown on layout. Pilot holes with $^3/_{16}$" drill first.

2. Drill $^3/_{16}$" hole for rest button 3" up from bezel.

3. Grind bezel (25°); finish on belt sander leaving $^1/_{64}$" flat on edge; crown the top and remove sharp edges.

4. Stamp name and date.

5. Heat to cherry red (1,450° F - 1,600° F), quench in oil.

6. Clean all surfaces on belt sander or leave heat treatment color as you wish.

7. Temper in oven 350° F - 400° F for 20 minutes for 60 – 62 RC, air cool.

Cap

1. Cut cap $^3/_4$" x $2^1/_{32}$" x 4"; bevel cut top 15°; slope chip end $1^1/_2$" back; micro bevel sharp end back $^1/_8$".

2. Drill for post centered $1^7/_8$" from sole end:
- Recess $^5/_8$" Forstner bit $^1/_{16}$" deep for wear washer.
- Angle $^{25}/_{64}$" hole 30°.
- Drill straight $^{25}/_{64}$" hole.

3. Drill rest button recess $^5/_{16}$" deep with $^1/_2$" Forstner bit centered $1^1/_{16}$" and $1^7/_{16}$" from top.

4. Adjustment screw hole centered in top:
- Recess $^1/_2$" Forstner bit $^5/_{16}$" deep for knurled nut.
- Complete hole with $^{15}/_{64}$" drill into rest button recess.

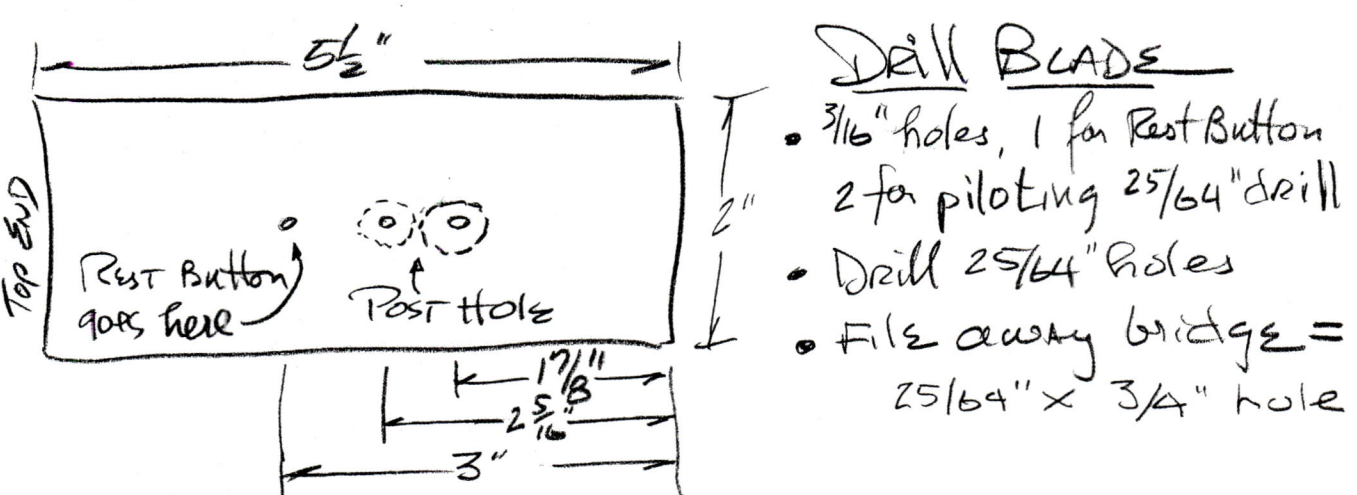

5. Band saw scalloped edges on 15° bevel.

6. Sand all surfaces and chamfer.

7. Press knurled nut for adjustment screw, knurled end first, into recess. Test for proper angle with threaded rod, and fill around nut with epoxy.

Adjusting Plane Mechanism

1. Post can be straightened if need be with block of wood and hammer.

2. The cap needs sanding for clearance. Do this on the side that will match threaded rod location.

3. Rest button is ground 15° for landing of top screw. Sand back side even with blade. Glue in place with CA glue.

4. Make final adjustments to main screw to allow smooth on and off action by filing hole in back of cap. Insert copper wear washer when done.

CONSTRUCTION STEPS FOR SHOULDER PLANE

Select Materials

1. Maple core block ¾" x 3" x 11"

2. Two walnut sides ¼" x 2" x 11¼"

3. Wedge ¾" x ⅞" x 6¼"

4. O1 tool steel ⅛" x ¾" x 7¼"

Blade

1. Cut to 7¼" length.

2. Curve tombstone top end, 25° bevel cutter end, leaving slight flat to protect the carbon to be sharpened later.

3. Harden to cherry red (1,500° F) and oil quench.

4. Temper in oven 375° F 20 minutes, air cool slowly.

5. Stamp initials and date.

Plane Body

1. Cut fore block 45° and bedding block 37°. Sand flat and square.

2. Glue core blocks to one side; see alignment strip shown in molding plane assembly to aid in this.

3. Clear glue beads from throat and fit wedge with blade in place.

4. Glue second side.

5. Locate center for 1" throat opening hole and draw a $1\frac{1}{2}$" circle. Drill 1" hole.

6. Cut vertically from fore block throat edge and around to bedding block.

7. Flair the throat opening following the $1\frac{1}{2}$" circle line.

8. Smooth the throat opening, round over the top ends, and chamfer edges of the plane.

CONSTRUCTION STEPS FOR MOLDING PLANE

Select Materials

1. Maple core block $\frac{3}{4}$" x 3" x 10"

2. Two walnut sides $\frac{1}{4}$" x 2" x $10\frac{1}{4}$"

3. Wedge $\frac{3}{4}$" x $\frac{7}{3}$" x $6\frac{1}{4}$"

4. O1 tool steel $\frac{1}{8}$" x $\frac{3}{4}$" x $7\frac{1}{4}$"

Blade

1. Follow steps for Shoulder Plane whose straight cutter makes a rabbetting plane.

2. Before hardening, the shape of the hollow or round blade follows the profile of the bedding block where it intersects the shaped sole.

Plane Body

1. Follow the construction steps for the shoulder plane, only cut the fore block 55° and the bedding block 45°.

2. Glue core blocks to one side, then contour the sole for hollow or round. Use this to profile the blade.

3. Complete the plane as outlined in the Shoulder Plane.

CONSTRUCTION STEPS FOR SCRUB PLANE

Select Materials

1. Plane body of hard maple or similar wood. Core $1^{17}/_{32}$" x $2^{1}/_{2}$" x $9^{1}/_{2}$", 2 sides $5/_{16}$" x $2^{1}/_{2}$" x $9^{1}/_{2}$".

2. Wedge $5/_{8}$" x $1^{1}/_{2}$" x 5" (stick 8")

3. Abutments $5/_{16}$" taper to $1/_{8}$" x $2^{1}/_{4}$" x stick 10" long

4. Dowel pins (4), $3/_{16}$" x $1/_{2}$" long

5. Alignment board, $1/_{4}$" x $1^{7}/_{8}$" x $9^{1}/_{2}$"

6. Blade of O1 tool steel $1/_{8}$" x $1^{1}/_{2}$" x $6^{1}/_{2}$"

7. Carriage bolt, $5/_{16}$" x $3/_{4}$", with threads all the way to the head

Blade

1. Cut to $6^{1}/_{2}$" length. Shape tombstone top end and curved ($2^{1}/_{2}$" radius arc) cutter beveled to 25°.

2. Harden to cherry red (1,500° F), quench in oil.

3. Temper in oven 350° F with heat soak for 20 minutes. Air cool slowly.

4. Polish front, back rough, sharpen cutter.

5. Stamp name and date.

Plane Body

1. Cut core block fore angle 70°, bedding 45°, from a point $3^{3}/_{4}$" from front. Sand square and flat.

2. Sand $1/_{4}$" flat 90° to sole on fore block.

3. Clamp core blocks to waxed alignment board leaving $5/_{16}$" throat opening.

4. Hold sides to core assembly with clamp while drilling $3/_{16}$" holes for four $1/_{2}$" dowel pins. Alternatively, use a few grains of table salt.

5. Spread glue on all surfaces, avoiding throat opening. Drive dowel pins.

6. Clamp in bench vise or use C-clamps.

7. Clear glue beads from throat.

8. Sand sides flat and square to each other and ends slightly curved with corners rounded.

Abutments and Wedge

1. Cut wedge by sawing on line $1/_{4}$" up from the end edge to a point $4^{1}/_{4}$" back. Sand flat and square.

2. Cut opening first on band saw to remove main salvage, then hand saw to define edges of "ramp" which is chiseled. This work is done on the side opposite from the wedge cut in No. 1.

3. Cut wedge 5" long, round over top end, sand corners.

4. Cut 70° angle on both ends of abutment stick. Sand straight.

5. Sand taper in both ends to $\frac{1}{8}$" thick at end.

6. Measure length of abutments with wedge and blade in place. Add $\frac{1}{8}$" to measurement for trial fitting.

7. Cut on 50°. Sand straight. Make adjustments to fit. Sand small taper on lower end.

8. Glue abutments with C-clamps on top side, and scrap wedge from No. 1 on the sole side. Remove plane wedge before glue sets.

9. Sand top surface of plane box flat.

Final Finishes

1. Plough finger hold $\frac{1}{2}$" wide, $\frac{1}{8}$" deep, on line centered 1" down from edge.

2. Sand chamfer around top edge.

3. Cut hand hold block and glue in place $\frac{1}{8}$" behind blade.

LAYOUT OF ABUTMENTS with scrub plane in progress behind and the German-made scrub plane in background.

4. Metal strike button made from $\frac{5}{16}$" carriage bolt, $\frac{3}{4}$" long. Drill $\frac{19}{64}$" hole in center of end. Chisel opening for square under bolt head. Drive in strike button.

5. One coat of varnish, leaving bedding angle and back of wedge plain wood.

CONSTRUCTION STEPS FOR LARGE COMPASS PLANE

1. Materials listed for scrub plane, only skip four $\frac{3}{16}$" dowel pins if you choose to "sand" the glue line with table salt (See page 11.)

2. Knob $1\frac{3}{8}$" x $1\frac{3}{8}$" x $1\frac{1}{4}$" with a $2\frac{1}{2}$" wood screw

Blade

1. Same blade as Scrub Plane

Plane Body, Abutments and Wedge

1. Follow Scrub Plane steps, except omit drilling and setting carriage bolt strike button until later.

2. Cut a 12" radius arc sole centered at the throat.

3. Side-to-side arc starts by drawing a line along both sides $^3/_{16}$" above the curve.

4. Sand a 45° chamfered edge along the sole up to this line, then blend a fair curve from side-to-side.

5. Drill and set carriage bolt strike button.

6. Shape knobs and fasten to plane body.

CONSTRUCTION STEPS FOR SMOOTHING PLANE

Select Materials

1. Plane body of smooth grained hardwood. Core block $1^{17}/_{32}$" x 2" x 9", 2 sides $^1/_4$" x 2" x 9".

2. Wedge $^5/_8$" x $1^1/_2$" x $3^1/_4$", but leave attached to 10" stick to give safe holding when shaping bevel and grip.

3. Abutments made from tapered $^1/_4$" to $^1/_8$" x $1^1/_2$" x 10" hardwood.

4. Blade $^1/_8$" x $1^1/_2$" x 4" O1 tool steel.

5. Alignment board $^1/_4$" x $1^7/_8$" x 9".

6. Four dowel pins, $^3/_{16}$".

Blade

Follow instructions for Block Plane blade.

Plane Body

1. Cut fore and bed angles at 60° from a point $3^1/_4$" from front.

2. Sand surfaces flat and square to core block.

3. $^1/_8$" flat 90° to sole sanded on fore block.

4. Use alignment board (waxed) with throat opening lines $^1/_4$" apart, $3^1/_4$" from end. Clamp

fore and bed blocks to board. Lay sides in position, mark opening.

5. Clamp sides in place to prevent slipping while drilling $^3/_{16}$" holes $^9/_{16}$" deep for dowel pins.

6. Spread glue on all surfaces avoiding throat openings. Place sides in position and drive dowel pins. Squeeze in bench vise or clamp.

7. Remove from vise or clamps and clear any glue beads from throat opening.

8. Cut wedge of material from top of plane body starting from 0" thickness at front and $\frac{1}{4}$" thick at rear.

9. Sand top and sole flat and square to sides. Sand front in arc, and chamfer edges of sides and front.

10. Cut palm block from throat salvage. Leaving $\frac{1}{4}$" space behind blade, draw ogee curve for razee end.

11. Band saw ogee curve in both block and body, sand curve, and chamfer. The palm block gets 45° flats sanded to the edges. Hold gluing until after abutments are in place and sanded.

Wedge and Abutments

1. Cut wedge on 10° angle from piece $\frac{5}{8}$" thick and $1\frac{1}{2}$" wide, saw from corner back $3\frac{1}{4}$". The center is band sawed out and finished with a chisel.

2. Abutments are cut from tapered $\frac{1}{4}$" to $\frac{1}{8}$" maple $1\frac{1}{2}$" wide. They are sanded thinner at the lower end and front. Do this sanding before cutting triangles off the main stick to provide safe holding. A final feather point $\frac{1}{4}$" back goes on the bottom point.

3. When cutting abutments, leave them larger so fitting can be done.

4. Glue in place with wedge and blade holding abutments as well as fingers. Remove wedge before glue cures.

5. Sand abutments flush with plane body.

6. Glue palm rest block. When dry sand ogee smooth.

CONSTRUCTION STEPS FOR SPOKESHAVE

Select Materials

1. Plane body of smooth grained hardwood $\frac{7}{8}$" x $1\frac{1}{4}$' x $1\frac{1}{2}$".

2. Blade O1 tool steel $\frac{1}{8}$" x $\frac{5}{8}$" x $4\frac{3}{8}$".

3. Two leveler screws brass #6 x $\frac{1}{2}$", or set screws 6 – 32 x $\frac{3}{8}$".

4. 2 brass 10 – 32 knurled thumb nuts with 10 – 32 brass or steel threaded rod.

Blade

1. Lay out shape and hole location on blade blank.

2. Hack saw notches at both ends of blade.

3. Drill holes with $\frac{5}{32}$" bit and tap for 10 – 32 rod.

4. Grind bezel at 15°, leave slight flat at edge. Use threaded rod to help hold while at grinder and sander.

5. Heat blade to cherry red and oil quench to harden.

6. Temper in oven 20 minutes at 400° F for 60 – 62 RC.

7. Sharpen bezel and lap back. Polish or leave heat colors as you wish.

8. Fit 10 – 32 x 1¼" threaded rod and lock with CA glue. Check diagram for correct side, opposite to side when using rod as holder for grinding. Adjust posts upright to blade before CA glue goes off.

9. File flush the bottom surface of blade.

Spokeshave Body

1. Use blade without threaded rod (prior to step 8 above) to lay out the wood body on blank ⅞" x 1¼" x 11½", as shown in photo on page 95.

2. Drill ⁷⁄₃₂" holes for threaded rod.

3. Holding plane blank with clamp and angle block, saw ends of throat opening and chisel waste.

4. Remove wood for inset of tang ends.

5. Drill and install #6 x ½" leveling screws, or use 6 – 32 set screws.

6. Bevel blade approach of 3°.

7. Use patterns for handles to lay out and band saw. Sand smooth and chamfer edges.

8. Final assembly with blade, threaded rod, and brass knurled nuts. Sand and varnish.

CONSTRUCTION STEPS FOR ROUTER PLANE

Select Materials

1. Plane body hardwood blank 1½" x 3¾" x 10".

2. Hardware: ⁵⁄₁₆" Allen wrench, ⅜" malleable iron thumbscrew with washer and a wing nut.

Plane Body

1. Lay out shape on hardwood blank. Drill out 2" center, or cut with coping, bow, or scroll saw.

2. Drill ⅜" hole for thumbscrew.

3. Handles begin with 1" holes as shown, band saw remaining shape, sand fair and smooth.

4. Radius all edges with ⅛" rounding over bit in router, or rasp and sandpaper.

5. Enlarge recess for head of thumbscrew with ¼" chisel.

Cutter

1. Grind the Allen wrench to shape at 30°. Note the ⅛" relief behind the cutting edge.

2. Cut down length of key by grinding "V" notch from both sides, snapping off, and rounding over.

3. Hex hole in thumbscrew starts with drilling ⁵⁄₁₆" hole in head centered ⅛" toward threads from where bit naturally slides in curvature.

4. Use small triangular file to make hex opening.

CONSTRUCTION STEPS FOR TRAVISHER PLANE

Select Materials

1. Plane body of smooth grained hardwood 2" x 2½" x 10".

2. Blade of O1 tool steel ³⁄₁₆" x ¾" x 6".

3. Two ¼" x 28" x 1" set screws using ⅛" hex key.

Blade

1. Lay out for tangs ¼" x 1¼" at each end and hacksaw.

2. Grind bevel 25°, finish on 80-grit belt sander. (Leave ¹⁄₆₄" flat at edge to protect carbon.)

3. Stamp name and date.

4. Cold bend blade arc 3" in vise with wood die.

5. Bend tangs by heating in vise and bend with crescent wrench. Do not quench. Adjust angle of tangs true to face of blade and parallel to each other.

6. Harden by heating cherry red and oil quench. Polish with fine sandpaper, or leave heating colors.

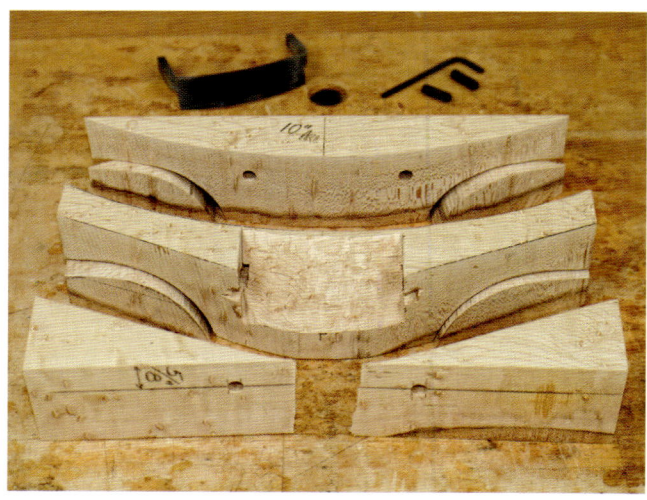

7. Temper at 400° F for 20 minutes for a light straw patina on blade surface.

8. Sharpen bevel on small drum sander. Finish with stones or curved paddle and sandpaper for inside arc.

Body

1. Locate blade with center line, marking tang ⁵⁄₈" from back edge of body. Drill ¹⁄₄" holes for tangs. A slightly larger drill size will make squaring this hole easier.

2. Lay out inside 10" arc and "wedges" to create sole that leaves handles ³⁄₄" thick and ³⁄₄" away from center line. Cut wedges only.

3. Fit blade by squaring the holes for tangs and sanding arc to match blade arc.

4. Open throat by marking blade edge and end point, then saw from there to the 10" arc line. Chisel from blade edge line to 10" arc line.

5. Bevel sole ahead of blade 5°.

6. Drill ⁷⁄₃₂" holes for ¹⁄₄" x 28 set screws. Tap holes.

7. Cut 10" arc leaving handles ³⁄₄" thick and following throat opening. Save scrap and tape back in place to support next cut.

8. Cut "wings" for handle shape staying ¹⁄₄" away from set screw holes.

9. Chamfer handle edges on roller end of belt sander.

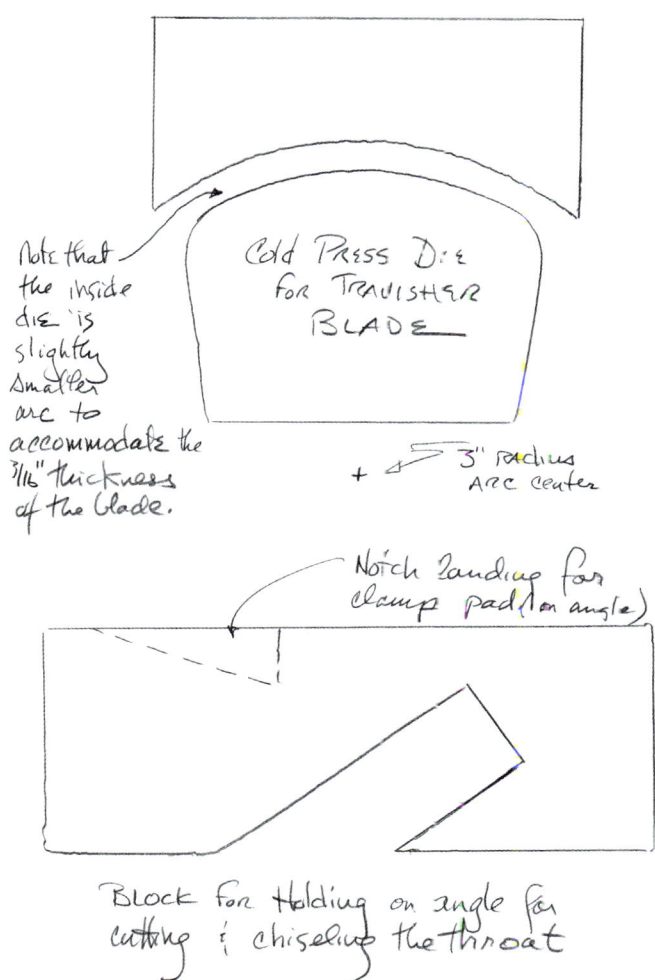

Note that the inside die is slightly smaller arc to accommodate the ³⁄₁₆" thickness of the blade.

Cold Press Die for Travisher Blade

+ 3" radius Arc center

Notch landing for clamp pad (on angle)

Block for Holding on angle for cutting & chiseling the throat

10. Sand and varnish.

CONSTRUCTION STEPS FOR THE HAND ADZE

Select Materials

1. The handle needs the strength and heft that a hardwood like white oak, hard maple or hickory provides. A flat sawn 8/4 plank 6½" x 12" will do.

2. A 5" blank of ⅛' x 1½" O1 tool steel.

3. A 3" length of 1" dia. steel rod.

4. 15' of ⅛" nylon cord or its equivalent plus epoxy glue.

Making the Handle

1. The handle is rounded from 1" x 1½" profile cut out of the plank. The end is left slightly larger than the shaft to give a good hold, and the texture of the knife and chisel marks is left for friction grip.

2. Drill a 1" hole 3" deep into the wood head to receive the steel slug. Drill a ¹⁄₈" hole into the bottom to relieve pressure when epoxying.

3. Two small wood studs (³⁄₁₆" dowel or whittled equivalent) are set in ¹⁄₄"-deep holds to keep the cord from slipping. The back edge is notched ¹⁄₈" deep to hold the cord there.

Making the Blade

1. The 10° angle of the blade and forming the 2¹⁄₄" radius arc of the cutter face are done cold. The angle is hammered while the blade is set 1" into a vise. The cutter curve is peened into a recessed anvil. (See page 121.)

2. Grind the cutter face, and finish on a belt sander and sharpening stone. A wood paddle rounded to match the radius arc of the cutter face is used with wet-or-dry sandpaper over it to lap the inside surface.

3. Harden the blade with a torch to cherry red, and quench in oil.

4. Temper to 350° F - 400° F for 20 minutes and air cool.

Attachment

1. Start the cord wrap by drilling ¹⁄₄"-deep hole into which the end is set with CA glue. A drop of CA glue on the end of the nylon cord will tame its unraveling.

2. Once wrapped, finish off in a similar hole, and impregnate with epoxy.

BENDING THE BLADE on a 10° angle, the gauge on a scrap of wood is used as a guide. 1¹⁄₄" of the blade is set in the vise.

ADDED HEAD WEIGHT with 3" of 1" dia. steel rod. Drill 1" hole with ¹⁄₈" relief hole at bottom for epoxy.

CONSTRUCTION STEPS FOR SHOP DRAWKNIFE

Select Materials

1. O1 tool steel ³⁄₁₆" x ³⁄₄" x 7¹⁄₂"

2. Ferrules (2) ¹⁄₄" compression nuts

3. Handles cut from ⁷⁄₈" x 1¹⁄₄" x 10" hardwood

Blade

1. Cut blade 7¹⁄₂".

2. Profile for handle tangs.

3. Bevel 25° cutter edge leaving slight flat to protect carbon to be sharpened later.

4. Stamp name and date.

5. Heat treat to cherry red (1,500° F) and oil quench.

6. Oven temper 375° F for 20 minutes and air cool slowly.

7. Polish and sharpen

Handles

1. Turn or bevel two handles.

2. Fit ferrules.

3. Drill ¼" holes to receive tangs.

4. Set handles into blade.

CONSTRUCTION STEPS FOR SCRAPERS

Select Materials

1. Hardwood handle blank ¾" x 2½" x 9" for standard scraper, and ¾" x 1" x 4½" for small.

2. Replacement blades for scrapers by Red Devil #3063 for 2½" size, and #3061 for the 1".

Making the Handle

1. Drill ¹⁷/₆₄" hole for the blade 1" from the end for the 2½" size, and ¹⁵/₆₄" hole for the small scraper.

2. Saw slot from end to ¹⁷/₆₄" hole. Experiment with different size saw blades as this slot wants to match the double blades in the 2½" scraper, or ¹/₁₀", and be thinner for the single blade in the 1" size, or ¹/₃₂" kerf.

3. Cut profile of handle, chamfer edges, and round end approaching the blade.

Sharpen

1. File edge at 30° angle to the direction of scraping.

2. Special profiles can be ground and filed as needed.

CONSTRUCTION STEPS FOR CABINETMAKER'S BOW SAW

Stock Preparation

1. The wood for the frame is hard maple, beech, or hickory. Two frames are ³⁄₄" x 1¹⁄₄" x 12", one stretcher ³⁄₄" x 1" x 13³⁄₄".

2. The knobs are turned or chamfered from 1¹⁄₄" stock, with the arm rest style cut from 1³⁄₈" stock. The toggle is ⁵⁄₁₆" x 1" x 5¹⁄₂".

3. Blades adapted from ³⁄₁₆" band saw blades, or purchased.

4. Latch pins of ¹⁄₄" brass rod, or use Gramercy-made pins.

Cutting the Frame

1. Lay out the pattern for two frames, cut to shape, and thin the tensioning ends to ³⁄₈".

2. Stretcher is cut, edges chamfered, ends tennoned ³⁄₈" long, ⁵⁄₁₆" thick and ⁷⁄₈" wide.

3. Cut the mortise to fit.

4. Drill the ¹⁄₄" hole for the latch pin in the ends of both frames.

Cutting the Frame

1. Lay out the pattern for two frames, cut to shape, and thin the tensioning ends to ³⁄₈".

2. Stretcher is cut, edges chamfered, ends tennoned ³⁄₈" long, ⁵⁄₁₆" thick and ⁷⁄₈" wide.

3. Cut the mortise to fit.

4. Drill the ¹⁄₄" hole for the latch pin in the ends of both frames.

Assemble the Saw

1. Use Gramercy latch pins, or cut from ¼" brass rod 3" long, with slot and catch sawn to receive cross pins in the blades, or simply drill for removable pin.

2. The knobs are cut and joined to the brass rod with CA thick glue.

3. The tensioning string is an 8' length of jute string. Use paraffin to wax the string and use the toggle to tighten.

4. Choose your blade and saw curves.

CONSTRUCTION STEPS FOR CARVING & LAYOUT KNIFE

Select Materials

1. Handle ½" insert coupling and 3" of clear tube ¼" i.d. x ⅜" o.d.

2. Blade of O1 tool steel ¹⁄₁₆" x ¼" x 4"

3. Blade guard 2" of clear tube ⅝" i.d.

Blade Making

1. Hacksaw 4" length.

2. File 45° return point on end.

3. Bevel 1" cutting edge with file leaving ¹⁄₆₄" flat along edge.

4. Heat cherry red (1,500° F) for 2" of length. Quench in oil.

5. Set in oven at 375° F for 20 minutes. Slowly air cool.

6. Polish with fine sandpaper or steel wool.

Handle Construction

1. Fill ¼" tube with clear silicone caulk and wipe caulk on blade while sliding into tube.

2. Spread caulk inside ½" coupling and outside blade/tube assembly and insert. Set to dry.

3. Sharpen blade.

4. Slide 2" of ⅝" tube as blade guard.

CONSTRUCTION STEPS FOR STROP FOR TOOL SHARPENING

Selecting Materials

1. Paddle of ³⁄₈"-thick wood, any species.

2. Leather (with one rough side) from cobbler or craft supply.

3. Honing compound; green chromium oxide stick is best.

4. Thin oil as used for sharpening; a mix of 30 weight motor oil (1 part) and K1 kerosene (2 parts).

The Strop

1. Cut paddle.

2. Cut leather and use yellow carpenter glue to attach, rough side out, to paddle.

3. Charge leather with compound by squirting oil followed by rubbing compound to make a slurry to fill leather. Good for a year's charge.

4. OPTIONAL: Emery cloth glued to the back for more complete sharpening.

CONSTRUCTION STEPS FOR WORKBENCH

Selecting Materials

1. This bench is designed to make use of wood either wet or dry. Working green has a long tradition, but one not so familiar to us in an age of abundant kiln-dried lumber. So read about it first on page 179.

2. The two aspects of the design making green wood construction possible are the bolted tenon leg joints, which tighten as wood dries, and the split top which allows the tool tray and the bench top to shrink without opening any seams.

3. Hard maple is my wood of choice, but any species you can get, except red oak, will work in this design, which rewards resourcefulness.

4. Building a bench is a bigger undertaking than other projects in this book so it does not readily condense, but the following is intended to be suggestive and encouraging.

Overview of Building the Bench

1. Mill lumber from a 20" diameter x 8' 6" log, or alternative source.

2. Mortise legs and tenon rails.

3. Drill 1½" nut holes in rails and $^{25}/_{64}$" holes in posts for $^3/_8$" x 6" bolts. Assemble posts and rails.

4. Install shelf. Making drawers is a future project.

5. Mill the top, tool tray, back rest, and cross supports.

6. Bolt top to rails, countersink carriage bolts and plug 1" hole in bench top.

7. Lay out vise and dog holes in top to avoid hitting posts, rails and bolts. Bolt up vises. End vise location depends on whether right or left handed; two front vises in 8' bench, one in 6' bench.

8. Full construction notes available in manual, "Your Own Woodworker's Bench" by John Wilson (517-543-5325). $15 postpaid.

Posts (4)	4 x 4 x 32" to 36"	
Top	8/4 x 15 x 8'	Quartersawn, 2 or 3 pieces
Tool tray	6/4 x 7 or 8 x 8'	
Back of tool tray	6/4 x 4 or 5 x 8'	
Rails (2)	6/4 x 6 x 6'	
Rails (2)	6/4 x 6 x 13"	
Rails (2)	6/4 x 4 x 6'	
Rails (2)	6/4 x 4 x 13"	
Shelves (2)	4/4 x 8 x 6'-6"	
Cross supports (3)	6/4 x 6 x 19½"	
Vise jaws (3)	6/4 x 3"[2] x 14"	Dry maple
Vise jaws (3)	¾ x 3"[2] x 14"	Dry maple
Block	6/4 x 2½" x 6"	To hold top & tray together
Shim blocks (2)	¾" x 4½" x 10"	For vise mounting on 8/4 top
Wood blocks	Misc.	For shelf & under top
Dowel	1"	For plugging carriage bolt head
Urethane or carpenter glue		Depending on moisture content of wood
Sealer for bench	WATCO oil or similar varnish/oil finish	

HARDWARE [3]

Machine bolts, nuts, with 5⁄16" washers (16)	3⁄8" x 6"
Carriage bolts, nuts, with 5⁄16" washers (3)	3⁄8" x 8"
Carriage bolts, nuts, with 5⁄16" washers (3)	3⁄8" x 10"
Lag screws and 5⁄16" washers (3)	3⁄8" x 6"
Lag screws and 5⁄16" washers (2)	3⁄8" x 4"
Flat head wood screws (24)	2"
Flat head wood screws (5)	3"

[1]Note on dimensions: Omission of the inch sign (") indicates size is approximate. For example 1½ x 4 can mean 1⅜" x 3¾" in dry wood. Likewise the use of 6/4 or 8/4 denotes rough dimension.

[2] Width needed to be flush with top.

[3] Attaching three wood vises will take various lag screws, and screws, depending on the particular vise.

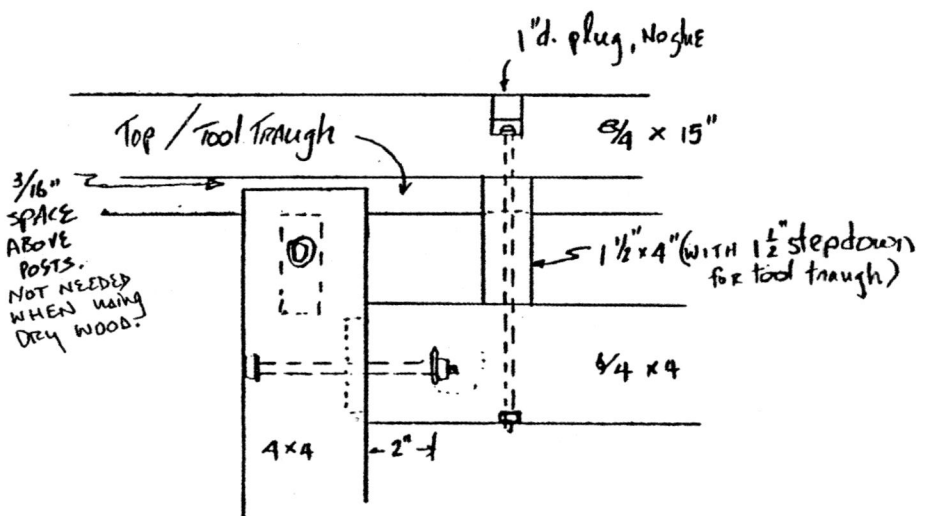

FRONT VIEW DETAIL

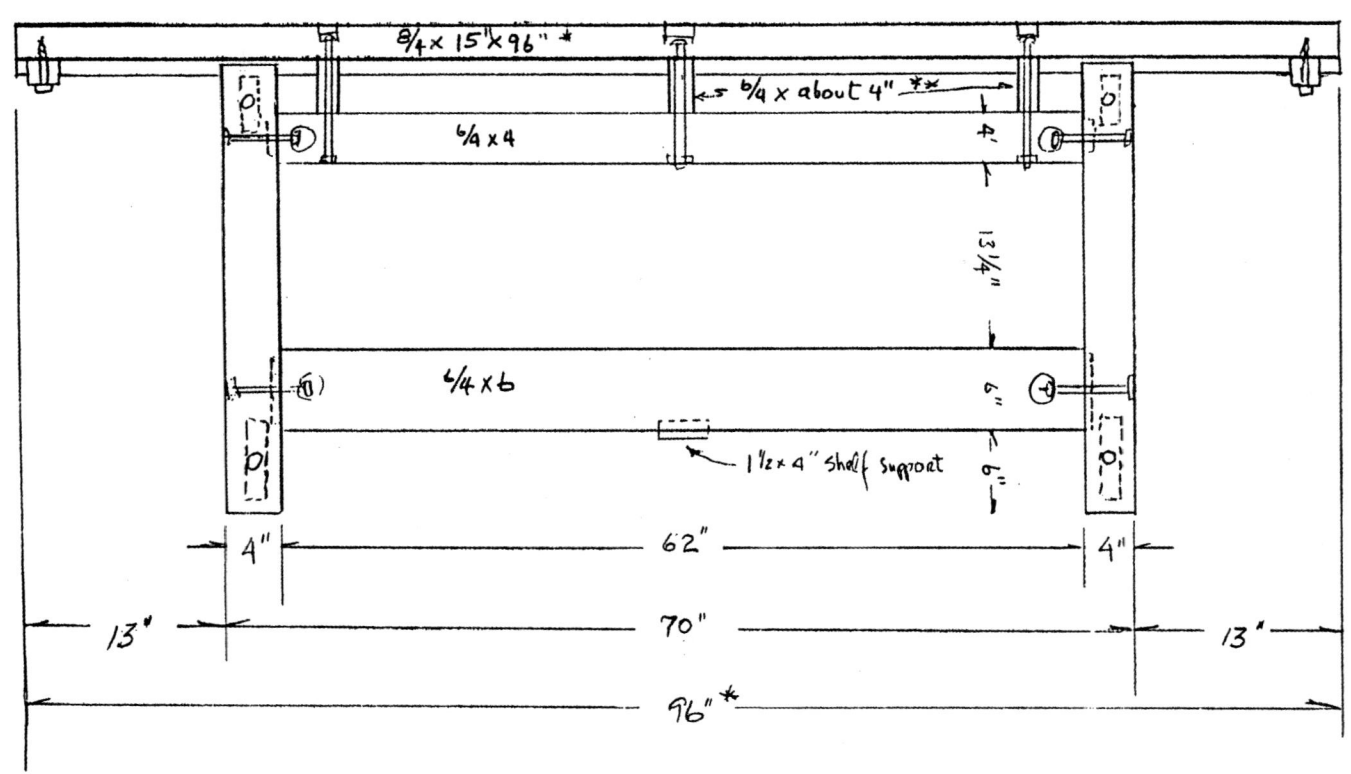

FRONT VIEW

HOME SHOP WORKBENCH
If building with green wood, review text on subject (page 179).

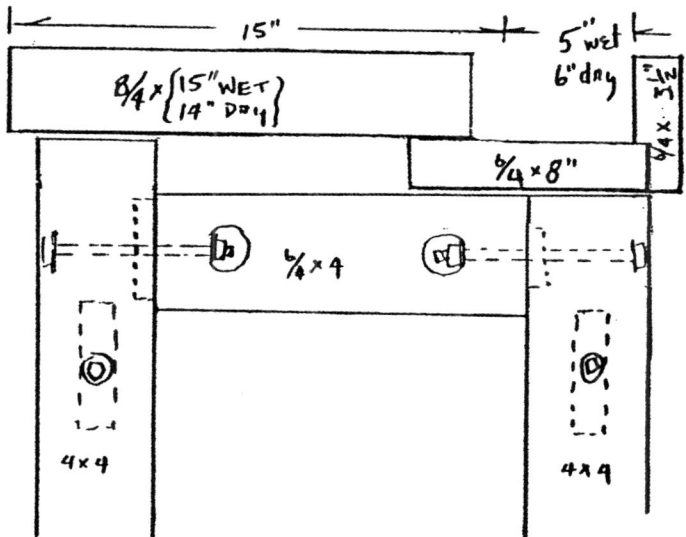

TOP END VIEW

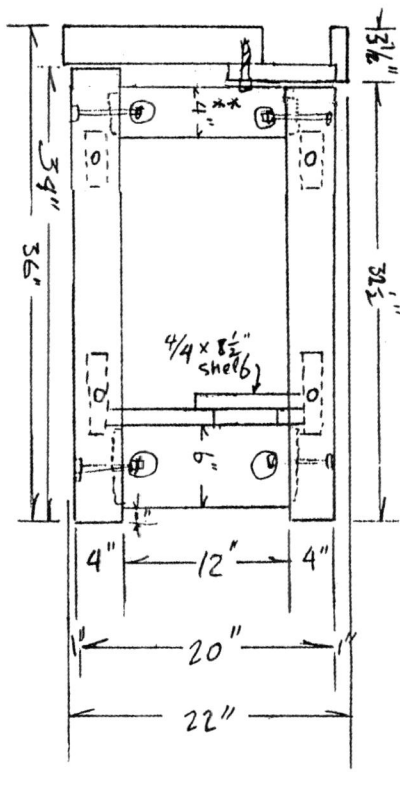

END VIEW

HOME SHOP WORKBENCH
If building with green wood, review text on subject (page 179).

CONSTRUCTION STEPS FOR SAW BENCH & SHOP STOOL

Selecting Materials

1. Good grade of yellow pine $\frac{3}{4}$" plywood, dense and with reasonable surface. One stool requires half a sheet.

2. Four hardwood feet cut from $1\frac{1}{2}$" x 2" x 16".

3. $1\frac{5}{8}$" deck screws and glue.

Assembly

1. Follow layout diagram on page 194 for size of pieces and location on half sheet of plywood.

2. Screw the 8" back support to the middle shelf with glue and deck screws.

3. Attach the 5" front support under the middle shelf centering it with $\frac{7}{8}$" overhang of shelf.

4. Screw sides to these supports; then screw down through the step into the sides.

5. Attach the top.

6. Door slot, if desired, goes at one end.

7. Hardwood shoes glue to the bottom for long life.

HERE IS THE OLD STOOL after a life of usefulness, now on the burn pile to be returned to basic elements of the universe and to be recombined into a new generation of materials. Note the badly worn corners where the plywood feet gave out. The attachment of the hardwood "shoes" will extend the life of your stool.

CONSTRUCTION STEPS FOR WORK HORSE FOR DOVETAILING

Select Materials

1. Use hardwood such as 4/4 #2 maple planed "hit or miss" to leave as much as 1" actual thickness. Alternatively use yellow pine or Douglas fir 2 x construction stock at 1½" actual thickness.

2. Face board needs stiffness to counter sawing vibration. Use 1½" stock, or double up ¾" plywood.

3. Deck screws appropriate to thickness. Two carriage bolts ½" x 5" with wing nuts and washers for vise, and two carriage bolts 5/16" x 3" to fasten face board.

Build the Horse

1. Cut four legs 1" x 5" x 22" with 13° cut on ends. Top 1" x 8" x 36". Two braces 1" x 3½" x 10½" and one brace 5" x 17" rabbeted ends to fit.

2. Joint top 13° to receive legs, cut set 1" into top. Note top will extend ½" beyond legs to be flush with braces at each end.

3. Glue and screw legs to top.

4. Braces are rabbeted ½" inset on legs and flush under top. Bottom brace rabbeted also.

5. Glue and screw braces.

Vise and Face Board

1. Face board is 1½" x 11¼" x 32" and vise 1" x 5" x 1¼".

2. Bolt face board using 5/16" x 3" carriage bolts to cross braces. This board is easily reversed to offset either right or left on horse according to the handedness of the worker.

3. The vise operates with two ½" x 5" carriage bolts with wing nuts. Slightly oversize the holes for easy operation in the face board.

4. For class use, build one for each student. Horses stack when face board is removed.

CONSTRUCTION STEPS FOR PORTABLE DOVETAIL VISE

Select Materials

1. Hard maple is the only wood I have used for anchoring threaded rod. It seems reasonable that a range of fine grained hardwood would work if you want to try.

2. Base ³⁄₄" x 2³⁄₄" x 16"; anchor block and jaw both 1" x 1³⁄₄" x 12".

3. Length of ⁵⁄₁₆" threaded rod, sold 36" long but 10" would be long enough for one vise, with two wing nuts and washers.

Assembly

1. Cut three hard maple pieces.

2. Drill anchor block for threaded rod using ⁹⁄₃₂" drill and holes 9" apart.

3. Advance threaded rod into holes using vise grip pliers to serve as turning handle. When rod bottoms the hole, cut off to desired length for

jaw opening. I left 2¹⁄₂" exposed which allowed for holding up to 1" thick boards.

4. Cut ³⁄₈" holes in jaw piece. While rod is centered, these oversized holes need to be drilled slightly below center to have the top surface of both pieces level.

5. Glue anchor block to the base board.

CONSTRUCTION STEPS FOR CHISEL HOLDER

Select Materials

NOTE: This holder is designed for a six chisel set ¹⁄₄" to 1¹⁄₂". Your chisels may vary in size and number. Adjust dimensions accordingly.

1. Three feet of 1 x 6 board. The one stress point requiring hardwood is the side bar end where the screw hinges the handle.

2. Cut the two holder blocks ³⁄₄" x 6" x 8", and ³⁄₄" x 6" x 9". The handle bar is ³⁄₄" x 1¹⁄₂" x 9", and the two side bars ¹⁄₂" x 1¹⁄₂" x 13¹⁄₂".

3. Four 1¹⁄₂" wood screws.

Assembly

1. The slotted holder block is routered to hold the chisels in your set. Each slot is $^9/_{32}$" deep, wider than the blade of each chisel by $^1/_{16}$", and 4" long. The space between each slot is determined by the size of the handle.

2. Glue the longer holder block on to it allowing $^1/_2$" overlap at each end.

3. Cut the handle pieces. The side bars have a $^3/_4$" x 6" notch for the longer holder block. The end is drilled and recessed for the screws to hinge the handle. Cut a small radius on the end to allow clearance for hinged opening.

4. The handle pieces are joined using a rabbet/dado joint, glued and reinforced with a $1^1/_2$" wood screw.

5. A small bar $^1/_4$" x $^3/_4$" x 10' is used to prop open the holder when in use.

CONSTRUCTION STEPS FOR JAPANESE TOOL BOX

Selecting Materials

1. Box joint project has $^1/_2$" sides and ends, nailed butt joint box has $^7/_{16}$" sides and $^5/_8$" ends. Width and length of all parts adjusted to your tool needs.

2. Cherry or walnut look very nice with birch top and bottom for formal look, while pine or yellow poplar for utility piece. Likewise, $1^1/_2$" copper rose head boat nails are a nice accent for cherry or walnut, with box nails for utility tool box.

3. The box as shown has two sides $^1/_2$" x $7^1/_2$" x 25", two ends $^1/_2$" x $7^1/_2$" x 12", 6 cleats $^1/_2$" x 2" x 12", bottom 6 mm x $11^5/_8$" x $24^5/_8$", lid 6 mm x 11" x $22^1/_2$", 24 clinch nails.

Box

1. Dado the slot for ply bottom 6 mm x $^3/_{16}$" for sides and ends.

2. Cut to length both ends and sides. To butt joint and nail corners, shorten end boards 1". Mark box layout as joints A–A, B–B, C–C, D–D to avoid mixup.

3. Box joint construction on table saw following diagram for grouping parts for cutting. Beware of mismatching.

4. Cut fingers on one end of group. Loosen clamps, slide stock to align other end, and re-clamp. Cut remaining joints.

5. Glue joints and engage bottom board in clamp-up. File or sand a slight chamfer on all edges of plywood to avoid failure of board to enter slot. Use wood strips to protect sides from clamp dents. Check for square.

6. Plug dado slot exposed at corner. Sand.

7. Nail and glue two cleats to each end.

Lid

1. Check lid for size — clearance on sides and length to slide on ends.

2. Mark location for cross cleats. One goes ³⁄₄" from end, the other 1¹⁄₂".

3. Glue and clinch nail cross cleats.

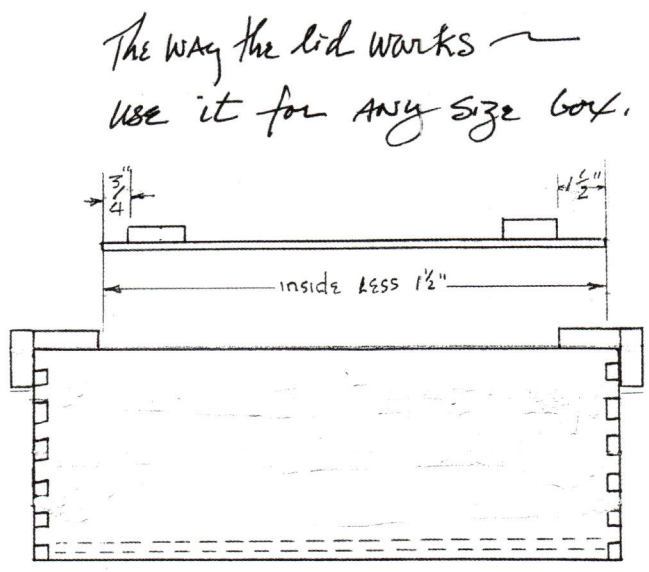

The way the lid works — use it for any size box.

CONSTRUCTION STEPS FOR TOOL TOTE

Stock Preparation

1. Either yellow poplar or quality pine is a good choice. Both are easily worked in dovetailing. All the pieces can be ¹⁄₂" stock, but the thinner sides and thicker ends are good details.

2. Prepare two sides ⁷⁄₁₆" x 4¹⁄₂" x 22", two ends ⁹⁄₁₆" x 4¹⁄₂" x 12¹⁄₂", one center board ¹⁄₂" x 6" x 21¹⁄₈", and a bottom of 5-ply Baltic birch 6 mm x 11⁵⁄₈" x 21¹⁄₈".

3. Plough a groove in sides and ends 6 mm wide and ¹⁄₈" deep.

4. The middle of both ends is slotted to receive the center board ¹⁄₂" wide by ¹⁄₈" deep. This slot should end before going through the lip below the bottom groove.

5. Cut the middle board to profile: Cut two 1¹⁄₈" holes with Forstner bit to define the hand hold and cut out between. Ease edges of handle.

Hand Cut Dovetails

1. Scribe all joints gauging opposite thickness. Tails are scribed all four surfaces, pins only two. Label adjoining joint pieces A–A, B–B, C–C, D–D.

2. Lay out pins (two half pins and two full pins). Use 1:5 gauge.

3. Saw and chisel pins.

4. Template pins onto tails for layout. Use sharp pencil.

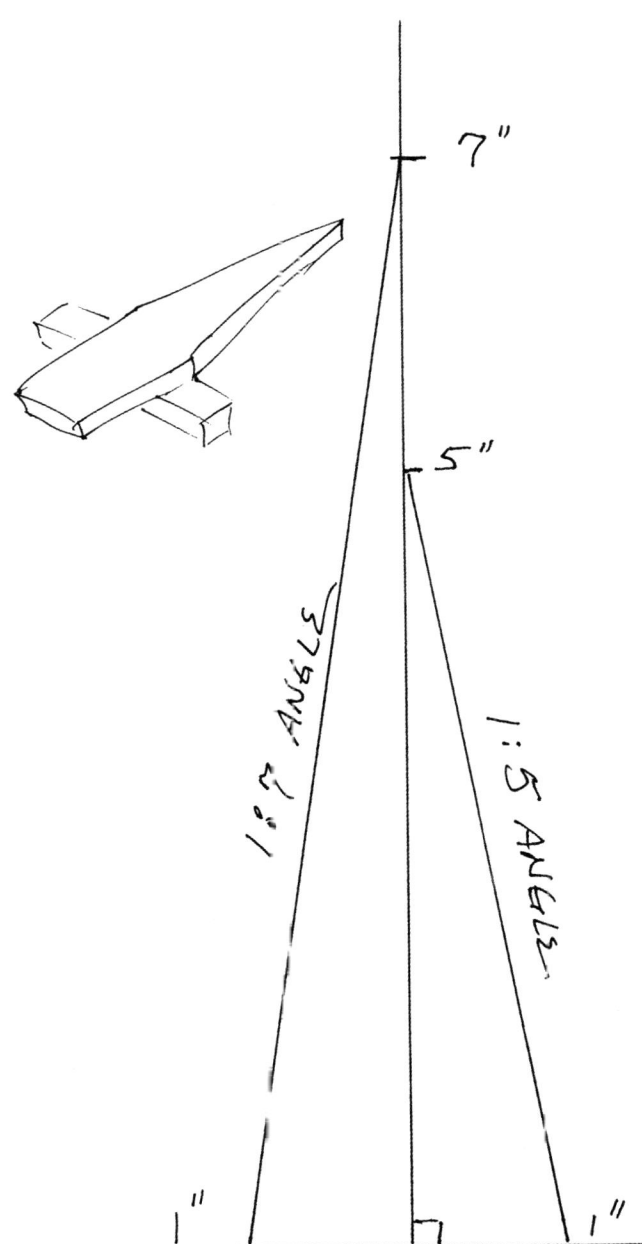

HOW TO DRAW ANGLES
FOR MARKING GAUGE

5. Saw on salvage side of the line for tails. Remove end salvage by saw; chisel center pin salvage.

Assembly

1. Glue all dovetail joints after trial fit. Slide bottom into place before engaging second end. Clamp as needed.

2. Router hand hold with $1/8$" roundover bit, top of center board, and top edges of box.

3. Glue and fit center board. Glue and nail with two finish nails in both ends and three into bottom edge. (Pilot $1/16$" holes from inside before assembly.)

SIMPLIFIED TOOL TOTE CONSTRUCTION STEPS

1. Prepare sides and ends as one piece, $1/2$" x $4 1/2$" x 6'.

2. Cut groove with several passes over table saw. Groove width matches ply bottom, $1/8$' deep and $1/8$" from edge of board.

3. Cut all parts to length. The ends will vary in length depending on choice of joint used. Full-cut dovetails use 12" end; half-blind dovetail $11 7/8$"; rabbeted joint $11 1/2$"; butt joint ends is 11".

4. Cut dado in ends for center board, and rabbeted side board ends if choosing that joint.

5. Cut center board $1/2$" x 6" x $21 1/8$" or 21" if no end dado for center; hand hold drilled and cut; angle both ends to 4" wide where it meets ends. Sand or router edges.

6. Assemble box, sliding bottom (1/4" or 6 mm x $11 3/8$" x $21 1/8$") into groove before attaching second end.

7. Center board is glued with finish nails in ends and bottom (drill $1/16$ holes through ply).

CONSTRUCTION STEPS FOR CARPENTER'S TOTE

Select Materials

1. The original tote looks good in quartersawn oak sides and sweet gum or yellow poplar handle board and ends, in the arts and crafts style. Increase the thickness of the sides if pine or yellow poplar is used for sides.

2. Use *4d* and *6d* box nails, or for decorative effect use the copper rose head boat nails listed for the Japanese Box project.

Making the Tote

1. The center board defines the shape. Follow the plans to cut the $^7/8$" x $9^1/8$" x $24^1/2$" board.

2. Drill $1^1/4$" holes at each end of the handle opening and remove the waste between.

3. Round over handle hole and top edges.

4. Cut ends $^{13}/16$" x $4^1/2$" x $13^1/16$" (overall), $9^1/8$" (at bottom) and bevel edge meeting the bottom

30° and 15° compound angle where ends and sides meet. Nail ends to center.

5. Cut sides $^7/32$" x $4^1/2$" x $26^1/8$" with 30° bottom edge. Hold in place to mark length. Nail to ends.

6. Bottom is $^{15}/32$" x $10^{15}/32$" x $22^5/8$" (originally two boards) that is larger than sides by $^1/4$" all around. Cut and round over all edges. Nail to ends and center.

CONSTRUCTION STEPS FOR BOAT TOTE

Selecting Materials

1. The bottom, transom, and center board are pine $^1/2$" thick.

2. The planks are $^1/8$" cherry.

3. Glue is yellow carpenter or boat builder's epoxy. Use CA instant glue in spots to fix plank while other glue sets.

Building the Boat

Cut bottom ($^1/2$" x $9^5/8$" x $24^1/2$") to shape as shown in plans, with 25° bevel cut at transom.

2. Cut center board ($\frac{1}{2}$" x $5\frac{1}{2}$" x $28\frac{1}{4}$") to shape, and drill two 1" holes at ends of hand hold; cut waste, and round edges. Glue and nail to bottom.

3. Cut transom ($\frac{1}{2}$" x $4\frac{5}{8}$" x 10") to shape, and fit. Glue and nail to center and bottom. Then plane even to bottom.

4. Cut planks from $\frac{1}{8}$" x 5" x $30\frac{1}{2}$" cherry. Trial fit to establish bevel edge of bottom, which changes from bow (about 10°) to stern (about 30°).

5. Glue planks using spots of CA glue in conjunction with regular glue to hold this hard to clamp shape.

6. Once set on one side, sand bow end of plank to allow positioning of second plank to go on past it.

7. Cut gunwale $\frac{1}{4}$" x $\frac{3}{8}$" x 30" cherry, and rub rail $\frac{1}{8}$" x $\frac{1}{4}$" x 30" cherry. Spring clamps can hold joint until glue dries.

8. Finish with paint or varnish.

My Sources of Supply

The following sources are ones I used for these projects. Check the Internet for additional sources you might find helpful. Where prices are mentioned in the text, they were current when written.

- MSC, Atlanta, GA
  800-645-7270, MSCdirect.com

- Reid Supply Company, Muskegon, MI
  800-253-0421, ReidSupply.com

- Amtek Tool and Supply, Inc.,
  Madison Heights, MI
  800-334-1660, amtektool.com

- Jamestown Distributors, Bristol, RI
  800-497-0010, JamestownDistributors.com

Focused on boats, I use them for epoxy and non-ferrous fasteners.

- Wood-Mizer, Indianapolis, IN
  800-553-0182, wood-mizer.com

Local sawmills provide dimensioned green lumber used in workbenches. Call Wood-Mizer for the names of sawyers using their band mill in your locality.

- "Solar Drying Kiln," PDF of my article in *Popular Woodworking*, December 2006, at ShakerOvalBox.com.

Shows you how to dry your own lumber.

These sources of hand tools provide catalogs that inspire:

- Lee Valley and Veritas, Ottawa, Canada, and in the USA
  800-871-8158, leevalley.com

- Lie-Nielsen Toolworks, Warren, ME
  800-327-2520, lie-nielsen.com

- Woodcraft, Parkersburg, WV
  800-225-1153, woodcraft.com

- Garrett Wade, Cincinnati, OH
  800-221-2942, garrettwade.com

- Bridge City Tool Works, Portland, OR
  800-253-3332, bridgecitytools.com

- Japan Woodworker, Alameda, CA
  800-537-7820, japanwoodworker.com

- Highland Woodworking, Atlanta, GA
  800-241-6748, highlandwoodworking.com

- Traditional Woodworker, Richardson, TX
  800-509-0081, traditionalwoodworker.com

- Tools for Working Wood and Gramercy Tools, New York, NY
  800-426-4613, toolsforworkingwood.com

The Home Shop

□

The Home Shop provides focus for projects, production, and sales in wood. Logs come in and lumber is dried in the unique solar kilns. Sheet copper is purchased and manufactured into tiny copper tacks needed for oval box making. Veneer is sliced and produced into bending stock for box bands. All in support of craftsmen worldwide who want to make historic Shaker oval boxes.

Friday afternoon often entails cleaning the shop and arranging equipment so that classes can be held on the weekend. That is when oval boxes, toolmaking and furniture projects are taught. This is no artificial environment, but a working shop with a staff willing to share their experience with others, and not just here in Charlotte, Michigan, but in a variety of venues around the country. See our web site, ShakerOvalBox.com, for more details on the production of the shop, the schedule of teaching events, and articles you can download from John Wilson's writing.

We welcome you to be a part of the Home Shop.

John Wilson's
MAKING WOOD TOOLS

John Wilson, a man whose work I admire very much.
Mike Dunbar, author
Make A Windsor Chair with Michael Dunbar

I enjoyed your workshop tremendously. It was one of the few woodworking workshops that I've come away from with the knowledge and confidence to complete projects on my own.
Frederick O. Quenzer, participant
Red Hook, NY

The travisher class was well thought out, and I came away with a tool I use all the time in my chair making. When it's time to make chair seats, I always reach past many manufactured shaves to grab this travisher first.
David Abeel, instructor
Windsor chair maker

John teaches on the road and at the Home Shop, a workshop and production facility in Charlotte, MI, that he founded to produce supplies for the oval box trade. An environmentalist (he built his own solar-powered kilns and shop), John always makes the most of materials at hand.
Christopher Schwarz, former editor
Popular Woodworking Magazine

John Wilson embodies the Shaker ideal of inspired woodworking. His thoughtful book of tool wisdom should be in every woodworker's library. He is one of the key leaders in woodworking today and this work shares valuable insight to better craftsmanship.
Scott Phillips, host of The American Woodshop on PBS

Hi John,

My name is Alexandra Wentzell.
I'm writing 4 him, 'cause he's
cooking dinner.
He wanted me to tell you he's
been a woodworker for many
years & has collected several
woodworking books. And is now
getting a good collection of
boat-building books. Yours –
by far – is on top of the list!
He also appreciates the old-fashioned
way of doing business.

Thank you!

Sincerely,
Alexandra Wentzell

Also by John Wilson

Making Shaker Oval Boxes, 1-hour Video 1989

Your Own Woodworker's Bench, Manual 1997

Building Sailor Girl with John Wilson 2004

Skaneateles Skiff No. 5, Plans 4 - 24" x 36" 2005

Making Wood Tools 2011

Dance Celebration: Alex (Tink) Wilson 2012

Making Wood Tools, Second Edition 2013

Oval Box Album, Vol. I 2014

Oval Box Making, Vol. II

Oval Box History, Vol. III

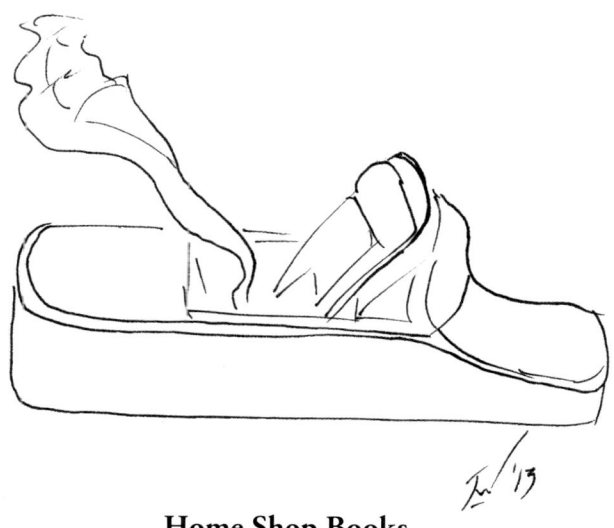

Home Shop Books
406 E. Broadway Hwy.
Charlotte, MI 48813
www.shakerovalbox.com